高等院校精品课程系列教材

四川省"十二五"普通高等教育本科规划教材

金融服务营销

第2版

Financial Services Marketing

周晓明 编著

机械工业出版社
China Machine Press

图书在版编目（CIP）数据

金融服务营销 / 周晓明编著 . —2 版 . —北京：机械工业出版社，2020.2（2023.11 重印）
（高等院校精品课程系列教材）

ISBN 978-7-111-64657-0

I. 金… II. 周… III. 金融市场 – 市场营销学 – 高等学校 – 教材 IV. F830.9

中国版本图书馆 CIP 数据核字（2020）第 022882 号

　　本书从金融服务的特点入手，探讨了金融服务的环境、金融服务的客户、金融服务产品的开发与管理、金融服务质量感知、金融服务关系营销、金融服务中的冲突与补救、金融服务文化与服务品牌建立、金融服务沟通与推广，以及信息技术给金融服务营销带来的变革等内容。全书主干清晰、结构严谨、重点突出；配合思考练习和推荐阅读，帮助学生拓展知识，并结合实际深度思考金融营销的相关问题。

　　本书可用作经济类、管理类等专业本科生以及 MBA 的金融学教材。

出版发行：机械工业出版社（北京市西城区百万庄大街 22 号　邮政编码：100037）
责任编辑：邵淑君　　　　　　　　　　　　　　责任校对：李秋荣
印　　刷：北京捷迅佳彩印刷有限公司　　　　　版　　次：2023 年 11 月第 2 版第 4 次印刷
开　　本：185mm × 260mm　1/16　　　　　　印　　张：18.5
书　　号：ISBN 978-7-111-64657-0　　　　　　定　　价：49.00 元

客服电话：（010）88361066　68326294

作者简介
ABOUT THE AUTHOR

周晓明

西南财经大学教授、硕士生导师，现任市场营销系主任，研究方向为媒体及品牌传播、金融服务营销，在全国公开刊物上发表学术论文 60 多篇，主编、参编及独著图书 6 部，同时主持或参与国家级、省部级以及教育部中央高校课题 20 余项。她与传播企业及金融服务企业保持密切的关系，对品牌传播和银行、保险、证券等的运作极为熟悉，在金融消费者研究方面也颇有心得。

从教 30 余年来，她一直致力于金融服务营销专业的教学工作，在全国高教系统最早开设了金融服务营销课程，并担任西南财经大学本科生、硕士研究生、博士研究生主讲教授。该课程先后获得教育部中央高校"非标准化考试""小班化教学""教学团队资源建设"的支持，其中"非标准化考试"获得教育部奖项。2010 年 6 月，主持编写了国家特色专业教材《金融服务营销》《金融市场营销》，其中《金融服务营销》入选四川省"十二五"普通高等教育本科规划教材。

前 言
PREFACE
(第 2 版)

转眼九年多过去了，《金融服务营销》迎来了再版。这九年里，正是大数据和人工智能飞速发展的时期，也是我国以第三方支付为代表的互联网金融快速占领全球份额的时期，因此，本次再版极其困难，往往是刚刚更新了一些内容又发现有新的发展和领域难以跟随，于是重新编写内容修订框架。经典永在，创新不断，这是编者在编著本书过程中的最大感触，也许正因为如此，金融学这一学科才需要不停地发展和创新。本书努力跟随互联网金融和营销理论的发展，力图在传统金融、互联网金融和服务营销理论的经典与现实中找到结合点，指导高校师生和金融从业者遵循营销规律，把握金融发展的未来。

本书在第 1 版的基础上，每一章都增加了案例，在第 4 章、第 7 章、第 12 章增加了"学习与探索"，这是对这一领域的一些探讨，供读者思考。本书根据第 1 版的框架改编并增加了第 11 ～ 13 章，这些内容均是与信息技术和互联网金融相关的章节。

感谢提供互联网思维逻辑和参与讨论的黄雅虹教授、唐小飞教授，感谢协助本书编写的刘亚男、姜俊豪、刘雨晴、王子悦、付晨晨同学，感谢提供案例的张思敏、孙鹏、李奥旗、李思恒同学，是我们的共同努力，才使本书得以面世。本次编著由于时间仓促和编者水平有限，仍然有很多缺陷，恳请同行提点。由于参考了大量的文献资料及案例，在引用说明和参考文献标注中难免有遗漏，在此恳请作者和同行指出，我们将一一补充并诚挚地向作者致歉。

周晓明
2020 年 1 月

前　言
PREFACE
（第1版）

　　从经济发展的角度分析，经济总量增加是必然结果。随着市场的推进，社会和个人财富的绝对量呈上升趋势，人们必定更加关注财富的管理和增值。因此，对于金融的研究除了关注与经济宏观走向相关的方面外，还应该担负起研究如何满足作为消费者的组织或个人的金融需要的职责。运用金融理论，采用恰当的金融工具，为消费者提供更专业的财富管理及咨询服务；通过专业的运作和良好的服务为客户定制解决方案，让金融真正成为社会的"消费品"，这对于经济发展以及提高全社会对金融的认同起着非常重要的作用。为此，研究相关方面的理论是非常必要的。另外，随着服务创新的推进，现代营销理论对金融这一特殊服务业的渗透也使得金融行业关注市场和消费者的角度发生了重大变化，金融行业从传统的资金提供者转变为金融服务的提供者。尤其近年来，计算机的普及和互联网的介入，使得金融服务所面临的环境、政府管制、客户等发生了巨大的变化，因此金融服务从物理网点的设置到产品组合、营销方式的采取，都发生了重大的变化。

　　《金融服务营销》正是基于这样的背景编写的。编者认为，高等院校的财经类专业，除了培养学生懂得金融的宏观理论，还应该大力培养学生从市场的角度理解金融，从服务的视野看待金融消费者，只有这样，才能真正适应现代金融的发展。对于众多从事金融工作的人士来说，更应该树立服务营销的理念，以消费者为核心，提高金融服务水平。

　　本书在体系和内容上具有以下特点。

　　第一，架构清晰，理论性强，本书按照服务营销的体系共分为11章，每一章都涉及大量的理论与实践问题，本书按服务营销理论和金融实践相结合的特点进行了取舍。主干清楚，结构严密，重点突出。

　　第二，本书既注重服务营销的基本理论，也关注对金融行业的具体特点的研究。内容丰富，语言精练，由浅入深，易于理解。本书从金融服务的特点入手，探讨了金融服务的环境、金融服务的客户、金融服务产品的开发与管理、金融服务质量感知、金融企业的关系营销、金融服务中的冲突与补救、金融服务文化和服务品牌建立、金融服务沟通与推广，以及信息技术给金融服务营销带来的变革等内容。

第三，本书每一章都配备了思考练习和推荐阅读，力图帮助学生在学习中拓展知识，并结合实际深度思考金融营销相关问题的解决方案。

金融服务营销是一门多学科、综合的前沿和边缘化的课程，本书由编者在教授金融服务营销课程的基础上，收集、研究了本领域大量的相关理论和案例后编著而成，希望本书可以作为开设本课程的高等院校教师的参考教材，也可以为广大金融企业需要学习金融服务营销专业知识的员工以及从事金融服务营销的人士提供系统和专业的帮助。

感谢为本书提供建议和前期参与提纲讨论的卿为平老师、车春梅女士，感谢参与本书编写的杨尚霖、马俊、李光贤、蒲文剑、闫宏慧、史淑珍同学，感谢所有关心本书的西南财经大学工商学院的同仁付出的辛勤劳动！由于时间仓促和编者水平有限，本书的缺陷在所难免，恳切希望获得同行的提点。最后需要说明的是，由于在本书的编写过程中，资料查阅量相当大，所以在引用说明和参考文献中极有可能出现漏注，恳请原作者和各位同行及时指出，我们将随后补上并表示歉意。

周晓明

2010 年 4 月 3 日

教学建议
SUGGESTION

教学目的

本课程的教学目的在于让学生充分了解和把握金融服务的特殊性，在此基础上掌握金融服务的内在规律，包括金融服务这一特殊服务与一般服务的相同和不同之处。具体来说，要培育学生从市场的角度与服务的视野来理解和看待金融，建立用专业知识和良好的沟通技巧来满足金融服务消费者不断增长的需求的意识，将服务和营销的观念真正融入金融的操作之中。

前期需要掌握的知识

服务营销、消费者行为学、货币金融学、金融市场结构等课程相关知识。

课时分布建议

教学内容	学习要点	课时安排		案例使用建议
		MBA	本科	
第1章 金融服务营销导论	（1）了解本课程的基本框架 （2）了解金融服务营销的意义 （3）了解我国金融服务的发展历程 （4）金融服务营销理论的产生和发展	3	3	综合案例1 和 综合案例2
第2章 金融服务的特点	（1）了解金融行业的特点 （2）了解金融服务的特点	3	3	
第3章 金融服务的环境	（1）社会环境 （2）法律环境 （3）科技环境	2	3	综合案例3

（续）

教学内容	学习要点	课时安排		案例使用建议
		MBA	本科	
第 4 章 金融服务的客户	（1）了解影响金融服务的社会及经济因素 （2）金融服务购买者行为分析 （3）金融服务消费决策分析 （4）了解金融服务行为模型	4	6	综合案例 4
第 5 章 金融服务产品的 开发与管理	（1）了解金融服务产品的概念 （2）影响金融服务产品策略的因素 （3）了解金融服务产品的开发 （4）金融服务产品的管理（淘汰策略）	4	3	综合案例 5
第 6 章 金融服务质量感知	（1）了解顾客感知质量的相关理论 （2）了解金融服务顾客感知质量 （3）金融企业服务质量管理 （4）金融企业顾客满意度和忠诚度管理	4	6	综合案例 6
第 7 章 金融服务关系营销	（1）了解关系营销的概念和基本运作 （2）金融企业客户关系营销 （3）金融企业外部关系营销 （4）金融企业内部关系营销	2	6	综合案例 7
第 8 章 金融服务中的 冲突与补救	（1）了解容忍阈与真实瞬间理论 （2）了解零缺陷与服务补救的基本理论 （3）金融服务中的冲突与失误 （4）金融服务中的失误管理	4	3	综合案例 8
第 9 章 金融服务文化与 服务品牌建立	（1）了解服务文化的内涵 （2）了解金融企业服务文化的建立及管理 （3）掌握创建金融企业服务品牌	2	3	综合案例 9
第 10 章 金融服务沟通与推广	（1）金融服务沟通的过程 （2）金融服务沟通的目的 （3）金融服务促销和推广	4	3	综合案例 10
第 11 章 信息技术对金融服务 营销的渗透	（1）信息技术对金融服务营销理念的冲击 （2）营销手段的改变 （3）大数据与金融服务营销	4	6	综合案例 11
第 12 章 传统金融企业服务 营销方式的改变	（1）网上银行与自助银行 （2）电话银行和金融服务呼叫中心 （3）移动客户端金融	4	6	综合案例 12
第 13 章 互联网金融与 金融服务营销创新	（1）什么是互联网金融 （2）互联网金融的优势和劣势 （3）人工智能与互联网金融创新	4	3	综合案例 13
课时总计		44	54	

说明：

（1）在课时安排上，MBA 可以是 40～54 个学时；管理专业本科生和非管理专业本科生是根据 54 个学时安排的，标注课时的内容建议讲，其他内容教师可以有选择性地讲，或者选择性地补充一些内容；非管理专业本科生建议安排 48 学时以上，以便补充相关的专业知识。

（2）讨论、案例分析等时间已经包含在前面各个章节的教学时间中。

目　录
CONTENTS

第 1 章
CHAPTER 1

金融服务营销导论

■ **本章提要**

本章对研究金融服务营销的意义进行了概述，并根据营销和金融服务，尤其是中国金融服务发展的历程说明营销理论指导金融服务行业发展的重要性。

■ **重点与难点**

  ❑ 营销理论对于金融服务行业的必要性。
  ❑ 中国金融服务的发展历程。
  ❑ 本书的基本宗旨。

1.1 研究金融服务营销的意义

  纵观世界各国的发展，服务和创新已经成为经济发展的主题，对服务行业的营销管理研究也成为传统市场营销的重要分支。毋庸置疑，金融作为国家的宏观调控工具，在国家的经济发展中起着至关重要的作用。金融作为典型的和特殊的服务行业，在经济发展中不仅要为个人消费者以及各行各业提供资金支持和服务，还要为整个国民经济的发展提供大量的就业岗位。从事资金经营获利所导致的风险性、安全性以及流动性等特点使得金融企业具有与一般服务企业不同的特点，因此对于金融这一特殊的服务行业开展营销问题研究，在日益发展的经济中显得十分重要。

1.1.1 金融服务营销研究的作用

  首先，营销研究是金融服务营销管理中必不可少的一个重要环节，营销研究可以为金融服务营销决策提供依据，同时对金融服务营销管理（或称为金融服务营销计划和金融服务营销计划执行）活动过程中的问题和规律进行很好的总结，并促使金融服务营销做出改进。金融服务市场的营销研究主要包括如下内容。

（1）金融顾客消费群体的行为变化研究。金融顾客的消费行为因市场金融服务营销策略的变化而产生不同的转变，这对于金融服务企业营销具有重要意义。

（2）金融顾客需求与期望特征的研究。主要研究金融服务零售市场的顾客需求与期望的特征，使营销人员能够更有效地提供金融产品和服务，这对金融服务营销业务的拓展具有十分重要的作用。

（3）金融服务行业购买或分布的研究。主要研究金融服务企业顾客的购买行为及市场需求情况，从而为金融企业的营销决策和营销服务提供依据。

（4）创新金融服务或计划的测试标准研究。主要根据金融服务市场的需求，研究金融服务的创新策略，以及创新金融服务营销计划的测试标准。例如，怎样制订一项新的发展计划以满足不同的市场需求；针对不同的金融服务区域，如何采用相应的市场策略。这对金融企业选择最佳的市场策略及增加成功的机会具有重要作用。

（5）金融服务营销的有效性研究。金融服务市场资源的合理配置需要进行一系列的营销研究，如广告效果的研究、金融品牌的影响和价值研究等，这对金融服务营销具有重要的作用。

另外，金融服务营销研究可以解决金融企业所面临的服务和市场问题。

为了了解营销研究的作用，我们首先考察营销研究能为金融企业做些什么。金融企业每天都需要面对顾客，这就意味着它们必须提供一定质量的服务以使顾客满意，保持高标准的服务意味着要花费较高的成本，而低标准的服务则会失去顾客。那么，金融企业怎样才能知道应保持何种水准的服务呢？这就需要依靠有关金融服务的市场研究。营销研究可收集更多与市场相关的信息，通过这些信息，金融企业可以提高相应的服务标准，制订更多、更好的广告及销售计划，达到吸引顾客的目的。

金融服务营销研究可有效地解决金融企业存在的问题。其实，大部分问题源于金融企业不能判断市场的运行规律，营销研究则可以在市场和金融企业之间建立一个沟通渠道：有用的数据能及时反馈给金融部门，它通过数据分析确定将来的市场经营活动，现有的金融服务也可以得到相应的评价。最后，金融企业在此基础上所做的决策通过充分的广告、销售、人际关系及促销活动得以实施。金融营销研究过程如图 1-1 所示。

通过这一循环的经济活动，可以增加金融企业的市场知识，吸引更多的顾客。

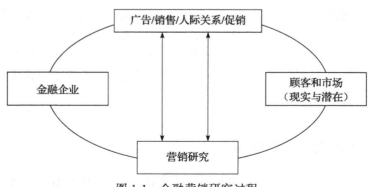

图 1-1　金融营销研究过程

1.1.2　金融服务营销研究的功能

营销研究具有很多方面的功能，在金融服务广义的领域中，营销研究的功能得到了充分的发挥，如市场细分、顾客行为和金融服务选择标准、顾客忠诚度、服务质量、分支机构经理的作用、产品研究、技术调查、金融服务成功的关键因素等。

狭义的金融服务营销研究仅限于对已有营销计划的研究，主要包括营销研究计划和执行计划评估、营销计划执行结果测定以及营销研究结论与建议。

针对其功能，营销研究应在短期、长期的基础上完成四项任务：①市场细分；②营销计划评估；③结果的测定；④建议。

第一项任务用于描述金融服务机构正在服务的市场，我们根据目前众多投资者关注的热点描述相应市场——根据人口统计学的细分依据（如年龄、收入、家庭等），指出消费者所需要的服务，至此，我们进入该研究领域，提出有关银行、保险公司的企业形象以及区域划分等概念。

第二项任务是了解营销部门实行的计划能否满足顾客的需要，这通常是在计划实施之前对产品及广告策略进行调查得出的结果，这样可以减轻相应的决策风险。

第三项任务是衡量营销计划的成果，亚瑟·梅丹（Arthur Meidan）认为，衡量营销计划的成果可从三个方面进行。

（1）追踪各种使用内部数据的账目，如账号、开户名及资产负债情况等，通过分析这些数据得出结论，例如，针对社会的产品或服务的功效究竟如何。

（2）追踪外部因素，如银行的知名度、广告的普及度、账户转换、银行的优先权，通过这些信息可以确定市场与所有因素之间的关系，确定最佳的营销组合，例如，广告策划是针对整个市场还是只瞄准其中的部分特殊市场。

（3）定期对企业形象和市场份额进行研究。这对于确定市场结构是否已经改变，以及市场份额是否还继续保持具有深远的意义，同时也可以通过这一方法了解金融企业的安全运营是否按照长期目标进行。

第四项任务是根据市场细分和营销计划评估，以及对第三项任务的追踪，发现前面三项任务完成的圆满程度和需要改进补充的内容，提出改进建议。这是根据前期研究所得出的相关、准确、可靠、有效和及时的信息，从而可以对管理层决策提供建议。随着高科技和人工智能的普及，金融市场业内和跨界竞争更加激烈，使得决策失误的代价不断提升。而管理层决策无法单纯依靠直觉进行判断，需要市场营销研究来为其提供可靠的信息，为最终决策提供有效的建议。

□ 案例 1-1

苏格兰皇家银行顾客细分方式的变化

苏格兰皇家银行集团建于 1727 年，总部设在英国的爱丁堡，是欧洲领先的金融服务集团，也是英国最大的银行，业务遍及英国和世界各地。该机构在如何获取顾客数据，并有效地分析和利用数据方面可谓功力深厚。早在 20 世纪，他们就做了大规模的顾客调查，在此基础上开展了以价值为中心的顾客关系活动。在这个活动中，顾客关系主要通过银行服务和营销人员简单的手机通话或者当面沟通建立。但是，对于一个拥有几百万顾客的银行来说，要维系如此庞大的顾客群体显然需要花费巨大的人力与物力成本。

在经过进一步的调查和分析后，苏格兰皇家银行发现很难把客户按照一般的人口统计标准清晰地划分。因此，苏格兰皇家银行决定放弃一对一的接触方式，转而根据客户的爱好进行分组。当然，顾客分组标准还包括其他方面，如地域、价值等级、受教育程度、信用等级等。银行的市场运营部主管 Ian Wilson 说："我们认为可以按某个指标对顾客进行分组，但在任一时刻顾客可能同时属于不同的组。"

资料来源：http://wenku.baidu.com/view/b0729e7da26925c52cc5bfcb.html。

1.2 金融服务营销理论的发展历程

西方各国重视金融服务营销，始于 20 世纪 50 年代，至今大致经历了五个阶段。从最早金融企业认识到营销就是广告、销售促进和公共宣传，发展为 60 年代的友好服务以赢得顾客忠诚，而金融企业间的竞争使营销在 70 年代升级为细分和创新，到了 80 年代，随着顾客的金融需求日益多样化，金融企业发现不可能满足所有顾客的需求，因此以差异化定位来确定自身的竞争优势，也便于顾客选择适合自己的金融企业。今天，西方发达国家的金融服务营销已进入"营销分析、计划、控制"时期，金融企业在注重广告、促销、友好服务、创新和定位之后认识到要使自己的经营业务保持优势地位，获得持久的良好的业绩，必须加强对金融营销环境的调研和分析，制定本企业的战略目标和经营策略，制订长期和短期的营销计划，也就是通过分析、计划、实施和控制来创建和保持金融企业与目标顾客之间的互利交换，从而达到本企业的目标。

纵观西方发达国家金融服务营销的发展历程，我们看到它经历了一个由营销技巧上升到营销策略，再到营销观念的转变过程。人工智能的发展以及互联网的普及，使得金融服务在技术、方法、工具甚至理念方面发生了巨大的变化，逐渐出现了一种全新的金融服务营销方式——互联网金融。互联网金融利用社交网络、移动支付、大数据和云计算等高新信息技术做支撑，促进互联网和金融深度融合的新兴业态，为促进普惠金融的实现、助推金融体系改革等带来不可估量的价值。

由此可见，人们对金融服务营销的认识随着经济环境的变化、竞争的加剧而不断深化。

1.3 我国金融服务的发展历程[○]

作为计划经济转轨成功的国家，我国对于金融服务的认识也随着经济的发展而逐步深入，认识这一点对我们学习金融服务营销，尤其是在我国这样的转轨制条件下运作金融营销，有着特别的意义。

经济发展决定金融发展，自改革开放以后我国选择了市场经济的发展道路，这个选择意味着所有领域，包括作为国家宏观调控工具的金融也要考虑与市场的接轨，市场的要求其实就是尊重消费者的选择，市场需求决定产品供给，对于金融市场而言同样如此。消费者对于金融服务产品的需求及与其相对应的市场发展程度决定了金融服务的创新和发展。

○ 周晓明. 中国经济发展中的个人金融研究 [M]. 成都：西南财经大学出版社，2009.

　　从改革开放到今天，中国经济，无论是制度还是实力都有了飞跃性的发展，并且正继续朝着健康、稳定的方向前进，在发展过程中，金融尤其是金融服务起着举足轻重的作用。

　　由于我国金融改革以国有商业银行为脉络，因此，结合我国的经济改革，我们对于金融服务营销发展历程的分析也围绕国有商业银行改革的进程展开。

1.3.1　第一阶段：1978～1992 年

　　这一阶段是中国经济运行体制市场化改革的探索阶段，与经济改革相适应，多年来计划经济主导的中国金融体制开始了重大变革。

　　中国的经济改革源于农村，开始于 1978 年，顺序是先农村后城市，先人民公社后国有企业，然后延伸到各个领域。这个阶段的主要特征是在传统的计划经济体制下市场经济逐渐渗透，国家也放开了某些计划管制。习惯上，这一阶段又可以分为几个中小阶段：一是权力下放，让地方和工农企业在国家统一计划的指导下有更多的经营管理自主权，在这期间由农村"家庭联产承包责任制"所引发的经营权的放开让领导者看到了生产力的极大解放以及生产效率惊人的增长，因此将经营自主权逐渐下放给经营者和劳动者本身，让他们在一定的范围内有权决定生产什么、生产多少，而且将此系统化、程序化，作为改革的第一个步骤开始推进；二是从 1982 年 9 月开始的计划经济为主，市场调节为辅的改革，这实际上是由前一阶段实践决定了生产力的快速发展而催生的制度变革；三是从 1984 年 10 月开始的公有制基础上的有计划的商品经济，这是对计划经济体制的进一步改革；四是 1987 年提出的"国家调节市场，市场引导企业"[⊖]，在此，市场经济"攻城略地"，计划经济领域受到更大的挑战。

　　在这个阶段，中国的服务行业也随着经济的发展开始复苏，率先走出"纯国有"经营，个体小商贩开始进行一些零售商业服务活动。

　　与经济改革相适应，改革初始，金融更多地被视为国家宏观调控工具，我国对金融的改革始终抱着十分谨慎的态度。农村经济改革的成功在城市尤其是国有企业的推进，暴露出我国金融发展的滞后和不配套，当经济快速发展时，理所当然地会出现极大的资金缺口，这不仅是对资金本身的需求，更是对资本市场的发展和金融秩序、金融政策、金融产品的需求。归根到底，是对金融创新的需求，是对我国长期以来的金融体制的挑战。一直以来，尤其是在改革开放之前，银行在我国的金融体系中占绝对主导地位，因此金融改革也率先从银行开始。邓小平在改革开放初期就提出："银行要成为发展经济、革新技术的杠杆，要把银行真正办成银行。"在这一思想的指导下，国有商业银行拉开了改革的序幕。1979 年，根据党的十一届三中全会经济体制改革的决定，为适应农村经济改革发展的需要，国家恢复建立了中国农业银行。随后，中国银行从中国人民银行分离出来，中国建设银行从财政部分离出来。1984 年 1 月 1 日起，中国人民银行开始专门行使中央银行职能，1984 年，国务院决定成立中国工商银行。此时，四家专业银行职责明确，业务分工清楚，基本上适应了当时经济改革和发展的要求。改革初期，国有企业开始推行放权让利、利改税以及承包责任制等改革措施，体制改革不断深入，企业活力也随之增强。与之相适应，国家专业银行在商业化改革方面也开始进行一些探索，银行具有了一定程度的经营管理权，业务交叉也开始出现。此时，

⊖　王广谦. 中国经济增长新阶段与金融发展 [M]. 北京：中国发展出版社，2004.

金融改革的最大成就是实现了国家专业银行与中央银行的分立，打破了一家国有银行"一统天下"的局面，开创了国有银行的商业化改革局面。但另外，国家专业银行仍然实行行政性的管理体制。尽管银行在一定程度上拥有了自行融通和运作信贷资金的权力，但这一"权力"的行使只能在国家下达的信贷计划里行使，能否遵守和完成国家下达的信贷计划，仍然是考察、评价银行和银行管理者的关键。

在此阶段，我国的银行从制度上看还在整个经济改革中找寻自身的定位，从业务上来看，与公司业务相比，个人金融无论是业务量还是产品品种所占份额都很低。但与此同时，我国资本市场开始发育，而且随着经济的发展，个人经济收入明显增加，个人投资意愿也崭露头角，对金融服务产品的需求开始出现。1981年，财政部首次发行国库券，揭开了新时期中国证券市场新发展的序幕，20世纪80年代，由于企业发展融资需求旺盛、个人投资者狂热的投机心理以及管理制度未及时跟上，在一段时间内，股市和债市发行、交易都出现了不规范的行为，导致融资市场混乱。

另外，在这一阶段，作为金融产品的组成部分，我国的保险业也开始恢复和发展。1978年12月党的十一届三中全会后，我国进入社会主义建设的新历史时期，在这一重大的历史转折关头，1979年4月，国务院批准《中国人民银行分行行长会议纪要》，做出了"逐步恢复国内保险业务"的重大决策。同年11月，全国保险工作会议在北京召开，我国停办20多年的国内保险业务开始复苏，进入一个崭新的发展阶段。全国保险工作会议结束后，恢复国内保险业务、组建各地分支机构的工作全面展开。到1980年年底，除西藏以外的28个省、自治区、直辖市都已恢复了保险公司分支机构。为了完善保险公司的组织，特别是满足对外活动的需要，国务院于1982年12月批准了《中国人民保险公司章程》和批准成立中国人民保险公司董事会、监事会。

与经济发展相适应，在这一阶段，我国的金融行业从计划经济向市场经济转轨，由于企业发展的需要和个人收入的增加，人们开始对金融服务产品有所需求。为了顺应市场需求，除传统存取款以外的个人金融产品开始出现，尤其是国家政策管制的放松以及证券投资业、保险业的重新开放，使一些消费者看到了投资所带来的巨大诱惑，开始从事投资业务，因而进一步推动了金融市场的发展和金融制度的创新。但是，在这个阶段，整个金融行业距离服务行业的规范差距还很大，个人金融产品很少，也尚未具备服务意识。与之相对应的是，大多数快速增长的个人资产拥有者在投资方面缺乏专业知识，远非成熟和理智的投资者，急功近利、人云亦云的心态在当时的股票市场上表现得淋漓尽致。可以说，股票是中国的个人投资产品中最早出现和最普及的，当然股市的不规范也令众多的个人投资者经历了大喜大悲，它是投资者活生生的投资风险教育课堂。

1.3.2　第二阶段：1992～2000年

在这一阶段，中国市场经济体制运行市场化初步建立。

1992年10月，党的十四大确立了中国经济体制改革的目标：建立社会主义市场经济体制。1993年，中共十四届三中全会通过了《关于建立社会主义市场经济若干问题的决定》，构建了使市场在国家宏观调控下对资源配置起基础性作用的体制框架。这大大推动了中国经济运行体制市场化改革的全面、深入、有序推进，尤其是自1994年以来的财税及收入分配体制、外贸体制、金融体制、外汇体制、国有企业管理体制、流通体制、社会保障体制等一系列以市场化为导向的改革大步推进，对外开放格局朝着全方位、深层次、宽领域逐步拓展，为国民经济高速发展提供了重要基础。到 2000 年，"以市场机制为基础，由中央政府宏观调控"的社会主义经济体制框架已基本形成。

从中国服务经济的发展历程来看，这个时期仍是较为初级的阶段，从市场营销的角度来分析，这是一个典型的"产品经济"时代，从计划经济年代的产品短缺、生活困难到产品丰富，人们对于产品背后的服务还没有特别重视，只是希望能够买到优质、低价的好产品。旅馆业、餐饮业、修理业、理发业、医疗卫生业等几个传统行业在服务业总体结构中占主导地位。在这一时期，虽然服务业产出占 GDP 的比重较计划经济时期有很大的提高，增长速度也较快，1979～1991 年，服务业年均增长 11.2%，甚至比同期国民经济增长还高 2.2 个百分点，但总体而论，这是由于多年的计划经济所造成的服务行业落后，同时由于对农村劳动力的户籍的放松，使得大量的农村剩余劳动力来到城市，从事简单的、传统的服务，而从根本上看，服务业内部结构变动不大，新兴服务门类（如金融）增长缓慢。1985 年，金融保险业人员占社会劳动力的比重为 0.28%，1997 年为 0.44%，1985 年占服务业劳动力的比重为 1.65%，到 1997 年为 1.64%。[⊖]服务在此阶段基本上只是一个必要的行业，是人们生活中不可或缺的供给部门，是社会及经济稳定发展的必需环节。从社会就业结构及经济地位来看，在这一阶段，服务行业还是比工业落后、比农业松散。但是，我们无法忽视的是，在这一阶段服务经济已经开始了稳定增长的势头，金融服务也由于个人金融需求的增加而出现了苗头，在观念上，金融开始作为服务业的新部门发展。

在此阶段，为适应经济改革，四大专业银行明确开始进行商业化改革。1993 年 12 月 25 日，国务院做出《关于金融体制改革的决定》。1995 年 3 月 18 日第八届全国人民代表大会第三次会议通过了《中华人民共和国中国人民银行法》（自公布之日起施行），5 月 10 日第八届全国人民代表大会常务委员会第十三次会议通过了《中华人民共和国商业银行法》（于 1995 年 7 月 1 日起实施），从法律上给予作为中央银行的中国人民银行更多的独立性，明确了工、农、中、建四家银行是实行自主经营、自担风险、自负盈亏、自我约束的国有独资商业银行。与此同时，我国新成立了国家开发银行、中国农业发展银行和中国进出口银行三家政策性银行，专门接受四家银行的政策性业务，实现政策性金融与商业性金融相分离。四家银行过去的专业分工也逐渐淡化，业务交叉和市场化竞争进一步发展。各银行将业务重点和主要精力放在公司客户身上，只是按部就班地进行与个人金融相关的业务。

对于金融产品市场而言，逐渐出台对于股票和债券及基金买卖的系列规定，旨在规范市场和稳定投资者的心理，尤其是 1990 年和 1991 年沪、深两个证券交易所的设立，标志着中国的证券业走入一个新的发展时期。从 1992 年开始，国家陆续颁布了《股票发行与交易管理暂行条例》《企业债券管理暂行条例》等一系列法规，使股票、债券的发行和交易行为逐步走上正轨，在这一阶段，我国个人投资者对金融服务产品的需求基本可以实现，证券市场也在短期中有了很大的发展。1981～1993 年，我国各类有价证券累计发行 4 323 亿元。其中，国库券 1 389 亿元，财政债券 397 亿元，特种国债和保值公债 200 亿元，国家投资债券（包括国家建设债券、国家重点建设债券、基本建设债券）407 亿元，企业债券 960 亿元，金融债券 610 亿元，股票 360 亿元。到 1995 年，我国已经累计发行各类有价证券 8 798 亿

⊖　数据来自《中国统计年鉴》。

元。其中，国债 4 824 亿元，金融债券 1 353 亿元，企业债券 1 940 亿元；国内发行 A 股股票 366 亿元，其他债券 314 亿元；各类债券余额约 4 138 亿元。发行主体开始多元化，国家财政部、各专业银行、各专业投资公司相继成为证券发行主体。⊖

与此同时，保险行业也进一步开始了商业化运作。1992 年，邓小平南方谈话后，我国改革开放进一步深化，保险业也开始对外开放。美国国际集团的子公司美国友邦保险公司和美亚保险公司于同年 9 月经中国人民银行批准在上海开设分公司。之后，日本的东京海上火灾保险公司⊜经批准于 1994 年 11 月在上海开设了分公司。这标志着我国保险市场迈出了国际化的第一步。与此同时，中国天安保险有限公司和大众保险股份有限公司这两家区域性保险公司分别于 1994 年 12 月和 1995 年 1 月在上海成立。1992 年 11 月，《中华人民共和国海商法》颁布，1995 年 6 月，《中华人民共和国保险法》颁布，为规范我国保险市场提供了有力的法律依据，也为发展我国保险市场创造了良好的法律环境。⊜

金融服务在这个阶段开始被提及，在国有银行商业化运作、直接融资市场开始发育和保险公司市场化运作的同时，消费者个人对于金融服务产品有了可选择的余地，相应地也对金融企业提出了金融服务的要求，此时，金融企业尚未树立明确的服务理念，与消费者的要求还相去甚远。

1.3.3　第三阶段：2001 ～ 2004 年

在这一阶段，中国经济运行体制市场化逐步完善，但金融体制及市场化程度明显跟不上市场发展的速度。

总体而论，自 2000 年以后，中国的国民经济运行呈现出几个明显变化的特征：经济进一步发展再次面临体制性障碍的约束，对体制转轨提出了更高的要求；市场供给格局发生了根本性转变，经济发展受市场约束越来越突出；对外开放面临新的机遇与挑战，2000 年，中国经济对外的依存度达到 43.9%，世界经济的波动对中国经济的影响和冲击也变得越来越明显。这些都表明中国的转轨过程已进入一个新的阶段。

在这一阶段，中国的服务经济发展已经明显出现了"二元结构"，即传统部门所占比例较大，而新兴部门（如金融保险、房地产业、信息技术产业）所占比重较小。

经济的发展越来越急促地要求金融在宏观上的规范化运作和产品上的市场化发展，尤其是随着国民经济的增长，更多的个人和家庭都在分享中国经济改革的巨大成功，收入的增幅与从前相比不可同日而语，因而对于金融服务产品的要求也越来越近似于对消费品的要求，不仅包括产品种类还包括产品服务，这对金融的整体发展提出了更高的要求。一方面，它作为经济资源配置的中心，要承担宏观调节和把控的作用；另一方面，个人金融方面的产品及服务要完全适应市场化的需要，个人金融服务成为人们生活中服务行业的重要内容和衡量金融企业的重要依据。但由于金融改革的滞后性，同样作为服务业，个人金融与零售百货、餐饮、旅游、酒店业等相比，市场化脚步慢，消费者满意度不高，尤其对于服务、营销观念的理解和现实操作与市场需求有较大的差距。

⊖ 纪尽善. 证券经济学 [M]. 成都：西南财经大学出版社，1996.
⊜ 现为东京海上日动火灾保险公司。
⊜ 中国保险学会. 中国保险史 [M]. 北京：中国金融出版社，1998.

在行业市场化方面，一般用非国有经济部门在岗人数占该行业在岗职工人数的比重来衡量。表 1-1 是中国人民大学国民经济研究所 2003 年的测算结果，测算结果反映了 2003 年以前金融行业的特点。如此低的市场化水准显然无法适应整个国民经济对于金融的需求。

表 1-1　中国行业市场化程度

市场化程度	行业	数值	备注
较高	制造业	66.3%	超过 45%
	建筑业	60.0%	
	批发和零售贸易、餐饮业	50.2%	
	房地产业	46.4%	
较低	金融保险业	35.7%	30%～40%
	社会服务业	35.6%	
	采掘业	35.3%	
非常低	部分公用事业（电、煤、水等）	22.8%	30% 以下
	邮电通信	14.8%	
	铁路运输	4.3%	
	体育产业	7.5%	
	教育、文化、艺术产业	4.3%	

资料来源：王广谦. 中国经济增长新阶段与金融发展 [M]. 北京：中国发展出版社，2004.

2001 年 11 月 20 日，这是一个历史性的日子，世界贸易组织（WTO）总干事迈克尔·穆尔（Michael Moore）致函世贸组织成员，宣布中国政府已于 2001 年 11 月 11 日接受《中国加入世贸组织议定书》，该议定书于 12 月 11 日生效，我国也于同日正式成为 WTO 的第 143 个成员。这标志着中国政府向市场化迈进的不可逆转的坚定信心。

加入 WTO 以来，为了应对激烈的市场竞争以及与国际规则接轨，我国将服务产业作为经济发展中的重要产业，大大提升了对服务经济的重视程度，金融服务在这一时期作为市场化的一个目标被提出，尤其是随着业界对个人金融发展的认同和重视，消费者将金融服务的好坏和产品品种以及营销方式作为衡量金融企业的重要指标。

加入 WTO 对我国的金融行业的影响既现实又深远，因为加入 WTO 意味着我们的所有规则要与国际市场接轨，自 2003 年以后，我国市场化的脚步逐步加快，之前的金融改革步履蹒跚，金融行业对于整个国民经济的制约日益明显，尤其是面临 WTO 的承诺，更是风雨欲来。中国的金融行业终于开始了制度变革，并在制度创新中有了长足发展，无论是业务、经营意识还是投资者理念都开始向市场化方向推进。

为了适应 WTO 规则，国有商业银行开始探索股份制改革并开始着手逐步上市，2003年，国务院决定将中国银行和中国建设银行作为实施股份制改造的试点，国有商业银行股改、上市排定座次。在加入 WTO 5 周年的 2006 年 12 月 11 日，即在我国承诺将向外资银行开放对中国境内公民的人民币业务，承诺对外资银行实行国民待遇以前，除中国农业银行尚在股改之中，我国国有商业银行之中的其他三大银行——中国建设银行、中国银行、中国工商银行已经悉数上市，中国工商银行的上市时间是 2006 年 10 月 27 日，离 12 月 11 日不到两个月的时间。在即将直接面对国际竞争对手时，国有银行纷纷选择上市，意在通过上市途径彻底转换经营机制、改造股权结构、建立现代金融企业制度，从而有效增强国有银行的核心竞争力。按照上市当日工商银行 A 股收盘价 3.28 元人民币和 H 股收盘价 3.52 港元对应的市值计算，中国工商银行在 A 股和 H 股的总市值达到了 1 391 亿美元，仅排在花旗集团、美国银行、汇丰控股和 JP 摩根之后，成为全球第五、亚洲地区最大的上市银行。这是我国商业银行首次成为亚洲最大的上市银行、跻身全球十大上市银行之列[一]。工行上市标志着我国国有银行的改革开放取得了阶段性成果，同时也可视为国有银行为应对全面向外资开放挑战、增强国际竞争力的果敢之举。

在金融产品的另一个重要阵地——证券市场上，加入 WTO 几年来我国的制度创新有了翻天覆地的变化，根据我国入世协议，3 年内允许设立中外合资证券公司，外资拥有不超过 1/3 的少数股权，合资公司可从事 A 股承销，但不得进行 A 股经纪业务；3 年内允许设立中外合资基金公司，外资持股比例不超过 33%，3 年期满后，外资持股比例可增至 49%。2002 年 6 月，中国证监会发布了《外资参股证券公司设立规则》和《外资参股基金管理公司设立规则》，体现了证券业在入世方面的上述承诺。自此，我国证券业对外开放迈出了实质性的步伐。在证券公司方面，华欧国际证券公司（现财富里昂证券有限责任公司）、长江巴黎百富勤证券有限责任公司、海际大和证券有限责任公司等几家合资投行券商纷纷成立。在基金公司方面，招商、国联安、海富通等首批合资基金公司成立，当时这些合资基金公司的外资持股比例均在 33% 以内，到 2004 年年底外资持股比例可达到 49% 时，包括上投摩根、景顺长城在内的多家合资基金都将持股比例提至上限。截至 2006 年 8 月底，我国已经批准设立了 7 家合资证券公司和 23 家合资基金管理公司。上海、深圳证券交易所各有 4 家特别会员，并各有 30 家和 19 家境外证券经营机构直接从事 B 股交易。与此同时，我国还适时推出了主动开放政策。2002 年年底，我国推出了合格境外机构投资者（QFII）制度，截至 2006 年，QFII 数量达 52 家，累计获批外汇额度 86.45 亿美元。2006 年 8 月，修订的《合格境外机构投资者境内证券投资管理办法》发布，并于 9 月 1 日起实施，放宽了 QFII 的资格条件和资金进出的时间，增加了 QFII 的开户、投资方面的便利，完善了 QFII 投资监管体系，特别是信息披露制度，标志着我国资本市场的对外开放进入一个新的阶段。

1.3.4　第四阶段：2004 年至今

我国自 2004 年以来股票市场政策环境良好，2004 年 1 月，国务院发布《关于推进资本市场改革开放和稳定发展的若干意见》（以下简称《意见》），之后围绕《意见》，中国证券监督管理委员会会同有关部门出台了一系列旨在稳定和发展资本市场的政策，包括拓宽券商融资渠道、促进保险资金和企业年金进入股市，以及发布《关于加强社会公众股股东权益保护的若干规定》等。以上政策的出台有助于市场长期健康发展，即使在短期内并未使股市摆脱低迷走势。此外，股市的深层次问题和结构性矛盾对市场的影响力增强，2006 年 1 月 1 日，新修订的《中华人民共和国证券法》和《中华人民共和国公司法》开始施行。新的证券法拓宽了证券市场创新的法律空间，调整了证券衍生品的范围，丰富了市场产品；开展融资融券交易和开发证券期货、期权等交易品种得到了法律的认可，拓宽了各类合规资金进入资本市场的渠道，使国有企业和国有控股公司等机构依法买卖上市公司的股票成为可能。

在保险业方面，制度的力量尤为显著。保险历来在金融行业中市场化程度较高，在入世

⊖　叶健. 国有银行阔步上市书写新纪录［N］. 辽宁日报，2006-11-27.

进程中，我国保险业做出了"高水平、宽领域、分阶段开放"的承诺。在 2001 ～ 2006 年入世的 5 年中，保险业严格履行入世承诺，利用开放推动行业改革、促进市场发展，同时加强和完善保险监管，防范和化解开放风险。到 2004 年年底，保险业结束了入世过渡期，在金融领域率先实现了全面对外开放，加快了我国保险市场与国际的接轨。中国保监会提供的资料显示，入世 5 年来，保险业的对外开放政策取得了重大进展。在外资保险公司进入方面，共有 15 个国家和地区的 47 家外资保险机构在华设立了 121 个营业性机构，135 家外资保险机构设立了近 200 家代表处。到 2005 年年底，外资公司占全国市场的份额为 6.92%，较入世前的 1.58% 增长了 5.34%。在北京、上海、深圳和广东这四个开放较早、外资保险公司较为集中的地区，外资保险公司保费收入分别占当地市场份额的 19.43%、17.37%、10.14% 和 8.86%。外资公司保费收入从 2001 年年底的 33.29 亿元人民币，增长到 2005 年年底的 341.2 亿元人民币，与入世前相比增长了约 9 倍。[⊖]

在我国传统金融行业进行制度变革的同时，互联网金融迅速发展。互联网金融是指依托于支付、云计算、社交网络以及搜索引擎等互联网工具，实现资金融通、支付和信息中介等业务的金融方式。互联网金融不是互联网和金融业的简单结合，而是在实现安全、移动等网络技术水平的基础上，被用户熟悉和接受后（尤其是对电子商务，例如网上购物的接受），为适应新的需求而产生的新模式及新业务。它是传统金融行业与互联网精神相结合的新兴领域。互联网金融与传统金融的区别不仅在于金融业务所采用的媒介不同，更重要的是金融参与者深谙互联网"开放、平等、协作、分享"的精髓，通过互联网、移动客户端等工具，使得传统金融业务具备透明度更强、参与度更高、协作性更好、中间成本更低、操作更便捷等一系列特征。理论上任何涉及广义金融的互联网应用，都应该是互联网金融，包括但不限于第三方支付、在线理财产品的销售、信用评价审核、金融中介、金融电子商务等模式。互联网金融的发展经历了网上银行、第三方支付、个人贷款、企业融资等多个阶段，并且越来越在融通资金、资金供需双方的匹配等方面深入传统金融业务的核心。

互联网金融模式主要有三种。第一种模式是传统金融借助互联网渠道为消费者提供服务，其中典型的就是网银，互联网在其中发挥渠道的作用。第二种模式，类似于阿里金融，由于具有电商平台，为提供信贷服务创造优于其他放贷人的条件。互联网在其中发挥的作用是依据大数据收集和分析进而得到信用支持。第三种模式是 P2P，这种模式更多的是提供中介服务，把资金出借方与需求方结合在一起。发展至今从 P2P 的概念已经衍生出了很多种模式。中国网络借贷平台已经超过 2 000 家，平台的模式各不相同。

互联网金融的主要业务模式有三类：第三方支付、网络信贷、众筹融资。以第三方支付为例，近几年通过搭乘"互联网 +"的快车，第三方支付在支付体系内的影响越来越大。有数据显示，2018 年，第三方移动支付在网民中的渗透率达到 92.4%，2017 年交易量同比攀升 89.23%，达 152.9 万亿元。第三方支付交易数额巨大，是目前最便捷、发展最快的支付方式，也是各大互联网金融平台和传统金融机构竞争的主战场。除此之外，2013 ～ 2016 年，银行移动支付单笔金额平均约 6 500 元，非银行支付机构单笔金额平均约 530 元，差异极其显著，这也与以微信、支付宝等为主的第三方支付更深入生活场景，在小额化、零售化上表现较为突出有直接的关系。互联网支付已经表现出明显的单笔量很小，但使用或者说发生海

量的长尾特征（long tail）非常明显。

□ **案例 1-2**

分业经营与混业经营

分业经营的形成与终结

分业经营是对金融机构的业务范围进行某种程度的"分业"管制。对金融机构业务范围的管制始于美国，早在 1864 年，美国就根据《国民银行法》设立了对在联邦注册的国民银行进行监管的货币监理署（OCC），并且限制国民银行经营证券、保险等非银行业务。1927年的《麦克法登法案》将国民银行和州立银行置于平等竞争的地位，进一步放松了对国民银行业务的管制，国民银行几乎可以从事所有类型的证券业务。到了 20 世纪 20 年代末，美国的商业银行与投资银行几乎融为一体，商业银行在证券市场上扮演着越来越重要的角色。1929～1933 年的大萧条导致了分离商业银行和投资银行的 1933 年《格拉斯－斯蒂格尔法案》的出台，奠定了分业经营的基本格局。

日本在 1948 年《证券交易法》中复制了美国的银行、证券分离制度，韩国等国家后来也实行了类似的分业经营。中国从 1995 年开始实施分业经营改革时，美国的分业经营体制也是参照对象。

1933～1963 年，美国的商业银行和投资银行都能遵守《格拉斯－斯蒂格尔法案》的分离规定。然而，从 1963 年开始，无论是商业银行还是投资银行都开始尝试突破限制，并且在大多数时候，它们的努力都得到了司法判决的支持。实际上在 1999 年《格莱姆－里奇－布莱利法案》通过以前，美国的分业经营体制已经解体，联合经营已经成为普遍现象，美国的大型商业银行已成为典型的美国式全能银行，《格莱姆－里奇－布莱利法案》只是对已经发生的联合经营从法律上进行认定。在主要的发达国家中，美国是最后一个从立法上正式废除分业经营制度的国家，在此之前，曾参照美国实行分业经营的日本、韩国等国家已通过立法废除了分业经营的管制。所以，《格莱姆－里奇－布莱利法案》的通过，可以看作分业经营体制在美国的终结。

混业经营的大趋势

金融业的混业经营，是指银行、证券公司、保险公司等机构的业务互相渗透、交叉，而不仅局限于自身分业经营业务的范围。随着全球金融一体化和自由化浪潮的不断高涨，混业经营已成为国际金融业发展的主导趋向。

就中国的现实状况而言，现有的金融监管体系落后于金融发展，混业经营是大势所趋。目前中国所实行的金融监管体制是 20 世纪 90 年代逐步形成的，伴随着大资管时代的到来，混业经营趋势不可逆转。然而，现行的"一行三会"监管格局与这一发展趋势相悖，导致金融市场分裂，监管真空区与监管套利的现象普遍存在。实际上，美国次贷危机的爆发为我们提供了经验教训，当时次贷产品横跨银行、证券、保险等多种产品设计，监管落后恰恰是危机爆发的重要原因，从长远来看，建立现代化的金融协调监管体制困难重重。全国范围内的相关配套改革牵一发而动全身，在不断探寻追求更加完善的监管框架的基础上，只有多重改革协调推进，才能实现提升金融监管体制、确保金融稳定、促进经济发展的初衷。

资料来源：百度百科。

1.4 本书的宗旨和框架

1.4.1 本书的基本宗旨

无论是发达国家还是中国,30 多年来金融行业都经历了空前的变化,同时科技在金融变革中起着越来越重要的作用。金融所面对的社会环境、政策管制、客户变化和科技介入都成为对这一特殊行业进行营销管理的重要依据。

随着社会财富的增加,政府,企业、个人消费者都不约而同地关心财富保值增值的有关运作和规则。因此,越来越多的人从各自不同的角度出发关注金融服务营销这一领域,金融服务的重要性已经被全球更多的人所认同。无论是在发达国家还是在发展中的经济转轨制国家,人们都希望获得更优质、更专业、更全面的金融服务,因此人们希望获得有关这方面的专业知识。

本书力图从服务业的角度分析和研究金融行业的营销本质,从而系统、全面、专业地介绍金融服务营销的知识。

1.4.2 本书的框架

本书从服务营销的专业角度,专注于研究金融服务的各个相关要素对金融服务营销的影响。本书的框架如下。

第 1 章 金融服务营销导论,简要介绍金融服务营销理论的发展以及我国金融服务发展的阶段。

第 2 章 金融服务的特点,从营销的角度来研究和讨论金融的概念、金融行业的特点,尤其关注金融行业的风险、金融服务的特点。

第 3 章 金融服务的环境,关注金融服务面临的社会环境、法律环境和科技环境。

第 4 章 金融服务的客户,关注影响金融服务需求的社会及经济因素,进行金融服务购买者行为分析、消费决策分析,最后介绍金融服务行为模型。

第 5 章 金融服务产品的开发与管理,从金融服务产品的概念入手,分析影响金融服务产品策略的因素,研究金融服务产品的开发和管理。

第 6 章 金融服务质量感知,从顾客感知服务质量的相关概念出发,研究金融企业顾客感知质量,并进一步深入讨论金融企业服务质量管理以及金融企业顾客满意度和忠诚度管理。

第 7 章 金融服务关系营销,讨论关系营销的概念和基本运作,深入金融服务企业,研究金融企业的客户关系营销、政府和公共关系营销以及金融企业内部关系营销。

第 8 章 金融服务中的冲突与补救,以真实瞬间理论、零缺陷和服务补救理论为基础,研究金融这一特殊行业的冲突和失误,分析冲突管理的相关问题。

第 9 章 金融服务文化与服务品牌建立,从服务文化的内涵出发,研究金融企业服务文化的建立和管理以及如何创建服务品牌关系。

第 10 章 金融服务沟通与推广,分析和研究金融服务沟通的过程和目的,阐述金融服务促销和推广的有关问题。

第 11 章　信息技术对金融服务营销的渗透，以信息技术对金融服务营销理念的冲击为背景，重新定义市场和金融企业所提供的服务以及客户与用户的观念，详细探讨金融服务营销手段的改变，分析大数据对金融服务营销的改变以及大数据背景下的客户关系管理。

第 12 章　传统金融企业服务营销方式的改变，主要从网上银行和自助银行、电话银行（call center）、移动客户端金融分析和总结传统金融企业在互联网的扩展和实现。

第 13 章　互联网金融与金融服务营销创新，系统阐述了互联网金融的定义、产生背景、发展历程和业态，客观分析互联网金融的优势和劣势。从大数据和人工智能的角度，阐述和分析互联网金融营销。

本章小结

在飞速发展的世界经济中，金融发挥着越来越重要的作用。在金融这样一个特殊的服务行业中，营销理论的导入越发引起人们的重视，金融行业如何运用服务营销理论，为消费者提供完善的服务，成为金融服务营销必须解决的问题，尤其是在中国这样从计划经济体制向社会主义市场经济体制转轨的国家，会面临不同于发达国家的环境和问题。

思考练习

分组讨论中国金融行业在发展的各个阶段所面临的服务问题。

答案要点：列举实例（例如对某商业银行服务问题的看法）；结合本书对中国金融服务发展的阐述。

推荐阅读

1. 邹至庄. 中国经济转型 [M]. 北京：中国人民大学出版社，2005.
2. 王广谦. 中国经济增长新阶段与金融发展 [M]. 北京：中国发展出版社，2004.
3. 金. 银行 4.0 [M]. 施轶，张万伟，译. 广州：广东经济出版社，2019.
4. 时吴华. 金融国策论 [M]. 北京：社会科学文献出版社，2015.
5. 戈兹曼. 千年金融史 [M]. 张亚光，熊金武，译. 北京：中信出版社，2017.

第2章
CHAPTER 2

金融服务的特点

■ **本章提要**

本章主要介绍了金融行业的分类：银行、保险、证券及信托业及其主要特点，重点分析金融行业所面临的各类风险，说明风险是金融行业最本质的特征。本章通过对金融服务特点的分析，说明金融企业作为服务性企业所拥有的特殊性以及与一般企业的共性。

■ **重点与难点**

☐ 金融行业的风险。

☐ 金融服务的特点。

☐ 金融企业与一般企业的异同。

2.1 从营销的角度看金融

在现代经济中，金融占据了极其重要的位置，可以说，没有金融就没有今天经济的如此繁荣和发展，但是，究竟什么是"金融"？

在现代汉语中，"融"是动词，相当于"熔"，意思是"融化"或者"熔化"，实际是一个物理过程，指固体受到外力的作用或因外在环境的变化由固体变为液体的过程。而"金"在古时多指"银票""银号"之类，大多与"货币"和货币的流通、交换相关。"金融"的概念与物理学所指的有相似之处，也是指一个过程。

古汉语的解释与经济学对于"金融"的专业解释有异曲同工之妙。

《现代金融大辞典》对"金融"做了如下解释：金融是指"货币资金的融通，即货币、货币流通、信用以及与之直接相关的经济活动，如货币的发行和回笼，吸取存款与发放贷款；金银、外汇和有价证券的买卖；保险信托；国内、国际货币支付结算等"。书中进一步解释到，"金融是商品货币关系发展的必然产物，它随着社会经济和商品货币关系的发展而

发展，同时又对社会经济的发展起着重要的促进和推动作用"。[一]

通过进一步考察我们可以发现，金融的正式概念应该是从西方生成的，英文是"finance"，在被翻译成中文时既有"财政"又有"金融"的意思，当然，"财政"也可以理解为一种"政府金融"方式，不过体现的是政府作为主体时的资金融通及管理过程。

在西方，"finance"的基本含义就是"融资"，意思是微观经济主体在金融市场从事融资、投资活动。这个微观经济主体应该既包括公司（企业），也包括个人。

既然"金融是商品货币关系发展的必然产物，它随着社会经济和商品货币关系的发展而发展，同时又对社会经济的发展起着重要的促进和推动作用"，因此随着市场经济的发展，传统金融与现代金融对于"金融"本身的认识，就有了不同的视角。曾康霖主编的《金融学教程》[二]对此做了很好的总结。第一，传统金融侧重于从宏观经济活动，以及从宏观经济与微观经济活动相结合的角度去分析货币、信用和金融机构的运作状况，而现代金融侧重于从微观经济活动，特别是从资本市场上投资主体的角度去分析投资行为和资产选择。第二，传统金融着力于现状考察和静态分析，而现代金融着力于预期考察和动态分析；现状考察和静态分析具有较多的确定性，而预期考察和动态分析具有较多的不确定性。不确定性会带来风险，所以现代金融强调的是金融活动越来越市场化，在市场化过程中要避免和转移风险。为了避免和转移风险，要进行资产组合、要合理定价、要有更多的金融产品可以选择，所以金融活动市场化与资产定价、资产组合以及提供更多可供选择的金融商品之间是互相联系的。这是现代金融理论的核心内容。第三，传统金融着力于制度分析和相关分析，特别是金融与正式制度和经济运行之间的关系，而现代金融着力于对行为主体的心理分析和目标分析，1960年兴起的"现代金融"建立在米勒和莫迪利亚尼提出的套利原则的基础之上，并以马科维茨投资组合理论，夏普、林特纳和布莱克的资本资产定价理论，布莱克、斯科尔斯和默顿的期权理论以及法玛的效率市场假说为主体，它最主要的特征是以投资者的理性假设为研究前提。[三]

根据现有的金融文献，可从以下几个方面定义：①如果从融资活动的运作机理考察，可以把金融定义为金融资产的交易行为；②如果从融资活动的领域和着力点考察，可以把金融定义为资本资产的供给及定价；③如果从融资活动主体的行为目标考察，可以把金融定义为风险与报酬的权衡；④如果从融资活动的社会效应考察，可以把金融定义为不同主体对货币资金的管理。

营销的主旨是使顾客满意，也就是以恰当的产品和服务使顾客获得自身对产品和服务的需求的满足。对于现代金融而言，提供合适的金融产品、专业的服务，套利目标的确定，最大限度地规避风险，为顾客的资产保值增值，就是金融服务营销的主题。

2.2 金融行业分类及面临的风险

金融行业是指经营金融商品的特殊服务行业，它包括银行业、保险业、证券业、信托业等细分行业。下面对银行业、保险业、证券业和信托业进行说明。

㊀ 陈立. 现代金融大辞典 [M]. 长春：吉林大学出版社，1991.

㊁ 曾康霖. 金融学教程 [M]. 北京：中国金融出版社，2006.

㊂ 同㊀.

2.2.1　银行业

商业银行作为传统的金融中介，其主要业务是在资金冗余者与资金短缺者之间进行资金融通。在这个过程中，存在三类主要当事人，即存款客户、贷款客户和商业银行。商业银行在开展业务的过程中面临很多不确定因素，可能会给银行带来损失，直接和间接的风险来源一是贷款客户，包括各类工商企业、消费信贷使用者等；二是商业银行内部。从贷款客户方面来看，商业银行所面临的主要风险是贷款客户在贷款到期时面临财务困难或者故意不遵守合同约定，不能归还贷款本息。从商业银行内部来看，风险表现为两个方面，即资金的流动性和可能遇到的意外损失。首先，资金的流动性是保证商业银行信誉的基础，如果商业银行没有正常的资金流动性，就不能满足客户提取存款和工商企业的贷款需求，商业银行的信用关系就会遭到破坏。此外，如果商业银行不能建立有效的内部控制机制，加强对各种金融犯罪的防范，就可能发生重大的意外损失，例如存款被盗、运钞车被劫、银行职员贪污和不负责任的贷款行为等。整体上来说，商业银行业务风险主要是指商业银行资产负债表表内和表外业务的收益及损失的不确定性。

按照国际银行业监管组织巴塞尔银行监管委员会制定的分类标准，商业银行业务风险来源主要包括信用风险、市场风险、国家和转移风险、利率风险、流动性风险、法律风险和声誉风险。

- **信用风险**（credit risk）是在贷款以及其他表内和表外业务（如担保、承兑和证券投资）过程中，由于交易对手无力履约而产生的。
- **市场风险**（market risk）主要是指由于市场价格的变动，银行的表内和表外头寸可能会遭受损失。
- **国家和转移风险**（state and transfer risk）主要是指与借款人所在国家的经济、社会和政治环境方面有关的不确定性。
- **利率风险**（rate risk）主要是指当利率出现不利波动时，银行财务状况可能面临的收益和损失的不确定性。
- **流动性风险**（liquidity risk）表现为金融机构不能为资产负债结构的变动提供相应的资金支持，例如当投资银行要出售债券或股票，由于缺少买主或者报价远远低于现时市场价格时就会出现流动性问题。
- **法律风险**（law risk）实质上是由于法律意见、文件的不完善、不正确而造成的与预计情况相比资产价值下降或负债增加的风险。
- **声誉风险**（reputation risk）主要是指由于操作失误、违反有关法律和其他问题等对银行声誉造成的损害。

另外，从各国情况分析，银行体系风险的成因包括以下四种。

第一，银行内部管理不善或经营失策。造成这种风险的主要原因是银行法人治理结构存在制度性缺陷，导致内部管理不善或经营失策，从而形成不良资产，使银行风险增加。当诸多银行都出现问题时，就可能形成银行体系风险。

第二，外部市场风险向银行集中转移。造成这种风险的原因不在于银行本身，而是外部市场风险的转移。市场风险的形成原因多种多样，但政策性风险是主要原因，如某个时期的产业政策失衡、汇率政策存在缺陷或其他经济政策失误，都可能形成系统性的市场风险，并向银行体系转移，导致金融危机。在亚洲金融危机期间，许多国家的银行体系风险在很大程度上就是由此引发的。

第三，经济体制转轨过程中的成本转嫁。这种状况大多发生在国家由一种经济体制向另一种经济体制的急剧转轨过程中。长期以来，我国国有独资商业银行是国有企业最大的资金提供者，在各种社会保障制度没有建立健全之前，企业实际上变成了无所不包的小社会，改革的各种成本最终通过企业转嫁给银行体系，导致银行积累了大量不良资产。

第四，公众信心发生动摇，导致体系风险扩散。金融企业具有特殊性，其风险性质与一般企业不同。一般企业由于财务状况恶化形成风险最终破产倒闭，对其他企业可能具有警示性作用，企业风险具有收敛性；而银行业即使只有一家银行有风险，如果公众信心发生动摇，风险也可能扩散到其他银行，如果不能及时进行控制，就可能形成体系风险，因此，银行风险具有扩散性。

一般来讲，各国解决银行体系风险采取以下两种方式。

第一种是分散处理方式。这种方式将不良资产留在银行内部，在银行内部成立专门的机构来处理自己的不良资产。在处理过程中，银行自身起主导作用，政府只提供间接的帮助。最终损失由两个主体承担：一是由银行呆账准备金或利润冲销，或由出资人重新注资解决，即由股东承担；二是把债务人企业推向重组或迫使其退出市场，将损失减至最低，即由债务人部分承担。

第二种是集中处理方式，即成立专门的机构（通常称为资产管理公司），将银行的不良资产置换出来，统一处理。美国在 20 世纪 80 年代中期至 90 年代初期处理有问题的银行时，较多地采用了这种方式，又被称为"好银行／坏银行"方式。当采用这一方式处理银行风险时，需要政府出面，动员各种社会力量帮助实施。中国在金融体制的改革过程中，中、农、工、建等大型国有股份制商业银行也采取这一方式处置不良资产。

□ 案例 2-1

美国次贷危机

美国次贷危机又称次级房贷危机，它是一场发生在美国并迅速蔓延至全球的一场由次级抵押贷款机构破产、投资基金被迫关闭、股市剧烈震荡引起的金融风暴。它致使全球主要金融市场出现了流动性不足危机。

次贷即"次级抵押贷款"，"次"指的是信用低，还债能力低。在美国，贷款是非常普遍的现象，当地人很少全款买房，通常都是长时间贷款，由于失业和再就业也是很常见的现象，这些收入并不稳定甚至根本没有收入的人，买房时因为信用等级达不到标准，就被定义为次级信用贷款者，简称次级贷款者。次级抵押贷款是一个高风险、高收益的行业，一些贷款机构向信用程度较差和收入不高的借款人提供贷款，收取的贷款利息远高于一般贷款者。在 2006 年之前的 5 年里，由于美国住房市场持续繁荣，加上前几年美国利率水平较低，美国的次级抵押贷款市场迅速发展。

但是到了 2006 年，随着美国住房市场的降温，尤其是短期利率的提高，次贷还款利率也大幅上升，购房者的还贷负担大大加重。同时，住房市场持续降温也使购房者出售住房或者通过抵押住房再融资变得困难。这种局面直接导致大批次贷借款人不能按期偿还贷款，银行收回房屋，却卖不出高价，大面积亏损，引发了次贷危机。

美国次贷危机的破坏性是巨大的。2007 年年初，美国抵押贷款市场风险初露端倪。1

月，因房贷资产遭到坏账和违约激增的侵蚀，汇丰银行首次额外增加了在美国次级房屋信贷的准备金，并发出可能大幅增加拨备的警告；3 月，美国最大的住房建造商霍顿公司发布次级按揭损失警告。然而，种种预警信号最初并未引起市场及监管者的足够重视。仅两个多月的时间，全球金融市场便陷入了"不可自拔"的恐慌境地：越来越多的投资基金被迫关闭、华尔街各金融机构疯狂减计资产、次级抵押贷款机构接连破产、全球主要股市频繁剧烈震荡。2008 年下半年，次贷危机恶化升级：9 月，美国政府接管房地美、房利美；华尔街第四大投行雷曼兄弟宣布申请破产保护；因担心成为下一个雷曼兄弟，华尔街第三大投行美林集团也被迫选择被美国银行收购；作为华尔街原五大行中仅存的两家独立投行，摩根士丹利和高盛也转制为银行控股公司。

　　资料来源：百度百科。

2.2.2　保险业

　　保险公司是一种特殊的金融机构，是专门针对各种金融风险而设立的。保险是将偶然不幸的风险损失转移给保险人的风险分担集体。保险人自愿赔偿投保人的损失、提供资金上的利益及与风险相关的服务。按照业务种类，保险一般分为人寿保险和财产与灾害保险等。由于保险业本身就是经营风险的行业，其发展过程中也面临多种风险。

　　从保险统计角度划分，保险公司面对的风险主要有资产风险、定价风险、资产负债匹配风险、多维风险。

- **资产风险**（assets risk）。一般是指保险基金的借款人可能拖欠贷款，或者保险公司投资资产的价值下跌。这类风险包括利率风险、信用风险、市场风险和货币风险。
- **定价风险**（pricing risk）。一般源于投保自然人死亡率、投资收入、索赔和损失的频率以及严重程度、管理费用、销售和权利终止等未来经营成果的不确定性。如果保险公司的产品或服务定价是根据不充分假设进行的，那么保险公司就不可能满足投保人的权利要求。
- **资产负债匹配风险**（asset/liability matching risk）。它主要受利率和通货膨胀率的影响，如果利率和通货膨胀率的变动对资产负债表的资产及负债的影响程度不同，就可能引起资产和负债发生不同程度的变化，严重时将导致保险公司丧失偿付能力。
- **多维风险**（multidimensional risk）。一般被认为是超出了保险公司的预测和管理能力而给保险公司带来的不确定性，包括税收政策和监管法律法规的变化、产品未能满足消费者的要求、员工和销售代理素质低下、经理或其他员工行为不当。同时，法律法规的变化也可能影响公司的实际责任，不合理的收购会导致保险公司资产发生"挤提"。

　　另外，从财务角度来看，保险公司可能面临的风险包括保险精算风险、系统性风险、信用风险、流动性风险、运营风险和法律风险等。从内部管理角度看，保险公司还面临管理不规范、操作失误、计算机网络等方面的风险。

2.2.3　证券业

　　在金融行业，证券业指专门以投资证券获取收益的行业。证券是风险最大也是收益最高的行业。

证券业的风险主要表现为投资银行的风险。投资银行，也称商人银行（如英国）、证券公司（如日本、中国）等。现代意义上的投资银行基本上是和证券市场同时产生的，迄今已有几百年的历史了。它最基本的含义是在资本一级市场从事承销证券、筹集资金和在二级市场交易证券的金融机构。但是，这个定义并没有涵盖其全部内容。无论从哪个角度来看，投资银行都是与资本市场紧密相连的。随着资本市场的不断创新，其业务范围已经非常庞大，业务活动错综复杂，除了传统的证券承销、自营和经纪业务之外，现代投资银行的业务还涉及企业并购重组、风险管理、资产管理、投资咨询等诸多领域。

投资银行面临的风险与其所涉及的业务范围是相对应的。从国内外投资银行的经营实践来看，投资银行风险可以分为代理风险、委托风险、并购业务风险和自营交易风险等。

1. 代理风险

证券公司的代理活动主要是从股票经纪活动到公司咨询业务等一系列以收费为基础的业务，证券市场的交易量对投资银行的代理业务收入影响很大，因为无论市场交投活跃还是冷清，总存在一些必须支出的固定费用，例如营业网点的租金、网络投资、管理费用等。在市场低迷时期，证券交割结算的收入、资产管理的收入，以及收购、兼并、咨询等方面的收入都会大幅度下降，从而使公司收入受到很大的影响。

2. 委托风险

委托活动包括两种类型：证券承销和交易。在证券公司承销企业证券的过程中，如果由于市场预期变化或其他突发事件引起承销价和市场发行价之间差价的不正常波动，证券公司就可能面临损失甚至亏损。

委托风险主要发生在头寸交易、风险套利和程序交易活动过程中。头寸交易主要是证券公司通过大规模的投资组合来满足较大客户的交易需求。例如，证券公司准备卖掉其所承销的 20 万股股票，但是只能为 15 万股找到买主，证券公司可能自己买入剩余的 5 万股作为投资组合的一部分，从而完成承销交易。但是，这种组合交易使证券公司在价格出现逆向变动时面临亏损风险。

3. 并购业务风险

并购业务风险主要与投资银行参与收购、兼并的交易有关。例如，当投资银行预计目标企业可能会被兼并时，就会通过大量买入这家企业的股票而持有较高的头寸，从而希望在市场上赚取可观的差价收入。但是，如果兼并活动没有发生，或者由于市场对该企业的预期发生较大程度的反向变化，投资银行就会面临较大的风险。

4. 自营交易风险

自营交易是投资银行收入来源的重要组成部分。根据证券公司自营活动的风险来源，自营交易风险可以分为外部风险和内部风险。外部风险主要是证券市场波动风险，内部风险是由证券公司自身管理问题所造成的风险。在证券公司的自营交易中，应当重点防范内部风险。内部风险一般又分为：在证券自营交易过程中，由于管理人员的知识、经验、技能、判断、决策等能力不足所造成的影响自营业务收益水平的风险；由于技术系统的原因所造成的在信息传递和处理过程中产生的风险；由于公司的管理模式存在某些缺陷，例如权利不对称、机制欠灵活等原因所造成的风险等。

此外，投资银行业务还面临内部管理方面的风险，如资金的流动性风险、透支交易担保风险、业务操作风险等。由于存在巨大的风险，历史上曾经发生过许多大的投资银行风险事件，较为著名的有 1998 年中国香港的百富勤破产案、美国长期资本管理公司（LTCM）的倒闭等。

□ 案例 2-2

高盛在中国

高盛集团成立于 1869 年，是全世界历史最悠久、规模最大的投资银行之一，总部位于纽约，并在东京、伦敦和香港设有分部，在 23 个国家和地区拥有 41 个办事处。高盛的所有运作都建立在紧密一体的全球基础上，由优秀的专家为客户提供服务，同时，它还拥有丰富的地区市场知识和国际运作能力。

高盛长期以来视中国为重要市场，自 20 世纪 90 年代初开始就把内地作为全球业务发展的重点地区。1984 年，高盛在香港设亚太地区总部，又于 1994 年分别在北京和上海设立代表处，正式进驻中国内地市场。此后，高盛在中国逐步建立起强大的国际投资银行业务分支机构，向中国政府和国内占据行业领导地位的大型企业提供全方位的金融服务。高盛也是第一家获得上海证券交易所 B 股交易许可的外资投资银行，及首批获得 QFII 资格的外资机构之一。

资料来源：百度百科。

2.2.4　信托业

信托业一般被认为是"受人委托、代人理财"的金融机构。但是随着市场环境的不断变化，信托业的业务范围在不断扩张，逐渐有与其他金融行业交叉的趋势。相应地，信托风险的程度和种类也在不断增加。信托业务的风险主要有市场风险、政策风险、信用风险、经营风险等。如果从信托法律关系的当事人，即委托人、受托人和受益人的角度考虑，信托业务的风险又表现为委托风险、受托风险、受益人风险等。

委托人的风险主要是资金来源风险。例如关于信托资金的来源，国家的法律法规都会有明确的规定，其特点就是游离于生产和流通环节之外的非经营性资金。如果资金来源违背国家法律法规的规定，或者是搞错资金的使用方向，都会导致资金来源风险。

受托人主要是信托投资公司，在信托关系中对信托资产进行配置方面占据主导地位。如果受托人不能按照谨慎管理的原则，规范运作信托资产，就会产生严重的风险，例如信用风险、市场风险和声誉风险等。

受益人的风险主要体现在收益权和风险实现权利的应用上。例如在法律法规不健全，或者信托法律法规的行使与实施环节不通畅的情况下，受益人的权利可能因受托人的不规范操作而受到伤害。

□ 案例 2-3

戴安娜王妃的遗嘱信托

1993 年，戴安娜王妃立下遗嘱，当她去世后，将她 1/4 的动产平分给自己的 17 名教子，另外 3/4 的财产则留给威廉和哈里王子，但必须要等到他们 25 周岁时才能继承。1997 年 12 月，戴安娜遗嘱执行人向高等法院申请了遗嘱修改令，为了保护两位王子，修改了部分条款的细节，将他们支取各自 650 万英镑信托基金的年龄提高到 30 岁，到年满 25 岁时能支配全部投资收益，而在 25 岁之前只能支取一小部分，并且要获得遗产受托人的许可。戴安娜王妃 1997 年猝然离世后，留下了 2 100 多万英镑的巨额遗产，在扣除 850 万英镑的遗产税后，还有 1 296.6 万英镑的净额。经过遗产受托人多年的成功运作，信托基金收益估计已达 1 000 万英镑。

戴安娜王妃香消玉殒后，交付信托机构的遗产经过专业的运作，实现了资产的大幅增值，并保证受益人每年都有丰厚的回报。国际经济形势的诡谲多变没有给她的遗产造成多少负面影响，这要归功于她的远见卓识和家族信托的魅力，才能使母爱不仅荫蔽两个儿子，还惠及其他人。

资料来源：http://www.southmoney.com/xintuo/201604/537382.html。

2.3　金融服务的特点

2.3.1　金融服务概述

关于金融服务还没有一个统一的定义。根据国外的研究，比较权威的解释是：金融服务就是金融机构运用货币交易手段融通有价物品，向金融活动参与者和顾客提供的使双方共同受益、获取满足的活动。金融服务的提供者除了银行、保险公司外，还包括各类信托机构、证券公司等。从本质上讲，金融机构提供的产品就是服务。

金融服务是指为物质资料的生产和流通提供融通资金的服务。这一定义主要阐述了金融服务的宏观含义。西方学者更习惯于从微观层面上对金融服务进行定义，他们认为，金融服务是指金融机构为客户和投资者提供的价值增值服务。

国际货币基金组织（IMF）认可的国际收支平衡表将金融服务项目定义为"与股票的红利以及银行存款、借单和贷款的利息等投资收益相关的服务；经纪人和中介对非商品交易收取的费用；银行、承保人和财务公司提供的按照其收费衡量的财务服务"。

目前，关于金融服务比较权威的定义是 WTO 给出的。因为 WTO 成员包括世界上主要的贸易国家和地区，所以金融服务的定义使用的范围最广。在《服务贸易总协定》（GATS）关于金融服务的附件中，金融服务是指成员方和地区的金融服务提供者所提供的任何金融性质的服务。

根据《服务贸易总协定》的金融服务附录，金融服务包括两大部分：保险和与保险有关的服务，银行和其他金融服务（保险除外）。

保险和与保险有关的服务可以进一步细分为直接保险（人寿险和非人寿险）；再保险和转保险；保险中介，例如中间人业务和代理；辅助性保险业务，例如咨询、保险统计、风险评估和索赔清算服务。

银行和其他金融服务（保险除外）可以进一步细分为接受公众储蓄和其他应偿付的资金；各类借贷，包括消费信贷、抵押贷款、信用贷款、代理和商业交易的资金融通；融资性租赁；所有的支付和货币交换服务，包括信贷、应付项目、信用卡、旅行支票和银行汇票；

担保和委托业务；自有账户客户的交易。自有账户客户的交易可以分为：货币市场有价证券（包括支票、汇票和存单）的买卖、外汇买卖、衍生产品买卖、汇率和利率凭证的买卖（包括互换、远期交易、可转换债券买卖）以及其他各种可转让的票据和金融资产（包括金、银）的交易；公募、私募证券或基金发行、认购和代理，以及提供有关发行的服务；货币代理；各种形式的资产管理、保管、监督和信托服务；各种金融活动和金融辅助活动的顾问、中介和咨询。

金融服务也包括国际金融服务。根据经济合作与发展组织（OECD）的定义，国际金融服务由金融机构（银行和其他信贷机构）在提供或接受与下列项目相关的服务时得到的收入（出口）或支出（进口）所构成：

- 得到的和付出的直接投资的收益，包括未分收益和利息；
- 从其他（金融）投资得到的和付出的收益，包括得到的和付出的利息或红利；
- 得到的或付出的手续费和佣金。

国际金融服务一般包括三个方面的内容。第一，所有常驻的（有居留资格的）金融机构提供给外国的或从外国的金融机构所得到的金融服务。第二，所有外国的（没有居留资格的）金融机构提供给本国的或从本国的金融机构所得到的金融服务。第三，上述两类及国际收支平衡表中所有资本流入与流出的相关项目。

国际金融服务也可以解释为包括在国外的在岸市场和离岸市场提取存单以及国际贷款活动。

对上述内容进行归纳，并结合金融服务部门的发展现状，我们认为金融服务是指在一定的金融制度安排下，由组织或个人为消费者提供的处理资产及其相关事务的商业性服务。

2.3.2　金融服务的种类

关于金融服务的种类，不同的分类标准有不同的说法。金融服务的分类主要有两个比较权威的版本，一个是 WTO 在《服务贸易总协定》附件中的金融服务列表；另一个是联合专利分类（CPC）中的金融服务分类。

WTO 对金融服务的分类经历了一个较长的过程，最终在 GATS 关于金融服务的附件中包含了金融服务列表。根据这个列表，包括保险在内的金融服务一共分为 17 种，主要涉及保险、银行和证券三个金融服务部门。

根据最新的 CPC 的分类，金融服务的种类包括金融中介服务、保险及其辅助服务，一共为 6 组 17 项，被编在第 7 部分的第 71 类中。

如果把上述两个版本的金融服务分类进行对比，可以发现 GATS 附件的分类更详尽。尽管新的 CPC 特别增加了一个附件来表示更详细的金融服务分类，添加了新的服务种类，如"再保险服务""投资银行服务"和"组合养老金服务"，但是，CPC 的分类仍不如 GATS 附件的分类详细。不过，CPC 的分类和 GATS 附件的分类都不够简单、扼要。比如，投资银行服务的分类不是很清楚，衍生工具的交易，如期货和期权被分成"证券经纪服务"和"商品经纪服务"，这些服务没有必要分得很清楚，即使有这种要求，也主要是监管权限设置的。WTO 的大多数成员按照附件分类作为金融服务承诺安排的基础，但是，有些成员的金融服务开放进度表采用了 CPC 的代码，其他仍采用原先的分类方式。这样，国与国之间的分类对比就会出现一些困难，比如，"存款服务"和"贷款服务"如何归类；保险中介，如经纪和代理应被认为是独立的项目还是"保险辅助服务"的一部分;"信用卡服务"是包含在"货币支付和转移服务"中还是独立列项;"风险资本"和"与证券市场有关的服务"被列出来了但没有进一步解释等。

由于存在上述情况,各种金融服务的界限不清楚,分类问题将在未来的业务谈判过程中越来越重要。同时,新的金融服务产品不断涌现,也对金融服务的分类提出了严峻的挑战。现在,"新金融服务"的定义只存在《关于金融服务承诺的谅解》文件中。WTO 特别承诺委员会广泛地讨论了"新服务",但还需要对"新金融服务"进一步讨论。

由于各国对国民经济部门的划分并不统一,金融服务的分类标准也不统一,所以,除了 CPC 和 WTO 的分类外,还有许多关于金融服务的分类。当前最流行的世界银行和经济合作与发展组织分类法把金融列为第三产业。此外,还有 WTO 统计和信息系统局(SISD)在1995 年 7 月 17 日公布的 11 个服务部门分类法、联合国国际贸易标准分类(UNSITC)、国际标准行业分类(ISIC)和国际货币基金组织的分类。

我国借鉴国际上通用的三次产业分类法,将金融业列为第三产业。同时,根据我国的实际情况,又把金融服务与保险服务列为生产和生活服务部门。1992 年,国家统计局把第三产业分为 24 个部门,金融和保险分别属于第 21、22 个部门。不过,随着金融服务被纳入世界多边贸易体系,WTO 的金融服务分类方法正逐步成为被各国所接受的标准。同时,国际组织关于金融服务统计分类的合作不断加强,金融服务的统计分类逐渐趋向统一。2002 年 12月,WTO、IMF 和世界银行等六家机构联合发布的《服务贸易统计手册》把金融服务分为"保险服务和金融服务"。所以,简单说来,金融服务主要包括三种不同性质的金融机构所提供的服务——银行、证券和保险金融服务。

2.3.3　金融服务的特点

从本质上讲,金融服务是金融机构运用货币手段融通有价物品,向金融活动的参与者和顾客提供使双方受益的交易活动。按照服务营销学的定义,服务具有无形性、不可分离性、异质性、易逝性、受委托责任和双向信息交流六个特征,金融服务可以此作为标准,其特点包括无形性、不可分离性、异质性、不可储存性、受委托责任和双向信息交流。

1. 无形性

金融服务是活动而不是有形产品,顾客在购买前难以通过感官感受到。

因为金融服务的无形性,服务的差异化难以被顾客感知,所以通过有形方式来表现服务,成为金融服务营销管理者要考虑的重要内容。事实上,顾客也在使用有形线索来选购和评价服务,如阅读银行等金融企业的宣传单,询问其他亲朋好友的经历等。而要让顾客得到好的有形线索,金融企业就需要不断地传达自己的服务理念。服务理念是吸引消费者接受服务的利益点,例如招商银行的"因你而变"和工商银行强调的"您身边的银行",就体现出处处为消费者着想的理念。但是仍然有很多金融企业陷入迷局,一再强调产品的功能诉求,比如"贷款买车到某行",只是说明某行在这些服务上的优势,并没有切入顾客的感性心理需求。

服务与商品最根本的不同点在于服务的不可感知,服务在本质上并不具备物理中的度量尺度。商品是"一件物品、一种器械、一样东西"（Berry，1980），而服务是"一次行动、一场表演、一种努力"，因此服务是无法触摸的：它们不能被看到、品尝或者接触，而有形的商品则可以。服务很难从精神上加以领会，也就难以进行评价（Bateson，1977）。

然而，不可感知其实也可以理解为一个程度问题（Shostack，1977），并不是所有的服务都是不可感知的，也不是所有商品都是有形的。即便顾客购买金融服务产品购买的是性能，大多数服务还是要通过有形的东西来体现。例如很多金融服务都有有形的元素（如物理网点、ATM、账户结算表等），据此才能对服务进行评价。

不可感知给金融企业带来了两个特殊的问题。首先，很难对金融服务产品进行智力上的理解，这使得购买金融服务的消费者的决策过程更加复杂。其次，这也意味着产品本身无法向消费者展示或者进行实例的示范，给广告以及产品测试带来了困难。

2. 不可分离性

不可分离性即生产与消费同时进行，顾客作为服务的参与者以及金融服务过程中的投入要素，其所提供的信息、行为及表现等，对服务结果有明显的影响。

因此，金融企业需要加强对顾客的辅导，多与顾客沟通，增加对顾客服务的投入，比如自助服务就可以更好地满足顾客个性化的需求。由于知识、文化和技术上的差异，一些年龄在 50 岁以上的中老年人不会使用金融自助机具或网上银行，一笔简单的业务，也要到柜台排队，一旦等待时间略长，他们就会不满意。如果银行能给他们提供一些辅导或培训，教会他们如何使用，那么就能够带给他们良好的感受，并节约企业资源。此外，有些金融企业采用复杂的填单和程序，其实也是对顾客需求的不了解。金融企业要推出一项金融产品，需要充分考虑顾客的意见，因为顾客是产品设计思路的来源。产品推出后，金融企业也要加强与顾客的沟通与交流，使服务能够被更多的顾客使用和传播。

由于服务是过程化的或者被体验的，生产和消费不可分离，所以服务是消费者与供应商合作产生的一种效果。里根（Regan）在 1963 年比较了商品与服务的生产、销售和消费阶段，他指出，有形的商品先被生产，然后销售，最后消费。这个过程包括很多在不同时段、不同地点的离散的过程。与之相反，服务是先被销售，然后被生产同时被消费。因此，生产和销售是交互的过程。一线服务人员扮演了重要的"跨界"角色，如同消费者本身在其能力范围内扮演"部分服务人员"一样。

在某些方面，不可分离性只适用于一些金融产品。在财务咨询中，咨询被"生产"的同时被"消费"。然而，财务顾问的推荐意见（接受咨询的真实原因——也许是推荐投资一个个人养老金方案或者一个单位）则不可能被完全消费或者评价，直到该过程成熟、完备的那一刻，但这也许是多年以后了。

3. 异质性

服务质量受到众多因素的影响，服务是由一个行为链条所组成的，从顾客接触服务人员开始，每个顾客就在潜意识里对金融企业的服务做出评价。一家银行每天可以让顾客产生500 多次的评价片断，这些片断将成为日后顾客传播和是否继续接受该银行服务的基础，加上服务过程的开放性，员工与顾客之间存在大量的互动，员工成了影响顾客感知和评价的重要因素。员工的服饰、仪表、统一用语、态度及其与顾客的沟通方式都会影响顾客的感受，要让员工有好的表现，培训和奖惩制度的制定就比较重要。

服务在生产和消费过程中的不可分离性造成了服务本身的质量不稳定。这导致了两个后果：从供应商的角度来看，它提出了如何处理非标准化的问题；从购买者的角度来看，它增加了购买结果的不确定性。

由于服务标准可以从高度用户化到高度标准化，因此很多服务比其他服务有更大的潜力。业内存在一种趋势，把服务质量的不稳定或无力提供连续性看作一个问题。质量变化的程度取决于服务机构是基于人工操作，还是基于设备操作（Thomas，1978）。人工操作越多，服务质量的潜在变数就越大。传统上金融机构以人工操作为主，大多数客户与前台工作人员（柜台人员和客户经理）在网点面对面交流。科技的发展使服务更多地基于设备条件，并且通过 ATM、电话银行业务以及网络银行业务而使服务更加标准化。

从购买者的角度看，因为购买结果的不确定性更大了，所以服务质量的变化和不稳定性增加了购买风险。即使投资产品的营销和交付能够标准化，最终的结果也会因为金融机构控制范围之外的因素而变得不确定。例如，两个人在同一个投资项目上投资同样的资金和同样的期限，但是因为他们开始投资的时间不一样，则可能受到不同经济环境的影响，因而每个投资者得到的回报也不一样。得到较多回报的人也许对投资的"质量"比较满意，而那个得到较少回报的人也许会觉得投资"质量"很差。这可能会对其将来的购买行为产生影响。

这两个方面的问题是金融服务机构必须推崇"一对一"服务的原因。众口难调，要想增强顾客关系、提高顾客忠诚度，必须要为顾客打造量身定制的服务套餐，让顾客体验到自己所享受的服务的差异。将顾客群体细化，针对不同的顾客需求、风险偏好设计不同的服务方式。在本书很多案例中，我们可以更加深刻地体会到金融服务的异质性特征。

4. 不可储存性

服务的不可储存性是指服务在时间和空间上是不能储存备用或者留用的，效益生产能力随时间消逝，不能储存。"服务的不可储存性造成了服务供求的矛盾，也造成了服务业的规模经济很难实现，要解决这两个问题，就必须对服务的供应和需求加以管理"。[⊖]服务的易消逝特点体现了服务的珍贵，不管是供给者还是消费者都不能享受服务价值储存的便利，也因为如此，金融服务必须要迎合顾客的要求，增强顾客体验。

由于服务的不可储存性和顾客对产能利用的满意度的非线性，这就要求金融机构具有一定的柔性，包括对设备和场地的调整，员工灵活的增减方法，营销手段辅助以及员工情绪、态度的一致性等，这需要金融企业加强体制创新和管理的灵活性。例如保持员工的活力，塑造良好的企业文化。对于银行这样的金融服务业来说，低品质的企业文化足以毁坏所有的服务规范，而管理的低效率会让银行直接失去生意。例如中小城市商业银行就面临着企业机制、文化、规范和产品创新等各个方面的问题，如再不加以解决，可谓危机重重。

服务不可储存性的特点描述了服务产品同时生产和消费的本质。不可储存性对于供应者来说，就是无法建立和维持库存。因而在需求有变动时，不能像商品一样供应。服务产品不存在容量的问题，这被形容为没有塞子的自来水水龙头：除非消费者愿意接受，否则水只能被浪费掉。类似地，如果消费者的需求超过服务提供的范围，则消费者很可能会感到失望，因为没有服务在库存中留以备用。因此，服务市场供应商的一个重要任务就是尽量让消费者的需求水平与其提供服务的能力相符。

⊖ 苏朝晖. 服务的不可储存性对服务业营销的影响及对策研究 [J]. 经济问题探索，2012（2）.

基于此，金融企业应最大限度地调节消费的高峰和低谷，对时间、场地、人员做好恰当的调度，引导消费者使用自助式金融机具和网上银行，合理分配资源。同时，利用多功能化和一揽子的服务措施（如金融超市和金融专卖店）来提高服务效率。

5. 受委托责任

受委托责任是指"金融服务机构管理客户资金的隐含责任，以及为客户提供的财务咨询的本质"。在金融服务营销交易中，消费者本质上购买的是一组承诺：金融机构负责妥善处理购买者的资金，并保证他们财务上的福利。因此，消费者必须信任金融机构并对其充满信心。尽管如此，这种信任和信心必须建立在消费者与公司及其员工接触之后的基础上，这就是为什么消费者在购买前必须根据一些其他条件（比如金融机构的规模、给消费者留下的印象及其业务历史）来判断这种承诺是否可信。

这种信任也许还能促进金融机构 – 消费者关系中有关消费者惯性的形成，因为消费者在选择供应商时需要投入很多精力、承担很多风险，并且没有什么保证。

6. 双向信息交流

金融服务不是一次性买卖，而是长时间内一系列的双向交易。双向交易的例子包括对账、处理账务、拜访分支机构以及使用金融机具、网络银行、电话银行等。这种交互方式使得金融企业能够收集到关于消费者账户余额、账户使用、储蓄和贷款行为、信用卡购物、储蓄频率等有价值的信息。然而，并不是所有金融机构都利用了这个机会来突出它们的最大优势。

□ 案例 2-4

邮政储蓄银行亿元贷款助力新型农业经营主体发展

安徽宣城的王莉芳从事茶叶加工销售多年，是安徽泾县汀溪兰香合作社理事长。2012年 3 月，王莉芳和她的社员们又开始了一年一度的茶叶收购。由于茶叶上市的时间比往年早了一些，原来计划的 300 万元收购资金还没到位，资金缺口达到 100 多万元。一时难以筹得剩余款项，王莉芳内心十分焦急。

一个偶然的机会，王莉芳从农委了解到邮储银行正在开展"亿元贷款助力百家农民专业合作社"活动，于是她抱着试一试的心态向银行打电话咨询，表达了急需贷款的迫切心情。邮储银行的信贷人员耐心地回答了贷款申请的相关问题，并就办理业务需要提交的有关材料进行了详细说明。

了解到茶叶季节性极强，对于客户来说时间就是金钱。第二天，邮储银行宣城市分行的信贷经理早上第一时间动身前往王莉芳的合作社开展贷前调查，由于路途偏远且贷款笔数多，所有客户调查完毕已是下午四点，两名信贷经理连午饭都没有吃。农户贷款作业半径相对较大、耗时较多，有时一笔贷款的外出调查时间，从出发到返程要耗费整整一天。为了尽量提高业务处理效率，邮储银行宣城市分行要求贷款经办人员，如无特殊情况，必须在调查结束一天内完成贷款资料的整理和调查报告的编制工作，并于次日完成贷款的审查审批。从23 日申请到 27 日签合同，几天之内王莉芳和她的社员们就拿到了急需的 150 多万元资金。当然，享受这样快捷便利服务的不止王莉芳一人，邮储银行宣城市分行自启动"亿元贷款助力百家农民专业合作社"活动以来，累计向 106 户家庭农场和农民专业合作社发放各类贷款 1 500 多笔，近 1.5 亿元。

资料来源：http://www.cs.com.cn/tzjj/jjks/201405/t20140529-4404442.html。

2.3.4　金融服务的营销特点

从金融服务的特殊性分析，我们可以总结出金融服务的营销特点。

1. 金融业的特殊性

（1）金融业是经营资金并从资金流动中获益、依靠信用生存的行业，因此金融产品与其他消费品最大的不同就是其增值性。一般消费品的购买和使用过程是让渡价值获取使用价值，使用价值随时间而消耗殆尽，而购买金融产品的目的就是保值、增值，随着时间的推移，金融产品不断增值。

（2）金融业是风险经营行业，风险与收益成正比，对于经营企业和消费者而言，保障资金安全是第一位的。

（3）由于风险的存在，国家必须对金融业的所有企业进行严格的监管，因此金融的发展是在金融管制和金融创新的博弈下进行的。

（4）出于金融管制的原因，金融创新不可能随时进行或完成，所以金融产品同质化程度很高，各家银行、保险、证券公司所经营的个人金融产品的功能基本一样，对于金融服务企业而言，金融创新更多地表现为服务创新。

2. 金融企业的一般性

与其他行业的企业一样，金融企业也必须面对市场，所以要进行成本核算，其基本的经营目标也是以最少的投入获取最多的利润，这样就必须以市场为导向，建立营销观念，树立服务意识。

营销的最高境界就是消费者满意，这里的"满意"是相对的和因人而异的，既包括物质基础也包括心理基础。对于金融企业而言，物质基础是指金融产品及投资理财组合本身能否满足消费者的需要。受金融管制的影响，金融产品不仅同质化程度高，而且同行模仿得也很快，金融企业更多的是在产品组合创新上下功夫。心理基础就是指消费者对于金融服务的服务环境、营销人员、服务质量的接受和认可程度，这就是服务的营销创新，相比之下，后者更容易受到消费者的经济收入、文化程度、社会及家庭背景以及所处区域的影响。

2.4　发达国家金融服务发展状况

自 20 世纪中后期以来，在全球经济一体化、金融自由化以及现代科技发展浪潮的推动下，西方发达国家的商业银行纷纷调整经营策略，千方百计地发展以个人理财、个人融资等为主的金融业务。经过数十年的发展，西方发达国家的金融业务已经取得了明显的效果。综观西方发达国家金融业务的发展状况，我们发现有以下几个特点值得重视。

2.4.1　超前的客户需求与消费心理研究

金融业务的服务对象，是众多有着不同需要、不同心理、不同背景的个人客户。

要想为客户提供最佳的服务，金融机构首先必须准确把握客户的需要和消费心理，以及这种需要和消费心理背后更广泛和更复杂的各种变量因素，只有这样，才能做到有的放矢，按需服务。比如，花旗银行为了了解客户的金融消费需求与消费心理，专门进行了"客户活动周期"（CAC）模式研究，内容包括客户购买银行产品前、中、后的全部过程和活动，从中发现客户在追求他们想要的结果时经历的几个关键阶段，并对每个阶段的增值机会进行科学评估。2006 年年初，借助这一研究成果，花旗银行有针对性地制订并实施了为客户提供连续的全球服务的计划，使客户无论在家里还是在办公室、在巴黎还是在东京，都能享受到花旗银行提供的服务。

2.4.2　全方位的服务能力及无处不在的服务措施

服务质量的高低是银行经营金融业务成败的关键。银行要提高服务质量，必须具备优质、全方位的服务能力，并采取无处不在的服务措施。近年来，国外银行为巩固和发展个人金融业务，一方面，大力借助现代科技手段，完善服务网络，强化服务功能；另一方面，通过为客户提供各种无微不至的服务，努力提高服务质量和服务水平。据介绍，花旗银行在全球建立了横跨六大洲的网络体系，为包括个人客户在内的 1 亿多客户提供广泛的金融产品与服务。它利用最先进的科技手段及雄厚的人力、财力和管理资源，针对各个不同市场的客户的特殊需求为其提供最佳的服务。比如，它的各个网点都安装了高级印刷系统，可随时打印客户所需的任何资料；可以当场制作标有客户姓名的花旗银行卡；电话服务与网上服务网络使客户无论何时何地都能对自己的账户进行管理和查询，并可以采用多种外币进行全球交易；客户经理可以为客户长期投资和财务决策提供详细的咨询与建议等。以上这些服务措施，都是其他银行无法企及的。

2.4.3　科学的客户分层和服务产品的市场定位

不同的年龄、性别、文化、职业与经济状况等，决定了客户对金融服务的需求层次的差异性和多元化。

一些金融企业在经营金融业务的过程中，十分注重针对不同客户的不同需求及客户对银行利润的贡献度分别开发和提供不同的金融产品与服务，在加强对一般中低端客户提供的服务的同时，特别为高端优质客户提供更完善、更周到的服务。

2.4.4　完善的客户信息与客户关系管理机制

金融业务面向的是数量众多的个人客户，情况复杂多变，如果不能随时准确、全面地掌握客户的真实情况，经常与客户保持联系，不仅会使银行金融业务面临一定的风险，还有可能导致已有客户资源的流失。国外银行在开展个人金融业务时，不但建立了客户信息管理系统，还实行了种种有利于巩固客户关系的管理制度。

花旗银行自开展金融业务特别是网上银行服务后，便要求客户提供所有相关信息，包括个人的基本情况、所有账户及历史与当日交易情况、信用风险与担保情况等，然后建立一个能不断更新的客户主控文档。通过这个文档，花旗银行所有的网点都能及时掌握客户的历史状况和最新动态，然后根据客户的不同情况采取不同的服务措施。为长期稳固地保持与客户的连续性关系，花旗银行还不惜花费大量人力、物力展开各种公关活动，甚至连高层管理人员也经常拜访客户，邀请一些大客户周末参与休闲活动等。

2.4.5　发达的通信网络技术及高素质金融人才保障

近年来，国外银行金融业务之所以有较快的发展，与其所拥有的发达的通信网络技术及高素质金融服务人才有着密切的关系。

目前，国外的电话银行、网上银行、财务管理软件和可视电话等，大有取代传统银行分支机构之势。银行改变了以往以机构网点为中心的个人服务形态，实现了不受时间、地域等条件限制的 24 小时、365 天的全天候服务。

在高素质金融服务人才方面，以美国为例，各大银行一般都拥有一批国际注册理财规划师委员会认证的国际金融理财师（CFP）。客户只要将自己的财产规模、预期目标和风险承受能力等有关情况告诉理财规划师，他就会为你量身定制一套非常合适的理财方案，以达到个人资产配置与收益最大化，并代理操作，同时跟踪评估理财绩效以不断修正理财方案。在美国，一些 CFP 终身只为少数客户服务。由于 CFP 有着很高的专业理财水平，因而深受客户的信赖。

2.4.6　互联网金融

在信息科技快速发展的大数据时代，以移动支付、搜索引擎、社交网络等为代表的互联网技术开发在金融领域掀起了一场革命。"互联网金融"成为金融业的热搜名词，它的含义主要体现为以下四个方面。

一是传统金融的互联网化，例如商业银行的手机银行、网上银行等，是传统金融机构利用互联网技术进行的业务创新和改造。

二是以移动支付为基础的第三方支付体系。互联网金融模式下的支付方式以移动支付为基础，通过移动通信设备、利用无线通信技术来转移货币价值以清偿债权债务关系（帅青红，2011）。最早在美国上市的"拍拍贷"、阿里的支付宝、腾讯的财付通等都是移动支付的成功产品。

三是互联网融资平台，即资源配置模式。互联网金融模式下资源配置的特点是：资金供需信息直接在网上发布并进行匹配，供需双方直接联系和交易，不需要经过银行、券商或交易所等中介。⊖它主要包括 P2P 个人融资平台和众筹融资两种形式。P2P 个人融资平台的典型代表有 2007 年成立的 Lending Club 公司、2009 年成立的红岭创投，众筹融资平台的典型有 2009 年成立的 Kickstarter 公司、2011 年成立的追梦网等。

四是网络虚拟货币，比如比特币⊖。

⊖　谢平，邹传伟. 互联网金融模式研究［J］. 金融研究，2012（12）.
⊖　比特币是一种无中央发行方的基于网络运算形成的开源的匿名新型电子货币，不同于早期电子货币（如虚拟货币、预售电子卡等）。

　　新兴的互联网金融机构和业务模式不断涌现，并推动着金融创新和新金融形态的发展。互联网金融在发达国家诞生，并经过了较长时间的平稳发展，当它进入中国后，在短短的几年时间里取得了革命性的快速壮大。截至 2014 年 7 月底，中国人民银行已为 269 家第三方支付企业颁发了支付业务许可证。

　　中国证监会国际部主任祁斌在参加"2014 中国互联网金融发展圆桌会议"时发表了他对互联网金融在中国出现"井喷式"发展的看法，美国传统银行业互联网化，它从 20 世纪 90 年代互联网出现之后就开始主动和互联网结合，它的网上银行已经渗入千家万户，近年来通过移动支付更是提高了覆盖率和便捷性。以美国为代表，发达国家在金融领域的互联网创新很早就开始进行了，从很大意义上来说，这是传统金融机构的互联网化和互联网公司进入金融业务的竞赛。

□ 案例 2-5
花旗银行的服务之道

　　当你踏入花旗银行上海浦西支行营业厅，就会发现这里的布局和绝大多数国内银行分支机构的布局完全不同。营业厅分为两层，一楼是"一对一"式的理财咨询柜台和贵宾服务间，而现金柜台设在二楼。这种布局显然表明了花旗银行的细分市场战略，也体现了它的目标市场选择：现金存取款不是银行主业，多元化的投资理财才是银行的关注点和生财之道。那些只想存取款的客户每次需要"费力"地爬上二楼，而那些拥有足够的财力进行投资理财的客户就可以接受花旗银行理财顾问面对面的服务，存款大户更是可以进入更为私密的贵宾间享受更细致的服务。

　　资料来源：http://www.docin.com/p-408950176.html。

本章小结

　　金融业是风险和盈利相伴而生的行业，金融服务只有在其充分认识风险的前提下才有可能进行。金融企业既有与一般企业相同的利润追求，又有其特殊性。金融服务营销的目标，只有在合理规避风险、制定目标、充分了解客户需求的前提下才能实现。

思考练习

　　1. 比较金融行业服务和旅游行业服务的异同。

　　答案要点：金融行业的风险和不确定性远大于旅游行业；金融行业与旅游行业有同样的盈利需求。

　　2. 从营销的角度试述金融行业的分业经营和混业经营哪个更合理？

　　答案要点：在一国经济发展的不同时期和不同背景下，分业经营和混业经营方式有各自的适应性，金融行业的创新主要服务于当时的经济需要，当然服务营销创新也会推动金融创新的进行。

推荐阅读

　　1. 辛念军. 经济增长中的金融效率 [M]. 北京：经济科学出版社，2006.

2. 何德旭，等. 中国金融服务理论前沿 ［M］. 北京：社会科学文献出版，2006.

3. 陈志武. 金融的逻辑 1：金融何以富民强国 ［M］. 西安：西北大学出版社，2015.

4. 杰克逊. 支付战争：互联网金融创世纪 ［M］. 徐彬，王晓，译. 北京：中信出版社，2015.

5. 伯南克. 行动的勇气：金融危机及其余波回忆录 ［M］. 蒋宗强，译. 北京：中信出版社，2016.

6. 沃尔特，豪伊. 红色资本：中国的非凡崛起与脆弱的金融基础 ［M］. 祝捷，刘骏，译. 北京：东方出版社，2013.

第3章
CHAPTER 3

金融服务的环境

■ 本章提要

本章详细阐述了金融服务的社会环境（包括宏观环境和微观环境）、法律环境和科技环境，并分析了它们对金融服务营销的消费者和营销人员及其营销行为的影响。

■ 重点与难点

❑ 经济发展阶段对金融服务营销的影响。

❑ 消费者收入水平、金融支出模式、储蓄和信贷水平等对金融服务营销的影响。

❑ 科技环境的改变对金融服务营销方式的影响。

金融服务营销作为一种营销活动，是在一定的社会、政治、经济、文化环境中进行的，既受到环境的影响，也会对环境产生一定的反作用。就像人类处于一个动态的生态系统中一样，金融机构不断面临环境变化带来的挑战，成功或失败取决于其对环境的认识和分析。因此，只有了解营销环境的特点，才能更好地认识环境对金融机构的作用，并以此作为依据，分析这些作用如何影响金融机构的营销活动。

3.1 社会环境

3.1.1 宏观环境

金融服务营销的宏观环境与其他企业面临的环境相似，宏观环境不仅影响企业的营销活动，还影响着微观环境中的各个因素。它们通过微观环境的作用，对金融机构的营销活动进行限制和制约。研究金融机构所面临的宏观环境，不仅可以对其营销活动进行指导，也可以为研究微观环境打好基础。

1. 政治环境

从一定意义上说，金融机构是在"政治环境"的"包围"中生存发展的。政府的行政管制、法律与政策规范以及政治事件的影响构成了左右金融机构生存的"制度体系"。金融机构若想在社会中生存发展，就必须研究分析外部的政治环境，必须遵守一定的制度，并且要在现有的条件下充分利用这些制度。政治环境中的些许变化，往往意味着金融机构营销获利机会、获利条件的重大变化。所以，深入研究政治环境对金融机构而言是非常必要的。

政治环境指企业市场营销活动面临的外部政治形势和状况给金融机构市场营销带来的，或可能带来的影响。对国内政治环境的分析要了解党和政府的各项方针、路线及政策的制定和调整对金融机构市场营销活动的影响。

金融机构的特殊性质决定了它受国家政治环境影响的程度是相当高的。以银行业为例，政治环境的稳定是银行经营的保障，政局不稳会导致社会动荡、经济混乱和低迷，对银行开展业务相当不利，还会导致国家在世界舞台上的地位下降，造成货币大幅贬值，加重银行的资金负担。例如，政治活动和突发的政治事件可能使银行遭受巨大的违约风险和挤兑风险。因此，银行必须高度重视和密切关注政治环境的变化，以便及时采取防范和应变措施。

此外，对于发展国外事务、进军海外的金融机构而言，不仅需要分析本国的政治环境，国际政治环境同样应该成为其考虑的重点。金融机构对国际政治环境的分析要了解"政治权力"与"政治冲突"对金融机构营销活动的影响。政治权力指一国政府通过正式手段对外来企业的权利予以约束。政治权力对金融机构营销活动的影响往往有一个发展过程，哪些方面会出现变化，金融机构可以通过研究分析来预测。政治冲突是指国际上对金融机构营销活动产生影响的重大事件和突发性事件，包括直接冲突与间接冲突两种。直接冲突包括战争、暴力事件、绑架、恐怖活动、罢工、动乱等，会给金融机构营销活动带来损失和影响；间接冲突主要指由于政治冲突、国际重大政治事件带来的经济政策的变化，国与国、地区与地区观点的对立或缓和常常影响经济政策的变化，进而使金融机构营销活动或受到威胁，或得到机会。

2. 经济环境

金融行业本身就是社会经济的重要环节，必然会受到经济环境的影响。经济环境指金融机构营销活动所面临的外部社会经济条件，经济运行状况和发展趋势会直接或间接地对金融机构营销活动产生影响。经济环境的研究一般包括经济发展阶段、消费者收入水平、消费者的金融支出模式、消费者储蓄和信贷水平等。

（1）经济发展阶段。经济发展可归纳为以下五个阶段：①传统经济社会；②经济起飞前的准备阶段；③经济起飞阶段；④迈向经济成熟阶段；⑤大量消费阶段。处于前三个阶段的国家为发展中国家，而处于后两个阶段的国家为发达国家。

（2）消费者收入水平。在一个国家或地区，金融机构的个人业务占据相当大的比重，这些个人金融业务完全来自消费者的收入，但他们并非把全部收入都用来购买金融产品和接受金融服务，消费者的金融支出只占他们收入的一部分。因此，在研究消费者收入水平时，要注意各项收入的区别。

- 国民总收入，即一个国家物质生产部门的劳动者在一定时期内（通常为 1 年）新创造的价值的总和。
- 人均国民总收入，即国民总收入除以总人口。这个指标大体上反映了一个国家的经济发展水平。根据人均国民总收入，可以推测不同的人会消费哪一类金融产品或服务；

消费者的金融消费水平和结构会受到经济水平的影响，其关系存在一定的规律性。

- 个人收入，即个人从多种来源得到的全部收入，对其可进行不同方面的研究。一个地区个人收入总和除以总人口，就是个人平均收入。该指标可以用来衡量当地消费者市场的容量大小和金融产品吸引力的高低。

- 个人可支配收入，即个人收入扣除税款和非税性负担后所得余额。它是个人收入中可以用于投资、购买保险等金融产品和服务的部分。

- 个人可任意支配收入，即个人可支配收入减去用于维持个人与家庭生活必需的费用（如房租、水电费、食物、燃料、衣物等开支）后剩余的部分。这部分收入是消费需求变化中最活跃的因素，也是金融机构研究营销活动时主要考虑的对象。因为个人可支配收入中用来维持个人与家庭生活所必需的基本生活资料部分，一般变动较小，相对稳定，需求弹性小；而满足人们基本生活需要之外的这部分收入所形成的需求弹性大，可用于购买保险、金融投资产品等，是影响金融产品销售的主要因素。

（3）消费者的金融支出模式。消费者的金融支出模式（也称金融消费结构）是指消费者用于各种金融消费支出的比例，它对金融市场营销活动有着至关重要的作用。根据德国著名统计学家恩格尔的研究，支出模式主要取决于消费者的收入水平，当收入减少时，食品支出的比例增大；反之，当收入增加时，食品支出的比例下降，而衣物、交通、保健、文化娱乐、教育和储蓄等的支出比例会相应地增加。这种趋势被称为"恩格尔定律"。我们也可以用"恩格尔定律"来解释金融支出模式——收入的减少或增加必定会影响消费者金融支出的结构和层次，从中总结出规律，可以帮助金融机构进行更有针对性的营销活动。

在中国，随着经济体制改革的深入和市场经济的发展，传统的消费格局逐渐改变，消费者的收入水平也拉开了差距，形成了不同的消费层次和日趋合理的消费结构，与娱乐、文化教育、旅游等相关的产品和服务，其需求量无论从绝对数值还是相对数值来看都有所提高，形成了巨大的潜在市场。全面建成小康社会的目标的提出，意味着中国的消费者已基本上满足了温饱需要，开始追求安全需要以及更高层次的其他需要。金融机构必须密切关注这种变化，适时调整自己的营销策略，只有这样才能争取更高的市场份额，在竞争中立于不败之地。

（4）消费者储蓄和信贷水平。消费者储蓄一般有两种形式：银行存款（增加现有银行存款额）；购买有价证券。

储蓄长期以来是中国银行业的主要资金来源之一，虽然随着经济的发展，银行开始认识到中间业务的重要性，但中国有十几亿人口，消费者的储蓄观念依然很难改变，存款业务依然是银行目前赖以生存的重要资金来源。影响储蓄的因素包括以下几个方面。

- 收入水平。对于个人或家庭而言，只有当收入超过一定的支出水平时，才有能力进行储蓄。

- 通货膨胀。当物价上涨，接近或超过储蓄存款利率的增长时，货币的贬值会刺激消费、抑制储蓄。

- 市场产品供给情况。当市场上产品短缺或产品质量不能满足消费者需要时，储蓄会增加。

- 消费者对未来消费和当前消费的偏好程度。如果消费者较注重将来的消费，他们现在会较为节俭，增加储蓄；如果消费者重视当前消费，则储蓄倾向较弱，储蓄水平降低。

然而，随着人们对资本的理解日益成熟，消费者不仅以货币收入来购买他们所需要的产品，还可以通过借款来购买，所以消费者信贷也是影响金融机构特别是银行营销活动的一个重要因素。

一个国家或地区的宏观经济走势对金融机构营销活动同样具有举足轻重的影响，尤其是对金融机构业务的影响最为明显。在经济快速发展、形势大好的时期，金融机构往往不愁业务的开展，各行各业都离不开金融产品或服务，金融产品与服务可以说是供不应求，这时金融机构只需要加强对金融产品的风险控制即可实现业务发展。而在经济低迷、形势不容乐观的时期，金融机构会受到直接的影响，经济活动的减少影响了它们的业务，这时金融机构更需要在营销活动上下功夫，保证在宏观经济形势不好的情况下维持自身的发展。

3.1.2 微观环境

金融服务营销的微观环境是指与金融企业紧密相连、直接影响其营销能力和效率的各种力量和因素的总和。金融行业有其自身的特点，银行、保险公司和证券公司同样面临着竞争对手的挑战。同时，个人客户和企业客户的差异性等都是金融机构在进行金融营销活动时必须考虑的外部微观环境因素，因为这些环境因素的变化会影响金融机构的营销战略和策略。除此之外，金融企业开展营销活动还要充分考虑企业内部的环境力量和因素，因为组织内部的协调和控制能够对营销活动的有效推进产生巨大影响。

1. 竞争环境

竞争者的数量及其营销活动频率是决定金融机构能否盈利的一个因素。在一定时期内，当市场需求相对稳定时，提供同类产品或服务的金融机构增多，某金融机构的市场份额就可能减少。竞争者的营销手段较先进，客户就可能转向它们。因此，竞争对手的状况，直接关系到金融机构营销策略的选择和运用。市场是由许许多多的行业竞争者所组成的，从宏观角度来看，我们可以分析竞争者的数量及其所占的市场份额；从微观角度来看，每一个竞争企业的营销战略和策略同样是我们分析的重点。一般来说，我们可以从以下几个方面对竞争市场以及竞争者进行分析。

（1）竞争者的数量。菲利普·科特勒（Philip Kotler）这样评价竞争："忽略了竞争者的公司往往成为绩效差的公司，仿效竞争者的公司往往是一般的公司，获胜的公司往往在引导着它们的竞争者。"[⊖]因此，对竞争者进行分析是金融机构在营销活动过程中不可忽视的一个环节。

随着经济的飞速发展，我国目前已形成开放度大、竞争性强、多种金融机构并存的多元化金融格局，金融机构面临着严峻的挑战，对于市场中的每一个金融机构来说都是机遇与挑战并存。此外，越来越多的外资金融机构进入，使我国金融机构的竞争结构发生了变化，外资金融机构既带来了资金，也带来了先进的经营理念、经营技术和管理手段，这对于国内的金融机构来说是一种挑战。但从另一个角度来看，这在给国内的金融机构带来巨大压力的同时，也为其带来了发展的动力，有利于它们增强自身的实力。当然，在分析营销环境时，竞争对手的数量还是相当关键的，这有利于金融机构判断市场的竞争激烈程度。

（2）竞争者的市场份额。衡量市场份额的指标主要包括市场占有率和市场集中度，市场集中度还是市场结构的衡量指标。市场占有率是指在一定时期内，企业所生产的产品在市场上的销售量或销售额占同类产品销售总量或销售总额的比例。通过市场占有率，金融机构

⊖ 科特勒，凯勒. 营销管理［M］. 王永贵，等译 . 北京：中国人民大学出版社，2012.

可以分析竞争对手和自身实力的比较，它能够较为客观地评价每一个竞争对手在市场中的地位。在具体的分析过程中，可以对市场份额进行细分，一般情况下，每个金融机构在分析竞争者的市场占有率时，必须分析三个变量。①市场份额，即竞争者在金融市场上拥有的销售份额。②心理份额，这是指对"说起金融行业，比如保险公司，你首先想到的是哪一家公司"这一问题的回答，答案反映了竞争者客户在全部客户中所占的百分比。③情感份额，这是对"说出你喜欢接受其业务和服务的金融机构"这一问题的回答，答案同样反映了竞争者客户在全部客户中所占的百分比。

如果心理份额和情感份额下降，即使市场份额再高，金融机构的市场占有率最终也会呈现下降的趋势。事实证明，在心理份额和情感份额方面稳步进取的金融机构最终将获得较高的市场份额和利润。

市场集中度是指市场份额的集中程度，即领先的、具有较强竞争力的金融机构的数量，从中我们可以判断市场的结构以及市场进入的难易程度：市场集中度高，意味着市场份额被少数实力强的金融机构所瓜分，市场进入难度较大；市场集中度低，意味着虽然市场中竞争对手众多，但并不具有实力超强的企业，市场进入难度相对较小。

（3）竞争者的营销策略。对于金融机构来说，确认自己的竞争对手并不困难，而一旦确定竞争对手，就要分析它们的战略、目标、优势与劣势以及经营模式。金融机构在进行营销活动时，研究竞争者就不能不分析其营销策略。竞争者的营销策略和具体的营销活动会直接影响其对客户的吸引力，而对客户的吸引力正是所有金融机构争夺的焦点。在分析过程中，金融机构需要对竞争对手的营销战略和营销策略进行整体性研究，虽然竞争者的营销战略并不能简单地从调查分析中得到，但是通过对竞争者具体营销策略的分析，金融机构还是可以从竞争对手的营销组合策略（如定价策略、产品策略、促销策略和网点设置的分布策略）中得到许多有用的信息，比如竞争对手的定价策略是什么，它们提供产品或服务的数量和品种有哪些，运用什么促销手段，通过何种渠道、如何进行网点设置来进入市场，以及如何通过广告等宣传方式树立自己在客户心目中的形象、信誉，如何进行品牌推广等。金融机构在全面分析竞争者营销活动的基础上，根据自身的特点和优势，选择和实施营销策略，才能知己知彼、百战不殆。

2. 客户环境

金融机构的客户一般可以分为两种，即个人客户和企业客户[⊖]，它们既是金融机构资金的主要供应者，也是资金需求者。在金融机构中，一般都分为个人业务和公司业务两部分，比如银行业务分为个人业务和公司业务两大块；保险公司业务分为个人险和公司险；证券公司同样按照个人和企业分为不同的运作部门。由于个人和企业在业务范围以及规模上存在巨大差异，所以金融机构往往在统一的营销战略的指导下，针对不同的个人和企业营销环境，分别制定不同的营销策略。不同的客户具有不同的需求，为满足客户的多样化需求，金融机构提供的产品必须具有差异性和易变性。这种差异性和易变性反映了金融服务营销面临的客户环境因素的不确定性，同时也为金融机构改善经营、重视营销、提高竞争力、求得自身发展提供了原动力。

（1）个人客户。随着金融机构的发展、行业竞争的加剧以及个人财富的积累，金融机构为个人客户提供的业务从简单的存款取款、买卖股票和购买保险向更复杂的按揭、投资等

⊖　在中国，除个人客户之外的另一类客户被称为法人客户，即企业客户和机构客户。机构客户可能是事业单位或团体，这一类客户的运作和特点与企业客户类似。

方向发展。抓住个人客户的特点，分析他们的喜好和消费习惯，有利于金融机构争夺个人客户。相对于企业客户而言，金融机构为个人客户提供的金融产品更像是一般意义上的普通产品。以花旗银行为例，个人业务部门经理多是从一些生产消费品产品的企业，如联合利华招聘来的。花旗银行认为，银行的个人金融产品除了在开发方面与普通的商品有所区别外，营销理念与一般商品完全一致，从制定价格、设计销售渠道、广告促销到销售人员与顾客的接触，都可以按照一般的营销活动进行。当然，如果能够根据客户的偏好设计创新的营销手段，无疑会提高金融产品的销量，达到出奇制胜的效果。那么，对于金融机构来说，要做好个人客户的营销，就需要从分析客户的特点出发，这样才能更好地制定营销策略，为客户提供更好的服务。此外，对于个人客户而言，金融机构应该把重点更多地放在提高现场服务质量上。长期以来，国内的银行、保险公司以及证券公司等金融机构在服务理念上与国外金融机构存在差距，在一定程度上阻碍了金融机构的持续发展。

（2）企业客户。公司业务也是金融机构的重要业务。企业客户与个人客户存在较大的差异。首先，企业客户涉及的交易金额是个人客户所不能比拟的；其次，银行向企业客户提供的业务种类和业务范围也比个人客户更丰富、广泛和复杂。因此，金融机构对于企业客户的重点并不能只放在提高服务质量上，而应该根据不同的企业客户开发、推出满足其需求的业务和服务，把重点放在提高产品质量上。公司业务不是类似于消费品的简单商品，它的营销手段也不是通过大量的广告和诱人的促销推广来提高企业形象这么简单。比如，我们可以经常从电视、报纸上看到许多银行的信用卡广告，却几乎看不到公司业务的广告，虽然这只是在广告方面的差异，却已经显示出金融服务营销对于不同的客户类型需要采取不一样的策略。

3. 内部环境

金融服务营销的内部环境并不像外部环境那样具有一定的不可预测性，企业可以通过分析自身在组织结构和部门关系上存在的不足和问题来判断内部环境的优劣以及营销活动是否与其相适应。

在分析金融机构内部环境的过程中，我们将其分为两个主要部分：金融机构营销组织结构对营销活动的影响，以及金融机构各部门的关系及协调合作对营销活动的影响。前者强调企业内部的营销组织结构对营销环境的影响，后者则强调企业内部各部门及其人员对营销环境的影响。

（1）金融机构营销组织结构对营销活动的影响。金融机构的营销组织结构对于实现特定的营销目标和更好地发挥营销功能至关重要。它通过不同的营销职位及其权责的确定，并对它们之间的关系进行一定的协调与控制，合理、迅速地传递信息，从而将营销人员所承担的任务组成一个有机整体。良好的营销组织结构可以把金融机构营销活动的各个要素、部门、环节在时间和空间上联系起来，加强分工与协作，促使营销活动更加协调、有序地开展。

此外，金融机构的营销组织结构对于营销活动的顺利开展有着重要的意义，会直接影响营销的内部环境。以银行为例，它的营销组织模式是组织营销活动的方式，随着银行营销活动的开展而不断完善，围绕金融产品的职能和银行活动的领域范围、地理位置及其相互关系形成了多种多样的营销组织模式。

下面介绍几种主要的银行营销组织模式及其特点。⊖

⊖　王方华，彭娟. 金融营销［M］. 上海交通大学出版社，2005.

第一，职能型银行营销组织模式。这种模式是按照营销工作的不同职能对营销部门进行划分的。一般来说，银行营销可以设置行政、市场调研、新产品开发、销售、广告与促销、客户服务等部门。其中，行政部门负责营销领域的日常行政事务，如人事管理、费用控制等；市场调研部门主要负责改善银行市场机会及营销活动的市场调查研究；新产品开发部门负责根据市场调研部门提供的信息设计出满足市场需求的产品；广告与促销部门提供推广银行产品信息、广告宣传、媒体技术等服务，并与外部保持密切的联系，以增强本行及其产品的知名度；客户服务部门主要负责为客户提供各项售后服务，处理客户的投诉。在这种模式下，营销经理负责制定银行营销战略及营销预算决策等关键性事项，同时做好各营销职能部门的协调工作，而各职能部门要向营销经理负责，其规模大小可以根据银行的具体情况来确定。

职能型银行营销组织模式对营销活动的正面影响非常明显，各职能部门分工明确，可以利用各自的专长处理不同的营销工作，而且管理也比较简单。但它不适合市场与产品数量太多的银行，而且各个职能部门之间容易造成各自为政的局面。过分强调本部门功能的重要性，可能会使营销经理在协调上花费大量的精力，从而影响长远营销规划的顺利实施。

第二，产品型银行营销组织模式。这是按照不同种类的产品进行管理的组织模式，适合规模较大、拥有较多金融产品的银行。它是一种为了适应竞争激烈化、产品创新多样化而出现的纵横交织的组织结构，纵向依然保留了各功能型的部门，而横向增加了产品经理，主要负责制定产品策略与计划。

产品型银行营销组织模式对于营销活动而言好处在于：不同产品由专人负责，各类产品都不会被忽视，产品成长较快；便于对产品进行管理，银行可以将精力集中在不同的具体产品，尤其是在市场营销中占较大比例的产品上；它可以使银行对市场上出现的问题迅速做出反应，为开发新产品协调好各方面的力量。

当然，这种模式对营销活动也有负面影响，主要表现在为三点。①成本较高。由于专人负责一种或几种产品，因此对银行营销部门的人员配置以及营销的要求比较高。②整体性较差。各产品负责人可能致力于对其所管辖的产品进行管理，却忽视了整个市场的状况。③产品经理的权力有限。一般来说，产品经理没有足够的权力充分行使其职责，不得不依赖于与广告和促销、新产品开发等其他部门的合作。

第三，地域型银行营销组织模式。随着银行规模的扩大，地域型银行营销组织模式自然得到了应用，在这种模式下，银行按照不同的地区来分配其营销力量。

第四，市场型银行营销组织模式。它是以市场细分为基础的一种银行营销组织模式。为了集中精力开展营销活动，在激烈的银行业竞争中取胜，银行应进行全面的市场细分，并做好市场定位，努力为不同的市场提供优质的服务。大多数银行和金融机构都是将整个市场划分为个人客户市场与企业客户市场，然后针对不同的客户继续划分，根据不同客户的偏好、消费习惯和消费水平等开展营销活动。

第五，混合型银行营销组织模式。我们按照职能、产品、地域和市场将银行营销组织模式分为以上四种不同的结构，但在复杂的金融市场中，仅依靠单一的组织模式并不可行，如何根据市场的需要，扬长避短，设置相应的混合型营销组织模式是银行及其他金融机构急需解决的问题。不同的营销组织模式组合使用，便出现了混合型营销组织模式。常见的混合型营销组织模式如下。

1）产品 – 市场型模式，即银行营销部门同时设立产品经理与市场经理，前者负责产品销售及理论规划，后者致力于市场的培育开发。

2）产品－职能型模式，即各职能部门与不同的产品相互交叉。

不同的企业组织结构对营销部门的影响不同，营销活动在金融机构中的不断发展就是金融机构的营销组织结构不断调整变化的过程。随着经济的发展和竞争的日益加剧，金融机构特别是银行的营销观念在相应地发生改变，客户满意度的提高对企业的长期发展至关重要，因此，营销组织模式也随之发生了改变。越来越多的金融机构建立了"客户经理制"——新一代营销模式。客户经理成了连接银行与客户的桥梁，他们与客户进行全方位接触，及时获悉客户的要求和想法，并向研究部门和管理部门反馈信息，以设计出合适的金融新品种来满足客户的需求，加快金融产品创新。

（2）金融机构各部门的关系及协调合作对营销活动的影响。日益激烈的行业竞争使金融机构的营销活动变得日益复杂，营销部门在金融机构的地位得到了提升，这不免会引起各部门之间的矛盾。分析企业面临的内部环境，处理好各部门之间的关系，提升各部门协调合作的能力是金融机构进行营销活动的关键。

以银行为例，由于营销部门和其他部门之间是相互作用的，营销计划的执行要依赖于银行组织中的每一个部门，尤其是数据处理、人力资源、人事、财务会计、银行投资、法律服务、审计等部门。各个职能部门之间相互配合的情况决定了银行各部门的关系及协调合作对营销活动的影响。

以银行为代表的金融机构在实际运营过程中可能会产生很多矛盾，这些矛盾主要源于以下几个方面。

第一，不同部门对问题的不同看法。不同部门负责的具体工作不同，看待问题的视角存在较大的差异，对自己的认识以及对别人的评价也不同。金融机构虽然可以保证各个部门都按照企业的总体目标运作，却很难保证部门之间相互协调一致。例如，营销部门要在有利可图的情况下尽量满足客户，他们希望为广告、推销等活动提供预算，认为财务会计部门将资金管得太紧、过分保守、不敢冒险，使银行丧失了许多机会；财务会计部门则认为营销人员很难具体说明营销预算的增加能给银行带来多少销售额的增长，这只是对机会的一种预测，与财务会计部门所追求的稳妥风格不一致，这样两个部门之间便产生了冲突。

第二，各部门的权力之争。有的部门在业务运作过程中过于强调本部门的重要性，想提高自己的地位，甚至想成为业务活动的领导者，控制其他部门。而其他部门不甘受控于人，从而产生争夺领导权与控制权的斗争。

第三，不同部门的利益不同。为了维护本部门的利益，不同部门之间可能会出现矛盾与摩擦。例如操作部门，他们最关心的是日常工作能否顺利、精确、及时地完成（如票据处理要准确、账目要平衡等），避免失误或因其他问题而引起检查人员的注意，往往将客户的满意程度排在次要位置。但营销部门要求的不仅是顺利与及时，还要使银行产品能最大限度地满足客户的需求，追求利益最大化。

第四，有的部门行为不当。在银行运营过程中，如果有一个或几个部门出现了不当行为，从而使其他部门受到了损害，势必会引起其他部门的报复。

第五，营销部门内部也存在一定的冲突。我们同样不能忽视营销部门内部的各种冲突和矛盾所带来的不良环境，上述矛盾与争夺必然会耗费工作人员许多的时间和精力，使金融机构错失更好的发展机会，从而削弱金融机构的竞争力，影响其战略目标的实现。

因此，我们可以看到，金融机构在开展营销活动时，除了设置营销部门、加强营销力度之外，更重要的是在机构内部提倡营销观念，组织和协调好各个部门的工作。只有所有部门的所有人认识到营销对于组织机构发展的重要作用，各自努力在机构中营造有利于开展营销活动的环境，才能保证营销活动整体规划的正常进行。

3.2　法律环境

法律环境主要包括社会安定程度、政府对经济的干预状况、政府的施政纲领及相关政策、各级政府的运行情况、政府部门的工作作风、社会团体利益的协调方式、法制建设状况、各种法律法规体系以及司法程序等。法律环境既包括国内法律环境，也包括国际法律环境。我们主要来探讨政治法律环境。国际政治法律环境既包括国际政治法律状况，诸如国际形势及其发展趋势、国际通用的法律法规或国际惯例等，又包括不同国家和地区的政治法律状况。国内和国际政治法律因素会不同程度地影响金融企业的经营活动，其中有些因素，例如金融业的相关政策、法律、法规等，对金融服务营销的影响更直接、更经常，影响程度也更大。安定的政治形势和健全的法律制度是金融服务营销的保障，例如，银行所遭受的违约风险和挤兑风险，一般总是与政治动乱或突发事变等使法律秩序遭到破坏的情况有关。因此，金融企业在开展服务营销活动时，应仔细观察分析国内外政治法律环境的状况及其变化，以便及时采取相应的经营防范措施。

3.2.1　国内法律环境

我国金融企业的服务营销活动主要在国内开展，现在逐渐迈入国际市场，首先应该对国内政治法律环境进行清晰的了解和细致的分析。

近年来，我国在改革开放和现代化建设方面取得了举世瞩目的巨大成就，社会政治稳定，经济持续健康发展，人民生活水平有了很大的提高，法制建设也在逐步健全和完善，这些发展变化对我国金融企业的营销活动产生了重大影响。

随着我国由计划经济体制向社会主义市场经济体制转轨以及现代企业制度的构建，金融企业逐步转为面向市场、独立营销、自负盈亏的经济实体。自 1994 年起，我国的金融机构除中央银行以外开始实行商业化管理，金融机构拥有了更多的经营自主权，能面向市场独立开展经营活动，使得金融产品和服务趋于市场化。在这种形势下，金融企业要想获得营销活动的成功，使自身得以生存和发展，除了认真分析市场动态以外，还必须密切关注国家宏观调控政策及其对金融服务营销活动的影响。国家宏观调控政策主要包括人口政策、产业政策、外贸政策、物价政策、财政税收政策、金融货币政策等。这些政策会直接或间接、长期或短期地对金融市场产生影响，因此，金融机构必须对上述政策及其影响进行深入细致的分析和研究，并据此制定或调整自己的服务营销方略。

随着经济体制改革的不断深入和现代化建设的迅速发展，我国政府相继颁布实施了一系列用以规范市场以及保护生产者、经营者与消费者权益的法律法规，例如《企业法》《劳动法》《专利法》《商标法》《广告法》《反不正当竞争法》《投资基金管理办法》等。这些法律法规一方面规范了金融企业的营销活动，另一方面也为金融企业的正常营销提供了法律保障，为其赢得了商机。随着金融体制改革的发展，国家陆续颁布实施了一些金融方面的法律法规，其中以银行、债券和保险方面的法律法规为主，如《中国人民银行法》《商业银行法》《证券法》《票据法》《担保法》《贷款通则》等。

国家的法律法规能够对金融服务营销活动产生重大的影响，因此金融企业应当对法律法规进行研究分析，以便依靠法律武器维护自己的正当权益，积极开展营销活动。例如，证券公司在进行股票发行业务时，应聘请法律顾问进行咨询，或由本公司的法律人员对有关股票发行、上市、销售等法律法规进行深入细致的分析研究，确保其业务活动符合法律程序的要求。

3.2.2　国际法律环境

金融企业无论在国内市场从事营销活动，还是进入国际市场开展跨国营销活动，都既要了解国内政治法律环境，又要了解国际政治法律环境，因为两者相互联系、相互作用，并且都影响和制约着金融企业的营销活动。金融企业对于国际政治法律环境的分析应着眼于以下两个方面。

首先是整个国际政治形势及其变化趋势。如果国际政治形势动荡不安，或者发生世界性或局部性战争，将会给金融企业的国际市场营销带来严重的影响；反之，如果国际政治形势和平稳定，国际经济交流与合作顺利发展，则会给金融企业的国际市场营销提供有利的条件。在前一种情况下，金融企业的国际市场营销虽然也有一定的机会，但无疑存在较大的风险；后一种情况尽管对金融企业开展国际市场营销业务较为有利，但金融企业仍需要根据实际情况审慎做出营销战略与策略选择。因此，在上述两种情况下，金融企业都应认真分析国际政治形势及其变化趋势。

其次是国际法以及国际经济惯例。金融企业在开展国际市场营销时，虽然没有统一的法律规范，也没有一个国际强制机构来执行，但是存在一些公认的国际经济惯例以及某些国家之间签订的多边协定，例如世界贸易组织制定了许多有关贸易和金融方面的运行规则，成员要共同遵守；北美自由贸易区、东盟各国也制定了一些国际经济贸易规则，其中部分规则已成为国际普遍遵循的惯例。除了多边协定外，还有两国之间的双边协定，它规定了双方在经济贸易往来中应共同遵循的原则以及权利和义务。上述协定和惯例对国际金融活动有着直接或间接的影响，因此，所有已经进入或准备进入国际市场开展营销活动的金融企业，都应对此进行认真分析和仔细研究。

随着我国改革开放和经济建设的进一步发展，国内金融企业逐步进入国际市场开展营销活动。我国的金融企业在这方面缺乏经验，更应及早对国际政治法律环境进行全面、深入的研究，以便为开展金融服务营销活动创造有利的条件。

3.3　科技环境

3.3.1　科技环境的影响

人类在历史上经历了四次科技革命。第一次以蒸汽机技术为标志，第二次以电气技术为标志，第三次以电子技术为标志，第四次以信息技术为标志。

第二次世界大战以后，以物理学革命为先导，以现代宇宙学、分子生物学、系统科学等为标志的新科学革命蓬勃兴起，新科学革命又推动着信息技术、能源技术、新材料技术、生物工程技术、海洋工程技术、空间技术等现代技术迅猛发展，形成了科学－技术－生产体系，科学技术在现代生产中起主导作用。在工业发达国家，科技进步因素在国民生产总值中所占的比重已经从 20 世纪初的 5% ～ 20%，提高到现在的 80% 以上。科学技术的发展对社会进步、经济增长和人类生活方式的变革都起着巨大的推动作用。现代科学技术是社会生产力中最活跃的因素，同时对社会生产力起到决定性作用。它作为重要的营销环境因素，不仅直接影响企业内部的生产和经营，同时与其他环境因素相互依赖、相互作用，从而影响企业的营销活动。科学技术是第一生产力。科学是人类认识自然的知识体系，是潜在的生产力，技术是生产过程中的劳动手段、工艺方法，是现实的生产力。企业经营方式要从粗放型转为集约型，关键要靠科学技术。科技环境作为总体经营环境的一部分，不仅影响企业的内部环境，而且直接影响经济环境和社会环境。

1. 科学技术的发展直接影响企业的经济活动

随着生产率水平的提高，企业主要依靠设备技术开发（包括原有设备的革新、改装以及设计、研制效率更高的现代化设备）创造新的生产工艺和生产流程。同时，技术开发扩大和提高了劳动对象的利用广度和深度，不断创造出新的原材料。这些都不可避免地影响企业的管理程序和市场营销活动。科学技术既为市场营销提供了科学理论和方法，又为其提供了物质手段。

2. 科学技术的发展和应用影响企业的营销决策

科学技术的发展，使得每天都有新品种、新款式、新功能、新材料的产品在市场上推出。因此，科学技术进步所产生的效果，往往通过消费者的需求和市场环境的变化影响企业市场营销活动。营销人员在进行决策时，必须考虑科技环境带来的影响。

3. 科学技术的发明和应用

科学技术的发明和应用可以造就一些新的行业、新的市场，同时使一些旧行业与市场走向衰落。例如，太阳能、核能等技术的应用，使传统的水力发电和火力发电受到冲击。太阳能、核能行业的兴起，必然给掌握这些技术的企业带来新的机会，也给水力发电、火力发电行业带来较大的威胁。再如晶体管取代了电子管，后又被集成电路所取代；复印机工业打击复写纸工业；化纤工业冲击传统棉纺业，等等。这一切无不说明，随着科学技术的进步，新行业将替代旧行业，这对新行业技术拥有者而言是机会，对旧行业来说却是威胁。

4. 科学技术的发展和进步

科学技术的发展使产品更新换代的速度加快，产品的市场寿命缩短。今天，科学技术突飞猛进，新原理、新工艺、新材料等不断涌现，使得刚刚炙手可热的技术和产品转眼间就成了明日黄花。这种情况要求企业不断进行技术革新，赶上技术进步的浪潮。如果企业的产品跟不上更新换代的步伐，跟不上技术发展和消费需求的变化，就会被市场无情地淘汰。

科学技术的进步使人们的生活方式、消费模式和消费需求结构产生了深刻的变化。科学技术是一种"创造性的毁灭力量"，它创造出新的东西，同时淘汰旧的东西。一种新技术的应用，必然导致新的产业部门和新市场的出现，使消费对象的品种不断增加、范围不断扩大、消费结构发生变化。例如，美国汽车工业的迅速发展，使美国成了一个"装在轮子上的国家"，现代美国人的生活无时无刻不依赖汽车。再如，电子计算机技术的发展改变了人们传统的计算和打算盘的做法，人们在日常生活中离不开这些生活方式的变革。如果企业能深刻认识到这些，主动采取与之相适应的营销策略，就能获得成功。所以，企业在开展市场营销活动时，必须深刻认识和把握科学技术发展引起的社会生活和消费的变化，看准营销机会，积极采取行动，并且尽量避免科技发展给企业造成的威胁。

5. 科学技术的发展为提高营销效率提供了更新、更好的物质条件

首先，科学技术的发展为企业提高营销效率提供了物质条件。例如，新的交通工具的发明或旧的运输工具的改进，大大提高了运输效率，信息、通信设备的改善，便于企业组织开展营销活动，提高营销效率。现代商业中自动售货、邮购、电话订货、网络购物等方式的发展，既满足了消费者的要求，又提高了企业的营销效率。其次，科学技术的发展使促销措施更有效。例如，互联网、社交媒体等现代信息网络技术的发展，使企业的商品和劳务信息能够及时、准确地传送到全国乃至世界各地，这将大大有利于本国和世界各国的消费者了解这方面的信息，并起到刺激消费、促进销售的作用。最后，现代计算技术和手段的发明运用，使企业能够及时对消费者的消费需求及动向进行有效的了解，从而使企业的营销活动更切合消费者需求的实际情况。科学技术的发展，推动了消费者需求向更高层次、多样化的方向转变，消费者消费的内容更加广泛。企业生产什么产品、生产多少产品来满足消费者需要，还要依靠调查研究和综合分析。在这种情况下，完全依赖传统的计算和分析手段是无法做到的，现代计算和分析手段的发明运用，提供了解决这些问题的武器。

总之，科学技术的进步和发展，给社会经济、政治、军事以及社会生活各个方面带来了深刻的变化，这些变化也必将深刻地影响企业的营销活动，给企业造成有利或不利的影响，甚至关系到企业的生存和发展。因此，企业应该特别重视科学技术这一重要的环境因素对企业营销活动的影响，抓住机会，避免风险，求得生存和发展。

3.3.2　信息技术的发展对金融业的影响

信息技术是在管理和处理信息时采用的各种技术的总称。它主要是应用计算机科学和通信技术来设计、开发、安装和实施信息系统及应用软件。它也常被称为信息和通信技术，主要包括传感技术、计算机与智能技术、通信技术和控制技术。信息技术的应用包括计算机硬件和软件、网络和通信技术、应用软件开发工具等。

以电子计算机技术为代表的新技术革命，在20世纪70年代以后迅速发展，计算机开始普及，通信手段与技术也进一步提高，从而引发了信息革命。信息技术革命不仅为人类带来了新的生产手段、生产力的大发展和组织管理方式的变化，还引起了产业结构和经济结构的变化，彻底改变了金融观念，直接引发了金融创新和金融革命，将金融发展水平和发展速度推向前所未有的高度。

现代信息技术的应用给金融业的发展带来了巨大的影响，推动了金融电子化和信息化的进程。

早在20世纪60年代，以微电子技术为核心的新技术革命就开始对金融业产生影响，在美国和日本，一些大型银行和证券公司已着手使用电子计算机，用于行业内部的财务管理和市场行情分析。20 世纪 70 年代以后，电子计算机在金融业有了更广泛的应用，金融企业先是安装 ATM，后又在企业内部实行计算机联网，对存款、取款、买卖证券等业务进行综合处理，不仅为客户提供了便利，也提高了自身的竞争能力。例如，日本建成了"全国银行信息通信系统"，日本国内主要银行通过这个系统进行资金划拨和清算。此后，又出现了计算机第三次大联网，即以金融机构为中心，企业、家庭等进行计算机联网，形成了空前庞大的多行业计算机社会网络。在这个网络中，金融机构可以向社会各界提供多种金融服务，以全新的现代化手段处理传统金融业务，从而给金融体制带来了深刻的影响。电子技术与通信技术的结合，不仅有助于金融信息的国际传播，使国际支付和国际金融交易更加便捷，也有助于全球 24 小时金融市场经营，有利于全球金融市场一体化的形成。

自 20 世纪 90 年代以来，随着互联网的出现、发展和国际化，金融市场不断向网络市场发展，金融服务方式不断改变，金融服务范围进一步扩大。网络对金融业和金融市场的影响涉及金融服务的销售、证券发行、金融交易和清算等各个方面，不仅极大地提高了交易效率，而且随着互联网的推广，投资者从大中城市扩展到中小城镇和农村，扩大了金融市场的覆盖范围。

银行纷纷利用信息技术建立了自己的经营体系，通过网上支付和网上银行等形式改变了资金的流通形式，从纸币向电磁信息转变。同时，人们还可以利用网络技术实现资金在网络上的交换与流通，摆脱货币流通时间与空间的限制，实现全球金融交流，提高资金的运转速度和效率。1995 年 10 月 18 日，全球出现了首家以网络银行冠名的金融组织——美国安全第一网络银行（SFNB）；1996 年 2 月，中国银行在国际互联网上建立了主页，率先在互联网上发布信息。后来，工商银行、农业银行、建设银行、中信实业银行、民生银行、招商银行、太平洋保险公司、中国人寿保险公司等金融机构都在国际互联网上设立了网站。

互联网技术的发展以及大数据时代的来临，使金融业发展出更多的经营模式，能够弥补原有经营模式存在的不足，创新服务方式。同时，由于网络技术的普及，人们可以通过手机、电子计算机等客户端了解金融业为客户提供的服务，如金融服务消费者可以通过余额宝、微信零钱通进行投资理财，迅猛发展的互联网银行使普惠小额贷款的市场需求得到满足，金融市场服务范围不断扩大。

信息技术的发展，促使金融创新层出不穷。电子计算机、通信技术等带来的信息革命，为金融创新提供了坚实的物质基础与技术保障。例如，没有计算机技术和信息收集处理技术的发展，信用卡、资产证券化是不可能实现的，期货、期权市场的发展及金融产品交易的全球化进程不会这么快，移动支付更不能像今天这样方便我们的日常生活。可以说，信息技术的进步每一天都在改变着金融机构内部的经营程序和管理方式，以及对外的服务方式和服务内容。随着计算机技术的进一步发展及其在金融领域的应用，将会产生更多新的金融产品和服务。

此外，为了迎合互联网金融的发展，金融机构在原有的组织结构基础上进行了优化，机构内部的整体结构向扁平化转变，从而提高了企业的整体效益，实现了企业的信息化，并以此带动了金融业整体的信息化水平。随着金融业信息化水平的提高，金融监管部门的监管方式也进行了创新，新的监管技术不断被开发运用。

传统金融业的竞争模式主要以自身所有的资本、地区经济水平及形成的规模为主，在信息时代，通过信息技术的应用建立了一个多信息交流平台，金融业信息在这一平台上快速交流、传播，从本质上改变了金融行业的营销方式，促使银行的经营模式向信息化转变，重组了银行的 IT 系统。金融业不再以资本和特定的优势评价经营水平的高低，而是把信息技术的应用作为新的评判标准。

□ 案例 3-1
互联网银行的迅猛发展

互联网银行是指借助现代数字通信、互联网、移动通信及物联网技术，通过云计算、大数据等方式在线实现为客户提供存款、贷款、支付、结算、电子票证、电子信用、账户管理、货币互换、P2P 金融、投资理财、金融信息等全方位无缝、快捷、安全和高效的互联网金融服务机构。

互联网银行的概念由互联行创始人林立人先生率先提出并付诸实施，互联网银行是对传统银行的颠覆性变革，是未来金融格局的再造者，通俗来说，互联网银行就是把传统银行完全搬到互联网上，以实现银行的所有业务操作。互联网银行具有如下特点。

- 互联网银行和传统银行之间最明显的区别是，互联网银行无须设置分支机构，服务全球，业务完全在网上开展。
- 拥有一个非常强大、安全的平台，保证所有操作在线完成，足不出户，流程简单，服务方便、快捷、高效、可靠，是真正意义上的 7×24 小时服务。
- 借助互联网技术，取消了物理网点，降低了人力资源等成本，与传统银行相比具有极强的竞争优势。
- 以客户体验为中心，用互联网精神做金融服务，共享、透明、开放、全球互联，是银行未来的发展方向。

在信息技术迅猛发展的今天，移动互联网技术的成熟以及金融市场的服务需求，促使我国互联网银行取得了突破性进展。

微众银行

微众银行的贷款业务主要包括两大块：纯线上的小额信贷产品"微粒贷"和车贷产品"微车贷"。2017 年它开始在深圳本地试点小微企业贷款。依托于微信和 QQ 两大超级流量入口，微众银行的 C 端在线小额借贷业务在民营银行中遥遥领先。

根据微众银行发布的 2018 年年报：2018 年，微众银行业绩表现优异，资产规模达到 2 200 亿元，比年初增长 169%，营业收入首次突破百亿元，达到 100.3 亿元，同比增长 48.63%；净利润达到 24.74 亿元，同比上涨 70.85%；资产质量方面，不良贷款率为 0.51%，贷款拨备率为 4.30%，拨备覆盖率为 848.01%，流动性比例为 61.61%，资本充足率为 12.82%。主体信用评级由 AA+ 级调升为 AAA 级。

截至 2018 年年末，微众银行的有效客户超过 1 亿人，覆盖了 31 个省、自治区、直辖市。在微众银行授信的个人客户中，约 80% 的客户为大专及以下学历，72% 以上的个人借款客户单笔借款成本不足 100 元；在授信的企业客户中，约 2/3 的客户是首次获得银行贷款。

此外，年报数据还显示，2018 年，微众银行强化了科技团队和组织，新成立了分布式商业科技和人工智能两个单元，尝试探索基于区块链和人工智能（AI）的"未来银行生态"。

网商银行

依托于蚂蚁金服的民营银行——网商银行在小微金融服务方面一骑绝尘。网商银行服务的"码商"主要以服务行业的经营者为主，其中，服装店、超市便利店、烟酒杂货等零售商占 19%，餐饮、教育、美容、维修、家政等纯服务性商户达 81%。截至 2017 年年底，线下小微经营者每笔贷款平均金额为 7 615 元，平均资金使用时长为 50 天，6 个月内贷款超过 3 次的经营者达到 35%。当前，网商银行仍以单笔贷款金额为 30 万元的高频、短期、小额借贷为主。

在 2018 小微金融行业峰会上，网商银行表示，从 2017 年 7 月开始，该行通过"码商"计划进一步加码了线上的小微金融。在一年时间内，该业务已经覆盖小微"码商"2 300 万户，其中超过 300 万用户使用了贷款，不良率仅 0.54%，复贷率为 35%，准时还款率达 99.15%。到 2018 年年中，网商银行的小微贷款商户数已经增长到了 850 万户，3 年多时间里增长了 17 倍。

新网银行

新网银行于 2016 年 12 月 28 日正式获得四川省银监局批复的开业通知，这标志着以新希望集团、四川银米科技有限责任公司（小米科技全资子公司）、成都红旗连锁股份有限公司作为三家主要股东的新网银行将成为中西部第一家互联网民营银行，以及继腾讯微众银行、阿里网商银行之后的第三家互联网银行。

新网银行借助云端授信手段，致力于普惠小贷的发展，打造高效的数据信贷文化，提升客户体验，降低业务成本。在统一的互联网开放思维下，依托小米、红旗等线下门店资源，逐步构建社群化金融体系。

根据小米 CDR 招股书的数据，新网银行 2017 年总资产达 163.15 亿元，到 2018 年 3 月底，这一数据增长至 204.55 亿元。从盈利情况来看，尽管新网银行 2017 年全年亏损接近 1.7 亿元，但 2018 年第一季度实现净利润约 0.57 亿元，顺利扭亏为盈。

新网银行认为数字银行应依托差异化战略定位，以"补位者"的角色与传统主流银行优势互补，力争沿着"产品服务数字化（数字银行 1.0 阶段）—数字能力共享化（数字银行 2.0 阶段）—金融服务智慧化（数字银行 3.0 阶段）"的演进路径，最终成长为兼具"人工智能深度"与"场景连接广度"的智慧数字银行。

互联行创始人林立人指出："未来没有银行，如果有，那它一定是互联网银行。"互联网银行背靠互联网巨头的生态优势，正在迅猛发展。

资料来源：百度百科，http://baike.baidu.com/item/互联网银行/7095542?fr=aladdin；http://tech.qq.com/a/20161230/006238.htm。

3.3.3　科技环境与当代金融服务现代化

以金融服务信息化、智能化和网络化为标志的当代金融服务现代化，不仅给传统的金融服务和经营管理理念与方式带来了冲击，改变了传统的金融服务方式和服务范围，还将对国际战略力量的对比和国际战略格局产生重大影响。

（1）金融服务信息化、智能化和网络化，拓宽了金融服务的领域。金融服务信息化能够融合银行、证券、保险等分业经营的金融市场，减少各类金融企业针对同样客户的重复操作，拓宽产品功能分解和综合的创新空间，为客户提供更多"量体裁衣"式的金融服务。由此，金融企业将从事全能银行业务，如存款贷款、国际结算、财务顾问、证券经纪、信托、保险代理等，其业务经营范围将得到更广泛的拓展。金融服务信息化还促进了金融服务的个性化。信息化金融企业通过多种通信手段与客户进行广泛的实时沟通，随时掌握客户的需求变化，及时推出满足客户需求的个性化金融服务产品，特别是理财服务将成为金融服务的主角。丰富的金融产品的推出，不仅满足了客户的需求，还扩大了金融业的服务范围，开辟了新的收入源，提高了金融企业的市场竞争力。

（2）金融服务信息化、智能化和网络化，提高了金融服务质量。金融服务信息化必然促进金融自动化，使金融业务能够突破时间限制。金融服务信息化还促进了无形的金融市场，即虚拟化金融市场的形成和发展。例如，传统银行采取柜员办理业务的方式，这种市场模式需要通过客户不断"走动"来维持，距离网点较远的客户"走动"费时费力，给银行造成了空间局限。银行建设虚拟化金融市场，其固定营业网点的空间局限性不再存在，理论上只要是网络和通信能够覆盖的地方，都可以成为银行的市场，客户可以坐在家中、办公室或在异国他乡接受特定的银行服务。万事达国际组织指出，互联网使传统金融业务由固定销售点方式转变为随时随地的方式。"有银行业务，没银行网点""银行24小时永不关门"，这些标语揭示了金融服务信息化给银行服务带来的深远影响。因此，将来的金融业将能够提供"AAA式服务"，并使服务更富有针对性、更加个性化和更具人情味。

（3）金融服务信息化、智能化和网络化，降低了金融服务成本。根据英国艾伦米尔顿国际管理顾问公司的调查，利用网络进行付款的交易每笔成本平均为13美分或更低，利用银行的网上银行服务成本为26美分，利用电话银行服务成本为54美分，利用银行分支机构服务成本高达108美分。金融服务信息化的应用和深化将持续降低银行的经营成本，并使网上银行成为未来银行业的发展方向。网上银行无须开设分支机构，雇员极少，如美国某网络银行员工只有19名，由此省下的巨额资金可以用来提高存款利息。例如，花旗银行的储户必须在活期账户上有6万美元余额，才能获得1%的利息，而亚特兰大网络银行规定的最低限额是100美元，存款利息为4%。另外，以1年定期存款利率为例，花旗银行为4.8%，亚特兰大网络银行为6%。高利息在增加客户收益的同时，也壮大了银行的客户基础，极大地改善了银行的盈利能力。

（4）金融服务信息化、智能化和网络化，强化了金融企业管理。金融服务信息化变革了金融企业管理，改善了金融企业管理的深度、广度和效率。金融企业管理可以概括为三个方面：业务组织、风险控制和后勤保障。从业务组织来看，金融企业将依据计算机技术重新设计业务流程。现在的金融软件主要是通过模仿传统的手工劳动和人员配置设计的，未来的金融软件将突出四个方面。一是账务组织分离。金融业务的基层网点将仅负责数据采集，科目设置、凭证处理、记账（记总账、明细账）、填报表等都将由上级处理中心处理。二是柜员制作业。柜台人员将放弃传统的面向功能和面向账号的工作方式，转而采取面向数据和面向客户的工作方式。三是传统的单式录入改为复式录入，达到一记双讫。四是信息共享。公用信息（如利率、汇率等）、客户信息（如账户信息等）、管理信息（如统计报表、头寸报表）根据不同的管理级别生成所需的各种报表，强化内部核算。从风险控制来看，资产质量问题关系到金融企业的利润和发展，是所有金融企业的生命线。有关资产质量的信息收集、整理、分析、判断、反馈等环节将进一步自动化、综合化。从后勤保障来看，在许多发达国家，银行正在进行功能再造，实行电子化外包，借助计算机批量处理银行业务，将各部门的成本费用、员工福利等反映在办公网上，方便部门统筹。另外，在综合层次上，银行行长可以借助金融"管理驾驶舱"计算机智能系统，随时审查全行状况，更科学地进行总体决策。当前，我国金融业正处于从电子化、半电子化向信息化转变的阶段，面对当前金融服务现代化的严峻挑战，金融业必须更加勇敢地投身到金融服务现代化的激流之中，以强烈的责任感、使命感和时不我待的紧迫感，推进具有中国特色的金融变革，使中国金融业在新世纪的国际金融竞争中始终处于战略主动地位，为实现国家的长治久安和全面建设小康社会的战略目标提供金融保障。

3.3.4　科技在金融服务业中的作用

科技在金融服务业中承担了很多不同的角色。过去，金融机构都使用以纸为基础的系统来记录消费者的账户明细。计算机技术的发展使很多内勤工作实现了自动化，也实现了高效率。这意味着，分支机构可以利用更多的时间来销售产品而不是处理账户或交易等内勤工作。计算机应用不仅降低了经营成本，也减少了传统方法中人为的错误操作。从效果和效率来说这都是很大的提高。计算机技术的普及还使金融机构能够提供更多的产品以满足更多的消费者需要，消费者也将因为业务速度的提高以及管理工作的改善而受益。

在促进服务自动化的同时，科技还提供了其他便利，使金融机构能够通过更广泛的渠道与消费者接触。在一次尝试中，为了延长受限的银行营业时间，并使消费者能够在银行营业时间之外提取现金，第一次引进了 ATM。人们马上意识到，ATM 可以提供很多服务，比如现金提取、余额查询和对账，从而减少分支机构工作人员的工作时间，缩短消费者排队等候的时间。ATM 为其他形式的远程取款，比如电话银行及 PC 银行铺了一条路。除此之外，随着手机、笔记本电脑等移动设备的大量普及，手机银行和网上银行市场已经有了很大的增长。以中国建设银行为例，2018 年年报数据显示，电子银行业务收入为 185.85 亿元，增长了 98.96%。分析其原因，主要是该行加大了网络金融的服务和应用推广力度，手机银行、网上银行用户数量持续增长，移动金融交易量快速提升。中国建设银行着力推进渠道智能化转型，支付结算、充值缴费等 9 大类近百项业务场景广泛应用人脸、语音等生物识别技术；运用物联网、人工智能及大数据，推进金库智能化创新；加快推进门店数字化，在 10 家分行投产 8 个集成数字化智慧银行网点和 5 个数字化展厅，运行智慧柜员机 49 687 台。金融科技的运用为金融机构接触消费者以及为消费者办理业务提供了巨大的渠道便利。

除了为金融服务提供更多的渠道之外，科技还有助于日益增长的客户服务。现在，消费者有很多方法接触到金融服务供应商并进行交易。虽然许多消费者可能更愿意采用主流方法，但他们也可能在面对复杂或者一次性交易时选择其他方法。

除了产品销售和消费者服务之外，科技还能够通过数据库管理来提高金融机构营销努力的效果。传统上，金融机构围绕产品和账户，而不是围绕消费者来安排和组织其管理系统。在很多情况下，由于涉及的产品不同，消费者的细节信息没有按统一格式记录。这表明传统金融机构的关注点在于产品而不是消费者。不过，随着金融机构越来越多地关注消费者，它们发现自己的系统并不能很好地描绘消费者及其金融服务消费。因此，在 20 世纪 80 年代初期，很多金融机构将消费者信息重新组织整理在一个数据库或者消费者信息文档中。

建立一个合理的消费者数据库，其背后的基本原理是，金融机构可以借此识别每个消费者（或者消费者群体）并记录他们所购买的产品以及使用情况。这样，金融机构能够跟踪了解消费者的行为结构，并为每个消费者定位合适的产品。通过这样一个营销数据库，金融机构能够建立一个自有消费者的内部市场，抓住跨区域销售的机会，并概括将来要争取的消费群体的范围。金融机构的长远发展在于其能有效地利用消费者数据库。

本章小结

金融服务的环境发生了巨大的变化，包括宏观环境、微观环境在内的社会环境和法律环境的宽松对金融服务提出了更高的要求，而科技环境的改变，尤其是计算机和互联网的普及，使得金融服务无论是产品创新还是服务方式的改变都成了必然。

思考练习

1. 从消费者行为学的角度分析消费者收入对金融产品需求的影响。

   答案要点： 经济发展决定收入总量呈上升趋势；消费者对于自身财产保值、增值的需求上升，因此对于金融产品的品种、数量和服务的要求必定越来越高。

2. 试述信息技术的发展对金融服务的影响。

   答案要点： 信息技术改变金融服务的方式包括柜台设置、金融机具智能化等，对专业化的服务、良好的沟通、适合的金融产品以及体贴的服务都提出了更高的要求。

推荐阅读

1. 闻潜. 消费启动与收入增长分解机制 [M]. 北京：中国财政经济出版社，2005.
2. 卢泰宏. 中国消费者行为报告 [M]. 北京：中国社会科学出版社，2005.
3. 黄家骅. 中国居民投资行为研究 [M]. 北京：中国财政经济出版社，1997.
4. 朱宁. 投资者的敌人 [M]. 北京：中信出版社，2014.
5. 杨才勇. 互联网消费金融：模式与实践 [M]. 北京：电子工业出版社，2016.
6. 费里尔. 如何让他买：改变消费者行为的十大策略 [M]. 王直上，译. 北京：中信出版社，2016.

第 4 章
CHAPTER 4

金融服务的客户

■ **本章提要**

本章研究了金融服务的客户的相关内容，从金融客户的分类和需求特征出发，分析了金融消费者的购买行为特征、购买者行为的影响因素以及消费决策过程，在此基础上，讨论了建立金融服务的行为模型需要注意的问题，并介绍了生命周期理论的相关内容。

■ **重点与难点**

❑ 金融服务购买者行为特征及分析。
❑ 金融服务模型的建立。
❑ 生命周期理论。

4.1 金融服务的客户

4.1.1 金融客户的概念

金融客户是指使用金融企业提供的金融产品与服务的个人或组织，即金融企业的服务对象。无论在货币市场还是资本市场，参与各种金融交易的主体或中介，甚至某些金融机构本身，在不同的时间、场合以及不同的交易过程中，都有可能成为金融客户。

4.1.2 金融客户的分类

按照金融交易主体的性质可以将金融客户分为个人客户和机构客户。

1. 个人客户

个人或家庭是金融市场中的基本客户。从整个社会各个部门的资金供需状况来看，由于个人或家庭的收入一般大于支出，因而个人或家庭通常是社会资金的盈余部门。尽管个人或家庭也会成为金融市场的资金需求者，如购买住房、开办企业或因短期资金需求而在二级市场抛售证券等，但总体而言，个人或家庭大多是金融市场的资金供给者和长期投资者。个人或家庭参与金融交易的动机多种多样，如筹备学费、婚丧嫁娶等。个人或家庭的投资领域也相当广泛，既有短期投资，也有长期投资，既涉足货币市场，也光顾资本市场。由于个人或家庭的可运作资金较少，投资活动在金融市场上受到很大的限制，如某些金融交易会规定最低成交金额等，这就使得相当多的个人或家庭只能从事间接投资，从而成了银行和机构投资者的资金供给者。

2. 机构客户

（1）政府。政府通常是金融市场的大客户，它既是金融市场的资金供给者，更是资金需求者。作为资金供给者，政府部门的预算收入和各种经费在短期内产生的闲置资金一般需要存入金融机构，从而成为金融机构短期运作的资金来源；作为资金需求者，中央或地方政府为了弥补财政赤字或开展基础设施建设，经常通过发行政府公债来募集所需的资金。政府的资金募集活动主要在一级市场进行，但无论在货币市场还是资本市场，政府都是重要的发行主体。

在国内金融市场中，政府一般具有双重身份，它不仅是金融市场的客户，而且是金融市场的调控者。为了规范金融市场交易，引导市场资金的流向，政府除了直接颁布某些限制性的政策法令外，还可以通过制定一定的产业政策及财税政策，尤其是通过发行政府公债来影响资金分配结构，同时，还可以通过中央银行的货币政策以及公开市场业务调节市场货币的供应量。在国际金融市场中，政府的金融交易身份有所不同，它既可能是主要的资金需求者，也可能是主要的资金供给者。某些国家政府通过相互合作、签订各种协定等制定国际金融市场的行为准则和确定权利义务关系，这也是政府双重身份的重要体现。

（2）工商企业。工商企业主要包括生产性企业、流通性企业和非金融服务性企业。在现代市场经济中，工商企业是金融服务的主要对象，作为金融企业的客户，工商企业既可能是资金供给者，也可能是资金需求者。在资本市场中，除了极少数企业外，多数企业以一定的方式筹集所需的资本金，如股份有限公司的资本金可以通过资本市场以公募或私募等方式筹集，这时企业是资金需求者。另外，企业可以通过产权交易、投资或持有其他企业的股票、债券等成为资本市场的资金供给者。在货币市场中，企业的金融需要主要与以融通为目的的资金余缺密切相关。当企业有闲置资金时，为了充分利用资源，它可以通过把资金存入银行或购买有价证券等形式成为资金供给者；当企业缺乏周转资金时，可以通过向金融企业进行短期借款等形式融通资金，这时企业就成了资金需求者。

（3）金融企业与机构投资者。金融企业大多在金融市场中发挥中介作用，金融企业之间的交易十分频繁，并且金融业务也相互关联，因而一些金融企业也常会是另一些金融企业的客户。金融企业主要包括银行和非银行金融机构，诸如商业银行、专业银行（如储蓄银行、外汇银行等）、政策性银行、保险公司、信托投资公司、证券公司、投资银行、金融租赁公司、财务公司以及各种金融合作机构（如信用社）等。这些金融机构有些是在间接融资领域经营，有些是在直接融资领域开展业务，或两者兼而有之。除了少量从事自营业务的金融机构以外，金融企业主要发挥中介作用，也就是说，它们既不是资金的初始供给者，也不是资金的最终需求者。金融企业的主要资金来源为实收资本和储蓄资金，此外，同业拆借、发行金融债券、向中央银行再贷款或再贴现等都是扩大资金来源的重要渠道。从事间接融资业务的金融机构，既是资金供给者，也是资金需求者，主要发挥将储蓄转化为投资的传导作用，以使社会资金从盈余部门转向短缺部门。当然，这一资金转移也可以不通过金融机构，而是以直接融资的方式进行，从事直接融资业务的金融机构通常在资金余缺双方之间发挥桥梁作用，如证券公司、投资银行等。

机构投资者主要是在资本市场从事大宗投资交易的金融机构，例如保险公司、信托投资公司、财务公司、投资基金公司、养老基金，以及其他各种允许在金融市场运作以实现保值增值目的的基金等。机构投资者参与金融交易的资金数额较大，对金融市场的影响也较大，投资对象主要是公司股票、企业债券和政府公债。

（4）事业单位与社会团体。它包括研究机构、医院、学校、党群组织以及各种具有活动经费的社会团体等。这些组织一般是社会资金的盈余部门，因而会把闲置资金用于银行储蓄或在证券市场购买股票或委托信托投资公司参与中长期投资。

□ 案例 4-1

加拿大皇家银行着眼未来

加拿大皇家银行总部位于多伦多，在全球拥有 1 200 多万客户、210 万在线客户和 58 000 名雇员，是加拿大目前资产规模最大的银行，也是北美洲地区提供多元化财务金融产品的金融机构之一。

精细的客户市场细分，说起来容易做起来难，加拿大皇家银行就是少数做到这一点的银行之一。通常来说，18～35 岁的客户是最不受大多数银行垂青的客户群体，因为这些人的收入在他们这个人生阶段相对较低，个人的账单盈余不够宽裕，并且大部分人还有高额的学生贷款尚未偿还。然而，加拿大皇家银行的领导层认识到，这些身无分文的年轻人以后很可能会变成富有的、能给银行带来客户增长点的客户。于是，加拿大皇家银行的分析师仔细分析了这些年轻客户的数据资料，并对这些有着快速增长潜力的人做了进一步的客户分析。数据分析师把目标锁定为医学院或者口腔学院的在读学生，以及那些实习医师。他们一旦成为银行的客户，未来就很有可能给银行带来巨大的利润，这部分人在加拿大皇家银行看来有巨大的回报潜力。于是，2004 年加拿大皇家银行发起了一个融资产品计划，用来满足处于借贷状况的年轻医学从业者个人及其职业发展融资需求。这个计划所采取的具体方式包括助学贷款、为新开业的从业者提供医疗设备贷款以及为他们创办的第一家诊所提供发起贷款等。一年之内，加拿大皇家银行为这类用户群体定制业务的市场份额从 2% 快速上升到了 18%，而且，现在这类客户群体平均每一位客户给银行带来的收入是其整体平均水平的 3.7 倍。加拿大皇家银行金融集团副总裁兼 CEO 马丁·利珀特（Martin Lippert）说，银行为这些年轻从业者提供资金帮助的良好意愿开始赢得客户的回报和嘉奖，而且客户的流失率也在不断降低。

资料来源：http://www.docin.com/p-621480916.html。

4.1.3　金融客户的需求特征

金融客户的需求主要有三种类型，一是作为资金供给者，包括投资获利、保值增值、保险、套利等；二是作为资金需求者，期望以低成本获得资金的使用权；三是作为既不提供资金也不获得资金使用权的交易中介，其需求主要是获取佣金等。金融客户的需求具有如下特征。

1. 理性

金融客户的需求并非随意的、感性的、冲动的，而是理性的。与购买生活消费品不同，金融客户决定参与某种金融交易时是带有明确目的的，并且是在认真对比、分析、计算的基础上选择较好的方案，以便趋利避害。值得一提的是，在行为金融学中，学者们认为人是有限理性的，由于投资者的认知存在一定的偏差和情绪、偏好等方面的原因，以及金融客户对于当前的市场信息获取不足，这些因素往往导致投资者无法以理性的方式对市场做出准确估计，因而做出错误的决策。

□ **案例 4-2**

希勒与非理性繁荣

"非理性繁荣"一词源于时任美联储主席格林斯潘在 1996 年发表的一次讲话，他用这个词形容当时股票市场中投资者的行为。格林斯潘的本意是通过这次讲话来提醒股票投资者小心股市中的陷阱，结果却引发了全球股市的暴跌。此后，"非理性繁荣"一词被多人引用，其中最有名的当属 2013 年诺贝尔经济学奖得主罗伯特·希勒（Robert Shiller）。

希勒通过大量的证据说明，20 世纪 90 年代末的股市，房地产市场的繁荣中隐含着大量的泡沫，并且房价可能在未来几年中开始下跌。他认为，从 2000 年股市泡沫破灭之后，许多投资者将资金投向房地产市场，这使得美国乃至世界各地的房地产价格均出现了不同程度的上涨。因此，非理性繁荣并没有消失，而是在另一个市场中再次出现。

希勒认为，这种非理性繁荣是投机性泡沫的心理基础。投机性泡沫是指这样的情形：价格上涨的信息刺激了投资者的热情，并且这种热情通过心理上的相互传染在人与人之间扩散，在这一过程中，被夸大的故事使股票价格增长显得合理，有关股票价格增长的消息又不断被放大，吸引了一波又一波的投资者投身市场。这些投资者尽管可能对资产的真实价格有所疑虑，但可能出于对其他投资者发迹的羡慕，抑或因为"赌徒"的兴奋感而不自觉地卷入市场。

目前，大多数主流的投资心理报道将投资者描述为在股市繁荣时欣喜若狂，在股市暴跌时诚惶诚恐，但事实上，大多数人在金融波动期间要比报道显示的更为明智。很难想象市场作为一个整体会反映出上述那种情绪。事实上，投资者总是努力去做正确的事情，但是他们的能力有限（不完全理性），当他们无法把握自己行为的准确性时，特定的行为模式就会决定他们的行为，而这些行为模式源于人类的普遍心理。

资料来源：希勒. 非理性繁荣（原书第 2 版）[M]. 李心丹，等译. 北京：中国人民大学出版社，2014. 华尔街见闻，https://wallstreetcn.com。

2. 派生性

派生性是指金融客户的需求往往从其他各种复杂的需要派生出来，或者为了满足不同的需要。例如，个人投资者购买国债确保资产保值增值，其真实的需要可能是赚钱让孩子上学或者孝敬老人；政府发行公债筹集资金可能是为了投资于社会基础设施建设，也可能是为了弥补财政赤字等。

3. 可诱导性

对于具有一定的金融资产或开发潜力的客户而言，一方面，其金融需求可以被唤起；另一方面，在一定条件的刺激下，客户可以从一种需求转向另一种需求，如在某种高回报率的引导下，客户将银行存款取出购买某种债券。

4. 可替代性

客户的需求多种多样，除参与金融交易获利外，还存在其他需求，并且某些需求可以相互替代。金融企业的营销人员应当看到，消费需求往往是金融需求的重要的替代力量。当人们收入低、存款少时，生活消费往往占了他们收入的绝大部分，这时他们的金融需求能力和愿望都很低。即使人们的收入增加，除基本生活消费之外可任意支配收入（暂时的闲置资金）较多，他们也不一定会投向金融市场，受消费品营销的影响，人们可能追求高档消费，或购买住房、汽车，或用于文化、旅游等精神消费，甚至超前消费、举债消费。除消费因素外，直接融资与间接融资之间也存在一定程度的替代关系。

5. 伸缩性

受一些因素的影响，人们的金融需求可以被明显地放大，也可以被明显地缩小。国家的经济金融政策变动、人们对经济金融形势的预期和信心、政局的变化、战争、较大的自然灾害等，都对人们的金融需求有突出的影响。在一定条件下，人们的投机性需求快速放大的程度，可能超出他们的想象。但当人们的信心受到打击时，红火的金融交易也可能如大海落潮。正是金融需求的这种伸缩性，使金融交易具有较大的波动性，极容易滋生"泡沫"，并且潜伏着较大的风险。严重的金融动荡，不仅影响经济的健康发展，而且可能诱发金融危机甚至经济危机。

□ 案例 4-3

脱欧阴霾笼罩，英国房屋销售预期跌至 20 年来新低[注]

由于脱欧带来的不确定性以及房屋供给的不足，笼罩在英国房地产市场上空的乌云更厚了。房地产经纪商称，房价正不断下跌，消费者对市场的乐观情绪降至 20 年来的最低水平。

英国皇家特许测量师学会（RICS）在 2019 年 1 月发布的最新月度调查中指出，2018年 12 月，调查人员和房地产经纪商对房屋的销售预期，跌至 1999 年有记录以来的最低水平，另一项房价指数更是跌入负值区域。具体调查结果显示，预计未来 3 个月住房销量下跌的受访者比预计不下跌的受访者多 28%，预计房价下跌的受访者比预计房价上涨的受访者多 19%，11 月时这一数据为 11%。这是连续第 4 个月人们做出房价下跌的预测。12 月，来自新买家的问询连续第 5 个月出现萎缩。与此同时，新建住房的供给量已连续 6 个月下降。RICS 首席经济学家西蒙·罗宾逊（Simon Rubinsohn）认为，与英国脱欧路径有关的持续不确定性占据各大新闻板块，这并不让人感到意外，12 月买家购入房产的兴趣也受到抑制，"这很清晰地反映在近期销售预期趋势的恶化之中"。

英国国家统计局和地政局发布的数据显示，受脱欧不确定性的影响，楼市活动持续下滑。10 月，英国平均房价约为每套 23 万英镑，环比下跌 0.1%。但调查显示，人们对未来 12 个月的销售预期展望稍显乐观，这意味着围绕 3 月英国以何种方式脱欧的不确定性对上述预期产生了重要影响。罗宾逊还指出："再看远一点，随着（脱欧不确定性）浓雾消散，英国的房地产交易将恢复稳定，这多少给了人们一些安慰，但对许多接受调查的人而言，那一刻显得有些遥远。""与此同时，在眼下这种环境下，也没有开发商愿意启动新的住宅项目，加大供给。"

资料来源：腾讯网，https://new.qq.com/omn/20190117/20190117A0PKB9.html。

[注] 2020 年 2 月，英国正式脱欧。

4.2　金融服务购买者行为分析

4.2.1　购买者的特点及购买行为类型

1. 购买者的特点

（1）购买者的广泛性。个人、家庭和企业是金融产品市场的基本购买单位，人们要生存、要发展，企业要扩张，一方面需要对自身财产进行保值增值，另一方面还存在资金需求。凡是有人的地方，都有金融产品的消费存在。金融产品消费市场的购买者分布在各个地方、涉及各个层面，消费者市场极其广阔。

（2）需求的差异性。金融消费者的差异性体现在多方面。首先，个人金融消费者在年龄、性别、职业、收入、受教育程度、价值观、兴趣爱好等方面存在不同程度的差异，因此，他们对金融消费品的需求及购买行为也存在相当大的差别。进入21世纪以后，随着人们收入水平和文化程度的提高，个人金融消费者自主消费意识增强，消费个性化趋势日益明显。其次，随着消费者收入水平悬殊扩大，消费市场的层次性日益明显。再次，随着消费者消费观念的变化和科学技术的迅猛发展，消费者需求变化的节奏不断加快，市场的发展性、时代性特征也日益突出。一般来说，消费需求发展变化的规律是从低级到高级、从简单到复杂、从追求数量到追求质量、从追求物质满足到追求精神享受、从大众化到个性化，尤其是随着电子商务的兴起以及人们对网购的认知和热衷，消费者对支付、信用等产品的需求大量增加。最后，创业、跨界也使企业消费者对信贷产品提出了更多的要求。

（3）购买者的非专业性。大多数消费者缺乏对金融产品及其衍生品的专业知识和风险意识，对金融产品的购买表现出强烈的情感性和可诱导性。消费者在购买产品时很容易受广告、包装、品牌、服务、金融产品的新奇特点、利益、金融机构或企业的营业气氛、临柜人员的劝告等外在因素的影响，导致冲动性购买。随着人们生活水平的提高，人们的消费需求和购买行为越来越偏重情感需要和追求精神享受。人们的消费需要和购买决策的形成，除了受商品质量、价格和实用性（表现为金融产品及其衍生品可能的预期收益、期限及预期风险）的影响外，广告、金融服务的便捷性、营销人员的宣传和相关群体的影响以及销售现场气氛的影响会越来越大。

2. 购买行为类型

金融消费者的购买行为会因其购买产品的不同而存在很大的差异，比如消费者在储蓄和购买理财黄金、期货等产品时，行为是不一样的。消费者购买的产品越复杂、越昂贵，考虑的问题就会越多，参与程度也会越高。依据消费者的参与度和品牌差异度，可以将其购买行为分为四种类型（见表4-1）。

表 4-1　四种购买行为类型

	高参与度	低参与度
品牌差异大	复杂的购买行为	多样性的购买行为
品牌差异小	减少失调感的购买行为	习惯性的购买行为

（1）复杂的购买行为。复杂的购买行为是指消费者在购买价格高、购买频率低、不熟悉

的产品时，会投入很多的精力和时间。消费者在购买这些商品时，考虑的因素必然很多。如果这类商品的品牌差异较大，消费者会产生更复杂的购买行为。一般来说，如果消费者不知道产品类型、不了解产品性能或不知晓各品牌产品之间的差异，缺少购买、鉴别、使用这类产品的经验和知识，就需要花费大量的时间收集信息，学习相关知识，然后进行认真的比较、鉴别和挑选。

对于这种类型产品的购买，消费者经历了一个学习过程，从收集信息到形成态度再到产生偏好，最后做出慎重的购买选择。例如，购买汽车就是一种复杂的购买行为。消费者需要对自动导航、自动变速、安全保护、尾气排放、发动机最大输出功率等各项汽车指标进行了解，还要对各种品牌的汽车进行比较，多方征询专家的意见，最后才能做出购买决策。

生产和销售这类产品的企业应该了解消费者的购买行为，制定有针对性的营销战略，以帮助购买者学习有关产品的类别和属性及其之间的重要关系，以及该品牌产品在比较重要的属性方面的表现。此外，企业还应强调区别品牌特征，利用一些主流媒体和叙述内容较好的广告来描述产品的优点；同时，力求获得商店销售人员或购买者的朋友的支持，以影响购买者最后的品牌选择。

（2）习惯性的购买行为。习惯性的购买行为是指消费者在购买某些简单商品时，由于商品价格、品牌差异性小，消费者的参与度会很低，并且会形成购买习惯。例如，购买食盐，消费者对这类产品几乎不存在介入情况。他们去商店购买某一品牌的食盐，如果他们经常购买同一个品牌的食盐，那可能只是出于习惯，并非出于对品牌的忠诚。

对于参与度低的产品，消费者的购买行为并没有经过正常的信念、态度、行为顺序等一系列过程，他们没有对品牌信息进行广泛研究，也没有对品牌的特点进行评价，对决定购买什么品牌也不重视，他们可能只是在看电视或广告时被动地接收信息。重复的广告会产生品牌熟悉，而不是品牌信念。消费者不会真正形成对某一品牌的态度，他之所以选择这一品牌，仅仅因为他对它很熟悉。购买产品之后，由于消费者对这类产品感到无所谓，也就不会对它进行购后评价。因此，购买过程就是通过被动的学习形成品牌熟悉，随后产生购买行为，购买后一般也不会进行购后评价。销售这些产品的企业会发现，运用价格和产品试销来刺激销售是有效的。

（3）减少失调感的购买行为。减少失调感的购买行为是指消费者在购买产品时的参与度高，但是在购买后容易认为自己所购买的产品存在某些缺陷，或觉得其他同类产品有更多的优点，从而产生失调感，怀疑自己原先购买决策的正确性。地毯、房内装饰材料、首饰、家具和某些家用电器等商品的购买大多属于减少失调感的购买行为。此类产品价格高，不经常购买，消费者参与度高，但他看不出或不认为某一价格范围内的不同品牌有什么差别，不会在不同品牌之间进行精心比较和选择，购买过程迅速，可能会受到与产品质量和功能无关的其他因素的影响，如因价格低、销售地点近而决定购买。购买之后，消费者因在使用过程中发现了产品缺陷或了解到其他同类产品的优点而产生失调感。

（4）多样性的购买行为。多样性的购买行为是指消费者在购买某些价格低但各品牌之间的差异显著的产品时，容易有很大的随意性，频繁更换品牌。比如零食这一类小产品，品种繁多、各品牌间差异大、价格低，消费者在购买前不做充分评价就决定购买，待入口后再做评价，但是在下次购买时又转换其他品牌。转换的原因可能是厌倦了原来的口味或想试试新口味，也可能是为了寻求产品的多样性，不一定是有不满意之处。

对于多样性的购买行为，市场领导者和挑战者所采取的营销策略不同。市场领导者力图通过占有货架、避免脱销和提醒购买的广告来鼓励消费者形成习惯性购买行为。挑战者则以较低的价格、较高的折扣、赠券、免费赠送样品和强调试用新品牌的广告来鼓励消费者改变习惯性购买行为。

4.2.2　影响购买者行为的因素

1. 影响个人客户金融交易行为的因素

首先是外在因素，包括参考群体、角色和地位、文化因素和家庭因素。

（1）参考群体。参考群体是指能直接（如面对面）或间接影响个人态度或行为的群体。个人属于群体，个人行为深受群体的影响，且与群体内的其他人互相影响，对个人造成直接影响的群体被称为成员群体。成员群体又可分为两类，一类为主要群体，指与个人保持连续交互影响的群体，如家庭、朋友、同学或邻居等；另一类为次要群体，指较正式而不保持连续交互影响的群体，如同业工会等。

在参考群体中，崇拜性群体是指个人期望能成为其中一员的群体。相反，隔离性群体是指其价值观或行为不能被个人所接受的群体。

营销人员必须找出目标市场的参考群体，个人受参考群体影响的方式至少可分为下列三种：

- 参考群体将新的行为及生活形态呈现在个人面前；
- 参考群体可影响个人的态度及自我观念；
- 参考群体可影响个人对产品及品牌的选择。

（2）角色和地位。一个人在某个群体中总要扮演一定的角色，也具有相应的地位，周围的人都会对扮演某个角色的人的行为抱有一定的期望，进而对其购买行为产生影响。在日常生活中，人们购买和消费的产品在某种程度上已成为一定角色及其相应地位的标志，一个人的购买行为与其社会角色和地位密切相关。

（3）文化因素。文化因素对金融客户的购买行为具有最广泛和最深远的影响，文化是人类欲望和行为最基本的决定因素。如果说动物的行为主要受其本能控制，那么人的行为是建立在一定的文化基础上的。因为人的行为绝大部分是后天学习得到的，消费行为、投资行为也不例外。文化是人类在社会历史实践过程中创造的物质财富和精神财富的总和，也是人类共同创造的具有特色的生活方式和环境适应方式，如价值观、信仰、道德、习俗、哲学、语言文字、生活方式等。这些要素对人的世界观、价值观、思维方式、知觉方式、生活方式等都有极其深刻的影响。企业在不同的文化氛围中经营，就必须了解并适应这种文化。例如，早些年，很多人不了解保险商品为何物、有什么作用、为什么要购买等，许多人的投保动机是把保险当作一种储蓄。在这种情况下，人们对投保的态度更多的是消极的、抵触的。再如，以前在香港地区，50 岁的人很少购买人寿保险，因为有一种传统说法，即在这个年龄买人寿保险是坏运气的征兆。这极大地妨碍了针对这一年龄段的人寿保险的营销，尽管这是一个潜力巨大的市场。后来保险公司改变了策略，努力向那些超过 70 岁的人的子女和家庭推销人寿保险。年轻一代的中国人更易于接受人寿保险，保险公司劝说这些年轻人为他们的父母支付保险费，因为受益者通常是家庭。事实证明，不同的文化教育与思维方式导致了不同的营销效果。

（4）家庭因素。家庭对购买者行为有很大的影响。每个人在一生中，都会拥有两个家庭。一个是原生家庭，包括父母、兄弟姐妹等；另一个为长大后组建的家庭，包括丈夫、妻子及孩子，这是最重要且最受瞩目的消费者购买组织。因为产品种类不同，夫妻参与购买的程度也不尽相同。随着职业女性的增多，更多的丈夫参与到家庭日用品的购买行列。

然后是内部因素，包括需求动机、知觉、态度。

（1）需求动机。人们对延续和发展生命所必需的某些客观物质的需求反应称为需要。随着人类社会文明的进步，作为自然和社会关系总和的人对客观物质的需求越来越多，层次越来越高，也越来越社会化。美国著名心理学家马斯洛根据需要对延续和发展生命的重要程度与产生次序，将需要分为生理需要、安全需要、社会需要、尊重需要、自我实现需要五个层次。

动机是指人们为了满足某种需要而产生某种活动的推动力。由于存在没有得到满足的需要，于是人们内心感到紧张，并会想方设法消除这种紧张。这促使人们根据自身条件与外界环境选定一个目标，并力图针对这个目标从事活动，这样就形成了动机。

不同的需要形成了不同的动机，动机引发行为。金融交易中的动机通常表现为求安全、求实惠、求方便、求高收益等单一或复合动机。不同的动机引发了人们不同的交易行为。

（2）知觉。简单地说，知觉是被理解了的感觉。人们通过看、听、嗅、摸等对某个商品的各种属性产生反应和感觉，随后大脑对感觉到的信息进行综合分析，这样人们理解了商品的各种属性，就会形成认知。心理学研究表明，人们对其感觉到的事物并不一定都会形成认知，其中的奥妙在于人们的认知有一定的主观意识性、理解性、选择性。主观意识性是指消费者对产品（服务）的认知受到世界观、兴趣、受教育程度、生活条件等因素的制约，如消费信贷，受教育程度较高的年轻人容易接受，受教育程度较低的人不易接受。理解性是指消费者借助过去的知识经验及受教育水平对眼前的事物进行理解。选择性包括选择性注意、选择性曲解和选择性记忆。选择性注意是指人们在众多事物或信息中更多地关注自己最迫切需要的或最新的或期待的或出乎预料的事物及信息，如不想使用消费信贷的消费者是不会注意消费信贷信息的。选择性曲解是指人们在对感觉到的刺激物进行理解时，通常会按照自己的想象去解释，具体怎样解释取决于自身的经历、知识水平、爱好与当时的情绪，如某家银行为客户服务 10 次，只有一次不够好，该客户可能会十分重视这一次不好的服务，从而得出该银行服务不好的结论。选择性记忆是指人们会忘记大多数事物或信息，但会记住与自己的态度、经验相一致的事物或信息，如在众多同类商品广告中仅记住了自己所喜爱的某个商业广告。

（3）态度。态度是人们对某个事物的持久性和一致性的评价与反应，它体现了一个人对某种事物所具有的特殊感觉或一定的倾向。

态度在内容上包括三个相互联系的成分：一是信息，即自己认可的看法；二是情感，即态度在情绪上的反映；三是行为，即客户采取某种行动的倾向。

态度在很大程度上影响着客户的行为。态度具有相当的一致性，人们不必对感受到的所有事物做出新的刺激和反应，又因为态度是人们对某个事物的持久性评价，因而它不容易改变。所以，任何一家企业最好是以自己的产品去适应客户现有的态度，而不是尝试改变客户的态度，除非为改变客户的态度所花费的巨大投入肯定能够超额收回。研究表明，长期以来影响个人金融客户态度的因素主要有产品的便利性、安全性、服务质量。

2. 影响机构客户金融交易行为的因素

影响机构客户金融交易行为的因素主要有环境因素、组织因素和人际因素。

（1）环境因素。环境因素包括政策与法律法规、经济前景、利率、市场状况、技术发展等具体因素。这些因素直接或间接地影响机构客户的金融交易行为。以机构客户中的工商企业为例，假如经济处于衰退时期，工商企业就会减少对厂房或设备的投资，并且想方设法减少存货，这样就会减少银行贷款。金融企业的营销人员在这种环境下采用刺激总需求来扩大贷款收效不大。

（2）组织因素。组织因素是指机构客户自身的职能部门的设置、经营目标以及金融交易政策、程序和权限等具体因素，这些因素也会影响机构客户的金融交易行为，如大型工商企业的贷款需求通常由企业内相关部门负责人经过多次会议研讨决定贷款的用途、数量、方式，表明其参与金融交易有着严格的政策、权限和程序。一些中小企业，尤其是处于创业阶段的企业，内部缺乏科学、合理的职能部门设置，也缺乏严格的金融交易制度与程序，通常由"家长"决定金融交易行为。两个规模不同的工商企业组织因素的差异必然导致它们的金融交易行为存在明显的差异。

（3）人际因素。人际因素是指机构客户中有权参与金融交易行为的各位参与者之间的关系、融洽程度及其对交易行为的影响力，参与者拥有的不同利益、职权、地位、脾气、说服能力，都影响着人际因素。以工商企业贷款为例，在这次金融交易中，生产部门率先提出购买先进设备来代替旧设备，以降低职工的劳动强度，提高产品质量，增加产量；设备采购部门经考察认可了该建议，并初步测算出设备款，提交给财务部门；财务部门根据财务状况提出同意购买和贷款建议（含金额、选定的金融企业），并上报给负责此项工作的副总经理审批；副总经理同意后将贷款方案提交董事会进行最终审核；银行审核该企业资信后同意贷款。该企业就与其选择的金融企业发生金融交易行为。财务部门及负责财务的副总经理在这次金融交易行为中发挥着重要作用，可见机构客户内部的人际因素影响着金融交易行为的发生与否以及机构客户与哪种、哪家金融企业发生何种金融交易行为。

□ 案例 4-4

京东校园白条：让学生先消费后付款

2015 年 3 月，京东金融正式启动在全国百余所高校的校园白条线下布局，在各大高校设立金融服务站，配备金融服务专员，为高校学生现场授信开通校园白条，全面杀入逐步火热的大学生赊账消费市场。

校园白条是京东金融推出的一款专门针对学生群体的信用支付产品，目前面向全国一本、二本以及部分三本学校的大学生京东会员开放，其中一本学校的所有学生均可开通，二本、三本学校的大四和研三的学生不能开通。凡是拥有校园白条的学生，都可享受在京东"先购物后付款"30 天免息、随心分期、信用额度高达 8 000 元的消费福利，可以购买京东商城的所有实物类产品（包括自营、部分第三方商家产品）、部分虚拟类产品（话费和流量充值、机票和电子书等）、预售商品、全球购、京东众筹及京东到家产品。

为了方便在校大学生申请校园白条服务，京东校园白条推出了微信服务号，学生可在线实时申请审批，随后到其所在学校的京东派校园金融服务站现场开通校园白条，并有金融服务专员负责为大学生提供现场咨询、审核、授信和开通服务。京东金融相关负责人表示，京东校园白条更加看中的是通过创新支付手段让大学生能够更便捷地享受京东电商的品质和服务，而不是单纯地赚取分期利息。为了控制校园白条的风险，京东金融设立了专业的风控团队，利用大数据风控将风险前置，同时，配合校园服务站点现场认证学生身份，并对授信额度做合理控制，重点培养学生信用。

资料来源：网易新闻，http://news.163.com/15/0313/03/AKICJFCB00014Q4P.html。

4.3　金融服务消费决策分析

4.3.1　金融交易决策参与者的类型

金融交易行为是比较重要且复杂的行为，无论对于家庭、企业还是政府部门等，往往有许多人或部门参与金融事务的决策过程，以各种方式直接或间接地影响决策，如在企业里，投融资业务可能是财务或资金部门负责的事情，但该业务是否进行、如何进行需要经过有决定权的企业负责人批准或经过一些必要的审批程序。一般来说，金融交易决策的参与者包括以下几类：

- 倡议者，即首先提议或有意向进行某项金融交易活动的人；
- 影响者，即提供信息或对方案进行分析计算以直接或间接影响最终决策的人；
- 决定者，即对金融交易做出最后决定的人，也就是决定是否交易、交易什么、什么时间交易、如何交易的人；
- 操作者，即金融交易活动的实际操作者；
- 评价者，即对交易后果进行评估比较的人。

4.3.2　金融客户购买决策分析

客户的购买过程是指客户购买行为的具体步骤、程度、阶段。这个过程可长可短。一般来说，在购买行为发生之前，客户会有思维活动或行为来保证购买的金融产品能使自己满意；购买行为完成后，人们还会对所购买的产品进行各方面的评价。客户的购买过程一般包括以下几个阶段。

1. 引起需求

引起需求是消费者购买决策过程的起点。当消费者在现实生活中感觉到或意识到实际情况与其希望之间有一定的差距并产生要解决这一问题的需求时，购买决策便开始了。消费者这种需求的产生，既可以是人体内的机能感受所引发的，如因饥饿而购买食品，因口渴而购买饮料，又可以是由外部条件刺激诱生的，如看见电视中的西服广告而打算给自己买一套，路过水果店看到新鲜的水果而决定购买等。当然，有时候消费者的某种需求可能是内外因同时作用的结果。

市场营销人员应注意识别引起消费者某种需求和兴趣的环境，并注意两方面的问题：一是注意了解那些与本企业的产品有实际或潜在关联的驱动力；二是消费者对某种产品的需求的强度会随着时间的推移而改变，并且被一些诱因所触发。在此基础上，企业还要善于安排诱因，促使消费者对企业产品产生强烈的需求，并立即采取购买行动。

2. 收集信息

（1）信息来源。消费者在做出购买决定前，可以通过各种渠道获得信息。例如，他们能够试用产品、观察产品的特点和质量或依靠那些已经使用过该产品的用户的经验。这样，购买前的信息搜寻可以广义地分为自身来源及外部来源。信息的自身来源指的是"记忆扫描"（Bettman，1979），当消费者在记忆中搜寻关于该产品的信息时，这些信息可能使消费者形成对该产品的态度，或者依照过去的经验形成关于该产品的认识。

当自身信息来源不可靠或不充分时，消费者也许就要寻找外部信息来源。外部信息来源可以来自个人（比如来自朋友、亲戚正面的或负面的口头建议），也可以是非个人（比如市场商人广告，或者非市场商人发布的公开信息）。消费者进行外部信息搜寻的程度取决于很多因素，包括对该系列产品的使用经验、产品的复杂程度以及消费者感觉的不确定程度。因为产品的复杂性和消费者的不确定性在很多金融服务购买情况中都存在，所以外部信息来源对于减少购买风险是非常重要的。

然而，虽然个人及非个人的信息来源在众多有形商品的营销中都成功得到了应用，但在通过一些传统促销方式来交流经验性质的过程中存在困难。由此产生的结果就是，自身信息来源和外部个人信息来源在经验性质占主要地位以及评价产品的客观标准不足的情况下最为适用。File 和 Prince（1992）也强调了在消费者购买金融服务的过程中口头信息交流的重要性。[⊖]在这些情况下，人们所得信息的基础是那些值得信任的消费者之前的使用经验。

当考虑外部信息来源时，Murray（1991）认为，简单分析来源的绝对数量是不够的，信息来源的有效性更重要，[⊖]对于金融服务而言更是如此。因为在金融服务中，消费者必须对金融机构存在高度信任，这使消费者很难判断自身决策可能产生的结果。

（2）信息来源的有效性。由于很多金融服务消费者在购买前缺乏相关信息，因此有人认为，在消费者决策过程中，与购买后的阶段，尤其与对产品和供应商的评价相比，整个购买前阶段并不重要。根据 Zeithaml（1981）的观点，在这一点上，服务业的情况一般与了解 – 响应模型和低参与模型相反（Ray，1973）。这些模型通常断言，消费者在购买前寻找信息并评价产品，而服务的购买者行为更符合不一致响应模型，在这种模型中，评价过程发生在购买之后。这种评价过程包括以下几个步骤：

- 消费者从一组实质上不可分辨的可选方案中选择服务；
- 在经历服务后根据服务质量以及供应商的情况对其形成态度；
- 之后消费者通过关注那些支持其选择的有用信息来更多地了解这项服务。

因此，服务的消费者更多的是在购买后而不是购买前对产品进行评价。这个概念对于那些消费者在与金融服务供应商初次接触以及购买产品后又进一步联系的情况同样适用。正是这种进一步联系以及多次接触，使消费者能够继续对产品和金融机构进行评价。每次联系后的评价给消费者提供了重要的信息，他们决定是否继续或者终止与该金融机构的联系。

3. 评价方案

金融客户收集的大量信息，有些可能是重复甚至互相矛盾的，因此，他们必须对信

⊖　Maru File K, Judd B B, Prince R A. Interactive Marketing: The Influence of Participation on Positive Word - of - Mouth and Referrals [J]. *Journal of Services Marketing*, 1992, 6(4): 5-14.

⊖　Murray K B. A Test of Services Marketing Theory: Consumer Information Acquisition Activities [J]. *Journal of Marketing*, 1991, 55(1): 10-25.

息进行分析、评估与选择，这是购买决策过程的决定性环节。那么，金融客户如何根据多种不同的品牌或机会决定自己的选择？一般认为，金融客户的判断与选择建立在自觉和理性的基础上，评价选择的过程是一个理智的分析过程。金融客户评价选择的主要内容和基本过程如下。

（1）金融产品的属性。满足自身需要是金融客户的基本出发点，是否能够满足需要取决于金融产品所拥有的属性，如收益性、风险性、便利性、可转让性等。这些属性因不同的金融产品而存在差异，并且对不同金融客户的需要的满足程度和吸引力也各不相同，但总的来说，收益性和风险性是各类金融产品的共同属性。

（2）属性权重。属性权重是指即消费者对产品有关属性赋予的不同重要性权数。当消费者被问及如何考虑产品的属性时，不同消费者所考虑的最重要的属性或首要关注的属性不同，我们把这种属性称为产品的特色属性。特色属性未必是产品最重要的属性，有些非特色属性被消费者所忽视，而一经提及，购买者会马上认识到它的重要性，特色属性可以作为细分消费者市场的依据。

（3）品牌形象。品牌形象是指客户对某品牌优劣程度的总看法。受个人经验、选择性注意、选择性扭曲及选择性记忆的影响，客户的品牌信念可能与产品的真实属性不一致。另外，不同金融企业的产品在金融客户心目中具有不同的品牌形象和信誉，这种形象和信誉可能对客户的评估产生重要的影响。金融服务营销人员应该认识到形象和信誉形成的复杂性，力求避免可能产生的偏差和扭曲。

（4）效用评价。效用函数是描述客户所期望获得的产品满足感如何随着产品属性的不同而发生变化的函数关系，它与品牌信念的区别是：品牌信念是客户对某品牌的某一属性已达到何种水平的评价，而效用函数是客户要求该属性达到的水平。金融产品的不同属性对金融客户的效用函数是不一样的，即不同属性为金融客户提供的心理满足感不同。产品的各种属性都具有理想中的满足需要的效用，那是客户心目中的理想产品，金融客户会根据满足其需求的不同属性的要求而形成心目中的理想产品。但相对于人的欲望而言，理想的金融产品几乎是不存在的，因为不同属性的理想标准往往是发散的，以投资为例，理想的投资方案是风险趋于零，收益趋于无穷大，因此，理想的金融产品往往是相对的。

4. 决定交易

做出交易决定和实现交易，是决策过程的中心环节。消费者对金融产品信息进行比较和评选后形成了交易意图，然而从交易意图到决定交易之间往往存在很大的不确定性，客户可能受到很多因素的影响而放弃原来的评价和选择。

第一个因素是他人的态度。例如，某人已准备购买保险，但他的家人或亲友持反对态度，就会影响其购买意图。他人反对的态度越强烈，或持反对态度的人与购买者的关系越密切，购买者改变购买意图的可能性就越大。

第二个因素是意外情况。消费者的购买意图是在预期家庭收入、价格和（从购买的产品中）获益的基础上形成的。如果发生了意外情况——失业、意外急需或亲友带来的关于该产品令人失望的信息，就很可能改变消费者的购买和交易意图。

消费者修改、推迟或取消某个购买决定，往往是受到已察觉风险的影响。"已察觉风险"的大小，因购买金额的大小、产品性能的稳定程度和购买者的自信心强弱而定。研究表明，客户从购买意图到购买行为一般只有 44% 的实现率。客户购买过程如图 4-1 所示。

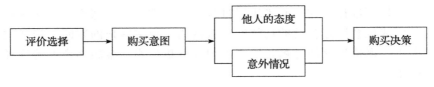

图 4-1 客户购买过程

5. 购后行为

对于金融行业而言，卖出金融产品并不意味着营销活动的终结，企业同样应重视消费者的购后行为。具体而言，企业应重视分析消费者购买后的使用和垃圾处理、对产品和服务的描述、购买后评价及使用后再购买这四种购买后的行为。

（1）购买后的使用和垃圾处理。购买后的使用和垃圾处理是指消费者在购买产品后，使用产品的具体方法以及产品使用后的垃圾处理情况。企业在销售产品后还应重视购买者是怎样使用该产品的。如果消费者将产品搁置一边，那可能意味着消费者对该产品不是很满意，消费者对该产品的口头传播就不会强烈。如果他们将该产品出售或交换，那就会妨碍公司产品的销售。如果消费者发现了产品的一种新用途，营销人员就应该在广告中宣传这种新用途。

传统营销关注客户使用产品后的垃圾处理行为，比如对损坏产品的修理维护、对旧产品的处理。通过对消费者这些行为的分析，企业可以在维护、旧产品回收处理、以旧换新等方面为客户提供便利，并创造新的附加价值链。

对于金融产品而言，客户购买后有以下几种处理方式。第一，可以在二级市场上进行流通交易，客户在二级市场上进行金融产品的转售，售出自己购买的金融产品。第二，可以进行金融衍生品交易。第三，进行财产赠予，客户可以将购买的金融产品进行转赠，或作为财产赠予继承人。第四，进行抵押。客户可以用商业保险合同进行抵押贷款，通过使用金融产品的产品价值进行短期资金融通。当然，金融产品的购买仅仅是金融服务的开始，金融企业在消费者购买产品后一般会提供咨询和优惠服务。例如，证券公司或者银行在消费者购买股票或基金后提供咨询服务，消费者会花费大量的时间和精力研读各种信息，判断股票或基金的走势，并与理财经理进行交流。这其实是一种客户参与行为，他们就相关信息、专业知识和技能与企业进行双向沟通和交流，这既有利于客户对金融产品进行后续的购买和处理，也有利于客户与公司建立良好的关系。银行或保险公司也会为曾经购买过本企业产品的客户提供费率优惠。

（2）对产品和服务的描述。客户和企业对产品与服务的描述往往存在差异，关注客户对产品的描述，可以让企业设身处地地站在客户的角度看待自己的产品。通过集思广益，企业可以发现隐藏在产品和服务中的亮点或缺陷。企业可以借助客户的描述为自己的产品做宣传，品牌的口碑也是在客户的口口相传中建立起来的。激励客户在互动环节对产品和服务进行描述，不仅可以让客户深入了解产品的设计理念、特点，增加客户使用印象，企业还可以通过客户描述的过程，逆向抓住客户的心理特征。例如，对于同一个理财产品，有的客户觉得它的风险太高，有的客户觉得收益不够高，前者偏向于风险厌恶，而后者相对来说风险承担能力更强。

（3）购买后评价。购买后评价是指客户在购买和使用某种产品后，基于购买前的产品期望和购买后的使用情况的比较，形成某种满意度。客户的满意度是产品期望和该产品实际使用情况的函数：如果产品符合期望，客户就会满意；如果产品超过期望，客户就会非常满意；如果产品不符合期望，客户就会不满意。客户的满意度在很大程度上决定了他们是否会再次购买该产品，并且他们会把对该产品的感觉告诉其他人。

消费者根据自己从卖方、朋友及其他信息来源获得的消息形成产品期望。如果卖方夸大产品的好处，消费者就会感受到不能实现的期望，这种不能实现的期望会导致消费者产生不满意。期望与产品实际绩效之间的差距越大，消费者的不满意度也就越大。为了使消费者满意，卖方应使产品真正体现产品绩效的要求，以使购买者获得满意感。有些卖方甚至可能只报道产品的部分绩效水平，结果使消费者获得了高于期望的满意感。

（4）使用后再购买。消费者对产品的满意或不满意感会影响其以后的购买行为。如果他们对产品感到满意，则他们极有可能下一次继续购买该产品。例如，消费者选择汽车品牌的资料显示，最后一次购买某品牌汽车并感到高度满意的客户，在重购时仍会倾向于购买该品牌，而且具有满意感的消费者会向其他消费者推荐该产品，所以满意的客户是企业最好的广告。对于金融产品的客户而言，由于金融产品的期限和资金的局限性，客户虽然可能在某个时间点较难考核，但如果客户在一个产品周期结束后继续投资该产品，保持或增加该产品的份额，抑或推荐朋友加入该计划，则说明客户对于该金融品牌的满意或对该产品的喜爱。

对产品不满意的消费者可能要求退货，他们可能放弃购买该产品（退场权），而且会告诫亲友不要购买（发言权）。他们也可能采取公开行动，包括向公司提出抱怨、找律师或向能够维护消费者权益的组织申诉。在这种情况下，企业会因为没有做好满足消费者的工作而遭受损失，所以企业应尽可能采取措施来降低消费者购买后不满意的程度。

金融企业的特殊性导致消费者退货困难，如果消费者对金融产品、金融企业甚至对政府金融抉择预期的信心丧失，就会出现"挤兑"的严重后果。因此，金融产品的客户满意度涉及社会稳定。

🌐 学习与探索

金融产品购前教育对客户购买意愿的影响研究：以基金产品为例

随着国民经济的发展和居民收入水平的不断提高，居民在日常生活消费之外拥有更多的闲置资金来进行投资理财。并且，就目前国内通货膨胀率一直高于居民个人收入增长率的态势来看，如果不进行适当的投资理财，人们手中的资金就会在无形中"被贬值"。因此，对居民而言，出于资金保值、增值的目的，其对于金融投资和理财存在着巨大的潜在需求。另外，为了满足消费者多种多样的消费需求，金融机构也开始不断推陈出新。最后，对整个金融市场而言，互联网金融的发展，也给消费者带来了极大的投资便利性。

随着居民对于金融投资理财需求的增大，国内金融投资市场发展态势更加良好。但就目前来看，储蓄仍然是国民进行投资理财的首选方式。针对这种情况，本文认为重要原因之一是当前或潜在的消费者缺少投资理财的相关知识和技能。

基于此，本研究希望从客户感知价值的视角出发，探讨金融机构能否通过金融产品购前教育这种方式对消费者购买意愿产生一定的影响。首先，本文通过文献查阅和专家访谈法，依据客户教育的相关内容，将金融产品购前教育划分为三个维度：基础知识教育、风险意识教育和权益保护教育。金融基础知识包含基本的金融理财概念性知识，如股票、债券、基金等是什么，功能如何，怎么购买以及一些与日常生活相关的理财常识。金融风险意识主要是基于金融产品风险性的特点，需要让投资者了解相关金融理财工具的风险与收益之间的关系。金融消费者权益保护知识主要包括金融消费者的权利，金融机构在保护金融消费者权益方面的义务，遇到权益争议时的处理办法以及相关法律法规等。考虑到金融行业和金融产品的特殊性，本文把客户感知价值划分为感知经济价值与感知关系价值。感知经济价值是指在从事金融活动中所获得收益与付出时间、精力、金钱等成本的差额。感知关系价值是消费者在与服务人员的互动过程中获得的关系支持。基于以上概念，本文试图探讨金融产品购前教育能否通过感知经济价值和感知关系价值对消费者最终购买意愿产生不同的影响。考虑到客户本身的个体特殊性，每个客户对于自我金融素养和理财能力的评价有高有低，其自我效能感可能会影响感知购买金融产品价值的高低，因此本文将探讨客户自我效能在金融产品购前教育和客户感知价值之间能否起到一定的调节作用（见图4-2）。

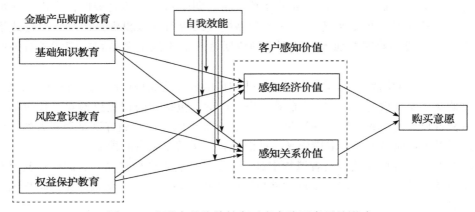

图4-2　金融产品购前教育对客户购买意愿的影响

本研究选取了金融产品中的基金产品作为代表进行调研，并将调研对象限定为一年内购买过基金产品的消费者中，通过线上和线下两种渠道收集问卷。线上渠道主要是通过问卷星网站发布，线下渠道则是直接与银行网点的基金客户接触，从而进行问卷调研。共发放并回收问卷469份，剔除没有购买过基金产品的被试对象所填写的问卷和一些明显无效的问卷后，共获得有效问卷256份，最终通过信度、效度分析和模型拟合分析等，得到如下结果。

首先，金融产品购前教育的三个维度——基础知识教育、风险意识教育和权益保护教育，均会对消费者的感知经济价值产生显著的正向影响。除此之外，研究发现，这三个维度对感知经济价值的影响有所不同。其中，权益保护教育的影响最为显著，其次是风险意识教育，最后为基础知识教育。这一结论与本研究在提出假设时的预想结果有所背离。因为在与银行理财经理进行交流时，我发现银行这类金融机构在进行金融产品购前教育时，提供的教育内容主要为基础知识教育和风险意识教育，而对于权益保护教育很少涉及。并且，对于金融理财产品这类存在风险的产品来说，消费者能够正确认识风险和收益之间的关系应该最能令其感知到购买产品所带来的经济利益。但实际上，权益保护教育最能够让消费者感知到经济价值，这可能是因为客户在购买金融产品前已经认识到理财产品是必然存在风险的，因而担忧的不是风险的存在性问题，而是当意外发生时应该如何处理，即他们的权益如何得到保护的问题。所以，对客户进行权益保护教育反而更能让客户感知到经济价值的存在。并且，大部分消费者都或多或少知道一些有关投资风险的知识，但他们对于如何保护自身权益的知识知之甚少。因此，他们可能会认为，权益保护教育能够给他们带来更大的价值。在今后的金融产品购前教育中，金融机构和金融平台应该更加重视对消费者权益保护方面的教育，加大这方面的投入。

其次，在金融产品购前教育对消费者感知关系价值的影响中，基础知识教育和权益保护教育均产生显著的正向影响。因为金融机构和金融平台在对客户开展购前教育时，必然会与客户产生互动，而这种互动如果是令人愉悦的，自然会促进消费者与服务人员及金融机构建立良好的关系，从而促进消费者感知关系价值的提升。

再次，感知经济价值与感知关系价值均会对消费者最终购买意愿产生影响。一方面，客户进行金融理财的目的就是使资金保值增值，消费者能够感知到的购买金融理财产品给他们带来的经济价值越大，就越符合他们购买理财产品的最终目的，因此越愿意购买。另一方面，金融行业虽然产品复杂性很高，但各个机构和平台所推出产品的同质化程度较高。因此在产品同质化程度较高的情况下，金融机构与客户之间的关系自然会是影响消费者做出最终选择的重要因素。除此之外，本研究还发现，在最终影响消费者购买意愿的因素中，感知经济价值的影响程度远远高于感知关系价值。本研究认为，这是金融产品的特殊性造成的。因为购买金融产品是一种投资行为，涉及收益与风险问题，消费者购买理财产品的首要目的也是想要使资金保值增值。因此，即使金融机构与消费者建立了良好的关系，但若不能让消费者认识到购买金融产品能够给他们带来经济方面的价值，也很难促进消费者购买行为的产生。金融机构和金融企业在进行金融产品购前教育活动时，应该更加强调金融投资理财能够给消费者带来的经济价值和利益，这样才能更加有效地提高消费者的购买意愿，促进其购买行为的产生。

最后，感知经济价值与感知关系价值的确能够在金融产品购前教育影响客户购买意愿的过程中起到中介作用。也就是说，金融机构和平台在对消费者进行金融产品购前教育的过程中，需要让消费者感知到金融理财投资能够给他们带来的价值，包括经济价值和关系价值，这样才能更好地提高消费者的购买意愿。

除此之外，本研究同样有部分假设未能得到证实，一方面，风险意识教育未能对消费者感知关系价值产生显著影响。与金融产品购前教育的另外两个维度相比，风险意识教育是让消费者意识到收益伴随着风险，即产生损失的可能性。客户本身进行金融理财活动的基本预期就是取得收益，使资金保值增值，但实际上风险意识教育会让消费者了解产生损失的可能性，这与最初的预期有所偏离，这可能也是造成影响不显著的原因之一。因此，金融机构和金融平台在进行风险意识教育时应该选择一种更委婉、更容易被消费者接受的方式。另一方面，自我效能未能在金融产品购前教育与客户感知价值的关系中起到调节作用。所以金融机构和金融平台最好不要因为消费者投资理财经验丰富，自我效能感高而减少教育内容，也不要先入为主地认为自我效能感低的客户理解不了金融产品购前教育所教授的内容而不认真对待，需要对所有的消费者一视同仁，认真进行金融产品的购前教育。

资料来源：刘亚男. 金融产品购前教育对客户购买意愿的影响研究：以基金产品为例［D］. 成都：西南财经大学，2016.

4.4   金融服务行为模型

金融服务行为模型是金融服务这一特殊领域的一个概括模型，旨在描述消费者购买或与金融机构的接触过程（见图 4-3），例如新开一个活期账户或个人养老金账户。该模型仅适用于消费者参与度高、较复杂的金融服务，不适用于那些消费者实质上不需要做出决定的情况，如开具另一张支票或储存另一笔存款。

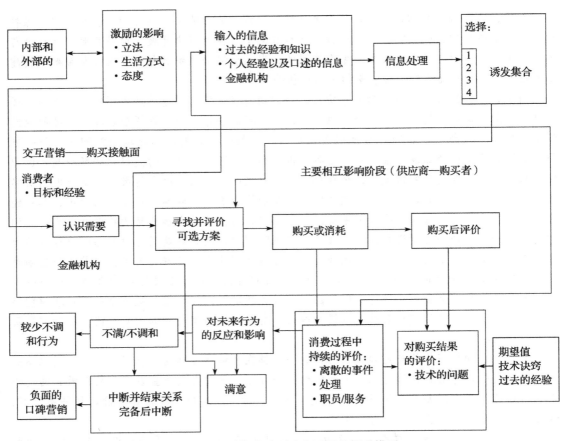

图 4-3   金融服务购买决定过程的概念模型

消费者与金融机构的购买接触是一个交互营销的过程，在这个过程中，消费者与金融机构的职员、技术、产品和服务进行接触，并与供应商的目标和经验相互影响。这一过程可以描述为，当消费者认识到需要后，自动输入过去积累的经验、知识和来自金融机构以及其他渠道的相关信息，并进行信息处理，寻找并得出一些可选方案，进一步对可选方案进行评价，据此做出购买金融产品的决定，进行购买，然后做出购买后的评价。消费者对购买结果的评价主要受技术问题的影响。

消费者在购买决定过程中会受到内部和外部的刺激，这些刺激会影响消费者的生活方式、态度及个性，影响其对自身需求的认识。输入的信息一方面有助于消费者寻找并评价可选择的方案，另一方面也会影响消费者购后的满意度。消费者在购买与消费过程中做出持续的评价，这些评价会受到离散事件的发生与处理、职员本人、服务水平以及技术的影响；对消费过程的持续评价和由技术诀窍和过去经验形成的期望共同影响消费者对购买结果的评价；消费者对消费过程及结果的评价会对其未来行为造成影响，产生满意或不满意的结果。不满意的结果包含较少不可调和的行为以及结束关系的行为，后者甚至会造成负面口碑。

4.4.1　建立模型时必须考虑的因素

建立金融服务消费者行为模型时必须考虑以下几点。

- 金融服务不同于很多有形的商品，它不是简单的一次性交易，而是在扩展的关系中包含一系列的交互行为。
- 消费者与金融机构之间的交流对于其行为有重要影响。
- 消费者在对决策结果进行评价的过程中，购买前、购买后以及消费过程中的信息存在本质的区别。
- 内部信息来源、经验信息以及个人信息来源，比如口述，变得越来越重要。
- 购买后阶段被认为是整个过程中最重要的。
- 减少不一致的措施对加强消费者与金融机构的关系特别重要。
- 消费者对金融服务及供应商的评价在购买过程中越来越重要，并得到了加强（也就是说，这是逐渐递增的）。购买后评价在决定消费者继续或中断这种与金融机构的关系时特别重要。

4.4.2　消费者生命周期理论

年龄对于描述金融服务需求有一定的指导意义，企业在年龄细分方面达到平衡非常重要，特别是对金融服务而言。生命周期由于在消费者发展关系方面的潜在作用而变得更加重要。实际上，生命周期的主要作用是，金融机构认识到在成熟的市场中，获得新的商业客户的机会是很有限的，因此，维持已有的消费者对于机构的长期繁荣至关重要。

生命周期消费理论由美国经济学家、诺贝尔经济学奖获得者弗兰科·莫迪利亚尼（Franco Modigliani）提出。1954 年，莫迪利亚尼和布伦伯格发表了《效用分析与消费函数：对典型资料的解释》，标志着生命周期理论的创立。之后，他们对生命周期理论做了进一步完善，并将个人储蓄生命周期推广到整个社会进行分析，使理论更能够说明现实问题。

生命周期消费理论强调，人们会在更长的时间范围内计划他们的生活消费开支，消费的边际倾向受家庭实际财富和当期收入的共同影响。[⊖]一般来说，年轻家庭收入偏低，消费会超过收入形成负储蓄。随着家庭的稳定、收入的增加，收入大于消费，不但可以偿还年轻时的债务，还可以形成储蓄。由于每个阶段人们的消费储蓄状况不一样，所以人们的风险态度也不一样。

从实际观察到的个人消费行为来看，消费者总是想把他一生的全部收入，在消费上做出最佳的分配，使其在一生的消费中所获得的总效用达到最大，从而得到一生的最大满足。生命周期消费理论表明，消费者一生中的总消费价值不能超过他一生的总收入价值，因此消费者在任何年龄所能支配的总收入，不是取决于他的现行收入，而是取决于他一生的收入，包

⊖　高鸿业，等. 西方经济学（宏观部分）[M]. 5 版. 北京：中国人民大学出版社，2011.

括现行收入、预期未来收入和长辈遗留的财产。按照边际效用递减规律，要使消费者一生中获得的总效用极大化，消费者将选择与过去平均消费水平接近的稳定的消费率。在他的一生中，按这个稳定的比例均匀地消费其总收入。由于个人在任一时期的消费只是他一生中整个消费计划的一小部分，并且同时期的收入也只是有助于形成这个计划的一个因素，所以在任何较短的时期内，消费与收入之间并不一定会有密切而单纯的关系。正是由于这一点，当现行收入超过或低于按稳定的消费率计算的消费时，个人将进行储蓄或负储蓄。消费者为了在退休后保持退休前的生活水平，需要在工作期间进行大量储蓄，消费者的储蓄动机主要是为了实现消费效用极大化，以获得一生中的最大满足。因此，消费者的储蓄量是其考虑了人生的全部过程后统筹规划的结果。[⊖]

研究表明，消费者在不同生活阶段有不同的金融服务需求。在此，有必要引入家庭生命周期理论，该理论最早的雏形由朗特里（Rowntree）于 1903 年提出，朗特里根据家庭收入和需求的关系定义了一个家庭的生命周期，同时通过研究发现贫困与家庭所处的阶段有密切的关系，当人们处于一些特殊阶段，如结婚、生子、步入老年等，消费大于收入的可能性更大。在朗特里之后，有许多学者对家庭生命周期理论进行了更深入的研究，其中美国社会人口学家保罗·格利克（Paul Glick）于 1947 年首次提出了由形成期、扩张期、扩张结束期、萎缩期、萎缩完成期和解体期构成的较为完备的家庭生命周期理论。格利克提出的模型至今仍然是人们研究家庭生命周期理论的基础。考虑到中西文化的差别，西方学者对于家庭生命周期的划分可能不完全适用于中国。因此，根据我国的实际情况，我们将家庭生命周期分为四个阶段：家庭形成期、家庭成长期、家庭成熟期及家庭衰老期。

第一阶段，家庭形成期，时间起点是结婚，终点是生子，年龄在 25 岁至 35 岁之间。这个阶段的人事业处于成长期，收入较低，支出情况包括正常的日常生活消费支出、礼尚往来，还有一部分人考虑学业深造，这会有一笔不小的支出费用，如果结婚了要考虑生孩子，如果贷款买房，还要考虑房贷。这群人目前的状态是资金略有盈余或属于"月光族""卡奴"之类。处于家庭形成期的客户的主要需求包括划转服务、透支和贷款工具、储蓄和旅游方面的服务。

第二阶段，家庭成长期，时间起点是生子，终点是子女独立，年龄在 30 岁至 55 岁之间。目前处于事业的成熟期，收入大幅增加，家庭财富累积，还有可能得到遗产。但支出也很多，如赡养父母的费用、日常生活消费支出、礼尚往来、子女教育费用，还要为自己的健康做支出准备，有一定经济基础后还要考虑换房、换车等。目前的状态是责任重、压力大、略有盈余。成长期家庭的主要需求是抵押和房屋装修贷款以及子女长期储蓄、保险和贷款。

第三阶段，家庭成熟期，时间起点是子女独立，终点是退休，年龄在 50 岁至 65 岁之间。这个阶段是事业鼎盛期，个体收入达到顶峰，家庭财富有很大的累积。支出体现为赡养父母的费用、日常生活消费支出及礼尚往来，还有就是为子女考虑购房费用。目前的状态是收大于支、生活压力减轻、理财需求强烈、风险评估结果不稳定。处在这个阶段的人在投资安排上以稳健为先，基金定投及储蓄不可少，意外险和一些趸缴寿险也很受欢迎。在贷款安排上，用房屋贷款来换房，如置换式住房贷款＋存贷双赢适合资金紧张的投资人使用。

第四阶段，家庭衰老期，时间起点是退休，终点是一方身故，年龄在 60 岁至 90 岁之间。这一阶段的收入有退休金、赡养费、房租，还有一部分理财收入。支出体现为日常生活

⊖ 李仁贵. 弗兰科·莫迪利亚尼与储蓄生命周期理论 [J]. 中国城市金融，1997（1）.

消费支出及健康支出，还有一部分休闲支出（如旅游）等。目前的状态是收不抵支、风险评估偏保守。处于这个阶段的人的投资目标为要有退休计划、健康管理计划及购房计划，如果一方身故，还要考虑遗产规划。衰老期家庭的主要需求为在期缴寿险（15 年以上），投资主要是基金定投、储蓄，同时还要投资一些趸缴寿险，受益人为子女。

□ 案例 4-5

农商银行"全生命周期"金融服务模式

农商银行在开展个人生命链金融业务创新前，对照个人客户成长期、就业期、成熟期和退休期的金融需求特征，对原有产品体系进行梳理，调查了解客户在消费农商银行已有产品基础上的缺口性需求，与本地政府、学校、医院、企业进行战略合作，开展业务创新。

成长期： 主要为 25 岁以下的学生群体，该阶段的人处于理财启蒙阶段和尝试阶段，受互联网影响较大，虽然无固定收入，独自还款能力较弱，但通过打零工、争取奖学金来偿还消费贷款和助学贷款是当前社会的发展趋势。据美国大学入学及成功协会（Institute of College Access and Success）的统计，70% 的美国大学生依靠贷款读书。在我国，这个比例比较低，未来可发展助学贷款、留学贷款和大学生创业投贷联动等各类校园贷款业务，还可以通过推广小额信用卡、校园通联名卡等，满足学生群体的消费需求。

就业期： 主要为 25 ～ 45 岁的中青年客户，该阶段的人处于投资理财期，拥有较好的未来收入期望，同时，也存在购房、购车、结婚生子等资金需求，有财富增长、资产保值增值的强烈愿望。该群体投资较为积极，银行除了为其提供住房、购车、旅游等消费贷款外，还应积极进行混业经营布局，为其提供保险、投资理财和财富管理服务。

成熟期： 主要为 45 ～ 60 岁的中老年人群，子女逐步走入大学校园或走向社会。该阶段的人处于财富巅峰期，同时由于儿女开始经济独立，债务压力逐步削减，贷款需求大幅下降，为退休后的生活做准备的投资理财，实现资产保值增值、规避风险成为其最主要的金融需求，银行可有针对性地开展理财顾问、置业投资顾问、稳健型理财产品以及健康险、养老险、投资分红型保险等业务。

退休期： 主要为 60 岁以上的退休群体。当前，中国正在经历全球规模最大、速度最快、持续时间最长的老龄化过程，据人力资源和社会保障部预测，到 2035 年老年人口将达到 4 亿人，按照退休年龄推算，目前作为核心客户群的"70 后""80 后"中青年客户将逐步加入到 4 亿名老龄人口之中。统计机构数据显示，2016 ～ 2020 年"十三五"期间，中国养老市场消费将超过 10 万亿元人民币，年均增长幅度达 17%。如何满足未来需求更加多元化的老龄客户需求，发展老龄金融，抓住"全生命周期"零售业务新契机成为农商银行大零售战略转型的主要议题之一。处于财富享受期的老年人群体，理财风格变得更加保守，尽管收入处于较低的固定水平，但生活消费、旅游、医疗开销大幅增加。农商银行针对该群体应重点围绕稳健安全、高效便捷两大要求开展业务创新，提供定期存款、财产管理和保障、遗产信托、法律顾问、旅游金融、健康险和医疗险等服务；同时，也要将养老金融业务与社区银行服务相结合，与各类老年服务机构开展广泛合作，提供健康管理、生活照料、医疗康复、日间托老、老年餐桌、精神慰藉、家电维修、水电安装、居室保洁、房屋修缮等符合老年客户需求的专项增值服务。

资料来源：彭一萌. 农商银行"全生命周期"金融服务模式探究［J］. 中国市场，2018（4）.

◎ 本章小结

一切从客户出发，对于服务业而言，研究客户是一切服务的根本，金融服务的客户具有较多的特殊性，其购买行为的需求特征决定了金融服务的购买过程。金融服务行为模型是金融服务这一特殊领域的一个概括模型，旨在描述消费者购买或者与金融机构的接触过程，这与有形产品的模型有很大的不同，这一点非常值得关注。消费者生命周期理论作为理财模型建立的基础而存在。

◎ 思考练习

分析消费者基金产品购买行为的特征和购买决策分析。

答案要点：按照风险分类分析基金产品的收益；对消费者进行生命周期分类。

◎ 推荐阅读

1. 纪尽善. 证券经济学 [M]. 成都：西南财经大学出版社，1996.
2. 张云，等. 中国农业银行个人金融业务实务 [M]. 北京：经济管理出版社，2003.
3. 所罗门，卢泰宏，杨晓燕. 消费者行为学（原书第 10 版）[M]. 郝佳，胡晓红，张红明，译. 北京：中国人民大学出版社，2014.
4. 朱晓青. 银行服务设计与创新：运用设计思维重新定义银行转型 [M]. 北京：电子工业出版社，2018.

第 5 章
CHAPTER 5

金融服务产品的开发与管理

■ **本章提要**

本章从金融服务产品的基本含义出发，分析和阐述影响金融服务产品策略的因素，并研究金融服务产品的开发、管理和淘汰的过程。

■ **重点与难点**

❑ 金融服务产品的概念。
❑ 金融服务产品的开发。
❑ 金融服务产品的管理。

5.1 金融服务产品的基本含义

5.1.1 金融服务产品的概念

菲利普·科特勒将产品定义为：产品是能够提供给市场以满足需要和欲望的任何东西。金融服务产品不同于一般的工商企业产品。[⊖]亚瑟·梅丹将金融产品定义为：产品是以特定市场为目标，由金融服务企业为任意用户所提供的一整套服务。[⊜]

金融服务产品是指金融机构向金融市场提供的、能够满足市场某种需要的、与货币资金融通连接在一起的服务项目，以及与资金融通的具体形式相联系的服务载体。具体来说，金融产品的含义涵盖两方面：从侧重于金融服务方面来说，它是与货币资金融通连接在一起的一切服务；从侧重于金融工具来说，它是与货币资金融通相联系的服务载体。我们认为，金融产品的核心是金融服务，金融工具作为资金融通活动的载体产生于金融服务活动

⊖ 科特勒，凯勒. 营销管理（原书第 15 版）[M]. 何佳讯，于洪彦，牛永革，等译. 上海：格致出版社，2016.

⊜ 梅丹. 金融服务营销学 [M]. 王松奇，译. 北京：中国金融出版社，2000.

之中。因此，金融服务产品可以被定义为以特定市场为目标，由金融机构为任意用户所提供的一整套服务。根据这个定义，我们可以明确两点：一是客户通常不能从不同的金融机构购买一整套服务的不同组成部分，例如一个客户的往来账户及其辅助服务构成了一整套服务，该客户不能从其他银行获得这套服务的其他方面；二是金融服务产品仅针对特定的市场，例如，银行提供的助学金贷款仅针对学生客户群体。金融服务产品帮助客户增长其金融资产，并保护这些资产以备将来使用。对于任何金融服务企业来说，成功的关键是保持竞争性并以最低的成本提供这些服务。金融服务产品和其他行业产品的一个主要区别是，金融"产品"实际上是指特别的服务。与制造业不同，金融服务行业通常提供的是在销售之前没有经过设计和分类的实际产品。服务产品经常通过协商过程提供给客户。金融服务产品的核心是产品的特征和功能设置。

5.1.2　金融服务产品的分类

梅丹依据客户对象不同将金融服务产品划分为两大类：个人客户产品以及工商业客户（公司服务）产品。其中，个人客户产品包括贷款（个人抵押）、信用卡服务、咨询服务、保险、存款业务等；工商业客户（公司服务）产品包括工业贷款、政府有关部门提供的贷款保证、特别农业计划等。金融产品的种类很多，分类方法也很多，特别是近年来随着金融创新的迅速发展，更多的金融产品不断出现。本书将金融产品划分为固定收益的货币市场产品、固定收益的资本市场产品和浮动收益的金融投资产品三类。固定收益投资产品的种类很多，包括储蓄存款、商业票据、可转让大额存单、债券等。

1. 固定收益的货币市场产品

（1）**大额存单**（certificate of deposit，CD）。大额存单是 20 世纪 60 年代于美国出现的一种短期货币工具，也是银行的定期存款。大额存单与普通的定期存款相比有两点不同：①大额存单的面额通常很大，最低为 10 万美元，多数情况下面额达 100 万、500 万或 1 000 万美元；②大额存单通常可以转让，也就是说，在到期之前，如果存单持有者需要现金，可以将存单转售给其他投资者。短期大额存单的市场流动性很强，期限通常为 3 个月或 6 个月，期限在 6 个月或以上的大额存单，其流动性会大大下降。

发行大额存单的多为大型银行，在美国，大型银行发行的大额存单占 90%。购买大额存单的投资者，大多是私营公司、大型企业。对于企业来说，在保证资金流动性和安全性的前提下，现金管理的目标就是寻求剩余资金收益最大化。

（2）**商业票据**（commercial paper）。商业票据是随着商品交易或提供劳务而产生的商业信用的债权债务凭证，可以分为商业汇票和商业本票两种。在中国，能够成为金融市场信用产品的票据是商业汇票中的银行承兑汇票。

（3）**银行承兑汇票**（banker's acceptance）。银行承兑汇票是指客户委托银行承兑的远期汇票，在承兑期内，它与远期支票相似。当银行对汇票背书表示同意承兑时，银行就成为汇票持有者最终支付的责任人。从这一点来看，银行承兑汇票和其他任何对银行的债权一样，可以在二级市场交易流通。银行承兑汇票的特点是安全可靠、期限短、收益高、流动性强、筹资成本较低。因此，许多国家，尤其是美国、日本，大量使用这一融资和投资方式。

银行承兑汇票最常见的期限包括 30 天、60 天、90 天，也有的期限为 180 天、270 天。

交易面额一般为 10 万美元和 50 万美元。美国的银行在提供这类承兑汇票时，往往将大笔的承兑金额分为若干张 50 万美元面额的汇票予以承兑，将若干笔小额承兑汇票合开成一张数额较大的承兑汇票，以便其上市流通。银行承兑汇票的违约风险较小，但存在利率风险。

（4）**回购协议**（repurchase agreement）。回购协议是指证券的出售者在出售证券时，和证券的购买者签订协议，双方同意在一定期限后按约定的价格购回证券的一种交易行为。从本质上来说，回购协议是一种抵押贷款，抵押品为证券。出售回购协议的（协议中先卖出、后购回有价证券的一方）通常是商业银行和证券经纪商。购买回购协议的（短期投资者）大多为大型企业、保险公司或地方政府，中央银行也经常参与回购协议市场操作，以提供或吸收商业银行的短期准备金，调节商业银行的信贷规模。

目前我国证券回购市场分为两个：第一，全国银行同业拆借市场中的国债回购市场，供银行类金融机构进行回购交易；第二，上海、深圳证券交易所中的回购交易市场，供券商进行回购交易。回购协议的期限较短，一般为 1 天、7 天、14 天、21 天、1 个月、2 个月、3 个月和 4 个月，交易品种主要是国债。

（5）**同业拆借**（interbank lending）。同业拆借是指商业银行等金融机构之间，以货币借贷的方式从事短期资金活动的行为，主要交易对象是各金融机构的多余头寸（资金），短期资金不足的金融机构向短期资金盈余的金融机构借入，以满足其临时性的资金需求。同业拆借的特点包括资金融通期限较短、代表一种信用行为、交易额较大、利率由供求确定等。

1996 年 1 月 3 日，我国的同业拆借市场成立并开始运行。它由两级网络组成：一级网络为中国人民银行总行直接管辖的全国性交易网，由各商业银行总行和省级融资中心组成，总部设在上海，实行计算机联网交易；二级网络由各地的融资中心及省、市级的银行分支机构组成。此后，我国银行同业拆借市场有了较大的发展，参与者不仅包括商业银行，还包括证券公司、信托投资公司、保险公司、财务公司等非银行金融机构。拆借利率已经实现市场化，期限包括 1 天（隔夜）、7 天、14 天、21 天、30 天、90 天和 4 个月。

（6）**短期政府债券**（treasury bills）。短期政府债券是政府部门以债务人的身份承担到期偿还本息责任并且期限在 1 年以内的债务凭证。广义的政府债券不仅包括国家财政部门发行的债券，还包括地方政府及政府代理机构发行的债券；狭义的短期政府债券仅指国库券。值得注意的是，在我国，期限在 1 年以内或者 1 年以上的由政府财政部门发行的政府债券，公众均称其为国库券。但在国外，期限在 1 年以上的政府中长期债券被称为公债，期限在 1 年以内的债券才被称为国库券。美国的国库券是货币市场中所有的金融工具中流动性最强的。

短期政府债券发行的目的一般有两个：一是满足政府部门短期资金周转的需要；二是为中央银行的公开市场业务提供可操作的工具。短期政府债券是中央银行进行公开市场操作的极佳选择，是连接财政政策与货币政策的结合点。短期政府债券的特点是违约风险小、流动性强、面额较小和收入免税（我国也免收利息税）。

2. 固定收益的资本市场产品

与固定收益的货币市场产品不同，固定收益的资本市场产品由更长期的借贷金融产品所组成。

（1）**公债**（treasury bonds）。公债是国家举借的债，是国家为了筹措资金向投资者出具的、承诺在一定时期内支付利息和到期还本的债务凭证。在现实生活中，人们所说的公债大多是狭义的，即政府举债。我们一般把中央政府发行的债券称为中央政府债券或国家债券

（简称国债），把地方政府发行的债券称为地方政府债券（简称地方债）。

我国的国债分为国库券和国家债券。国库券从 1981 年起开始发行，1988 年开始分批在全国 60 个城市进行国库券转让试点，1990 年转让市场全面放开。自 1981 年以来，我国发行过的国家债券的品种包括国家重点建设债券、国家建设债券、财政债券、特种债券、保值债券和基本建设债券等。

（2）**金融债券**（financial bonds）。金融债券是指银行及非银行金融机构依照法定程序发行并约定在一定期限内还本付息的有价证券。发行金融债券和吸收存款是银行等金融机构扩大信贷资金来源的手段。金融债券的特征主要包括专用性、集中性、高收益性和流动性。

（3）**公司债券**（corporation bonds）。公司债券是指公司依照法定程序发行的约定在一定期限内还本付息的有价证券。公司债券的类型包括信用公司债、不动产抵押公司债、保证公司债、收益公司债（利息只在公司获得盈利时支付）、可转换公司债、附新股认股权公司债。我国公司债券的主要种类包括重点企业建设债券、地方企业债券、企业短期融资券、地方投资公司债券、住宅建设债券等。

（4）**国际债券**（international bonds）。国际债券是指一国借款人在国际证券市场上，以外国货币为面值，向外国投资者发行的债券。同国内债券相比，国际债券的特点主要包括资金来源的广泛性、计价货币的通用性、发行规模的巨额性、汇率变化的风险性、国家主权的保障性。

一般来说，国际债券分为两类：一是外国债券，二是欧洲债券。外国债券是指某一国的借款人在他国发行的以该国货币为面值的债券，欧洲债券是指借款人在他国（或境外）市场发行的不以发行市场所在国的货币为面值的国际债券。国际债券主要包括三种。一是美国债券，它是指在美国发行的外国债券，亦称扬基债券，是非美国发行人在美国国内市场发行的、吸收美元资金的债券。二是日本债券，它是指在日本发行的外国债券，亦称武士债券，是非日本发行人在日本债券市场发行的、以日元计价的中长期债券。三是龙债券，龙债券一般是到期一次还本、每年付息一次的长期固定利率债券；或者是以美元计价、以伦敦银行同业拆借利率为基准、每一季度或每半年重新制定一次利率的浮动利率债券。龙债券的发行以非亚洲货币标定面额，尽管有一些债券以加拿大元、澳大利亚元和日元标价，但多数以美元标价。

我国于 20 世纪 80 年代初期开始发行国际债券。当时，在改革开放政策的指导下，为利用境外资金，加快我国的建设步伐，我国的一些金融机构率先步入国际资本市场，以发行债券的形式筹资。1982 年 1 月，中国国际信托投资公司在日本东京资本市场上发行了 100 亿日元的债券，期限为 10 年，利率为 8.7%，采用私募方式发行。随后，在 80 年代中后期，福建投资信托公司、中国银行、上海国际信托投资公司、广东国际信托投资公司、天津国际信托投资公司、财政部、交通银行等，先后在东京、法兰克福、中国香港、新加坡、伦敦发行国际债券，发行币种包括日元、港元、德国马克、美元等，期限均为中长期，最短期限为 5年，最长期限为 12 年，绝大多数采用公募方式发行。90 年代以后，随着我国综合国力的不断增强，我国的国际债券的信用等级不断上升。特别是在 1996 年，我国政府成功地在美国市场发行了 100 年期的扬基债券。

（5）**优先股**（preferred stock）。优先股股票与普通股股票相对应，是指股东享有某些优先权利（如优先分配公司盈利和剩余财产权）的股票。与普通股股票相比，优先股股票的特点表现在四个方面：股息率固定、股息分配优先、剩余资产分配优先、一般无表决权。

3. 浮动收益的金融投资产品

（1）**普通股股票**（common stock），也称**股权证券**（equity securities）或股权，它代表公司股份的所有权份额，是一种企业所有权凭证，是由股份有限公司发行并在资本市场上流通的一种有价证券。普通股股票是股票中最普遍的一种形式，股票价格受公司的经营状况、经济政治环境、供求关系等诸多因素的影响。因此，普通股股票的投资风险较大，预期收益率高。

（2）**投资基金**（investment funds），简称基金，是指利益共享、风险共担的集合证券投资方式和投资机构，发行基金的单位集中投资者的资金，由基金托管人托管，并由基金管理人管理和运用资金从事股票、债券等金融产品投资，将投资收益按基金投资者的投资比例进行分配的一种间接投资方式。基金的特点包括集合投资、分散风险、专家管理（理财）、专门保管。无论发达国家还是发展中国家，当金融市场发展到一定程度并且金融产品的种类和数量达到一定的水平时，基金就会适应市场运行的需要而得到相应的发展。

基金的种类非常多，一般的分类方法是根据组织形式将其分为公司型基金和契约型基金；根据交易方式可分为开放型基金、封闭型基金；根据基金投资的标的物可以分为债券基金、股票基金、货币基金、黄金基金、衍生证券基金、指数基金、对冲基金等；根据基金的投资目标可以分为成长型基金、收入型基金、平衡型基金等。

（3）**外汇**（foreign exchange）。外汇是以外币表示的国外金融资产，包括以外币表示的信用流通工具和外币本身。

（4）**金融期货**（financial futures）。金融期货是指以金融产品作为标的物的期货合约。金融期货交易是指交易者在特定的交易所通过公开竞价方式的成交，承诺在未来特定的日期或期间内，以事先约定的价格买入或卖出特定数量的某种金融商品的交易方式。金融期货交易具有期货交易的一般特征，但与商品期货交易相比，其合约标的物不是实物商品，而是金融商品，如外汇、债券、股票指数等。金融期货的交易品种包括外汇（货币）期货、利率期货和股票指数期货三类。

- 外汇期货，指美元、澳大利亚元、英镑、加拿大元、日元、瑞士法郎、欧元等期货合约。主要交易场所包括芝加哥商业交易所国际货币市场分部、中美商品交易所、费城期货交易所等。
- 利率期货，包括美国短期国库券期货、美国中期国库券期货、美国长期国库券期货、市政债券、抵押担保有价证券等。主要交易场所包括芝加哥期货交易所、芝加哥商业交易所国际货币市场分部、中美商品交易所。
- 股票指数期货（简称股指期货），是买卖双方根据事先的约定，同意在未来某个特定的时间按照双方事先约定的股价进行股票指数交易的一种标准化协议。它是一种以股票价格指数为标的物的金融期货合约，其实质是将对股票市场价格指数的预期风险转移到期货市场的过程，风险通过对股市走势持不同判断的投资者的买卖操作相互抵消。

目前主要的股票指数包括标准普尔 500 指数（S&P 500）、纽约证券交易所股票价格综合指数（NYCE composite）、主要市场指数（MML）、价值线综合指数（value line composite index）、日本的日经指数、中国香港的恒生指数（香港期货交易所）等。主要交易场所包括芝加哥期货交易所、芝加哥商业交易所、纽约证券交易所和堪萨斯期货交易所。

金融期货的功能包括价格发现和风险转移。所谓价格发现，是指在交易所对多种金融期货商品合约进行交易，结果能够产生这种金融商品的期货价格体系。期货市场发现的金融资产价格具有三个特点：公正性、预期性、信息性。风险转移是指期货市场上大量的投机者、参与者承担了市场风险，制造了市场流动性，使市场功能得以顺利实现。

（5）**金融期权**（financial option）。金融期权是一种选择权，期权的买方向卖方支付一定数额的权利金后就获得了这种权利，即在一定时间内拥有以一定的价格（执行价格）出售或购买一定数量的标的物（实物商品、证券或期货合约）的权利。当期权的买方行使权利时，卖方必须按期权合约规定的内容履行义务。买方可以放弃行使权利，此时买方只是损失了权利金，卖方则赚取了权利金。

期权的要素有：①执行价格，又称履约价格，指期权的买方在行使权利时规定的标的物的买卖价格；②权利金，指期权的买方支付的期权价格，即买方为获得期权而支付给期权卖方的费用；③履约保证金，指期权的买方必须存入交易所用于履约的财力担保；④看涨期权和看跌期权，看涨期权是指在期权合约有效期内按执行价格买进一定数量标的物的权利，看跌期权是指在期权合约有效期内按执行价格卖出标的物的权利。当期权的买方预期标的物的价格将超出执行价格时，他会买进看涨期权，反之，会买进看跌期权。

（6）**可转换公司债券**（convertible bonds，简称可转换债券）。可转换债券是一种可以在特定时间、按特定条件转换为普通股股票的特殊企业债券。可转换债券除了具有一般公司债券的基本要素外，还具有特殊的要素，包括基准股票、票面利率、转换价格、转换期、赎回条件、回售条件、转换价格调整条件等。投资者在投资可转换债券时应重点关注票面利率、转换比率、转换价格、转换期这几项要素。可转换债券具有债券和股票的两重性。

（7）**认股权证**（warrants）。认股权证的全称为股票认购授权证，是由上市公司发行的授予持有权证的投资者在未来某一段时间内按事先确认的价格购买一定数量的该公司股票的权利。认股权证实际上是股票的长期看涨期权。认股权证的要素包括认股数量、认股价格、认股期限。认股权证的交易既可以在交易所进行，也可以在场外交易市场进行，交易方式与股票类似。

（8）互换，又称**互换合约**（swap contracts），是指双方同意在事先约定的时间内，通过一个中间机构来交换一系列付款义务的金融交易。互换交易包括两种类型：**货币互换**（currency swap）和**利率互换**（interest rate swap）。在货币互换交易中，两个独立的借取不同货币信贷的借款人，同意在未来的时间按照约定的规则，互相负责对方到期应付的借款本金和利息。通过这种互换，借款双方都既借到了自己所需的货币贷款，同时避免了还款付息时货币兑换引起的汇率风险，从而使双方或至少其中一方获益。在利率互换交易中，两个单独的借款人从两个不同的贷款机构借取了同等数额、同样期限的贷款，双方商定互相为对方支付贷款利息。此外，还可以将货币互换和利率互换结合起来使用，比如一种货币的固定利率付息与另一种货币的浮动利率付息交换，这被称为**货币利率交叉互换**（cross currency interest rate swap）。

在上述金融产品中，金融期货、金融期权、互换等为近些年来产生的衍生金融产品。

5.1.3　金融服务产品的层次

科特勒将产品划分为核心产品、基础产品、期望价值、附加价值、潜在价值五个层次。结合金融行业，我们将详细介绍产品层次理论。

根据层次理论，金融产品由核心产品、基础产品、期望产品、附加价值、潜在价值五个基本层次组成（见图5-1）。

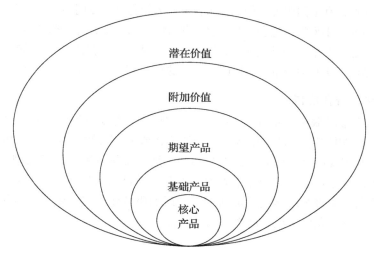

图 5-1 金融服务产品层次图

对于金融服务产品五个层次的理解由内层向外层依次进行，越内层的越基础，越具有一般性，越外层的越体现产品的特色。

1. 第一层次：核心产品

核心产品也称利益产品，是指金融产品提供给顾客的基本利益或效用，是无差别的顾客真正所购买的服务和利益，也是顾客希望得到的主要服务。核心产品体现了金融产品的使用价值，在金融产品的五个层次中处于最中心的地位。如果核心产品不符合顾客的需要，那么即使其他层次的产品再丰富，也不会吸引顾客。例如，传统银行的核心产品是存、贷、汇，顾客一般是为了满足自身的这些需求来银行办理业务。

2. 第二层次：基础产品

基础产品是指将核心利益转化为真正的服务所需的基础性产品，即产品的基本形式，因此这类产品有时又被称为"形式产品"，包括金融产品的具体形式，展现核心产品的外部特征，以满足不同消费者的需求。金融产品的核心利益是多种多样的，具体包括利息、股息、分红、便利、安全、保险、保值、地位、自尊和各种预期心理等。不同的金融产品有着不同的核心利益，金融服务企业应注重开发满足消费者多种需要的金融基础产品。例如，银行信用卡应具备转账结算、存取现金、透支便利这三大功能。

金融产品多为无形产品，主要通过提供服务的质量与方式来体现。金融服务企业在进行市场营销时必须注重其形式产品，应设计出形式多样的产品和服务来突显自身的特色，使顾客有更多的选择，以增强金融服务企业对顾客的吸引力，从而建立起该金融服务企业产品的品牌形象。

3. 第三层次：期望产品

期望产品是顾客在购买金融产品时期望得到的与产品密切相关的一整套属性与条件。例如银行顾客购买存款服务，期望得到的是恰当的利率、存期以及一整套安全、保护隐私的服务。

4. 第四层次：附加价值

附加价值是指增加的价值，即增加的服务和利益。例如，金融服务的对象如果消费金额较大，可以享受快速通道和上门服务。例如，银行的私人银行部会专门为客户打造舒适的房间，以供客户召开董事会或者小型的讨论会，甚至打造化妆间、雪茄吧，专门邀请客户使用。这个环节是形成自身金融产品与竞争者产品差异的关键。由于金融产品具有较高的同质性，金融服务企业要想使自己的产品区别于其他金融服务以吸引更多的顾客，就必须在附加价值上多下功夫。

5. 第五层次：潜在价值

潜在价值是指金融服务产品用途的改变，由所有可能吸引和留住顾客的因素组成。例如，为银行卡持卡顾客提供的洗车服务、电影票赠送服务、餐饮服务业的折扣等。

自 20 世纪 60 年代以来，随着金融业的不断发展与市场竞争的日益加剧，金融业务呈现出系列化的趋势，往往在某一种产品中附加各种服务项目以满足顾客的多种需要，从而为顾客提供更多的便利。能否为顾客提供灵活多样的附加服务将直接影响金融营销的有效性，因此，金融服务企业必须充分认识扩展产品的重要性。

□ 案例 5-1

招商银行：手机银行 3.0 打造极简金融范例

互联网金融时代，消费场景与金融功能的深度融合是必然趋势，所视即所得、一站式服务将成为常态。招商银行手机银行 3.0，通过打通应用场景，打造"极致体验"和"极简金融"，通过深度融合移动互联网技术，提供了一个更加人性化、智能化、极简化的开放式综合移动金融服务平台。招商银行手机银行 3.0 更像互联网企业的 App。简约、卡通化的按钮代表当今主流应用的风格，看上去更赏心悦目。首页设置了个性化头像、自定义昵称等功能，甚至还有细分客户群专属页面、功能包，如招行 M+ 卡用户页面，"人以群分、边用边玩"的特色十分明显。同时，招商银行手机银行 3.0 针对市场各主要手机机型开发了不同的适配版本，这在银行同业中是比较少见的。

招商银行手机银行 3.0 实现了从以"卡"为中心到以"人"为中心的改变。用户只需登录个人账户中心，就可一眼看清名下所有资产负债及各种卡的情况，并可快速完成查询、转账、缴费等账户操作。另外，它内嵌智能提醒功能，理财日历将客户信用卡还款、个人贷款、缴费等日常需要处理的事件清晰地在统一的界面中展示，并根据用户的财务状况给出简明扼要的专业建议，实现了功能飞跃。

资料来源：新浪财经新闻。

5.1.4　金融服务花

金融服务花是服务花营销理论在金融服务领域的应用，所以在介绍金融服务花之前，我们首先来了解一下"服务花"的内容。

在世界营销大师菲利普·科特勒所著的《营销学原理》一书中，服务对消费者的价值被形象地描绘为"服务花"，花蕊、花萼和花瓣分别代表核心产品、基础产品和附加价值，它们共同打造了消费者对某项服务的美好体验。美国著名服务营销学者克里斯多弗·洛夫洛克的"服务之花"思想，其实质是从整体产品或服务的角度出发，将核心产品与附加价值的关系比喻为一朵花的"花蕊"与"花瓣"，不同企业的核心产品大不相同，而所有企业提供的附加价值则大致一样，它们可分为八大方面，可以通过加强提供附加价值的服务来使核心产品的价值增加，从而提高企业竞争力。与八种附加价值（信息服务、咨询服务、订单服务、接待服务、保管服务、例外服务、账单服务和付款服务）相关的服务要素像八片花瓣一样围绕在核心产品的周围（见图 5-2）。

图 5-2　金融服务花

将服务花营销理念应用到金融服务领域，就可以得出金融服务花的构架，下面我们详细地从八个方面来介绍金融服务花。

金融核心产品总是伴随着附加的服务要素，我们将金融服务花的服务要素分为两类，一类是支撑性的附加服务，在传递金融服务或者使用核心产品时提供帮助。另一类是增强型的附加服务，可以为顾客带来附加价值。按照金融服务的特性和流程，我们把服务花中的信息服务、订单服务、账单服务及付款服务归为支撑性的附加服务，把咨询服务、接待服务、保管服务和例外服务归为增强型的附加服务。

1. 支撑性的附加服务

（1）信息服务。信息服务是指金融服务企业需要通过多途径为客户提供其所需的信息。洛夫洛克指出，对自己的产品满怀热情和有强烈服务导向的企业对提供信息通常持有一种教育的观点，它们会认真考虑如何以最佳的方式引导顾客了解其所需的信息。一般来说，客户需要的信息包括购买前的信息指引、购买后的信息维护和沟通。前者包括到服务地点的指引、营业时间安排、产品价格和附加服务的说明、提醒事项等。有些银行营业网点会使用广播、漫画、视频等视听工具将这些信息生动形象地传递给客户。后者包括一些优惠服务的条件、变更通知、书面材料、订购确认等。信息传递的途径可以选择门户网站、营业网点宣传、邮件、短信等，还可以借助互联网移动平台来传递信息。

（2）订单服务。订单服务包括接收申请、服务订购、订单输入、订单通过、预订、客户会面等。银行、保险公司等金融服务机构通常会要求服务对象按照规范完成申请流程（如填写纸质的银行卡或信用卡开卡申请表），目的在于收集有关信息和剔除那些不满足基本要求的申请者（如信用记录太差或健康条件不满足保险条款者）。金融企业要对客户的订单进行及时的处理和监督。现在很多金融机构普遍使用线上电子订单，提高了订单处理效率和安全性，客户只需要上线就可以填写表格，点击即可发送订单请求。

（3）账单服务。所有的金融机构都会涉及账单服务，例如在营业厅内完成交易时账目的清点说明，线上交易时发票的传送，为客户发送账户活动的定期对账单，账户安全维护，支付系统的支持。银行客户数据库管理为结账服务提供了重要技术支持。

（4）付款服务。金融企业本来就担负着为各行各业的支付服务的职责，无支付不金融。当然，对于金融企业本身来讲，为客户提供便捷的付款服务是金融服务过程中十分重要的一环。金融行业与其他行业不同的是，有些费用，例如申购基金的手续费、银行卡的年费等可以直接从客户的账户中扣除，但是购买支票、账簿、U盾、开户等服务以及进行国际汇兑等产生的费用可能仍然需要当场直接付款。因此，金融企业为提供便捷服务而采取的直接向收款人或者中介机构付款，从资金存款账户中自动扣除等服务，包括支付宝在内的移动支付都成为付款服务的重要手段。

以支付宝、微信钱包为代表的第三方支付服务属于互联网支付方式的一种，也是现代金融支付市场的重要组成部分。它通过引入公正的第三方，在交易双方之间建立信任关系，从而促进了网上交易的发展，大大降低了交易过程中的交易成本、信用成本以及交易风险，提高了交易成功的概率。以支付宝为例，除了满足基本的交易支付需求外，还相继推出了银行网银系统无法推出的其他个性化支付服务，如跨行还信用卡、手机充值、交通违章查询、助学贷款还贷、校园卡充值等，这些服务的推出大大降低了用户的交易成本，极大地丰富了用户体验。

□ 案例5-2

支付宝

支付宝无处不在　游客畅行无阻

2017年9月，支付宝和新加坡旅游局签署了谅解备忘录，共同全面提升中国游客在新加坡的体验。自签署谅解备忘录以来，中国支付宝用户在新加坡的使用实现了两位数的增长。新加坡只要有中国游客出现的景点、商场、餐厅等，都支持支付宝付款，在中国国内不用带钱包游玩的体验已经"无缝连接"到新加坡。

新加坡早在2015年9月就开始开通支付宝，目前已经有过万商户接受支付宝付款，覆盖新加坡"衣食住行玩"五大领域，只要是游客必去的景点、餐厅、商店，都可以用手机扫二维码直接消费。其中，新加坡设计品牌Utopia是接入支付宝的商户之一，Utopia创始人接受中国游客用支付宝买单，她表示支付宝成了店铺的招牌，帮助店里吸引了更多的中国客人。

有数据统计，目前新加坡70%的出租车、樟宜机场70%的门店、圣淘沙岛、环球影城等核心景点，乌节路上三大百货、牛车水美食街、退税服务点都可以通过支付宝直接支付。在新加坡的出租车上，有一块屏幕显示"推荐使用支付宝"，司机说，中国游客几乎全都使用支付宝付车费。如今，支付宝成了新加坡众多商家招徕中国游客的招牌。

支付宝：靠脸吃饭的时代来了

2015年3月，在德国汉诺威IT博览会上演示了支付宝新技术——"刷脸支付"。2017

年 9 月 1 日，支付宝在肯德基的 **KPRO** 餐厅上线刷脸支付：不用手机，通过刷脸即可支付。这是刷脸支付在全球范围内的首次商用试点。

在支付行业人士看来，作为新兴事物，"刷脸"验证和"刷脸"支付在给人们的生活带来便利的同时，也提升了安全性，"举一个简单的例子，密码是可以修改的，但是脸、指纹是不能修改的，所以相对来说也更为安全。"2017 年 2 月 21 日，支付宝的"刷脸支付"被世界权威期刊《麻省理工科技评论》（*MIT Technology Review*）评为"2017 年全球十大突破性技术"之一。

到 2018 年，刷脸支付越来越火，无论是巨头还是强企，在资本运作、产品创新等方面，各方动作不断。8 月 15 日，支付宝宣布在经过经验积累和技术升级之后，刷脸支付已经具备了商业化的能力，在未来一年内将在各种商业场景普及自助收银＋刷脸支付的解决方案。支付宝在刷脸支付设备上配备了 3D 红外深度摄像头，在进行人脸识别前，会通过软硬件结合的方法进行活体检测，来判断采集到的人脸是照片、视频或者软件模拟生成的，这样能有效避免各种人脸伪造带来的身份冒用情况。即便出现账户被冒用这样极小的概率事件，支付宝也会通过保险公司全额赔付。

业内人士认为，当支付宝刷脸支付商业化之后，未来几年里很有可能像二维码支付一样普及。

截至 2018 年 8 月，全国已经有 11 个城市的 23 家肯德基门店支持刷脸支付。如今，不仅在肯德基，在药店、超市、便利店等众多的线下零售场景，全国上百个城市超过百万消费者已经率先体验了支付宝刷脸支付的便捷。在自助收银机上，从结账到刷脸支付整个过程耗时不超过 10 秒，还免去了排队等待等环节，大大节约了时间。同时，消费者也不必记住那么多复杂、烦琐的密码，降低了使用难度，尤其是对老年人等群体来说非常好用。

支付宝自助收银机和刷脸支付在超市、餐厅、药店等上线后，有效缓解了高峰时段的排队结账现象，收银结算效率提升了 50% 以上；在大部分门店里，选择这种新方式结账的消费者超过 20%；在北上广深等一线城市，原本一个收银员只负责一个结账通道，现在可以负责 2 个以上的自助收银机，一台机器一年可节省各种成本 10 万元以上。

资料来源：电商在线。

2. 增强型的附加服务

（1）咨询服务。咨询服务可以说是信息服务的一个提升。提供信息意味着对客户提出的问题给予简单的答复，而咨询是一种探求客户需要然后设计一个有针对性的解决方案的对话。

对于金融企业而言，专业的咨询服务比一般的咨询服务更为细致，财富的私密性要求金融服务人员拥有更好的业务能力和沟通能力，协助客户更好、更全面地了解金融形势以及自身和家庭的状况，让客户决定"自己的"解决方案。咨询服务是金融企业必须要替客户着想，从客户的利益出发，给予客观指导，而不是诱导客户购买产品。金融产品的风险和收益是对等的，金融机构提供的咨询服务是一种高附加值的服务，因为它必须充分考虑客户面对风险的态度和家庭资产实际情况。

（2）接待服务。接待服务是企业和客户接触的第一步，要在细节方面做好，给客户留下好印象，因为客户接触是提高客户忠诚度的重要环节。

金融服务行业接待服务的理想状况是，无论接待老客户还是迎接新客户，企业都尽力为他们营造一种愉快的氛围。金融服务人员的言行举止代表着企业的形象，有效的金融企业管理应该让员工像对待宾客那样迎接客户，询问客户的需要，高效率分流客户，指导客户正确使用自助金融机具（如 ATM 机、发卡机、网上银行等）；为客户安排等候和休息的场所；恰当地为客户提供专业和非专业的杂志、产品介绍；客户办理完业务走出大厅前对客户致谢，引导客户方便、快捷地离开营业场所。电话沟通时也遵照良好的程序，向客户送上友好的问候。目前，很多金融机构都在实施以客户经理为代表的一对一服务，为高端客户群体打造更优质、更有特色的服务产品。

（3）保管服务。照料客户带来的物品、购买或者租用的商品——车辆保管、优惠停车、储物柜配置等。现在几乎每一家大型的银行营业网点都会提供停车位，确保在光线充足的地方放置 ATM 机，银行、保险公司、证券公司等在邮寄给客户的账单中附送安全手册，提醒客户谨防诈骗、网上银行钓鱼等犯罪活动。

（4）例外服务。在服务过程中有可能发生例外情况，服务人员要制订可变通的计划。例外服务包括四个方面。

- 特殊要求。例如为特殊客户群体（如残疾人、宗教信仰者、带小孩的家长等）提供额外的服务。
- 解决问题。常规的金融服务传递出现事故造成延迟、设备故障或服务人员过失等需要进行解决和处理。
- 处理顾客投诉、建议、表扬。这一行为需要金融企业建立良好的程序和流程或平台，以保证客户的利益。很多金融企业除了建立有效的投诉平台外，还会不定期安排服务人员进行客户访问，以确保客户利益不受到损害。
- 赔偿。当客户遭遇严重的金融产品或服务失误后，很多客户希望得到赔偿，包括退款、司法调解、免费服务等挽回损失。

□ 案例 5-3

农业银行创新推出“无感停车”产品着力提升智能金融服务水平

2018 年 7 月 25 日，中国农业银行在广州举行“智慧生活·无感停车”项目推介会。据悉，“智慧生活·无感停车”是农业银行自主设计研发的网络金融便民服务项目，客户登录农业银行掌上银行，将车牌号与银行卡绑定，即可享受停车扣费无感支付和便捷的出行体验。首批产品在万科集团广州八家停车场落地应用，是农业银行与万科集团紧密合作的创新成果，也开启了农业银行“智慧生活”的全新模式。现在，车主只需要签约农业银行无感支付，就可以方便地进出万科停车场，解决了原有的缴费不便、停车拥堵的问题，体验“随心所欲，停走自如”的便捷服务。现场的车主体验之后纷纷表示：“这种停车方式与高速上的 ETC 相似，但更方便，不领卡、不排队、不用贴标签，车辆离开停车场只需 2 秒，真是太方便了！”

“近年来，我行以金融科技为驱动，加快推动金融产品和服务向智能化、场景化转型发展，积极构建‘智慧生活’场景金融生态圈，在便民出行方面，已提供火车、飞机、共享单车、洗车、加油、违章查询等各类服务，为客户带来高效便捷、有温度的出行体验。”农业银行有关负责人表示。据介绍，农业银行将继续深耕“智慧生活”产品创新和生态融合，拓展无感停车服务范围，提升服务质量，并将继续拓展至智慧加油、智慧洗车、智慧高速等出行场景，不断为客户提供智能化、个性化的贴心服务。

资料来源：中国金融新闻网，https://finance.qq.com/a/20180730/025912.htm。

5.2　影响金融服务产品策略的因素

5.2.1　金融服务产品的客户

金融客户是指那些使用金融企业提供的产品与服务的任何个人或组织，是金融企业的服务对象。无论货币市场还是资本市场，参与各种类型的金融交易的主体或中介，甚至某些金融机构本身，在不同的时间、场合与不同的交易中，都可能是不同金融企业的客户。金融客户的类型可以按下述三个标准来划分。

1. 金融市场上交易的主体

按金融市场上交易的主体可以将金融客户分为个人或家庭（公众）、非金融企业、金融机构、政府。除上述类别之外，若进一步分析，事业单位与社会团体也是参与金融交易的主体。例如研究机构、医院、学校、党群组织、各种具有活动经费的协会和基金会等，它们通常是社会资金的盈余部门，可能把一些闲置的资金用于银行短期存款、投保或在证券市场上购买短期证券；一些长时间有闲置资金的组织，会委托信托投资公司参与中长期投资。

2. 金融交易中不同的需求

根据金融交易中不同的需求可以将金融客户分为头寸需求者、筹资者、投资者、套利者、保值者、信用中介者、投保者、佣金获取者。

（1）头寸需求者主要指实行存款准备金制度的金融机构，如商业银行。货币头寸是银行同业拆借市场的主要交易工具。当商业银行的实际存款准备金超过法定准备金时，便形成"多准备金头寸"并可以借出，以增加利息收入；当实际存款准备金少于法定准备金时，便出现"少准备金头寸"，此时需要拆入头寸以补足法定准备金额度，以免受到中央银行的处罚。

（2）筹资者，即通过金融机构在金融市场筹集资金的资金使用者，主要是生产与流通企业、其他非金融性服务企业、政府等，还包括某些机构投资者、需要资金的社会团体和个人等。

（3）投资者是指金融市场上所有以获得一定的报偿为前提出让资金使用权的资金供给者，包括各类存单持有人、政府公债持有人、企业证券持有人、信托或基金受益凭证持有人等。尽管获得的投资回报不同，承担的风险程度也不一样，但他们都是以获取一定回报为目的的出资人。

（4）套利者，或称短期套利者，多指金融市场上以投机为主的运作者，初级市场与二级市场中都有，但二级市场中最常见。在发达的金融市场，特别是二级市场上，投资者与投机者往往只是动机不同，其行为很难分辨，而且受各种因素的影响，双方之间还可能相互转化。金融市场的投机性是难以避免的，但如果超过一定程度而出现过度投机，则不利于市场的健康发展，政府和监管部门应主要靠完善法治、提高管理水平来达到抑制过度投机的目的。

（5）保值者是指因担心金融资产贬值而持有具有保值性质的金融产品的客户，如金边债券购买者、参与保值储蓄者、黄金珠宝的购买者等。

（6）信用中介者是指在投资者与筹资者之间发挥信用保证作用的机构。投资者为了能够在约定期限内收回投资资金和获得回报，往往要求筹资者以可信、有效的形式提供保证，这时第三方以信用保证或抵押担保的形式介入成为一种重要的方式。信用中介者往往是具有良好的信誉或担保偿付能力的机构，如银行、企业、专门的担保公司等。

（7）投保者是指保险公司的客户，即保险受益凭证的持有人。在与保险公司签订保险合约后，投保者通过承担交纳保费的义务，有权要求保险公司按保险凭证事项对其保险标的（可以是财产的、人寿的或责任的）履行保险责任。

（8）佣金获取者是指在金融交易中以获取佣金为目的的客户，主要指发挥代理、承销、经纪、咨询等作用的金融中介机构，如货币经纪人、证券经纪人、证券承销商、外汇经纪商、金融咨询公司等。

3. 交易业务量大小

按交易业务量大小可以将金融客户分为大户和散户。

（1）大户或称"大宗客户"，主要指交易相对集中、交易量较大的客户，其可能是大宗资金的需求者，也可能是大宗资金的供给者，如企业、政府、大型金融机构、机构投资者等。究竟交易量应达到多大才可称之为大户，因不同的企业、不同的产品和不同的市场而异，没有一致的标准。大户由于交易集中、交易量大、易于管理且收益可观，往往成为金融企业竞相争取的对象，但大户对金融企业提供的条件和服务质量的要求也较苛刻。

（2）散户是指业务量小、交易分散、交易次数多的客户，包括小企业、小机构、小团体，主要是社会公众。散户既有资金供给者，也有资金需求者，但从总体来看，散户大多是资金供给者，是社会中的一般投资人。散户由于量大面广，需要金融企业广泛设置网点，服务人员数量不断增多，所以，服务成本较高，单位利润较低甚至会亏损。但只要金融企业科学开发散户所需要的金融产品，并且善于经营与管理，仍可以达到"积少成多"的效果，获得经营的成功。

5.2.2　金融行业的风险

近年来，金融危机与金融风险的防范已成为各国特别关注的问题。这是因为金融业是经营货币的特殊行业，这一性质与特点决定了金融业是高风险行业，而且随着金融资产规模的急剧扩张、金融创新和金融国际化以及现代信息技术的突飞猛进，现代金融运行的复杂性和不确定性也在迅速增加。由于金融业渗透到社会经济生活的各个领域，金融风险具有隐蔽性、突发性、涉及面广和危害性大等特点，一旦金融机构出现危机，很容易在整个金融体系中引起连锁反应，引发全局性、系统性的金融风波，进而引发全局性的金融危机。其危害后果远远超出金融业自身，将殃及整个经济生活，导致经济秩序混乱，甚至引发严重的政治经济危机。

在金融领域中，金融风险无处不在，它几乎影响着个人、公司、政府活动的每一个方面。金融风险可以是由金融资产价格变动引起的，也可以是由金融或非金融公司决策失误或经营失败所引起的；可以是由经济波动所引起的，也可以是政治动荡所引起的，不同的原因导致了不同的金融风险。金融风险对经济活动的影响错综复杂，从不同的角度看，金融风险有不同的分类，按不同的标准可以分为如下类型。

1. 按形态不同划分

按形态不同可以将金融风险分为静态风险和动态风险。

静态风险是指只有损失机会而没有获利可能的纯损失风险，故又称纯粹风险。这种风险一般是由自然灾害和意外事故（如火灾、地震等）导致的，基本符合大数定律，可以比较准确地预测其发生的概率，也可以进行商业保险，将风险损失事先转移给保险公司。动态风险是指既有损失机会又有获利可能的风险，故又称投机风险。这种风险是由经济环境的改变和各种市场行情的波动（如利率的升降可能给银行带来损失或盈利等）导致的。这种风险发生的概率和每次发生后影响力的大小都随时间而改变。这是金融机构在经营中经常遇到的主要风险，也是最难把握和控制的风险。静态风险一般难以回避，风险承担者只能被动防御，尽量减少风险损失。而动态风险承担与否，以及承担多大的风险则可以由每个金融机构的管理者自主决定，通过对风险的认识和预测采取一些保护措施进行风险的回避、抑制、转移和控制。

2. 按金融风险发生的领域及影响程度划分

按金融风险发生的领域及影响程度，可以将金融风险分为个体风险、行业风险和金融业风险。

（1）个体风险是指金融活动主体面临的风险。这类风险只对金融活动主体本身产生影响，风险产生的原因是金融活动主体本身的管理及投资上的失误等技术性因素，如某公司、银行及个人等投资所形成的风险。

（2）行业风险是指从事相同或相近的金融活动的主体所面临或存在的风险，如商业银行的风险、证券市场的风险、期货市场的风险、信托业的风险、保险业的风险等。这类风险产生的原因有三个：一是外部不可测的因素；二是在一定的金融管理体制下，许多金融活动的主体利益预期的结果；三是少数金融活动的主体垄断操作的结果。后两个原因都是在一定的金融体制下，金融活动主体为追求自身利益最大化而形成的市场风险，这类风险与各种金融管理体制密切相关，不仅会对某一类金融活动主体产生影响，而且由于各种金融活动之间密切联系，对其他的金融活动也会产生影响，甚至会造成整个金融业的风险。

（3）金融业风险是指整个金融领域所面临的风险。它有两个方面的含义：一是由于经济体制方面的原因，整个金融活动领域处于经常性的风险之中；二是发生在某一金融行业的风险蔓延到整个金融活动领域而形成的金融业的整体风险。这种金融业风险发展到一定程度就会引发金融危机甚至经济危机。这类风险的大小与一个国家的经济政策、金融管理体制等密切相关。

3. 按金融风险产生的原因划分

按金融风险产生的原因，金融风险一般可以分为宏观层面的金融风险和微观层面的金融风险。

（1）宏观层面的金融风险可以分为调控偏差型金融风险和制度缺陷型金融风险两类。调控偏差型金融风险是宏观调控部门，尤其是金融调控当局在进行经济、金融调控运作过程中因调控目标、调控时机、调控力度以及调控手段等选择偏差所造成的金融风险。例如，日本金融危机的产生就是因为政府任由股票、房地产等资产价格飞涨，纵容金融机构的大量资金进入房地产领域却没有采取必要的约束机制。

（2）微观层面的金融风险，对于一家金融机构而言，它所面临的风险是多重的，具体可以划分为资产风险、利率风险、汇率风险、流动性风险、管理风险、交易风险、犯罪风险和国家风险。

4. 根据金融风险发生的原因划分

根据金融风险发生的原因，金融风险可以分为市场性风险和体制或机制性风险这两种主要类型。

市场性风险纯粹是由市场的不确定性导致的，也就是说，它是即使成熟的市场、规范化的经营也不可能避免的正常风险，如利率风险和汇率风险。体制或机制性风险是由于市场经济体制不完善或尚未建立、规则不清、内外监督不力、不确定空间增大而导致的风险，如信用风险、犯罪风险、政策风险和管理风险等，这种风险与金融法制不完善有很大的关系。

近几十年来，在规避管制和金融创新的作用下，各金融行业都在不同层次上产生了金融多元化行为。监管当局出于各种考虑，逐渐放宽了对多元化的限制。但是在从分业经营向混业经营制度变迁的过程中，潜在的金融风险是巨大的。这尤其表现在各种金融风险的交叉与"传染"，动摇了整个金融业运行的规则，使风险具有叠加性的特征。单个金融机构不可回避的系统性风险也被急剧地放大了。据有关统计，20 世纪最后 20 年里，全球以金融深化为主要内容的金融改革导致全球金融风险突出，共有 93 个国家爆发了 112 场金融危机，其中 46 个国家的金融危机直接导致银行系统大规模破产。因此，加强金融风险管理对推进我国当前金融体制改革有重要意义。

5.2.3　竞争对手的策略

我们将讨论竞争对手可能采取的三种类型的策略，这三种类型的策略有时候可以被称为"普遍性策略"（generic strategies），有人做过实验，这些策略几乎在任何市场条件下或者任何一种行业中都能较好地发挥作用。

1. 降低费用

第一种普遍性策略来自一条基本的经济法则：如果企业能以最低价向市场推出某种产品或服务，那么客户就会自然而然地购买。根据这种策略做出了这样的假定：金融企业也可以运用足够低的费用来推出新产品，从而使企业能随着时间的推移获得利润。若企业的产品和竞争对手的产品很相似，那么谁的价格较低，谁就能让客户购买。

2. 标新立异，与众不同

第二种普遍性策略基于这样一个简单的概念：企业可以对其所提供的产品或服务标新立异，这样企业的客户有可能就会上门。这些客户还有可能成为忠诚客户，他们有可能是对价格并不十分敏感的客户。因为企业使他们获得了在其他企业难以获取的利益。

3. 注意焦点

第三种普遍性策略是集中精力服务于企业认为适合自身市场细分的客户。对于此类客户而言，企业要避免遍地开花，四处兜售本企业的产品或服务，而是应当仔仔细细、认认真真地挑选客户。这样，企业将会赢得这部分客户，比竞争对手更能理解客户的需求，并且努力打造满足客户需求的利益点，比如价格低，或者标新立异、与众不同。

当然，金融企业可能不是单纯地采用这三种策略中的某一种，策略往往是复合型的。

5.2.4　新技术的开发

国内外金融新技术的开发应用给金融企业带来了许多好处和启示。

首先，新技术革命使金融行业传统的手工操作受到了冲击，银行的运作发生了深刻的变化，繁重的银行业务大大简化，银行员工只要敲几下键盘就能办理收付等各项业务，而且经营成本大大降低。这种状况必然引起人们思想、观念的转变，例如地理位置、资金多少，不一定是衡量银行价值的唯一标准；银行机构也不一定越多越好。美国的一些银行家认为，银行的分支机构在今后 10 年里可能要减少一半，银行服务的价值主要取决于它对新技术的应用程度和信息量的多少，以及如何更好地应用这些信息。

其次，为了采用新技术，银行需要投入大量的资金，这就要求银行要更加高瞻远瞩，用长期的战略观点来开拓新技术。银行的服务不仅在于态度好坏一个方面，而且在于效率如何，给客户提供多大的方便和满足。人们对银行的要求更高了，金融服务向着满足更高的要求前进。同时，采用新技术带来了工作方式和劳动方式的重大改变，这就要求金融企业不断改变工作方式和管理方式，达到效率最优化。

再次，采用新技术使各金融单位之间的竞争更加激烈，那种满足于现状、故步自封、不思进取的状态不再适应了。新技术的不断开发，新工具的不断创新，不是一个一个地推出，而是成群地推出，形成一种新的技术群体，犹如万箭俱发，有不可阻挡之势，谁保守或迟了一步，就会被别人超过，就有被淘汰出局的危险。同时，采用新技术要冒很大的风险，稍有疏忽或失误，就有可能产生巨大的损失，英国巴林银行和日本大和银行所发生的悲剧就是活生生的例子。因此，金融企业必须进行更深入的调查研究，做好预测，使新技术的采用更加科学、准确、合理，更有效地投客户之所好，尽量避免或减少应用新技术可能产生的风险。

最后，新技术的应用对人的要求更高了，更加需要强化金融企业的文化意识。要以文化力来促进经济力，使经济力、技术力、文化力相互配合和相互支持。大多数金融企业员工原来熟悉的知识显然不够了，需要学习新的科学知识，特别是通信科学、计算机理论和技术；同时要学习社会科学知识、商品市场知识、货币金融知识、财务知识、经济活动分析知识等；还要了解相当的文学知识，了解历史、地理、人文环境，以及具备一定的语言、文字表达能力和艺术欣赏能力等。

人们在进行科学技术的基础研究和应用研究的基础上，将新的科研成果应用于生产实践的开拓过程。科学技术走在生产的前面，以源源不断的新技术推动生产的发展。现代科学技术进步是社会、经济发展的强大推动力，企业只有围绕技术开发，不断地更新产品，采用新技术，才能不断地改善技术经济指标，增强竞争能力，适应社会经济发展和技术进步的要求，满足社会的需要。技术开发对企业的生存与发展有着战略意义。

□ 案例 5-4

建设银行：三大创新举措助推科技金融

建设银行科技金融创新中心举办了"寻找澎湃'技术流'创新工匠企业启动仪式暨'建现在见未来'科技金融沙龙活动"。与会专家和企业代表们认为，近几年建设银行积极服务国家创新驱动发展战略，在科技金融领域推出了许多创新举措，取得了较好的成效。

建设银行科技金融的创新点主要体现在三个方面。一是迭代创新"Fit 粤"3.0 综合金融服务方案，推出了 20 项科创企业专属金融产品，涵盖企业种子期、初创期、成长期和成熟期全周期所需的全方位的金融服务。首创"科技投贷联""科技助保贷"等创新型科技金融产品并陆续投放。二是构建科技金融生态圈。在资源整合上，建设银行牵头组建了"Fit

粤"科技金融联盟，整合政府、产学研及各类金融机构的资源和力量，推动金融资本与科技创新的深层次融合。目前，联盟单位已达 200 多家。三是联合广东省科技厅推进普惠性科技金融，提出"技术流"+"能力流"的科创企业评价模型并开展试点。随着科技金融的推进，建设银行服务科技企业的成效显著。以广东为例，2017 年，建设银行广东分行已经实现了全省 1 万余家高新技术企业金融产品和服务的全覆盖，授信的半覆盖，资产余额达 1 430 亿元，比 2014 年年底增长了 294%。

资料来源：中国金融信息网。

5.3   金融服务产品的开发

5.3.1   金融服务产品开发的类型

在现实生活中，金融工程师通常都是使用现成的金融产品来达到特定的目的。但是如果现成的金融产品不合适，或者说对于完成某项既定的目标不是有效的，这就需要进行新金融产品的开发和研制。需要说明的一点是，新型金融产品可以是通过设计和很正式的开发所获得的结果，也可以是为了满足客户的特殊要求所设计的方案产品化后的结果。这里我们把金融产品开发划分为以下四种类型。

1. 产品发明

产品发明是指金融企业根据金融市场的需求，利用新原理与新技术开发新金融产品。这种新金融产品可以改变客户的生活方式或使用习惯，例如信用卡的出现改变了人们的支付习惯，大大减少了现金的使用量，并充分体现了灵活、便利、安全的特点，另外，自助银行、网上银行的出现更是将现代高科技与金融业务紧密结合，将金融产品开发推向了高潮。当然，产品开发的难度相对较大，需要投入大量资金与采用先进技术，并且开发周期较长。该类产品的开发可以充分反映金融企业的实力与市场竞争能力。随着市场经济与科学技术的不断发展，客户需求不断增加，产品发明将发挥越来越重要的作用。

□ 案例 5-5

相互保

2018 年 10 月 16 日，蚂蚁保险联手信美人寿相互保险社通过支付宝蚂蚁保险平台向蚂蚁会员推出了一款重大疾病保障产品——蚂蚁相互保（以下简称"相互保"）。相互保是由一些具有共同要求和面临同样风险的人自愿组织起来，预交风险损失补偿分摊金的一种保险形式，相互保需要这些人先支付类似会费的"保费"，出售保险合同，并符合精算定价原理，只是没有股东，保险组织由所有保单持有人共有，没有保险公司的盈利诉求。

相互保是将具有相同风险保障需求的蚂蚁会员团结在一起，以共担风险的方式为会员提供健康保障的互助共济机制。蚂蚁会员可以在蚂蚁保险平台为本人和其他人申请加入相互保，成为《信美人寿相互保险社相互保团体重症疾病保险》的被保险人，获得健康保障并履行分摊义务。保障范围包括恶性肿瘤 +99 种重症疾病（包括恶性肿瘤、急性心肌梗死、瘫痪等各类常见重大疾病及器官移植、开胸进行的冠状动脉搭桥等重大手术）。保障金及管理费由全体成员分摊，公示期结束后根据分摊规则承担交费义务。

该产品在预约阶段就吸引了超过 1 000 万人参与，尤其是年轻群体对"互助共济"的接受度颇高。

相互保信美方面的总负责人曾卓表示："支撑相互保的是向银保监会备案通过的保险产品，信美相互保拥有国内首家相互制寿险牌照，接受银保监会的指导和监管，能够长期稳健运营。"此外，据了解，相互保的一次性全额赔付与网络互助"收到多少、给付多少"的政策不同。

在业内人士看来，相互保对基础保障形成了有益补充。中央财经大学保险学院院长李晓林认为："相互保没有股东，与消费者利益高度一致，建立好运营机制、整合好服务资源、服务好消费者是相互组织经营的核心目标，结合互联网技术高效运营，可以让更多人避免因病致贫、因病返贫，推动健康中国顺利实现。"

资料来源：雪球网、新浪网。

2. 产品改进

产品改进是指金融企业对现有的金融产品进行改进，使其在功能、形式等各个方面具有新的特点，以满足客户需求，扩大产品销售量。当前，金融产品种类繁多，为了避免发明新产品所需的大量资金、人力、时间等，金融企业可以对现有产品进行改造或重新包装，以扩大产品的服务功能，更好地满足客户需求。例如，商业银行在整存整取储蓄存款的基础上推出了存本付息、整存零取储蓄存款，通过改造与重新包装，使原有的金融产品焕发出新的活力，吸引了大量客户。

3. 产品组合

产品组合是指金融企业将两个或两个以上的现有产品或服务加以重新组合，进而推出新金融产品。如果金融企业拥有的产品过多，就很难从整体上开展有效的金融营销活动，因为客户难以充分了解企业的全部产品。为了更好地让客户接受本企业的产品，金融企业可以对原有的业务进行交叉组合，并在某个特定的细分市场上推广，让客户获得一揽子服务，这样就易于占领该市场并不断吸引新的客户。例如支票存款账户是一种结合了支票存款和普通存款的优点而组成的新产品，开立账户者可以利用支票取现和转账，既省去了携带现金的不便，保证了资金的安全，又加快了结算速度，还可以享有利息。又如，1993 年，中国银行与太平洋保险公司联合开发了"信用卡购物保险"，这一新金融产品将持卡人的人身保险、信用卡购物、物品损失保险等业务集于一身。

4. 产品模仿

产品模仿是指金融企业以金融市场上现有的其他产品为样板，结合本企业以及目标市场的实际情况和特点，对产品加以改进和完善后推出新产品。由于新金融产品是在学习别人的经验并结合自身特点的基础上加以效仿的结果，金融企业在开发时所花费的人力、物力、资金等都比较少，简便易行且周期较短，因此被金融企业广泛采用。

此外，金融产品开发常用的方法主要有三种。第一，仿效法，即企业根据自身和市场环境的现实情况，对已有的金融产品稍加改动形成新产品。这是较为简单的一种方法。第二，组合法，它是通过对两种或两种以上的既有产品进行组合创造出新产品。第三，创新法，它是最难的一种方法，是指直接根据需求的变化创造出全新的产品。不过，无论采用哪种方法，任何成功的产品开发都需要良好、稳固的基础，这些基础包括明确的营销策略和坚定守信的市场细分策略，持续进行的营销研究，对客户的充分了解，及时获知有关法律规定变动所带来的机会或威胁，及时获得有关科技进步带来的机会或威胁，系统化、规范化的研究开发方法，鼓励创新及发挥创造力的企业文化和工作环境。

□ **案例 5-6**

中信银行联手海尔打造供应链金融新模式

2014 年 9 月，中信银行 – 海尔集团供应链网络金融平台正式上线，力求打造传统银行和传统制造业在供应链领域合作的 B2B 新模式。

中信银行和海尔集团发挥联合优势，依托大数据技术，共同为海尔日日顺 365 平台的上万余家经销商打造了"在线融资"平台。中信银行 – 海尔集团供应链融资模式，打破了传统融资所需的抵押、担保等刚性门槛，海尔日日顺 B2B 平台提供的经营数据与企业财务数据相结合，构建了更为全面的信用评价模型。海尔是自建仓储物流的大型制造商之一，有很完备的物流管理系统，可以控制实际货物量，相对较规范；海尔对供应链上的企业相对比较熟悉，大多数企业的信用状况也有所保证；同时，全自动的在线操作与风险预警，最大限度地控制了操作风险。海尔以白色家电为主，这也意味着供应商提供的一单货物的资金需求大多为 100 万～ 200 万元，消费品行业价格的稳定性，基本能够规避货物价格波动所带来的市场风险。另外，中信银行对日日顺平台的贷款规模也会控制在一定的范围内。在此平台上，中信银行在可控的风险下批量获取了客户，海尔经销商在较低的成本下获得了融资，海尔集团则支持了销售渠道，这对于破解小企业、小微企业融资难来说具有颠覆性意义。日日顺在全国有 7 600 多家县级专卖店，约 26 000 个乡镇专卖店，19 万个村级联络站，可以实现配送到村到户。它在全国已经拥有了 9 个发运基地，90 个物流配送中心，仓储面积 200 万平方米以上，而且还在 2 800 多个县建立了物流配送站和 17 000 多家服务商网点。日日顺基本解决了网购大件"最后一公里"的问题，即配送到村到户。三四线城市是未来中国消费升级的重点，帮助中信银行扩展了客户基础。

该项目上线后仅 100 天，中信银行累计同全国各地的 600 户海尔经销商建立了合作关系，授信金额近 10 亿元。

资料来源：http://finance.caixin.com/2014-04-11/100663761.html。

5.3.2　金融产品的开发流程

为了使新产品更适应市场需求，提高新产品开发的成功率，并减少供需差异造成的产品开发风险，加强对新产品开发管理程序的设计显得特别重要。该程序大致分为新产品构思、筛选构思、产品概念的形成，商业分析、新产品研制、试销、商品性投放七个阶段。

1. 新产品构思

所谓新产品构思，就是为满足一种新需求而提出的设想。对比较现实的具有代表性的种种设想加以综合分析，就逐渐形成了比较系统的新产品概念。

新产品构思的外部来源：

- 客户提出的非正式建议；
- 联营合作伙伴提出的设想；
- 政府提出的社会需求方向；
- 竞争对手的反应和建议；
- 现有的研究成果和其他文献资料。

新产品构思的内部来源：

- 金融机构的研究开发部门提出的建议；
- 金融机构的市场营销部门提出的建议；
- 有经验的高级管理人员和基层员工提出的建议。

2. 筛选构思

筛选构思阶段的主要目的是选出那些符合银行发展目标和长远利益，并与银行资源相协调的新产品构思，摒弃那些可行性差或获利较少的新产品构思。筛选过程应遵循如下标准。

（1）市场成功的条件，包括产品的潜在市场如何，产品竞争程度及前景估计以及金融企业能否获得较高的经济效益和社会效益。

（2）金融企业的内部条件，金融企业的人力、财力、物力资源与其技术条件及管理水平是否适合生产这种新产品。

（3）销售条件，金融企业现有的销售条件是否适合销售这种新产品。

（4）利润收益条件，新产品是否符合金融企业的营销目标，其获利水平如何，新产品对原有产品销售有何影响。

在实际操作中，筛选包括初选、更为系统的审查、决定取舍三个步骤。在筛选阶段，应力求避免两种偏差，一种是忽略了良好的新产品构思，对其潜在价值估计不足，草率剔除，从而失去发展机会；另一种是采纳了错误的新产品构思，仓促生产，造成新产品开发的失败。

3. 产品概念的形成

产品概念的形成是指对已经筛选的新产品构思进行产品设计与鉴定。产品设计的基本任务是将新产品构思发展为几种产品设计方案，描述出比较明确的产品概念；鉴定则是对每一个具体方案进行具体的评价，根据市场状况、投资盈利率、生产能力及金融企业的资源等标准反复权衡，得出每个产品方案的潜在价值，并将产品方案提供给有代表性的顾客群进行测试，最后经过综合分析，选定最佳的一种设计方案。

4. 商业分析

商业分析即产品的经济效益分析，其任务是在初步拟定营销规划的基础上，对产品方案从财务上进一步判断，究竟其是否符合金融企业的预期目标。这具体包括两个步骤：预测销售额和推算成本与利润。为进行商业分析，需要拟订一项营销方案，主要内容包括产品结构、目标市场、消费行为、新产品的市场形象和定位、产品定价、营销渠道、预计销售量和预计销售费用、预计长期销售量及利润目标。

5. 新产品研制

新产品研制是将经过商业分析的新产品方案交给研究开发部门，将方案变为现实模型或样品的过程。这一过程包括包装及品牌设计。只有进入新产品研制阶段才能发现产品方案的不足，并确定其在技术、商业上的可行性。应当指出的是，新产品研制过程同时应包括专业人员的功能测试及消费者测试。前者是在一个仿真的操作环境中，由金融企业的专业人员对产品的性能质量及安全性进行测试；后者是指以消费者试用样品的形式进行测试。测试结束后出具测试报告，写明测试结果。

6. 试销

生产少量通过测试的样品为正式产品，并投入有代表性的小范围的市场上进行试销，目的在于检验这种新产品的市场效应，并由此判断是否进行大批生产。并非所有的新产品都需要经过试销，这取决于企业对新产品成功率的把握。如果金融企业对新开发的产品已经收集了用户的反馈意见，并对缺点进行了改进，对产品的市场潜在销量有信心，就可以直接正式销售。

7. 商品性投放

新产品试销成功后，就可以正式批量生产，全面推向市场，金融企业在此阶段应注意以下两个问题。

（1）投放时机。如果新产品代替了原有的老产品，应在原产品使用趋少的时机投放市场；如果新产品的需求有较强的季节性，则应在最恰当的季节投入，如银行公交卡，应选择在乘公交车的夏冬旺季投放。

（2）投放地区。必须确定投放市场是在城市还是在乡村，是在国内市场还是国际市场。一般情况下，每一种新金融产品的设计都是针对不同使用阶层的，如汽车贷款、消费贷款、个人住房信贷等。科学地选择投放地区的主要评价标准是市场潜力、金融企业的市场信誉、营销费用、市场竞争、投放地区的扩散影响等。

5.3.3　金融产品开发的原则

金融产品开发的基本原则包括如下六个方面。

1. 功能求新

功能求新是指银行具备某种新的服务功能。这种功能要明显地弥补以往服务的不足，或突出地满足新出现的某种特殊需要，从整体上增强银行的业务分工功能。

2. 对象特殊

必须要求有特殊需要的客户。也就是说，存在某种市场需求，而目前的金融产品不能满足这种需求。开发产品的服务对象的针对性越强，创新的效果就越容易显示和维持。当然，这种特殊的服务对象也应当具有一定的普遍性、稳固性和持久性。

3. 技术领先

技术运用必须充分考虑它的超前性，做好新产品开发的基础性设计，使之建立在一个有技术突破的较高水平上。

4. 弱化风险

金融产品创新的同时会产生市场风险、成本风险、操作风险等一系列风险，金融企业应该在开发之初充分考虑各种风险因素，努力分散、化解风险。

5. 兼顾通用

产品创新要注意向国际通用性方面靠拢，不宜追求特殊性。通用性的产品有利于降低成本，促进规范化、社会化和国际化。

6. 吸纳为主

要注意规范性吸纳，不宜随意改动产品特性。特别是一些定型的金融工具，其特殊性组合已达到最优化和成熟化，随意改动或人为增减不恰当的"特色"，会丧失该产品所具备的特性和优势，难以发挥其最佳效能。

□ 案例 5-7

广发银行："24 小时智能银行"

2012 年，广发银行在全国率先推出"24 小时智能银行"，重新定义了银行服务的概念。24 小时智能银行是智能网点全新元素，以客户自助服务和远程客服协助替代传统的柜台服务，未来将替代大部分传统网点业务。

24 小时智能银行简称 VTM（virtual teller machine），该理念的提出最初源于客户的需求。客户反映来银行办事有两难：一是上班没时间来；二是请假来了还要排队。从这一初衷出发，广发银行通过科技创新，开拓新型服务模式，有机地结合了本地客户自助操作和远程协助，从而通过柜员在远程终端进行操作授权等应用，代替普通柜员在柜台的业务操作处理，让客户可以随时来银行办理多种业务，同时解决了客户在网点苦苦排队的困扰。

广发银行 24 小时智能银行以"金融便利店"为创新服务理念，旨在依托高新科技的智能设备促进客户身份认证和服务模式创新，融合客户自助和远程协助模式，突破传统银行网点营业时间限制，成功使过去只能在工作时段前往网点柜台才能办理的业务具备了 7×24 小时全天候办理的可能。广发银行的客户可在 24 小时智能银行办理个人银行卡开户、信用卡资料查询、客户资料修改、信用卡还款、信用卡回邮资料递件、第三方存管预约开户等一系列业务，极大地提升了金融服务的便捷性，大幅降低了金融交易成本。

资料来源：http://www.yinhang.com/a_2014_1103_290801.html。

5.4　金融服务产品的管理

5.4.1　产品生命周期的管理

金融服务产品和其他任何产品一样，在市场上的销售情况和获利能力并不是固定不变的。从投入市场开始，金融产品的销售能力与获利能力会随着时间的推移和市场环境的变化而发生变化，并且可能最终被市场淘汰。这个过程有如生物体一样，历经诞生、成长、成熟和衰亡的生命过程。我们把金融服务产品从进入市场到最后被淘汰的全过程称为金融产品的生命周期。从市场营销的观点来看，金融服务产品的生命周期即其市场演进进程。

金融服务产品的生命周期通常可分为四个阶段：导入期、成长期、成熟期和衰退期，如图 5-3 所示。在图 5-3 中，每一阶段（状态）的时间长度，将依据金融产品的类型、为产品销售所做的努力以及这一金融产品目标市场的保有量等因素的不同而发生变化。

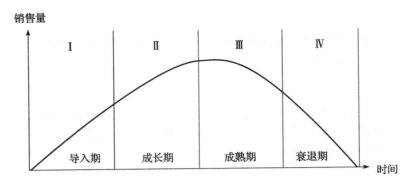

图 5-3　金融服务产品的生命周期

1. 金融服务产品导入期

导入期是金融服务产品初次进入金融市场的时期。在这一阶段，新产品对消费者来说，有一个被认识和接受的过程。因此，本阶段以产品销售量的缓慢增长为特点。由于初期投入的费用和成本较高，一般包括开发、创新或引进新产品的费用，为使市场认识新产品而必须支出的广告费用，将新产品投入市场所必需的分销体系的建设支出，等等，致使该阶段的产品销售利润相对较低，有时甚至会亏损。

2. 金融服务产品成长期

该阶段的特点是：产品的销售量日益增加。由于金融产品经过导入期的试销，产品已经被客户所了解、熟悉并接受，产品的分销渠道已经形成，并有了一定的市场需求，因此产品的成本开始下降，利润逐步增长。同时，由于金融产品具有易于仿效的特质，导致同业竞争者看到产品有利可图而纷纷进入市场，提供同类产品。因此，本阶段的情况可能是：有限竞争与销售加速相伴随，亏损转变为盈利，然后利润增长，进而敞开了通向下一阶段的大门。

3. 金融服务产品成熟期

在本阶段，以金融产品销售额的低速增加为特征。在这个阶段，金融产品已被大多数客户广泛接受并购买，产品的销售量已达饱和状态。此时，销售量虽然有所增长，但增长的幅度比较缓慢。另外，为了巩固本产品在市场上的地位，以及竞争已达到白热化状态，产品的某些成本（如广告费用等）增加，产品利润趋于稳定或下降。

4. 金融服务产品衰退期

在这个阶段，金融服务产品的销售量呈急剧下降趋势，金融机构可能因无利可图而停止销售，该产品逐渐从市场上消失。金融服务产品的生命周期就此结束。

金融服务产品的生命周期是金融机构营销管理的一个重要概念，由于金融产品不同于一般普通商品，因而其生命周期并不完全与上述历经导入期、成长期、成熟期和衰退期的近似正态分布的理论模型相吻合。它们的生命周期，也许是属于开始上市就迅速成长，由导入期直接进入成熟期，然后进入成长期的循环 – 再循环的不规则生命周期；也许是属于生命周期不断延长的扇形生命周期；也许是属于一上市就热销，然后迅速衰落，再等到下一周期来临的非延续型循环的生命周期。但是，总的来说，金融服务产品的生命周期的长短，主要取决于国民经济发展和科技进步。当国民经济发展较快、科技进步的速度也较快时，可供客户选择的金融资产与金融服务产品较多，金融服务产品的生命周期相对就会较短。

另外，从生命周期的各个阶段的延续时间长短来看，金融服务产品的生命周期由于金融服务产品的特性而具有与普通产品明显不同的特征。例如，一般来说，金融服务产品的导入期比普通产品的导入期时间要短，这是因为金融服务产品大多没有专利权和商标权，极易被效仿，金融机构要在尽可能短的时间里推出被客户接受的金融产品，以抢占一定的市场份额，因而其产品的导入期就相对较短。金融服务产品的成熟期会比一般的普通产品的成熟期要长，这是因为客户一旦接受了某种金融产品与服务，并感受到金融产品的吸引力，就不会轻易改变这种投资方式，很多金融服务产品因而可以使用很多年。

5.4.2 金融服务产品的淘汰

一种产品通常不能无限期地满足目标客户的需求并且符合组织的目标。因此，当产品不能满足这些标准时，可以考虑几种选择。例如，可以改进和修改业绩不佳的产品，"调整"它以满足目标市场的需求变化并从中受益，给产品带来某种形式的重新定位。

正如新金融服务的开发会受到金融服务的具体要素（包括不可接触性、不可分离性、寿命以及合同义务）的阻碍一样，淘汰过程也会遇到阻碍。对金融机构而言，淘汰方式可能不同于那些制造业公司所采用的淘汰方式，制造业商品通常主要经历以下过程：独立的生产、营销和消耗过程，但服务业并非如此。Harness 和 Mackay（1997）认为，在金融服务中存在两大类很明显的淘汰：一是将现有产品从新客户（可能是现有客户）那里收回；二是产品承受某些形式的（外部）淘汰，但是在金融机构内部依然保持现状（因为持续的合同义务）。

因此，金融服务产品的淘汰可以是完全淘汰或部分淘汰。部分淘汰可能是迈向完全淘汰的第一步，将产品从组织的业务责任中撤销。无论是完全淘汰还是部分淘汰，建议金融机构建立一份系统的淘汰程序。如图 5-4 所示，它考虑了产品回顾以及从产品领域修改或删除产品的任何决策。淘汰策略如表 5-1 所示。

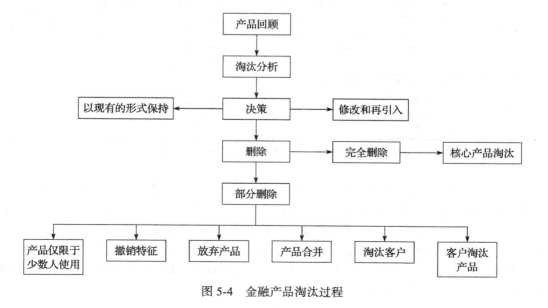

图 5-4　金融产品淘汰过程

表 5-1   金融服务产品的淘汰策略

策略	特点	意义
核心产品淘汰	• 核心产品被市场淘汰 • 产品不再以任何形式在组织中存在 • 完全删除过程的最后活动	该策略不适合同一水平的所有产品。应注意避免违反合同义务。它可以发生在产品层面（组织从其领域移除产品）、市场层面（组织从市场的某个地区移除产品）和组织层面（组织停止贸易）
产品仅限于少数人使用	• 不提供产品给新客户，现有客户不受影响 • 现有客户不能进一步使用设施 • 产品只对某一特定地区开放（为了留住"有价值的"客户）	产品基本上"高高挂起"，允许组织及时决定如何处理它。由于产品继续耗费一定的管理支出，这并没有消除管理上的负担。客户可以选择一种替代产品。作为可选方法，随着正常客户的死亡，产品将逐步消失
撤销特征	• 消除产品的非本质特征和选项，以便从根本上简化核心产品的用途 • 产品特征可能同时消除，或有选择地单独逐步淘汰	撤销特征是一种降低维护产品及其印刷品和管理成本以及培训和劳动力成本的方法，也可以把它当作迈向全面撤销的第一步。但是，产品可能对客户没有太大的吸引力，从而开始自然淘汰过程。对某一被合同约束的产品而言，在向客户发行产品后，将不能撤销特征
放弃产品	• 放弃产品的要素和核心属性 • 保留品牌名称和现有的支持系统 • 以现有的品牌名称引入一种新产品	这种策略可以用来保护已建立的品牌名称。以该品牌命名的产品不足以满足客户需要，因此保留该品牌名称并将其用于一种新产品，可以针对没有被满足的需要。这一过程包括将现有客户移向新产品，并培训销售队伍和促销人员。它既可以被当作买进策略，又可以被当作保留策略
产品合并	• 将许多产品合并，从而产生一种新产品 • 相似或完全相同的产品必须存在，可以在不违反合同义务的前提下予以合并	合并几种产品从而产生一种新产品，这可以用作产品增强策略或产品淘汰策略的一部分。现有产品的所有客户必须转移到新产品。其优点是：产品范围简化，服务水平提高，成本降低，渗透水平改善，在操作和IT系统中创造备用容量
淘汰客户	• 如果仍然经营业务，就为客户找一个买主 • 如果使用率很低（也就是很少使用的账户）就关闭产品并提高价格，使它对客户而言太昂贵，他们将选择离开	该策略的目标是使客户不再成为客户，它的优点是能够使组织集中精力在其核心业务上，这样可以降低维护仅限于少数人使用的产品的成本，它允许清除无法带来利润的客户。为客户寻找另一个买主不太简单，必须坚持合同义务并考虑对剩余客户的影响
客户淘汰产品	• 客户违背产品的条目和条件 • 产品终止用途（终结某类保险）或改变它的初始意图（如由于抵押失败而继续占有房屋）	产品的用途反映在合同中，当客户违背该合同的时候，组织可以完全终止产品的使用，或者取消某一使用特性

资料来源：哈里森. 金融服务营销 [M]. 柯江华，译. 北京：机械工业出版社，2004.

Harness 和 Mackay（1997）的研究指出，他们接触的多家金融机构所采用的策略通常是产品限于少数人使用，而不是向新客户提供产品。考虑到存在既定的合同义务和许多金融服务的寿命，这一点不足为奇。在他们接触的金融机构当中，淘汰核心产品是最少被使用的策略。毫无疑问，金融机构所面临的一个障碍是合同义务，虽然金融服务产品迎合少数几种核心需求，并撤除只迎合一种需求的核心产品，如储蓄或贷款，但同竞争对手相比，这可能使金融机构处于极为不利的地位。

🌀 本章小结

　　金融服务产品的开发与管理是金融服务的关键环节，在经济总量不断增长、个人财富不断增加的同时，消费者对金融可以提供的产品从数量到质量都非常重视，因此，本章所讨论的金融服务产品的开发、管理、淘汰十分重要。

🌀 思考练习

　　请举例说明金融产品对消费者选择金融企业所起到的作用。

　　答案要点： 产品是金融企业的生命线，可联系保险产品、基金产品、理财组合等市场产品说明。

🌀 推荐阅读

1. 郭琼，宋燕华. 私人银行：从热身到实战 [J]. 财经，2007.
2. 辛树森，等. 个人金融产品营销 [M]. 北京：中国金融出版社，2007.
3. 连建辉，孙焕民. 走进私人银行 [M]. 北京：社会科学文献出版社，2006.
4. 肖璟. 无现金时代 [M]. 北京：中信出版社，2018.
5. 科勒迪. 私人银行：如何于竞争性市场上实现卓越 [M]. 张春子，译. 北京：中信出版社，2015.
6. 曹彤，张秋林. 中国私人银行 [M]. 北京：中信出版社，2011.
7. 罗斯，赫金斯，戴国强. 商业银行管理（原书第 9 版·中国版）[M]. 北京：机械工业出版社，2016.
8. 韩宗英. 金融服务营销项目教程 [M]. 北京：清华大学出版社，2017.

第6章
CHAPTER 6

金融服务质量感知

■ 本章提要

本章主要讨论顾客感知服务质量的基本问题，并结合金融企业的特点，对服务质量的五个维度进行了详尽的分析和论证。从金融服务质量和顾客感知的角度出发，本章还将对消费者满意和忠诚度的相关问题进行讨论。

■ 重点与难点

❑ 顾客感知服务质量的概念。
❑ 服务的维度。
❑ 客忍阈。
❑ 金融企业顾客忠诚度管理。

6.1　顾客感知服务质量的相关概念

服务质量是一个复杂的话题。服务与有形产品不同，它是一系列活动的过程。在这些过程中，生产与消费同步进行，顾客直接参与服务的生产过程。由于服务自身的特性，有形产品质量管理的绝大部分方法和理论都无法直接应用到服务中。鉴于此，需要结合服务业的特点，探讨服务质量的评价方式和提高服务质量的方法。本章就是在这样的基础上展开的。

本章将主要介绍顾客感知服务质量的概念、顾客感知服务质量与服务企业竞争优势的关系，然后分析顾客感知服务质量的影响因素，并在此基础上引入几个具有代表性的服务质量模型，最后介绍服务质量的动态衡量方法。

6.1.1　顾客感知服务质量的概念

我们常常谈到改进服务质量，但对服务质量的内涵并不真正了解。如果只是片面地强调提高服务质量，而对服务质量是如何被顾客感知的、怎样才能提高服务质量等问题不加以界定，那么这种强调是没有意义的。在服务业中，特定的产品或服务质量是顾客所感知的质量，即**顾客感知服务质量**（perceived service quality）。不能把质量的定义界定得过于狭窄，因为这将导致质量管理计划范围的狭窄。例如，服务或产品的技术特性常常被认为是产品或服务最重要的特征，越重视技术的企业，越是如此。然而，事实上，顾客对服务质量的感知是多方面的，不仅局限于技术这一指标。企业对质量的理解必须和顾客对质量的理解相吻合，否则，在制订质量改进计划时，就会出现错误的行为，白白浪费时间和金钱。需要强调的是，顾客感知服务质量是从顾客而非企业的角度开展的对服务质量的评价。

6.1.2　顾客感知服务质量的构成要素

顾客感知服务质量包括两部分：技术 / 结果要素和功能 / 过程要素。**技术质量**（technical quality）是顾客在服务过程结束后的"所得"。通常，顾客对结果质量的衡量是比较客观的，因为结果质量主要涉及技术方面的有形内容。顾客接受服务的方式及其在服务生产和消费过程中的体验也会对顾客所感知的服务质量产生影响，这就构成了服务过程的**功能质量**（functional quality）。与技术质量不同，功能质量一般无法用客观的标准来衡量，顾客通常会采用主观的方式来感知功能质量。如图 6-1 所示，服务质量由技术质量和功能质量两部分组成，分别表明了"顾客得到了什么服务"（what）和"顾客是如何得到服务的"（how）这两个问题。

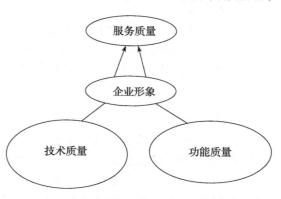

图 6-1　顾客感知服务质量的构成要素

在制造业中，多数情况下消费者是看不到企业生产产品过程的，但在服务业中，服务的提供是直接面向顾客的，因此顾客能够看到企业、企业的资源以及企业的运营方式。企业形象对于服务企业来说是最重要的，它可以从许多方面影响顾客感知服务质量的形成。如果在顾客的心目中企业形象良好，那么即使企业服务出现了一些小的失误，顾客也会原谅。但如果失误频频发生，企业形象将遭到损害。相反，如果企业形象很差，那么服务中出现的失误对顾客感知服务质量的影响就会很大。在服务质量的形成过程中，可以将企业形象视为形成服务质量的"过滤器"。

研究表明，服务质量的两个构成要素可以扩展。有学者认为，应当将服务接触所在的有形环境纳入服务质量的要素，即增加"在何处接受服务"（where）这样一个要素，并将服务质量模型称为服务环境组合质量，简称服务环境组合。也有学者对产业市场上顾客感知服务质量的经济结果进行研究后认为，对于一种特定的商品来说，用**经济质量**（economic quality）来衡量其质量更为贴切。在产业市场中，感知质量的关键不在于价格或其他成本问题，而在于顾客对这种解决方案可能产生的经济结果是如何感知的。这为分析顾客感知服务价值提供了一个新的角度，具有较为普遍的参考价值。因此，在许多情况下（不仅局限于产业市场），可以将经济质量问题也考虑在内。

6.1.3　服务质量的五个维度

研究表明，在顾客看来，质量不是一个一维的概念。顾客对质量的评价包括对多个要素的感知。例如，对汽车质量的感知包括六个维度：可靠性、服务性、美誉度、耐用性、功能性和易用性，而对于食品质量的感知可能从其他维度展开（风味、新鲜度、香味等）。潘拉苏拉曼、泽丝曼尔和贝瑞在其研究中确立了适用于一系列服务情境的五个具体维度：可靠性、响应性、安全性、移情性和有形性。

1. 可靠性

可靠性即公司可靠地执行其所承诺服务的能力。在美国，可靠性被消费者普遍认为是服务质量感知最重要的决定因素。从更广泛的意义上说，可靠性意味着公司按照承诺行事，包括送货、提供服务、解决问题及定价方面的承诺。顾客喜欢与信守承诺的公司打交道，特别是那些能信守关于核心服务方面承诺的公司。

2. 响应性

响应性即自愿帮助顾客及提供便捷、及时的服务。该维度强调在处理顾客要求、询问、投诉和问题时的专注性与快捷性。响应性包括顾客获得帮助、得到答案及问题得到注意前等待的时间，还包括服务者为顾客提供其所需要服务的柔性和能力。

3. 安全性

安全性即雇员的知识和谦恭态度及其能赢得顾客信任的能力。当顾客感知的服务包含高风险或顾客不能确定自己有能力评价服务的产出时（如银行、保险、证券、医疗和法律服务），该维度可能特别重要。公司应该尽量使关键的一线人员与个人顾客之间建立信任与忠诚，例如个人银行。

4. 移情性

移情性即给予顾客关心和提供个性化的服务，也称作"人情味"。移情性的本质是通过个性化或者定制化的服务使每个用户感到自己是唯一而且特殊的。每一个顾客都希望得到服务提供者对他们的理解和重视。例如，小型服务公司的人员通常知晓每个用户的姓名，并且了解用户的需要和偏好。当这种小型服务公司与大公司竞争时，移情性使其具有明显的竞争优势。

5. 有形性

有形性即有形的工具、设备、人员和书面材料。所有这些都可以被顾客特别是新顾客用来评价服务质量。在战略中强调有形性的服务行业主要包括那些顾客到达企业所在地接受服务的服务行业，如餐厅、零售商店。大多数服务公司常把有形性和其他维度结合起来，以提高公司形象和服务质量。例如，Jiffy 公司同时强调有形性与响应性——提供舒适、清洁的等待区域和快速有效的服务。

上述五个维度代表了顾客用来感知服务质量信息的方式。研究发现，这些维度在银行、保险、证券交易、汽车维修、零售业及其他服务中都有所体现。有时顾客决定服务质量感知时使用这五个维度，有时只使用其中的几个维度。此外，不同文化背景下的顾客对五个维度的关注程度也存在重要差异。

□ 案例 6-1

私人银行家

2001 年，"9·11"事件后不久，在美国西部某商学院工商管理硕士项目中，一些中国学生正在为持续低迷的就业市场而郁闷。这天忽然有消息传来，美国排名第五的富国银行（Wells Fargo）打算招聘几个懂中文的人负责"私人银行"业务。几个中国学生早早到了面试地点，面试官似乎并不关心他们是否在"金融工程"或"投资组合管理"等几门高端金融课程上拿了 A，更关心"你是否认识贵国的一些富豪家族""有没有向高个人资产净值（high net personal value，HNPV）或超高个人资产净值（ultra high net personal value，UHNPV）客户做销售或客户关系管理的经历"，以及"你是否熟悉贵国有关投资、税务、财产继承等方面的法律法规"，顺便还很善意地提了几条面试者在仪表和着装方面有待改进之处。富国银行当时虽然已经是美国业绩最好、成长最快的大银行之一，但在私人银行领域几乎只是个无足轻重的后来者，入门门槛自然也低些。几个中国学生这才意识到，私人银行原来与投资银行或基金管理颇为不同。资产管理、客户关系管理和法律及税务的相关知识与经验，是成为一名出色的私人银行家所必备的。私人银行业务的中高级管理人员有着不同的学业和职业背景，他们往往具备工商管理硕士（MBA）、法律博士（JD）等学位，具有注册金融分析师（CFA）、注册会计师（CPA）、律师等专业资格，以及资产管理、证券投资、法律、税务、客户关系管理甚至慈善事业等方面的从业经历，如果对艺术品和奢侈品有足够的了解和良好的品位就更加锦上添花了。

资料来源：百度百科。

6.2　金融企业顾客感知服务质量

金融企业是经营特殊产品——货币与货币资本以及与此相关的服务的特殊企业。金融服务是为社会物质资料的生产和流通提供融通资金的服务，是金融企业有效经营货币与货币资本的成功保值以及进行营销管理的一项具有决定性意义的活动，是金融企业提供的全部金融业务与以顾客为中心的金融服务意识、服务活动、服务质量与结果的整合。具体而言，金融服务就是通过关注顾客的七个因素：消费时间、职业特征、等待时间、礼貌、注意程度、正确性与能力，满足顾客对于金融产品的需求，使顾客在需要的时候能够得到其所需要的金融产品与服务。金融服务质量是金融服务体系的核心，构建完善、高效、现代化的金融服务质量管理系统是保证金融企业在激烈的市场竞争中立于不败之地的根本。

6.2.1　金融服务质量的含义

1. 什么是金融服务质量

金融服务质量是金融企业在提供营销服务的过程中，能够满足顾客明确的或隐含的需要、愿望和追求的能力的总和，是企业各种构成要素的质量的综合，是顾客心目中的价值。金融服务质量是维持金融企业竞争优势的重要工具，也是其营销策略。

金融服务质量的定义包括两个层面。一是狭义的金融服务质量，是指金融营销服务活动本身的相关质量，如服务人员（客户经理）的素质与形象、服务态度、服务技能、服务熟练程度、服务艺术；服务环境、服务设备、服务技术；服务过程、服务程序、业务流程；服务效果、服务结果等。二是广义的金融服务质量，是指金融企业全部构成要素的质量，特别是营销服务支持系统的质量，如各职能专家与职能部门的有效支持、计算机中心及其相关系统的有效运作、企业整体的发展战略与营销战略的正确性等。

2. 金融服务质量的内涵

金融服务质量的内涵包括三项内容、两个方面和六个层次。

三项内容：

- 现场即时服务；
- 持续性的服务；
- 服务契约关系的长期性和稳定性。

两个方面：

- 技术质量，如营销服务技巧与服务技术能力；
- 职能质量，如员工的态度、与顾客的关系、内部关系、服务诚意、亲和力、员工的风度与个性、与专家的关系、与当地的关系等。

六个层次：

- 核心层质量，即顾客最关心、最需要、最乐于获得的那一部分金融服务质量；
- 实体层质量，即金融服务中可以用实物形态表达的那一部分金融服务质量；
- 期望层质量，即顾客预期获得并在接受服务时能够默认的某一水平的金融服务质量，是顾客的主观质量；
- 附加层质量，即在法定或约定的质量标准以外，或者为了与竞争者相区别而添加的有关金融服务的质量；
- 创新层质量，即能够使顾客在接受本金融机构提供的产品或服务的过程中或者之后利用这些金融产品或服务为自己创造更高的价值的那些质量因素；
- 未来层质量，即能够在未来（顾客接受金融产品或服务以后可以预测的时间内）继续为顾客创造其未曾想过的价值的质量因素。

3. 影响服务质量的因素

影响服务质量的因素包括以下几点。

（1）金融服务自身的特点，包括无形性及其对有形性的依附性，服务的生产与消费的同时发生性，服务难以全部标准化的异质性，服务的即时性与易逝性等。

（2）服务活动过程中的顾客因素。外在因素包括文化背景、社会阶层、社会参照群体、家庭、社会地位与角色等；内在因素包括心理动机、感觉、态度、信仰、个人的生命周期、地位、年龄、职业、经济地位、生活方式、个性等；购买行为因素包括认知能力与过程、消费意识、信息搜寻、消费知识、评价、参照分析、消费决策等。

（3）营销经理、业务人员因素，如素质、形象、能力以及服务承诺等。

（4）营销服务环境因素，如利于营销人员发挥能力、提高顾客满意度等因素。

6.2.2 金融服务质量管理的要点

1. 确立营销服务质量的概念

顾客决定质量。据有关研究，当顾客对企业的产品或服务质量的认知处于全行业前 5 名时，企业的平均投资回报率为 32%；当质量被顾客认为处于行业后 40% 时，平均投资回报率只有 14%。

2. 运用服务质量缺口模型

企业寻找现有服务中的缺口，通过分析，提高服务质量，也称作**落差分析**（gap analysis），如图 6-2 所示。缺口是指双向箭头两侧之间的差距（不一致性）。落差分析关键是找出产品和服务具有决定性的、能让顾客进行取舍的特点。服务落差一般有四个影响因素：

- 认识差距，即顾客期望与企业对顾客期望的认识之间的差别；
- 标准差距，即企业对顾客期望的认识与其制定的顾客服务标准之间的差别；
- 传递差距，即企业的服务标准与提供给顾客的实际服务之间的差别；
- 沟通差距，即企业提供给顾客的实际服务与营销承诺的服务之间的差别。

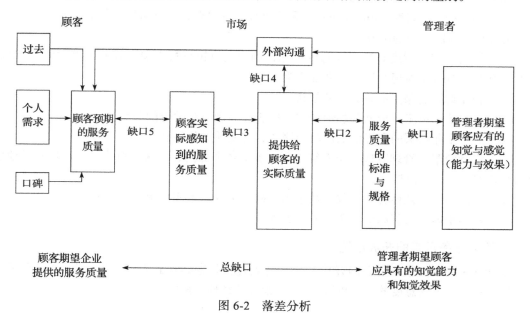

图 6-2　落差分析

3. 五条服务定律

企业在充分了解目标市场与顾客需要以及通过对顾客满意度进行系统调查、明确服务质量状况的基础上，确立使顾客满意和赢得顾客长期依赖的战略，重点按照"五条服务定律"提供服务。

（1）悠久的顾客关系定律，这是营销服务的总观点：企业必须发展和保持良好、持久的顾客关系；要求企业员工在顾客需要服务时要像专家、顾问一样，以符合顾客要求的方式随时为其提供满意的服务。

（2）真实瞬间需求定律，客户经理和一线员工应该准确地识别、分析营销服务的真实瞬间的顾客需求、愿望及其突然的变化，并迅速做出反应，跳出固有的标准 / 制度，创造性地以顾客满意的方式妥善处理顾客关系。

（3）过程质量控制定律，一线员工必须对其提供服务的全过程进行质量控制，并在真实瞬间当场验证质量。每个人都应对质量负责，任何事情第一次必须做好，要善始善终。

（4）全面市场营销定律，服务营销职能贯穿整个企业组织，每个人都是营销人员，在真实瞬间的顾客关系中要注意金融产品、服务、信息、价格、利益、社会关系等的全面交换。一线员工与顾客构成的每一种关系都包含一个或几个营销要素，所有这些要素如果能给顾客留下美好的印象，就会强化、优化顾客关系。

（5）服务支持体系定律，即组织（文化、结构）、技术、理论、各级管理者以及所有的利益相关者，共同构成营销服务的支持体系，尤其内部利益相关者要理解、支持、指导、鼓励一线员工，激励他们提供最好的顾客服务和最高的顾客价值。

4. 最高管理层直接负责服务质量的管理

（1）制定高标准，实行**零错误/缺陷**（zero errors/defects）管理，例如花旗银行规定，电话铃响 10 秒钟之内必须有人接听，顾客来信必须在 2 天内做出答复。

（2）建立服务绩效监督制度，例如花旗银行对服务的 ART（准确性（accuracy）、反应性（responsiveness）、时间性（timeliness））标准经常进行检查，并常常以"佯装购买"的方式，监督员工是否提供良好的服务。

（3）规定顾客满意度和员工满意度指标，例如花旗银行过去规定其顾客满意度为 70%、员工满意度为 70%，而现在认为两者都应为 100%。

（4）企业组织要保持不断的服务创新。

（5）不断培训员工，帮助其加深理解金融企业与利益相关者的关系。

（6）对于企业购买的和提供的产品与服务，都要兼顾价格和成本。

（7）将营销服务管理看作一个系统工程，保证各个部门、层次、机构、人员以及其他资源的合理配置、有效协调。

（8）注意消除随意性目标、仅以数字为基础的标准、不实事求是等现象。

（9）不断培养、造就高级营销服务专家人才。

5. 建立服务运营的开放系统

如图 6-3 所示，服务运营的开放系统的特点是：将顾客达到看成"投入"，通过服务过程转化为具有一定满意度的"产出"，其中营销服务经理（客户经理）是中心。

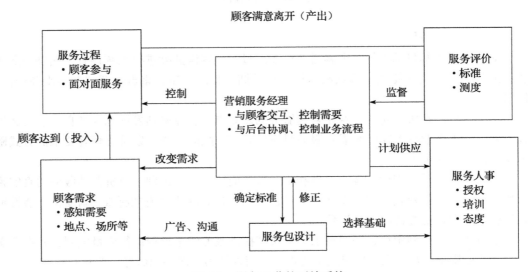

图 6-3 服务运营的开放系统

□ 案例 6-2

达州银行获"银行业 315 口碑优秀案例奖"

由新华网与《华夏时报》联合主办，北京市互联网金融协会、金融科技 50 人论坛协办的"2019 第五届金融 315 论坛"中，达州银行作为银行业代表获邀参加此次论坛，并荣获"银行业 315 口碑优秀案例奖"。

对于此次获奖，达州银行副行长刘清泉表示，主要是由于达州银行近年来下大功夫保护消费者合法权益。具体措施有五大方面：一是坚持优质文明服务，对服务质量差的行为予以全行通报，违规行为按积分累计并给予相应处罚；二是着力改善服务环境，推动达川、宣汉、渠县等多家网点重装升级，持续丰富网点服务设备；三是建立了"神秘人"检查制度，定期对网点服务情况、网点卫生状况及运转情况进行检查，并就检查结果形成整改意见；四是开展限时办结，在营业网点公示"日常柜面业务限时办结时间"，提升金融服务质效；五是印发《达州银行特殊金融消费权益保护管理办法》，配备便民设施，为特殊金融消费者提供充分的便利。

据介绍，达州银行遵循"以消费者为中心"的经营理念，坚持以客户为中心，在不断深化消保基础服务的同时，更将消费者权益保护切实纳入制度建设。刘清泉表示，达州银行近年来采取了多项行动，如优化机制建设，提升管理能力；加强消保考核，提升督导力；强化学习培训，提升执行力；抓好投诉管理，提升服务力；推动宣传教育，提升影响力等，全方位做好各项保护消费者权益工作。

资料来源：http://www.xinhuanet.com/expo/2019-04/16/c_1210110219.htm。

6.2.3　确立服务质量考核指标体系

1. 确立服务质量评价标准/指标体系，建立 ISO 9000 质量认证体系

（1）必须根据顾客对服务的要求、期望以及与服务质量相关的影响因素（见表 6-1），列出**质量功能配置**（quality function deployment）矩阵表（行为顾客需要的层次，列为产品与服务的层次），制定出本企业独具特色的服务质量评价指标体系，并以书面形式公布于众，内部达成共识，严格要求，奖惩分明。

表 6-1　服务质量影响因素与顾客要求

影响因素	顾客要求
产品具有的可以满足顾客需求的特性	企业经营稳健、信誉高
营销渠道	技术设备精良、先进、可靠
融资能力	业务处理迅速、及时，等候时间短
审批速度	业务操作准确无误、流程短、办理简便
业务处理效率	临柜人员素质高、态度好、尊重顾客
员工素质，营销服务沟通能力	需要顾客自己办理的手续少且简便
服务成本	营业场所舒适、安全、处处合适
服务安全性、方便性、可靠性	顾客获得服务的成本低且容易获得
服务场所的环境	业务全程保密
顾客合作与参与程度	配套服务周全
企业形象	其他优惠

（2）认识到标准是相对的、动态的，是随着竞争形势的发展而变化的，真正的标准必须时时更新。

（3）考核标准体系包括两类标准：R 标准，即**成果导向型标准**（results-oriented criteria），主要与主体业务营业额、利润额、投资回报、股票价格、市场占有率、顾客满意度等有关；P 标准，即**过程导向型标准**（process-oriented criteria），主要与服务生产与提供的全过程、过程中的工作与问题、时间管理、技术使用、人员活动、建议系统、总体改善与创新等有关。

（4）通过标准的确定保证优质服务的持续性，具体包括：

- 分析、决定哪些服务项目可以标准化；
- 确定标准；
- 执行标准和执行过程的监督检查；
- 服务的标准化要与通过**即时判断**（instant of absolute judgment）进行个性化服务相结合；
- 标准要具有 SMARTS 特点：服务对象、服务行为、服务指导（时间、地点等）的明确性（specific）；服务质量计量、测量的可衡量性（measurable）；标准本身的可实现性（achievable）；与顾客需要相吻合性（relevant to customers）；服务时间、服务提供、服务结果获得的及时性（timely）；标准得到的企业支持（supported the organization）的程度，如与职务要求、报酬、责任等一致。标准要与员工共同制定，并能够公平地实施、执行。

（5）把握建立标准的步骤，确定哪些方面的服务是重要的或最重要的；决定改进哪些方面的服务；确定可以衡量（量化）的标准；使服务达到标准，成为企业文化的一部分；培训员工，以达到服务标准；定期对服务标准进行检查；向员工通报对服务标准执行情况进行检查的结果；对成功执行服务标准的员工进行公开奖励；对服务标准进行重新评估。

2. 服务质量考核指标体系：以商业银行为例

（1）人事指标，具体如下。

- 员工参与——参与营销服务决策和实际活动的程度及愉快、欢乐、创新的心态。
- 组织与人事制度——银行组织的健全、人员考核、评价、升迁、奖惩、培训、福利等人事制度完善的程度。
- 保障——各级主管和员工的专业知识水平、更新程度及其对部门业务的熟练程度和赢得顾客信赖的能力，对顾客关心、专注的程度，以及协助顾客、提供优质服务的意愿。
- 服务提供者（个人、组织）方面还有：服务技能——提供服务的熟练程度；礼貌——服务提供者的礼仪和对顾客的礼貌程度；友好性——对顾客的友好程度；反应性——对顾客要求做出反应的及时性、灵活性等。

（2）顾客指标（质量由顾客决定），具体如下。

- 顾客整合——银行与顾客沟通和互动的程度。
- 顾客满意——顾客对银行服务满意的程度，主要是顾客感知服务质量（见图 6-4），其要素包括：服务的可靠性；服务本身与服务过程的安全性；顾客享受服务时的舒适性；服务设施的整洁性；服务提供的及时性；服务场所与服务人员给予顾客感受的美感性；顾客愉快地获得、享受服务的便利性等。

- 综合满意——各方对银行服务的满意程度，包括内部员工满意、社会满意、所有者满意、经营者满意、国际满意、全球满意等。

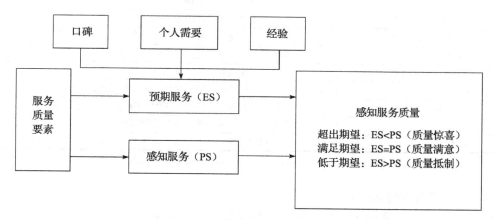

图 6-4 感知服务质量

（3）管理指标，具体如下。

- 内部控制——银行内部控制有效防止和控制各种弊端发生及其侵蚀经营绩效的程度。
- 管理创新——服务管理跟随顾客需求变化的程度。
- 作业效率——顾客接受服务的全部时间最小化的程度。
- 直接成本的减少——资金成本、员工薪金等成本不断减少的程度；间接成本的减少——维持服务的成本、行政成本、设备成本、保养费用、装备折旧费等成本不断减少的程度。
- 银行外部形象——银行建筑、设施、设备、门面、营业厅、管理者和员工等与顾客直接接触的各个方面给人留下的印象，即 CI 中的行为形象与视觉形象。

（4）产品指标，具体如下。

- 以长期业务关系为基础的产品质量的一致性、富有竞争力的价格、准时足额兑付的可靠性等，又称为产品竞争的保健因素。
- 产品创新——金融产品随着市场环境的变化，快速地进行产品创新、设计、上市及其符合市场需求的程度。
- 银行产品与服务的综合程度、广泛程度、配套程度等。
- 金融服务产品的设计规则完善、可行，符合国际标准、国家标准和市场规则。
- 竞争锐度因素——吸引顾客购买本银行产品与服务而不购买其他银行产品与服务的因素，其中主要是可以使顾客获得增值的因素。

（5）技术指标，具体如下。

- 电脑系统——使用电脑以适应现在和未来市场竞争需求的服务程度。
- 产品与服务中技术含量的大小。
- 与服务营销有关的技术开发、技术创新具有市场适应性、超前性。

（6）效用指标，营销服务质量效用指标如表 6-2 所示。

表 6-2 营销服务质量效用指标

服务质量特点	服务质量评价标准范例
有形性	有形设备，人员外表
可靠性	工作的一致性和可依赖性
反应性 / 取悦顾客	愿意并能够立即提供服务
交流性 / 关心顾客	用顾客听得懂的、愉快接受的语言和表情向顾客提供服务
可信性	顾客感到可以信赖其接触的银行人员
安全性 / 保护顾客	交易有可靠的凭据和法律保证
能力	银行一线服务人员有满足顾客需要的重组的知识和技能
礼貌 / 尊重顾客	银行一线服务人员接待顾客时文明礼貌、态度和蔼
理解顾客	服务人员真正弄清楚顾客的具体需要
可接触性	便于利用各种媒体、渠道、方法和银行联系，并获得服务

资料来源：坎尼. 永远留住顾客 [M]. 奚红妹，等译. 上海人民出版社，1995.

其中，重点内容包括以下几点。

- 服务态度及其受顾客欢迎、期望、接受的程度，对顾客做到"赢得理智不如赢得情感"。
- 服务效率、精确度等合乎标准以及这些标准符合顾客需求的程度。
- 服务全过程的安全、保密程度符合顾客需要的程度。
- 可靠性程度，即银行切实履行承诺的能力，该指标尤其受顾客关注。
- 价值密集度，即银行通过对各种提供营销服务的渠道、手段、工具及其他要素进行整合，使顾客在任何时间、任何地点都可以进行交易，为顾客创造密集的时间价值、经济价值、知识价值等，如"一站式"服务。

3. 明确营销服务质量评价管理各种要素的比重

参考美国国家质量准则 1996 年的标准分值（见表 6-3）。1997 年，美国马尔科姆·鲍德里奇国家质量奖进行了修订，设立了新的标准，被称为"卓越绩效准则"评价指标体系，其中 7 个基本指标的相互关系如图 6-5 所示，其基本精神是：持续改进、顾客满意、面向成果、整体提高。

表 6-3 马尔科姆·鲍德里奇国家质量奖标准

大项	子项	分值	小计
1. 领导	高层领导	45	90
	领导体系与组织	25	
	公共责任与企业市民	20	
2. 信息与分析	信息与数据管理	20	75
	竞争比较和标杆管理	15	
	公司级数据的分析与使用	40	
3. 战略规划	战略开发	35	55
	战略展开	20	
4. 人力资源管理	人力资源规划与评估	20	140
	高绩效工作体系	45	
	员工教育、培训与开发	50	
	员工福利与员工满意	25	

（续）

大项	子项	分值	小计
5. 过程管理	产品 / 服务的设计与推出	40	140
	产品 / 服务的生产与传递	40	
	服务支持	30	
	供应商绩效管理	30	
6. 业务结果	产品质量与服务质量结果	75	250
	公司经营与财务结果	110	
	人力资源结果	35	
	供应商绩效结果	30	
7. 集中于顾客与顾客满意	顾客及市场知识	30	250
	顾客关系管理	30	
	顾客满意的决定	30	
	顾客满意的结果	160	

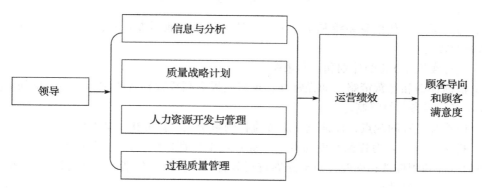

图 6-5　美国"卓越绩效准则"评价指标体系

参考欧洲质量基金会（EFQ）年度标准，其在评价企业质量、工作业绩时测评的内容如图 6-6 所示。

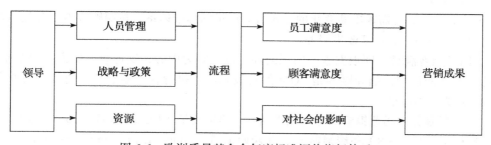

图 6-6　欧洲质量基金会年度标准评价指标体系

4. 实行金融营销服务全面质量管理

实行金融营销服务**全面质量管理**（total quality management，TQM），以实现**顾客全面满意**（total customer satisfaction）为重点。

（1）参照美国国家质量奖评核项目相关图（见图6-7），进行服务质量管理，其基本步骤如下。

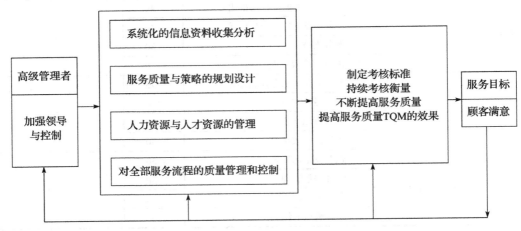

图 6-7　美国国家质量奖评核项目

1）通过运用现代信息系统和多种方式方法，持续性地调查研究、收集分析各种信息资料，掌握顾客需求。

2）制订实施 TQM 的计划和经营策略。

3）根据计划和经营策略，加强领导；重点是提高高级管理者的领导能力，增强其决心，并吸收顾客代表参与策略制定。

4）以系统工程的观点，保证整个服务流程的系统化、标准化及动态化。

5）科学地进行人力资源开发与管理。加强员工教育培训，树立团队合作的精神；发挥人才的创造性和积极性；同时注意对顾客进行教育，以开发、创造顾客新的需求，共同实现让顾客满意的营销目标。

6）加强对全部工作全流程的质量管理和控制，并不断将 TQM 从内部扩大到其所能影响的所有外部环境空间。在各个子单位建立**质量圈**（quality-control circles），如日本的三和银行（Sunwa Bank）就曾有过 2 400 个质量圈，涉及 1.3 万名员工：他们关心自己身边一切与质量有关的内容。

7）建立适应顾客需求不断变化的考核服务质量的标准体系，按照顾客需求变化动态地、持续地衡量服务质量，不断改进服务。

8）回归顾客满意，即根据服务的双向性，以顾客为中心，发挥顾客作为金融企业存在价值的评判者的作用，倡导顾客是 TQM 的总策划者、执行者、鉴定者的消费／服务意识，以顾客满意为根本标准。

（2）参考服务市场营销管理专家克里斯廷·格罗鲁斯（Christian Gronroos）提出的服务质量管理框架（见图6-8）和詹姆斯·A.菲茨西蒙斯（James A. Fitzsimmons）提出的服务过程控制模型（见图6-9），进行服务质量管理。

（3）参考中国香港学者谢家驹提出的"12气缸"之说，从12个方面一起努力，保证金融机构整体稳健运营，推动 TQM 和营销服务优质化。这12个方面是：领导者确实有决心，明确承诺并付诸行动；切实聆听顾客的心声；抓好教育培训，提高员工的服务质量意识；把好人才招聘（看重服务态度）和入职培训关；提高人际关系技巧（重点是提供反馈意见、参与团体讨论、聆听、界定顾客需要等）；教练技巧（指导员工服务、提高服务本领、合作、富有斗志）；团队技巧（建立高层决策小组、参谋小组、基层质量小组、质量攻关小组等）；（以顾客满意为衡量标准的）制度体系；有效的奖励与赏识（激励机制）；全员性的改革、革新活动（和创新体系）；科学的标准与尺度（量度质量、成本、顾客满意度）；正确的市场策略。

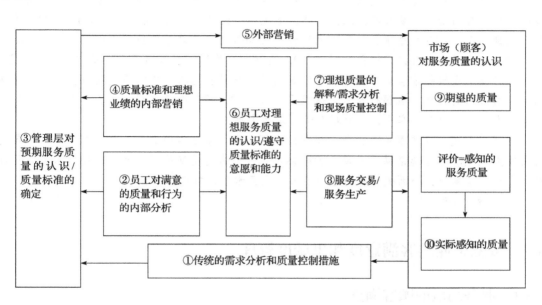

图 6-8　服务质量管理框架

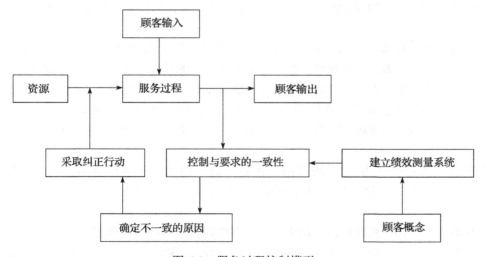

图 6-9　服务过程控制模型

总之，提高和保持卓越的服务质量，必须坚持基本的营销服务原则：及时、专业、礼貌；倾听顾客的意见，保证顾客满意，提供超值服务；为顾客再次惠顾提供充分的理由。

□ 案例 6-3

为招行服务点赞

银行机构作为窗口单位，与老百姓的生活联系紧密，其服务环境和服务水平一直以来都是市民关注的重点。招商银行为进一步提升窗口形象，努力打造行业文明优质服务品牌，于 2015 年启动了"为招行服务点赞"服务明星评选活动。

本次活动由招商银行总行发起，面向招商银行所有一线员工，将银行从业人员的微笑与技能、真诚与细心、态度与经验融为一体，呈现在广大网友市民面前。活动评选从 2015 年 4 月开始到 2015 年 10 月结束，活动期间广大市民均可通过登录招商银行手机银行和关注招商银行微信公众号（微信银行和招行微刊等），通过点击推送信息或者菜单栏的方式参与投票，另外还可以用手机扫描含员工图文页面信息的二维码给自己心目中的服务明星投票。活动期间，凡通过招商银行手机银行及官方微信平台参与"为招行服务点赞"服务明星评选活动并为候选人点赞及拉票的客户，均有机会参与幸运大抽奖。

文明、规范、优质服务是银行业工作的永恒主题，也是招商银行一贯的服务理念，各支行高度重视此次的评选活动，发动支行全体员工，努力打造优质服务网点，树立服务明星标杆，宣传典型事迹，全面提升银行服务能力与服务水平，打造优质金融品牌。

资料来源：网易新闻。

6.3　金融企业顾客满意度和忠诚度管理

6.3.1　服务品质的顾客满意

服务品质量化的核心思想是测量顾客满意度。**顾客满意度**（customer satisfaction index，CSI）在营销学上是一个对服务品质系统进行量化的概念，也是企业战略营销理念，即顾客满意的量化体现。

最早对市场变化做出系统反应的是瑞典的斯堪的纳维亚航空公司，该公司于 1985 年提出了服务管理"顾客满意"的观点，其信念是企业利润的增加首先取决于服务的品质，这意味着企业自觉地把生产力的竞争转换为服务品质的竞争。瑞典是世界上第一个从国家的角度来监测各行业和主要企业的顾客满意水平的国家，于 1989 年首次开展顾客满意水平测试。随后，日本、美国也相继将"顾客的需要和满意"思想贯彻到全面质量管理中，使其逐步发展起来。

菲利普·科特勒认为："市场营销是指在可盈利的情况下使顾客满意。"所谓的"满意"就是指一个人通过将产品可感知的效果（或结果）与其期望值进行比较后形成的感觉状态。

顾客满意度指标是指在目标市场中针对所有的顾客，对其实际和预期的购买、消费经验的整体评价，即顾客满意＝ f（顾客的期望品质－顾客的感知品质）。从顾客的角度来看，虽然顾客体验到的服务质量可能很高，但是由于顾客的期望更高，两者就会形成一定的差距，因此降低了顾客感知服务质量的水平。过度承诺、过早承诺，都会使企业改进服务品质的努力前功尽弃。所以，在服务营销实践中，企业应注意将顾客期望控制在一个相对较低的水平，这样开展营销活动的余地就会大一些；同时，控制好顾客的期望水平，这样企业就可以根据具体情况来超越顾客的期望，使顾客产生愉悦感，这对提高顾客忠诚度可以起到事半功倍的作用。例如银行营业厅的取号排队系统，会明确地告知顾客从这一时刻开始到享受服务还需等待的顾客数。这种系统的采用实际上是让顾客自己调节其服务的期望值，减少了客户排队等待的沮丧和抱怨，降低了客户对银行服务的不满。

另外，顾客通过比较感知与期望之间的差距，以此衡量服务品质的五个标准[○]：可靠性、响应性、真实性、移情性、有形性。

□ **案例 6-4**

中国工商银行嘉兴分行的服务品牌建设

中国工商银行（以下简称"工行"）嘉兴分行牢牢把握"服务"这一立行之本，积极践行服务文化核心理念，加快推进"客户满意银行"建设，塑造金融服务品牌，倾力打造"客户首选"银行。在工行嘉兴分行营业部成功创建嘉兴地区首家"中国银行业文明规范服务百佳示范单位"后，又有两个网点被授予中国银行业协会"千佳"网点荣誉称号、三个网点被授予中国银行业协会"五星级网点"荣誉称号，还有 17 家被评为工行总行级"五星级网点"。其服务品牌建设措施，主要有五个方面。

第一，坚持优化渠道流程，打造服务网络优势。

为了有效提升客户服务体验，工行嘉兴分行借力专业培训咨询机构，通过不断地摸索实践创立了一套"临柜十八步法"，每一个步骤都有具体、细致的要求，为客户展现整齐划一的服务风采。同时，工行嘉兴分行积极加快网点智能升级，提升网点运营能力。辖内全部营业网点安装了 ICBC-WiFi 系统，免费为客户提供无线上网服务，客户可以在手机上下载融 e 行、融 e 联、融 e 购等客户端，在工作人员指导下体验和试用。

第二，坚持拓展产品供给，打造服务结构优势。

产品是银行服务的核心。工行嘉兴分行不断推陈出新，拓展产品供给，从存、贷、汇等传统基础业务扩展到涵盖货币市场、资本市场和保险市场等各个业务领域的综合金融服务提供商，构建起更全面的服务网络，为客户提供更丰富的产品选择。

在个人金融领域，该行顺应居民消费多样化、个性化发展的大趋势，深耕消费市场，推出了"家家乐"分期付款、"消费通"现金分期、汽车分期付款等多款专项分期业务，有效满足了不同消费群体多层次、多元化的消费需求。

第三，坚持培育"金融工匠"，打造专业人才优势。

工行嘉兴分行深谙"员工为本"的道理，深入挖掘具有卓越业绩和突出特点的员工，重点培育具有精益求精、为客户提供优质服务的"工匠精神"的"金融工匠"，充分发挥先进典型的标杆示范作用和模范带头作用，形成了以"金融工匠"带动全体员工爱岗敬业的生动局面。

第四，坚持全面风险防控，打造服务安全优势。

○　Parasuram、Zeithaml 和 Berry 三位学者根据服务的无形性、异质性、同时性等特性，于 1985 年选择银行、信用卡公司、证券经纪商和维修厂四种产业进行了一项探索性的研究。经过与顾客的群组访谈，提出了服务品质的 10 项界定标准：可靠性、响应性、胜任性、接近性、礼貌性、沟通性、信用性、安全性、了解顾客需求及有形性。后来又进一步进行实证研究，挑选电器维修业、银行、长途电话公司、证券经纪商和信用卡公司 5 种服务业作为研究对象，将 10 个标准精练为 5 个：可靠性、响应性、真实性、移情性和有形性（依重要性排序）。

　　工行嘉兴分行充分利用自身人才和技术优势，为客户资金安全把关，主动承担起客户资金"安全守护者"的角色。运用"融安e信"外部风险信息服务平台，对诈骗涉案账户全渠道布控，一旦发现诈骗涉案账户就及时给予风险提示，从而真正实现了覆盖全渠道、7×24小时、实时自动预警的反诈骗防范网络体系。

　　营业网点则是线下防诈骗的主战场。当遇到要求办理汇款转账业务的客户时，工行嘉兴分行网点工作人员严格执行"多询问、再确认、抓现场、兼顾外、重宣传"，通过了解客户转账汇款意愿的真实性、讲解典型通信诈骗案例等方式，帮助客户避开通信诈骗陷阱。

　　第五，坚持金融科技创新，打造服务技术优势。

　　金融科技的重大突破和加快应用正在重构银行经营发展模式。作为传统银行的代表，工行也顺应时代变化，拥抱科技创新，利用金融科技，依托大数据、云计算、区块链、人工智能等新技术，积极进行转型。

　　"工银聚是我们为帮助禾城企业触网增效，自主开发的电商平台。"工行嘉兴分行相关负责人介绍，该行依托"工银聚"平台，逐步将企业间传统的结算、融资转变成互联网上的应用，实现了结算融资与贸易背景动态关联及对企业现有商业模式的嵌入和优化，进而推动了区域工业电商的发展。2017年6月20日，工行嘉兴分行成功办理全国工行系统内首笔工银聚平台银票网络化业务，率先在嘉兴同业中推出票据申请办理的全程网络化。

　　资料来源：http://licai.0573ren.com/index.php?a=detail&id=36161&m=News。

6.3.2　顾客忠诚

　　Oliver将顾客忠诚定义为"高度承诺在未来一贯重复购买其偏好的产品或服务，并因此产生对同一品牌或同一品牌系列产品或服务的重复购买行为，而且不会因为市场态势的变化和竞争性产品营销的吸引而产生转移行为"。Oliver还研究了顾客满意的哪个方面暗示着客户忠诚，以及忠诚的哪部分可以归因于这种满意成分。这个分析得出的结论是：在忠诚的形成阶段，满意是必要的步骤；而当忠诚开始通过其他机制建立的时候，满意就变得不那么重要了。

　　顾客忠诚是指顾客对某企业的认可，在情感上对其提供的服务有一种发自内心的高度满意和信任。传统观念认为，顾客基本满意就能成为忠诚的顾客。但是，近年来许多研究发现，传统想法在现实中并不总是成立的。一项研究证实，90%的背离顾客对他们以前获得的服务表示满意。经过深入研究，学者们注意到，在测定顾客满意度时，通常所得到的结果"满意或不满意"是一维的，是只在强度范围内连续变化的情感或认知状态。然而，给出相同满意分的顾客，会因本身对服务提供者的感情或性格、外部环境等不同而表现出不同的忠诚度。

　　来自哈佛大学商学院的另一项调研表明：完全顾客满意是确保顾客忠诚和产生长期利润的关键。在银行业，美国Opinion Research Corporation的副总裁约翰·拉尔森发现，完全满意的零售银行顾客比基本满意的顾客忠诚度高42%。此外，Anderson等人对利润长期增长与顾客忠诚度的研究，从理论和实证角度分别证明了顾客满意与顾客忠诚存在显著的相关关系，由此可见，顾客忠诚度主要由顾客满意度决定。所以，提高顾客满意度尤为重要。

6.3.3　顾客的服务期望和容忍阈

1. 理想服务和适当服务

顾客的服务期望是指顾客预期的产品或服务绩效。

顾客对服务有不同水平的期望,理想服务是顾客想得到的服务水平,适当服务是顾客可接受的服务水平,是可接受服务绩效的最低水平。理想服务期望的来源是个人需要,包括生理、社会和功能性的需要,以及个人的服务理念。例如,对于个人金融服务的理想期望,不仅源于顾客对某项金融服务(如储蓄或理财服务)的需要,还源于顾客认为金融企业应该提供怎样的服务水准,包括服务环境、服务人员的专业水平等。适当服务期望的来源是一些短期的、波动性较强的因素,包括暂时服务强化的因素、可感知的服务替代物、环境因素和预测的服务。

2. 容忍阈

对于顾客而言,其并非任何时候都对服务期望问题变得敏感,而是存在一个不敏感的区域,这就是容忍阈概念的基本假设。

理想服务和适当服务是顾客服务期望的上限和下限。上限和下限之间的区域就是容忍阈,是顾客承认并愿意接受该(服务)差异的范围。容忍阈的产生是由于服务具有异质性,不同的服务提供商,同一服务提供商的不同服务人员,甚至相同服务人员的不同服务时间,服务绩效都会产生差异。如果顾客感受到的服务超过了其理想水平,就会感到非常高兴,并可能非常吃惊;如果服务降到了适当服务水平之下,顾客会感到挫折,并对公司的满意程度降低;如果服务在其容忍阈的范围内,顾客对服务绩效并不特别注意。

影响容忍阈的因素有很多,例如文化背景、收入水准、心理感受等。显然,不同的顾客可能对同一服务有不同的容忍阈,而同一顾客在不同的情况下,对同样的服务也会有不同的容忍阈。

6.3.4　金融服务顾客满意度的管理

关于 CSI 的研究在国内已经有了一定程度的发展[⊖],但是研究多限于理论层次,实践应用研究并不深入。本书所要探讨的内容的重点在于如何应用 CSI 测评理论并将其推广到金融服务营销等领域。

一般而言,顾客满意度的研究要达到的五大目的是了解顾客的要求和期望、制定服务标准、衡量满意度、识别发展趋势、与竞争者比较,同时使组织上下信息畅通,改进解决顾客抱怨的方案以及改变企业对顾客的承诺方式等。将顾客满意度应用于金融服务营销应该是一个循序渐进的过程,必须从企业规划与战略管理的角度予以高度重视。研究顾客满意度的流程如图 6-10 所示。

建立服务评价指标体系应该以影响顾客满意水平的因素及顾客满意产生的成果因素作为分析的基础。图 6-11 所要说明的是顾客满意度的产生与发展机制。其中,顾客让渡价值分析如图 6-12 所示。

⊖　刘宇. 顾客满意度测评 [M]. 北京:社会科学文献出版社,2003.

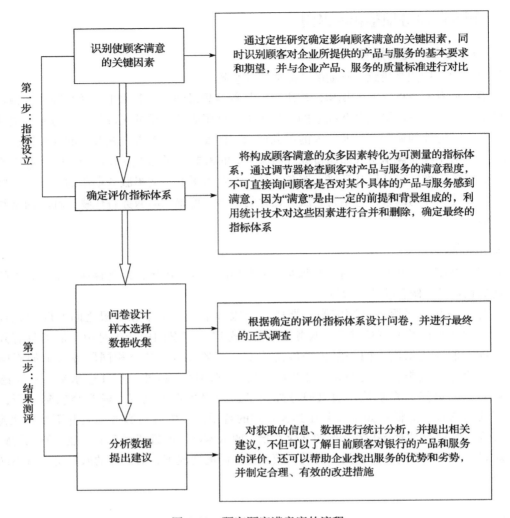

图 6-10　研究顾客满意度的流程

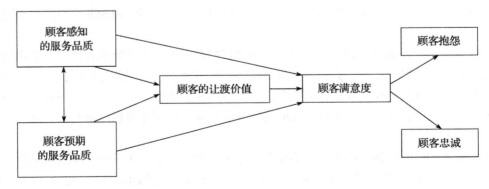

图 6-11　顾客满意度的产生与发展机制

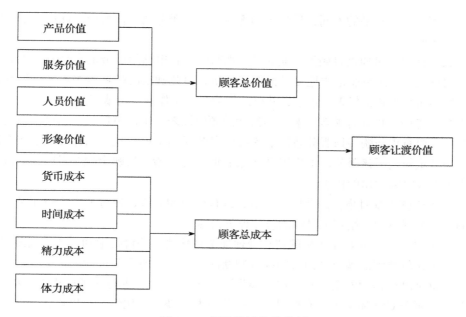

图 6-12　顾客让渡价值分析

在此做出四点分析说明。

第一，决定顾客满意水平的因素主要有三项，即顾客感知的服务品质、顾客预期的服务品质和顾客的让渡价值。

（1）顾客感知的服务品质。通过顾客对其近期消费经验的评价来表示，对顾客满意具有直接的正面影响。

这种评价结果主要依赖于顾客的主观感觉，为使评价具有可操作性，需要测定的指标应主要涉及：对服务体验的总体评价；对服务顾客化程度（即服务如何适应该顾客的个人需要）的评价；对服务可靠性（或服务出错率）的评价。

（2）顾客预期的服务品质。通过顾客对以往服务消费经验（包括通过广告和口头宣传获得的非亲身经历的信息）的评价来表示，是顾客对服务提供者未来的服务质量的预测。这要求顾客回想其以往消费该项服务的经历，确定对该服务品质的预期水平。需要测定的指标应包括对服务体验的总体期望（消费前）；对服务顾客化程度的期望（消费前）；对服务可靠性（或服务出错率）的期望（消费前）。

（3）顾客的让渡价值。它是指顾客感受到的、相对于其付出价格的服务质量水平，这是从经济学的角度对顾客满意度进行的分析，前面两个指标是从心理学的角度进行考虑的。在此提出顾客的让渡价值是为了让服务的价格信息融入评价体系，也使得相对于所付出价格的服务品质在不同企业和不同价位之间具有可比性。

需要测定的指标为：对于给定价格条件下的服务质量水平的评价，这一指标适合于研究人员进行同行业、同项服务质量的横向比较；对于给定服务品质条件下的价格水平的评价，这一指标适合于所有进行差异化市场营销规划的市场经营环境，可以对同一市场的各个服务项目的竞争力进行比较。

第二，顾客满意水平的不同，导致了顾客对于某项服务的不同反应，即产生了顾客满意评价的两个结果。

（1）顾客抱怨。可通过判断顾客是正式（如写信，打电话给服务的设计者、策划者、管理人员或服务人员）还是非正式地提出抱怨来测定，由此确定的顾客抱怨水平可以反映出企业与顾客的沟通水平和抱怨管理水平，并以此作为今后工作的改进依据。

（2）顾客忠诚。可通过顾客对服务再消费的倾向性来测定，指标包括：再次消费该服务的可能性；在愿意重新购买该服务条件下的价格容忍度（涨价），这一指标反映了顾客的忠实度；吸引顾客重新购买该服务的价格容忍度（降价），这一指标反映出顾客对服务的潜在抱怨及企业为挽留顾客需付出的代价。

第三，企业应重视对指标的获取，并对其进行分类和分级，通过采用合理而又可行的方法进行调研、数据整理，制定出科学的绩效评价指标。

第四，根据金融服务 CSI 指标的特点合理地选择估测、评价技术和方法。金融服务 CSI 的评价是一个比较典型的涉及多因素的综合判断问题，涉及的很多指标都是不可定量的，比如描述、评价金融机构的安全性只能用"很强""强""弱"等非定量的模糊性词语来表达。同时，在金融服务 CSI 体系中，有些难以直接比较并且缺乏可比性。可以说，金融服务 CSI 具有复杂性，对其进行评价又存在模糊性。根据这一特点，本书提出采用模糊综合评价法较为合适且可行。模糊理论的研究成果表明，客观事物的模糊性并不是杂乱无章的，而是有其特殊的性质和规律，因此，在金融服务营销 CSI 的综合估测和评价中运用科学的模糊手段处理模糊性问题，将会使估测、评价结果更真实、更准确、更可靠。

□ 案例 6-5

中国人保财险电子商务平台斩获中国客户忠诚度计划 2015 中国最佳客户体验奖

2015 年 11 月 18 日，由 Loyalty China 忠诚度营销研究院主办的中国客户忠诚计划高峰论坛暨客户忠诚计划大奖颁奖仪式在北京隆重开幕，中国人保财险电子商务平台以其杰出的品牌影响力、卓越的客户体验斩获 2015 中国最佳客户体验大奖。

中国客户忠诚计划大奖（Loyalty China Awards）是目前中国客户忠诚计划、会员营销及客户体验方面唯一的专业奖项，以盘点和表彰每一年度内为客户忠诚计划、会员营销及客户体验方面做出杰出贡献的企业、品牌及个人。它从企业制订和开展客户忠诚计划的设计专业程度、品牌影响力、客户体验与评价及创新四个角度，评选出最能代表该年度的杰出企业及案例。

中国人保财险是亚洲最大的财产险公司，该企业顺应行业发展趋势，积极对接客户需求，于 2009 年 2 月 26 日率先在行业成立人保财险电子商务中心，将发展保险电子商务上升到公司战略，提出了"打造保险电子商务第一品牌"的目标。现阶段该电商平台的发展方向有三。一是通过电话销售、网络平台、地空协作，构建立体化的电商体系，提高直通直达客户的销售服务能力。二是作为中国人保财险旗下的官方网站，致力于打造集团统一的电子商务门户，通过统一、便捷、安全的网络和移动端入口，为客户提供全方位的一站式综合金融保险服务。三是对接市场，围绕客户体验，推动中国人保财险的产品创新、销售模式创新、服务创新、技术创新，提高电子商务平台的客户使用感知度，提升公司分散型客户市场的竞争能力。

客户忠诚计划及客户体验优化是个永恒的话题，此次获奖是市场及行业对中国人保财险电子商务平台在此方面杰出能力的高度认可。同时，也表明顾客忠诚的实现对企业提升市场价值和竞争力是至关重要的。

资料来源：新浪新闻。

本章小结

顾客感知服务质量是服务营销的基本问题，对于有着特殊性的金融服务而言更是如此，对金融企业质量感知的学习有助于企业理解金融服务的顾客忠诚度和满意度管理，从而提高企业在市场中的竞争力。

思考练习

请以商业银行为例，设计商业银行顾客满意度调查问卷。

答案要点：从服务的五个维度出发并结合调查对象的特点设置指标。

推荐阅读

1. 吴晓云. 服务营销管理［M］. 天津大学出版社，2017.
2. 苏朝晖. 客户关系管理：客户关系的建立与维护［M］. 4 版. 北京：清华大学出版社，2018.
3. 科特勒. 营销管理：分析、计划、执行和控制（原书第 9 版）［M］. 梅汝和，梅清豪，张桁，译. 上海人民出版社，1999.
4. 陈钦兰，苏朝晖，胡劲，等. 市场营销学［M］. 2 版. 北京：清华大学出版社，2017.

第7章
CHAPTER 7

金融服务关系营销

■ 本章提要

本章研究和讨论了关系营销的基本问题，结合金融服务的特点，详细讨论了金融企业客户关系营销、政府和公共关系营销以及内部关系营销的问题。

■ 重点与难点

- ☐ 关系营销与交易营销的区别。
- ☐ 客户关系管理的基本点。
- ☐ 金融企业客户关系管理的要点。

7.1 关系营销的概念和基本运作

7.1.1 关系营销的概念

所谓关系营销，是指基于顾客关系管理的营销，相对于交易营销而言，"关系"是否建立不是由企业而是由顾客来判断的。从顾客的角度出发，"关系"是顾客与企业之间相互需要的联系。顾客已经进入企业的关系网络中并给企业承诺，企业真正了解顾客、做出承诺，并以实际行动证明，"忠诚"是双向的。

关系营销，即把营销活动看成一个企业与消费者、供应商、分销商、竞争者、政府机构及其他公众产生互动作用的过程，其实质是在市场营销中与各关系方建立长期稳定的相互依存的营销关系，其核心是留住顾客。它区别于以数量化来创造价值的传统营销方式，主要以在同一顾客身上多次实现价值为目标，这样企业可以把中心转移到关注顾客的满意度上，通过软性化的服务来实现顾客忠诚，从而大幅度降低企业的营销费用。同时，顾客也可以获得高质量的服务和其他一些优惠。在当今的市场条件下，留住顾客就意味着企业获得了竞争优势。

　　关系营销通过建立与发展和所有利益相关者之间的关系作为企业营销的关键变量，正确处理这些关系是企业营销的核心工作。由于金融企业是一种信用中介，保险企业经营的产品与风险有关，有些寿险产品在出售了几年甚至几十年都依然有效，因此，金融企业营销客观上需要与顾客及其他关系人建立长期的、融洽的关系。营销就是要巩固这些关系，给顾客以安全感、可靠感、可信任感。金融服务关系营销理论要求企业重视建立并维持与顾客、政府部门、新闻媒体、社区的良好关系，保持与企业内部员工的融洽关系，促进与竞争者的合作关系。为此，企业要加强关系管理，对内要协调处理部门之间、员工之间的关系，增强公司凝聚力，完善内部营销；对外要妥善处理与顾客、竞争者、影响者及各种公众的关系，加强沟通，化解矛盾，树立良好的企业形象。

　　关系营销包括客户关系营销、政府和公众关系营销和内部关系营销三个方面的内容。

7.1.2　关系营销的特征

　　关系营销致力于发展健康、持久的关系，其本质特征是企业与顾客、企业与企业之间双向的信息交流；是企业与顾客、企业与企业之间以协同合作为基础的战略过程；是关系双方以互利互惠为目标的营销活动；是利用控制反馈不断完善产品和服务的管理系统。

　　关系营销的一般特征可以概括为以下几个方面。

1. 双向沟通

　　在关系营销中，沟通应该是双向而非单向的。只有广泛的信息交流和信息共享，才可能使企业赢得各个利益相关者的支持与合作。

2. 协同合作

　　一般而言，关系有两种基本状态：对立和合作。只有通过合作才能实现协同，因此合作是"双赢"的基础。

3. 双赢

　　双赢旨在通过合作增加各关系方的利益，而不是通过损害其中一方或多方的利益来增加其他各方的利益。

4. 亲密

　　关系能否稳定和获得发展，情感因素也起着重要作用。关系营销不仅要实现物质利益的互惠，还必须能让各参与者从关系中获得情感需求的满足。

5. 控制反馈

　　关系营销要求企业建立专门的部门，用以跟踪顾客、分销商、供应商及营销系统中其他参与者的态度，由此了解关系的动态变化，及时采取措施消除关系中的不稳定因素和不利于各关系方利益共同增长的因素。此外，通过有效的信息反馈，也有利于企业及时改进产品和服务，更好地满足市场需求。

　　另外，关系营销还具有关注、信任、承诺和服务等特征。关系营销者关注其顾客的福利，他们想要满足甚至超越顾客的期望，为顾客带来满意或快乐。信任和承诺至关重要，因为信任和承诺会鼓励营销者与交换伙伴合作来保持关系投资；鼓励营销者抵制有吸引力的短期替代者，从而维护与现有伙伴保持关系的顾客的长期利益。关系营销还要求整个组织承诺提供高品质的服务，这种服务应该是可靠的、感情移入的和易起反应的。

7.1.3   关系营销产生的背景

1. 理论发展历程

金融服务中的关系营销并非始自今日，早在金融业被严加管制时期就出现了关系营销的苗头。在 20 世纪 30 年代的美国，政府对金融企业持股公司、金融企业合并活动和存款利率施以全面限制。商业金融企业储蓄利率受 Q 条例的限制，贷款利率也有法定上限，各金融企业产品同质性极强，不可能通过价格调整开展竞争，有人曾形象地用"三个 3"来描述美国传统金融企业的悠闲生活：以 3% 的利率借款、以 3% 的利差放款、下午 3 点高尔夫球场见。其实，这第三个"3"既反映了美国传统金融企业人员在竞争不充分的条件下过着闲适的日子，也暗示着在金融业被严格管束的情况下，一些金融企业家不得不采取非正规手段竞争，以使产品差异化，提高产品竞争力。非正规手段比如请客户打高尔夫球以及向客户赠送礼物或宴请客户等与客户建立关系的手段，这是一种初期的关系营销。值得一提的是，现代金融理论体系中近年来出现了关系融资理论。所谓**关系融资**（relational financing），按照提出者青木昌彦（Masahiko Aoki）等人的说法，是指出资者在事先对企业信息不甚了解的情况下向企业提供融资，即商业化了的银行仍然愿意在对融资风险缺乏把握或明知风险较大的情况下向企业提供融资。根据这一理论，日本曾长期盛行的"主金融企业制度"就是关系融资制度的一种特定形式。与**保持距离型融资**（arm's length financing）相对应的关系融资制度，主要出现在东亚国家，强调与企业建立合作伙伴关系，这一点与关系营销理论相似。但关系营销并不等同于关系融资：前者是一种营销战略，后者是一种融资制度；前者所强调的关系不仅包括与工商企业的关系，还包括如上所述的多种关系，重视在建立和维系关系的基础上为客户提供服务，而关系融资所重视的是"租金"。关系融资理论认为，银行与企业保持密切关系，具有激励机制，银行可以获得信息租金、特殊关系租金及政策设定的相机性租金。但必须注意，在金融自由化的背景下，这一制度蕴含着企业融资的道德风险。尽管关系融资制度下具有较多的事前、事中监督以及银行对企业治理的介入，但不能保证企业项目都有效率和效益。一旦企业融资项目经营无效或发生更大范围的突发事件，银行已经发放的贷款就成为企业不断获得新的贷款的"资产人质"，银行为保证收回过去的融资不得不向企业提供关系型高风险融资。如果企业破产机制和治理结构不健全，融资风险对银行的影响就更为严重。

2. 中西文化对关系文化的认同

文化是一个民族在长期的历史演进中形成的，是被普遍认可的、模式化的价值观和社会规范的综合体。中西方在各自下的历史进化过程中，形成了各具特色的文化和不同的社会关系结构，因而对关系的理解、处理关系的方法自然不同，也就形成了不同的关系文化。

中国在向文明社会演变的过程中，氏族部落是最初的社会形态，处在同一氏族中的人是以血缘为纽带联系起来的"亲戚"。之后血缘联系随着文化的发展不仅没有被打破，反而得到增强，成为中国关系文化的根基。这种最初的关系形态影响了中国几千年的关系文化。在之后的发展历程中，人们始终无法摆脱对亲情和地域的钟爱，"血浓于水""亲不亲故乡人"都是缘于此。儒家文化更是将其发扬光大，形成了以"仁、义、礼、智、信"为指导的关系伦理体系。

西方文明的发源地是希腊，生活在山区狭小地带的氏族社会的人在生活环境恶化后不得不迁徙到平原地区。这些平原大多是环绕海洋的岛屿，于是他们在岛上建立了一个个城邦国家，与中国不同，居住在城邦里的人是没有任何血缘联系的独立个体，同时，各个城邦也是独立自主的，虽然不时会结成不同的联盟或集团，但从未形成一个可以统领全希腊的最高行政区域或城邦。因此，西方关系文化的核心是如何在保证个人自由意志的同时，使团体利益得以维护。

从中西文化的发展过程来看，儒家思想假设人是生活在关系网络中的。正确处理网络中的主仆关系、父子关系、夫妻关系、长幼关系、朋友关系这五种关系，才能使自己的生活和谐、幸福。人们之所以愿意花费时间、精力，有时甚至不惜冒风险构建和拓展关系网络，除了追求经济利益外，最大的可能性是为了追求和谐的生存环境。"天时不如地利，地利不如人和"就是强调内部的和谐团结会产生关系合力，是实现事业目标的必备条件。因此，中国关系文化的重点是和谐，而实现这种和谐的手段是相互间的互惠行为。中国的关系文化崇尚互惠往来，"往而不来，非礼也；来而不往，亦非礼也"，互惠行为是关系得以加强和巩固的唯一条件，一旦互惠行为终止，关系也就自然终止了。

"科学管理之父"泰勒将人假设为"经济人"，认为人就是为追求利益而存在的，哪里有最大利益，人就会奔向哪里。因此，西方关系的重点是交易。当双方有业务往来时，关系自然产生，交易完成，双方的关系也就结束了。平时不需要刻意维持关系，按秩序照章办事即可。在西方文献中，关于关系的定义很少，对中国人所说的关系，西方人很难理解，也很难完全准确地翻译中国"关系"。

在中国，圈子已经成了一种社会结构，学术圈、艺术圈、朋友圈……各个圈子之间纵横交错，在中国社会钩织了一张关系大网。何为圈子？在几何中，圈子就是圆形，是以原点为中心以一定尺寸为半径环绕一圈所得的图形。《说文解字》对圈子的解释是：一伙人为了混口饭吃而蜷缩在一起。在社会学中，"圈子"的意思是指具有相同利益或者相同成分的群落。社会学家费孝通先生在对中国"乡土社会"这一话题的研究中指出："西洋多少还有些像我们在田里捆柴，几根稻草束成一把，几把束成一扎，几扎束成一捆，几捆束成一挑。每一根柴在整个挑里都属于一定的捆、扎、把。每一根柴也都可以找到同把、同扎、同捆的柴，分扎得清楚不会乱的实在社会，这些单位就是团体。"与西方不同，中国存在的社会关系"好像是把一块石头丢在水面所产生的一圈圈推出去的波纹。每个人都是他社会影响所推出去的圈子的中心。被圈子的波纹所推击的就发生联系。每个人在某一时间某一个地点所动用的圈子不一定相同。这种以'己'为中心，像石头一般投入水中，和别人所联系成的社会关系，不像团体中的分子一般大家立在一个平面上，而是像水的波纹一般，一圈圈推出去，越推越远，也越推越薄"。这就是费孝通先生提出的"差序格局"，意在描述中国社会中人际关系的亲疏远近。

由此看来，每一个家庭是一个圈子，家族又是由家庭组成的圈子，而社会正是由这些一个个圈子组成的。曾昭逸在《圈子中国》一文中提到，中国人是活在一个个圈子中的，有如洋葱头结构，这是一个个由人情、亲情、乡情、友情联结而成的圈子，常人难以摆脱。圈子结构正好与中国等差有序的社会格局相吻合。圈子有圈里和圈外之分，圈子内部更存在中心、次中心和边缘之分。作为一种社会结构，圈子具有一定的特点。①同质性：圈子是由一群具有相同或相似特征的个体所组成的群体；②自发性：圈子是由人们自发形成的非正式组织；③松散性：圈子是自发形成的，结构脆弱，不具有稳定性；④封闭性：圈子内部往往有自己的沟通方式和约定俗成的规则。

作为一种具有中国特色的文化现象与社会结构，圈子既有优点也有缺点。圈子作为一种具有同质性的结构，能够增加个体的整合力，同时，作为一种非正式组织，圈子能够实现正式组织无法实现的交流与沟通。

圈子也存在着一些弊端，圈子的特点导致了人们为人处世的非原则性，使人们重情大于重理。一方面，情感是维系关系的指标，越处于内层的圈子，关系越亲近，情感归属感越强，反之则越弱；另一方面，这种情感作为一种社会资源，以使自己在必要的时候随时得到帮助。这样，这种圈子式的关系本身就具有了两重性，一方面，它是一种情感的归属，具有一种无功利性；另一方面，它又强调生活中的互助，具有一种很强的功利性。越是内圈，越要不讲原则地付出，越是外圈，越是按照原则适当地减少付出。当然，圈子的封闭性也使得圈外人难以融入圈子甚至可能受到排斥。

从营销的角度来看，圈子往往汇集了拥有相同或相近的爱好、兴趣或特质的一类人，这有利于营销者准确找准目标人群，精确定位。尤其在网络时代，网络社区在拥有大量高黏性用户群体的同时，社区用户根据不同的价值取向和喜好聚集成圈子或群落，使得在社区中的广告投放比传统网络广告更为精准。同时，圈子作为一个由彼此较为熟悉的个体组成的群体，能够助力口碑传播。社交网络作为人们日常交流与沟通的重要工具，同时作为互联网时代典型的"圈子聚集地"，利用互联网广泛传播、快速的特点，能够起到比传统口碑营销更好的效果，获得更强的消费者信任。

其实，相对于中国源远流长的关系文化，中国的关系营销起步较晚，人们对于关系营销的理解也各不相同，在实践中很多企业要么守着"圈子文化"，要么照搬西方关系营销的做法，结果都不太理想。只有在充分理解关系营销理论的基础上，寻求适合中国关系文化的关系营销策略，才是企业的可行之路。

□ 案例 7-1

闲鱼鱼塘：基于"圈子"的二手物品交易平台

2016 年，阿里旗下最大的二手市场交易平台——闲鱼，推出了以兴趣为核心的社区分享经济体——兴趣鱼塘。兴趣鱼塘以用户的兴趣为核心，将社区化与分享经济相结合，成为电商行业的一种创新模式。在兴趣鱼塘里，用户可以分享自己的爱好、交换相关的物品，在满足其情感交流的同时，也对闲置资源进行了合理的二次分配。电商的这种创新模式虽然仍在起步阶段，但取得了较为显著的成果，据国内知名第三方研究机构 QuestMobile 的数据显示，2016 年 5 月，移动购物 App 单日被使用次数，闲鱼高达 6.8 次，超越了手机淘宝的 5.8 次、京东的 5.1 次，闲鱼的用户黏性超过了传统的电商平台，在细分市场中极具发展潜力。

2017 年 3 月 29 日，第一财经商业数据中心（CBNData）联合闲鱼发布了《90 后分享经济消费报告》。该报告显示：90 后比你想象得更爱"高频互动"，为了出让闲置，他们平均每个人每个月还有 3.6 次见面交易，一些看似小众、个性化的圈子（鱼塘）里也是人头攒动。作为基于地理位置和兴趣建立的网上社区——鱼塘，2016 年 3 月，闲鱼官方公布的鱼塘数量为 12.5 万个，到 2017 年 3 月，鱼塘已增至 41 万个。"一支口红的诱惑""囧一刻""告别前任""汉服""一起 cosplay""母婴用品闲置群""古风手工""摩托车""玩镜头不败家""机械键盘"成为"最90后"的十大鱼塘，人数最多的"一支口红的诱惑"，有 20 多万 90 后，"机械键盘"圈子也有近 3 万年轻人。根据闲鱼官方的解释，此次评选并非按鱼塘中 90 后的人数来进行简单的排列，因为比它们人数多的鱼塘还有很多，而是按是否符合 90 后个性化的特征进行筛选，在很多意想不到的鱼塘里，90 后也是数以万计，比如"改装车 CLUB"（25 812 人）、"无人机与航模"（21 350 人）和"橡皮章"（12 014 人）。

资料来源：第一财经商业数据中心。

7.1.4 关系营销的程序

现代企业开展关系营销的目的是形成顾客忠诚，和顾客达成一种良好的、互惠的关系，为达到该目的，企业首先要发现顾客的正当需求，其次要满足顾客的需求并保证顾客满意，最后才是营造顾客忠诚。

1. 发现顾客的正当需求

关系营销的起点是分析顾客需求。不同于需要和欲望，顾客需求是反映其对某一特定产品或劳务的购买意愿和购买能力。人的需要由低级到高级分为五个层次：生理需要、安全需要、社会需要、尊重需要和自我实现需要。需要和欲望是行为的内在动力，正是由于新的需要不断产生，人们才会不断追求，为满足自身的需要而进行某种形式的交换，市场营销才得以存在。但是，分析需要的不同层次并不能对顾客需求做出正确的判断。消费者常常不会说出其真正的、全部的需要，因此理解顾客需求并没有那么容易。

关系营销必须以顾客需求为中心，协调各种可能影响顾客的活动，最终达成满足顾客需求的目标。

企业以顾客需求为中心从而取得经营成功的案例有很多。例如日本花王化妆品公司连续十几年在日本化妆品销售中位居首位，该公司的总经理在谈及营销经验时说，这是因为花王公司的每一位员工都为满足顾客需求而工作，顾客的需要就是花王的需要。

2. 满足顾客的需求并保证顾客满意

在发现顾客的正当需求之后，企业必须满足这种需求并保证顾客满意。

顾客满意战略之所以行之有效，是因为一个满意的顾客会对产品、品牌乃至公司保持忠诚，从而给企业带来有形和无形的好处：一方面，顾客会产生重复购买行为，不仅是购买其曾经购买的产品，而且可能对公司的其他产品产生兴趣，再加上交易的惯例降低了交易成本，因而使企业易于获得有形的利润；另一方面，顾客的口头宣传对于树立良好的企业形象的效力远远大于媒体广告起到的作用，同时，一个满意的顾客会高度参与和介入企业的经营活动，为企业提供广泛的信息、意见和建议。

（1）保证顾客满意的方法。为了保证顾客满意，企业可以提供满意的产品或服务、提供附加利益、提供信息通道。

1）提供满意的产品或服务。优质的产品和良好的服务是赢得顾客满意的基本条件。为此，企业只有了解顾客的个性化需求，才能提供令顾客真正满意的产品或服务。对顾客来说，产品的质量意味着可靠和耐用；对企业来说，产品的质量意味着严格管理和不断革新。

2）提供附加利益。在向顾客提供某种产品或服务的基础上，企业如果能提供顾客需要的各种附加利益，一方面可以使顾客利益实现最大化，从而赢得顾客的好感；另一方面可以在产品或服务的特征相近的情况下使企业形成差异化优势，进一步加深顾客的信任。企业为顾客提供的附加利益有两种最基本的形式：一是附加产品；二是附加服务。通过这些附加利益，企业不仅使产品或服务的效能得到充分发挥，而且提升了顾客满意度。

3）提供信息通道。顾客满意的重要组成部分是信息满意。因此，在企业与顾客之间建立双向的、通畅的、有效的信息渠道是使顾客满意的保障之一。企业与顾客的双向沟通体现在两个方面：一是企业能够随时与顾客和潜在的顾客取得联系，这需要企业建立顾客数据库，记录顾客的基本资料；二是企业要为顾客提供信息反馈渠道，倾听顾客的意见和建议，并使顾客随时能够得到企业的帮助。

（2）顾客满意测量。越来越多的企业意识到，企业的盈利现状并不能准确代表其经营是否步入正轨，有很多偶然因素会影响企业的利润；而顾客的满意程度是企业未来盈利的最佳指示器。顾客究竟是否满意，企业可采取一些方法进行追踪测量。

3. 营造顾客忠诚

市场竞争实质上是一场争夺顾客资源的竞争，任何企业都必须依赖于顾客。松下电器的创始人松下幸之助曾坦言："对我自己来说，没有什么比顾客更值得感激的了，我常常教导员工，不要忘了感恩。"竞争所导致的争取新顾客的难度和成本的上升，使越来越多的企业转向保持现有的顾客，因此，与顾客建立长期友好的关系，并把这种关系视为企业最宝贵的资产，成为市场营销的一个重要趋势。

企业拥有顾客，才能获取利润；反之，如果顾客叛离企业，企业必将丧失利润来源，这是对企业最严重的打击。据分析，一家企业只要比以往多维持5%的顾客，利润就可增加100%。这是因为企业不但节省了开发新顾客所需的广告和促销费用，而且随着顾客对企业产品的信任度和忠诚度的增强，可以诱发顾客提高相关产品的购买率。因此，"反叛离管理"成为关系营销理论和实践的重要内容之一。不少企业正在积极推行"零顾客叛离"计划，其目标是让顾客没有变心的机会。这种计划要求企业及时掌握顾客的信息，随时与顾客保持联系，并追踪顾客动态等。

🌐 学习与探索

商业友谊、顾客信任与顾客忠诚的关系研究：以保险行业为例

进入21世纪以来，中国保险行业总体业绩大幅度提高。但这些成绩主要体现在保险规模上，在保险质量方面仍然远不如西方发达国家。目前我国保险市场在营销实践中存在许多问题，如对细分市场重视程度不够、缺乏品牌意识、不注重塑造企业形象、不营造企业文化、对关系营销的认识和实践存在误区等，从而阻碍了商业保险的良性发展。我国一贯使用的保险代理人制度是明显的短板，代理人良莠不齐，缺乏审核机制，人员综合专业素质低下，人员流动性大，加剧了保险行业顾客与服务人员之间关系的不稳定性，不利于培养长期信任且忠诚的顾客。无法正确把握关系营销，导致了我国商业保险行业的整体信用

危机。

　　保险作为一种服务，具有无形性、长期性、信息不对称、服务绩效递延等特征。在某种程度上，只有有了信用制度和法律庇护，保险公司才能够正常运营。正是由于保险经营具备这些特殊性，更突显了顾客信任的重要性。可见，顾客信任问题是保险行业开展关系营销需要解决的核心问题，直接影响保险行业的发展。此外，保险行业还应重视细分市场，对保险消费者与保险服务人员之间的关系进行归类，探索其如何影响顾客对企业信任的形成，又如何作用于顾客忠诚。这些问题是保险行业提升服务质量、促进行业发展不得不思考的问题。

　　作为新时期营销理念的代表，关系营销成为发展服务业一种具有可操作性且成功率高的营销方式，能够为企业带来长期的可预见的收益。企业通过关系营销不仅可以把握顾客的真实需求并在此基础上提供精准的营销服务以降低服务成本，提高服务满意，更能让顾客在参与价值创造的同时与服务提供人员有更多的接触和了解，通过长期的合作增加其对服务人员的认同和好感度，逐步形成基于服务交易的朋友关系，即商业友谊，并最终将这种商业友谊的维系演化成对企业的忠诚。

　　本文首先结合相关文献，确定了商业友谊的概念，商业友谊描述的是存在情感因素或者不存在情感因素的双方，在逐渐的商业交易过程中形成的兼具内生情感性和工具性属性的商业性朋友关系。本文将商业友谊关系抽象为具有内生情感性和工具性的简单二维概念，两者的区别在于当建立友谊关系时前者侧重实际经济目标而后者更侧重感情。其次，本文将顾客对保险公司的信任划分为情感信任和认知信任，认知信任的前提是对他人的了解和认可，是充分信任他人的态度和能力。情感信任依赖于双方的情感基础和良好的沟通，情感信任的双方会从对方的角度考虑，顾及对方的利益。最后，本文根据相关文献及保险行业的特点，将顾客忠诚定义为拥有积极的保险品牌偏爱与态度取向的顾客所进行的长期连续购买的行为，即顾客通过购买、使用产品或服务，需求得到满足之后，心理上产生了对此产品或服务的一种承诺和依恋，并在接下来的购买过程中又选择此产品或服务的一个长期行为过程。另外，本文将顾客忠诚细分为两个维度：行为忠诚和态度忠诚，行为忠诚更多地通过多次购买表现，态度忠诚则以心理承诺为特征。其中，行为忠诚从三个角度予以衡量，分别为重复购买意愿、交叉购买意愿和推荐他人消费，态度忠诚则从优先选择、抵制转换、价格容忍三个角度进行测度。本文提出的初始假设模型如图 7-1 所示。基于以上概念，本文以中国商业保险

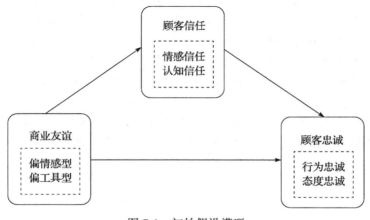

图 7-1　初始假设模型

公司为研究背景，从关系营销的商业友谊的角度切入，以顾客与保险服务人员之间的商业友谊关系为研究对象，探索不同维度的商业友谊和顾客信任如何作用于态度忠诚和行为忠诚，为保险行业强化顾客关系、提升服务质量、促进行业发展提出建议。

本文通过问卷星发布问卷来收集数据，选取购买商业保险时间在 1 年以上并且每年接触保险公司服务人员次数大于等于 2 次的被访者，共收到有效问卷 246 份。通过数据分析，得出以下结论。

第一，参照中国人际关系的内涵、分类及测量，保险行业顾客与服务人员之间存在商业友谊关系，根据情感维度和工具维度的高低，可以分为偏情感型商业友谊和偏工具型商业友谊。通过对商业友谊进行分类，明确关系的属性侧重点，保险公司可以有针对性地进行客户关系的开发和维护。对于偏情感型商业友谊的顾客，保险企业可以通过情感路线建立关系，如通过熟人介绍的方式开拓市场，以情感关怀为主进行后期顾客跟进维护，给予顾客更多的人文关怀，树立更好的企业形象和口碑。对于偏工具型商业友谊的顾客，保险企业在沟通交流过程中首先应做到权责清晰、服务品质过关等基本保证，一方面可以给予顾客满意的刷卡积分，另一方面可以给予让利优惠，在后期关系维持过程中应努力培养情感方面的联结，促进信任和忠诚的产生。

第二，商业友谊对顾客信任有显著的正向影响。偏情感型商业友谊同时正向影响情感信任和认知信任，且对情感信任的促进作用更强烈，这意味着偏情感型商业友谊更能促使顾客与服务人员之间产生顾客信任。因此，保险公司在对企业员工进行培训时，应该重视培养员工与顾客保持持久的客户关系的能力。但是，不同类型的商业友谊和不同类型的顾客信任对形成顾客忠诚做出的贡献有所差异。因此，保险公司需根据不同类型的商业友谊及其对顾客信任和顾客忠诚的影响方式和影响程度的差异，针对性地制订有不同侧重点的营销服务方案，从而更好地促进顾客信任和顾客忠诚。

第三，商业友谊和顾客信任都对顾客忠诚有显著的正向影响。偏情感型商业友谊和情感信任对顾客忠诚的影响更大。同时，情感因素在中国社会的人际关系中起决定性作用。虽然我国民众对保险行业的认可度逐渐提升，但因为保险产品的特殊性，加上中国人根深蒂固的传统文化思想，情感因素对商业保险合作的影响程度巨大。这也进一步强调了关系在保险行业的重要性，因此，未来保险公司应该将培养顾客信任作为重点，产品、服务确保诚信有保障。

本文也存在未能证实的假设。首先，偏工具型商业友谊与顾客情感信任负相关，这表明顾客与服务人员之间的关系太过于关注功利性目标结果反而会阻碍信任的建立，这与 Lee 和 Dawes 关于人际关系的研究结果一致，他们的研究表明：关系的情感性部分（即感情）有助于增强购买方对销售人员的信任，而关系的工具性部分（即面子和人情）与购买方对销售人员的信任无明显关联。[⊖]其次，偏工具型商业友谊不能直接影响顾客态度忠诚或行为忠诚，需要通过认知信任才能影响行为忠诚，而偏情感型商业友谊对顾客态度忠诚和行为忠诚的促进作用显著。最后，认知信任不能促进顾客态度忠诚，情感信任对态度忠诚的促进作用非常显著，这表明情感在中国关系营销中起着决定性的作用。因此，最终修正模型如图 7-2 所示。

⊖　宝贡敏，刘枭. 关系理论研究述评 [J]. 技术经济，2008（4）：109-115.

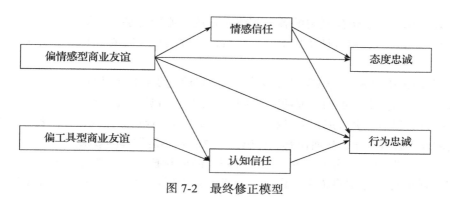

图 7-2　最终修正模型

资料来源：张思敏. 商业友谊、顾客信任与顾客忠诚的关系研究：以保险行业为例［D］. 成都：西南财经大学，2014.

7.1.5　关系营销具体实施

现代企业实施关系营销，必须设立关系管理机构。企业通过开展卓有成效的活动，促进内外部关系更加融洽；同时，企业也须注意各种资源的有效配置，使其朝着同一企业目标而努力。此外，企业各关系方由于存在某些差异会造成障碍，因此企业须进行文化整合，协调各方利益，提升关系营销效率。

1. 组织设计

企业在进行组织设计时主要应该做到内部组织结构整合和建立企业间联盟。

（1）组织结构整合。企业是一个由具有共同目标的人所构成的集合体。为了使集体活动卓有成效地进行，组织内必须有各种分工，通过分工能够以长补短，大大提高生产率，从而取得比个人所能取得的效果之和大得多的整体效果。然而，分工在带来专业化、高效率的同时，可能导致本位主义、各自为政、相互扯皮等弊端。因此，企业对各部门之间进行整合，以提高效率是非常必要的。

企业各职能部门之间暂时或永久的联系是企业组织结构整合的基础。这种结构联系不仅可以作为发起和执行关系营销活动的机制，还可以作为教育部门经理认识关系重要性的手段。

（2）企业间联盟。联盟是企业之间长期联合但不彻底兼并的一种组织形式。现代企业之间通过形成联盟，可以互相协调，共享企业资源，形成一种互惠互利的关系。

1）联盟关系的特点。企业间的联盟关系具有以下特点。

①边界模糊。联盟打破了传统公司组织机构的层次和界限，一般是由具有共同利益关系的企业组成的战略共同体，也可能是供应者、生产者、分销商，甚至是竞争者之间形成的联盟。

②关系松散。联盟主要是通过契约形式连接起来的，合作各方之间的关系十分松散，主要通过协商的方式解决各种问题。

③机动灵活。组建联盟所需的时间较短、过程简单，同时不需要大量投资。如果企业外部出现发展机会，联盟可以迅速组成并发挥作用；如果外界条件发生变化，联盟不适应变化的环境，可迅速将其解散。

④高效运作。由于组建联盟的各方都将企业的核心资源加入联盟,因此联盟的实力是单个企业难以达到的。在这种条件下,联盟可以高效运作,完成一些单个企业难以完成的任务。

2)联盟的组织形式。战略联盟有多种形式,目前主要有以下几种。

①合资。合资企业是由两家或两家以上的企业共同出资、共担风险、共享收益而形成的企业,这种方式目前十分普遍,尤其在发展中国家。通过合资的方式,合作各方可以将各自的优势资源投入合资企业,从而使其发挥单独一家企业不能发挥的效果。

②研究与开发协议。为了研究开发某种新产品或新技术,合作各方可以签订一个联合开发协议,联盟各方分别将资金、设备、技术、人力资源投入联合开发,开发成果按协议共享。

③合作生产营销。通过达成一项协议,共同生产和销售某一种产品,这种协议并不造成联盟各方在资产、组织结构和管理方面的变化,仅仅通过协议来规定合作项目及完成时间等。

④相互持股。相互持股是指合作各方为加强相互联系而持有对方一定数量的股份,这种战略联盟的关系相对更加紧密,合作各方可以进行更长久、密切的合作。

2. 资源配置

关系营销要求企业在进行资源配置时充分利用企业的人力资源和信息资源,尽量达到资源的最佳利用。

(1)人力资源配置。企业可以采取以下措施对人力资源进行合理配置。

1)部门间的人员轮换。部门间的人员轮换能以多种方式促进企业内部关系的建立。它既有助于减小业务单元之间文化和程序上的差异,有助于建立企业的同一性和形成企业整体利益的意识;又能建立促进联合项目的私人关系,使经理们了解与其他业务单元关联的机会范围。企业的人员轮换和培训计划可以使经理们了解其他业务单元,并鼓励那些参加培训并最终被分到不同部门工作的经理们建立良好的人际关系。尽管人员轮换要在培训时间和连续工作方面付出一定的代价,但长期而言对企业有更大的意义。

2)从内部提升。从内部提升可以加强企业观念,并能使经理们具有长远的眼光。内部培养出来的经理,不仅能与企业保持高度的一致,而且更可能在企业内部建立一个促进横向合作的人际关系网。

3)跨业务单元的论坛和会议。将不同部门的经理召集起来参与精心策划的会议,能促进关系的进一步发展。在这类会议上,让经理们简述他们各自部门的经营状况,并就跨部门的问题进行公开讨论,是特别有效的。

(2)信息资源分享。当今时代,科学技术飞速发展,企业在采用新技术和新知识的过程中,可利用以下四种方案促进信息资源分享:利用电脑网络来协调企业内部各部门及企业外部拥有多种知识与技能的人;制定政策或提供帮助以削减信息超载,从而提高电子邮件和语音信箱系统的工作效率;建立一个"知识库"或"回复网络",这是一个统一的数据库,包含企业的各种问题,如人力资源政策、解难指导或新技术等,有些问题可以通过数据库的信息解决,还有些问题需要逐级寻找专家来处理;利用日益增多的独立受聘专业人员和新的交流技术,组成临时的"虚拟小组",以完成自己或客户的交流项目。

7.1.6　金融服务中关系营销的运作

管理无定式，金融机构在提供金融服务的过程中没有一成不变的关系营销方法与策略可以利用。一般来说，有以下方法可供参考。

1. 实行客户经理制

客户经理制是指为了争取目标客户、开拓市场业务、实现利润最大化和规避交易风险而为客户配备专职经理的一种业务制度。它最初是国际上大型商业金融企业为塑造企业形象和发展金融企业业务所采取的做法，现已普遍用于金融、保险、证券业务。客户经理对客户实施"一对一"的服务，负责与客户联系，了解和跟踪客户生产经营等方面的情况，受理客户提出的服务需求，负责金融机构的客户信息搜集和宣传工作等，为客户提供个性化和人性化的服务。

2. 设置以客户为导向的部门或专门管理顾客关系的部门

为适应客户日益个性化和多样化的金融需求，金融机构需要变革内部设置和业务流程。例如，我国金融企业为适应个人消费信贷的需求增设了个人信贷业务部；有些保险公司将过去涉及理赔、保全、合同续期和财务等部门的人员集中到一起，实行"一站式"服务；证券公司根据客户资金规模的不同，采取不同的服务形式。

设立专门从事顾客关系管理的部门同样体现了以客户为导向的业务宗旨。该部门可设总经理一名，下设若干关系经理。总经理负责确定关系经理的职责、工作内容、行为规范和评价标准，并考核其工作绩效。关系经理每人负责一个或若干个主要客户，是客户所有信息的集中点，是协调公司各部门做好顾客服务的沟通者。关系经理要训练有素，有职业道德，对客户负责，其职责是制订长期和年度客户关系营销计划，制定沟通策略，定期提交报告，落实公司向客户提供的各项利益，妥善处理客户抱怨和可能发生的问题，维持和增进与客户良好的业务关系。

3. 为客户提供其预期之外的利益

营销是一种人性化的事业。关系经理或业务人员可以记住主要客户及其爱人、孩子的生日，并在生日当天致电问候，或赠送鲜花和贺卡以示祝贺，帮助客户解决实际问题。金融企业或证券公司为客户提供理财建议，保险公司（营销员）为客户进行投保规划，信用卡公司的消费积分奖励或抽奖，等等。

4. 与客户建立联系

金融机构可定期或不定期地通过多种方式与客户特别是重点客户进行联系和沟通，增强相互间的友谊和信任，促进业务关系的持续和长久。联系方式可采取联谊会、周年庆典会、俱乐部、会员制等。

□ 案例 7-2

蚂蚁金服推出国内最大规模会员成长计划

2016 年 4 月 18 日，蚂蚁金服正式推出一项独特的会员成长计划。与其他所有机构的会员体系不同，蚂蚁金服的会员等级，不看用户资金量，也不看消费程度，而是根据用户的活跃程度来定义会员等级。

根据用户使用蚂蚁金服旗下的产品与服务的活跃度的不同，用户的会员等级分为大众会员、黄金会员、铂金会员与钻石会员。其中，钻石会员是全球活跃度排名前 10 万名的用户，铂金会员为全球前 1 000 万名，黄金会员为全球前 1 亿名。成为蚂蚁会员后，每一个蚂蚁会员在使用支付宝付款后，都能获得数额不等的蚂蚁积分。根据会员等级的不同，会员目前最多可享受积分回馈、客服优先、出行特权、极速理赔与优先体验等 10 种权益。为了更好地服务用户，蚂蚁金服通过整合内部以及外部合作商户资源，以用户为中心，结合数据驱动的会员洞察体系，通过会员权益更好地回馈用户，给用户带去惊喜。

只要成为蚂蚁会员，就可以享受会员的权益回馈，例如，每一个会员在生日当天，打开支付宝，画面就会变成专属的生日祝福。每一个蚂蚁会员在使用支付宝付款后，都能获得积分，这些积分可以兑换成各种服务与代金券，如兑换天猫超市的代金券、流量券以及虾米音乐 VIP 等，每个会员每天最多可以获得 300 积分。作为等级最高的钻石会员，可以享受所有的 10 种权益，包括极速理赔、花呗特权、新功能优先体验、客服优先等。其中，客服优先最受欢迎。钻石会员拨打客服电话 95188，不需要按 1，不需要输入身份证和任何描述，最快 3 秒就能接通 VIP 人工服务。此外，钻石会员还能享受极速理赔服务，理赔申请审核通过 24 小时内就能完成理赔，蚂蚁花呗逾期 3 天内还款不收取应计利息。其他等级的会员能享受的服务也很丰富，比如，铂金会员可用 500 积分兑换账户安全险，如果账户资金被盗，最高可赔100 万元。

如今，蚂蚁金服旗下的支付宝，已经从一个单纯的支付工具，变成了一个全能的生活平台。不仅线上购物付款可以使用，线下的吃喝玩乐、打车、城市服务、交罚款、买汽车票等，都可以使用支付宝。蚂蚁金服透露，会员等级会每个月更新，根据用户上一个月的活跃程度，来定义当月每一个用户的会员等级。而且，在支付宝的会员页面，用户能每天查看自己的活跃度排名，清楚地知道自己每天的活跃度超越了多少人。

截至 2016 年 4 月，支付宝实名用户已经超过 4 亿。蚂蚁金服这一庞大且普惠的会员成长计划毫无疑问将进一步加强公司旗下支付宝等服务在用户端的黏性。蚂蚁金服的会员机制打破了业界以往的会员理念与惯例。目前，绝大部分机构关于会员服务的理念都与消费能力、资产情况、身份地位挂钩，比如银行的贵宾服务和资产情况相关联，信用卡的积分与消费金额相关等。但蚂蚁金服的会员成长计划、思路与它们都不相同。

蚂蚁金服把公司、合作伙伴、会员紧密结合在一起，一方面有利于会员服务的可持续性，提升用户黏性和忠诚度，另一方面促进了整个合作生态的共赢。未来互联网大平台之争将进入会员忠诚之争的新阶段。

资料来源：网易新闻，http://news.163.com/16/0419/01/BKVQS55Q00014AED.html。

7.2 客户关系营销管理

7.2.1 客户关系管理的产生

客户关系管理是从"以产品为中心"向"以客户为中心"转变过程中的必然产物，它使企业的关注焦点从企业的内部运作拓展到与客户的关系上来。客户关系管理作为一种企业管理理论，起源于 20 世纪 80 年代初期以搜集整理客户与企业联系的所有信息的接触管理理论，到 90 年代初则演化为包括电话服务中心与支援资料分析的客户关怀理论。经过近 30 年的发展，目前它不仅成为一种具有可操作性的管理方法和管理技能，更成了一种企业战略管理理念。

7.2.2　客户关系管理的含义

客户关系管理最早由科特勒提出，但至今没有一个公认的定义。一般来说，客户关系管理是指对客户关系进行管理的一种思想和技术，即一种"以客户为中心"的经营理念，它借助于信息技术在市场、销售、技术支持、客户服务等各个环节的应用，改善和增进企业与客户的关系，实现以更优质、更快捷、更富个性化的服务保持和吸引更多客户的目标，并通过全面优化面向客户的业务流程使保留老客户和获取新客户的成本降到最低，最终使企业的市场适应能力和竞争实力有一个质的提高。

7.2.3　客户关系管理的内涵

客户关系管理（customer relationship management，CRM）是指企业提供富有意义的交流沟通渠道，通过安排细分顾客，培育顾客满意行为，连接从顾客到金融企业的各个过程，优化可盈利性、收入和顾客满意的商务战略。C 代表服务渠道管理（channel management），即进行市场营销的综合性、互动性的服务渠道管理；R 代表关系营造（relation-ships），即建立在优质、高效、便捷服务基础上的真正的客户关系；M 代表对企业的一体化管理（management of the total enterprise），即前台操作与后台操作的一体化。

客户关系管理的战略目标是影响顾客的行为，其手段是瞄准正确类型的顾客，有信心使其购买可盈利的产品，并在整个可盈利周期内保留顾客。它是旨在改善企业与客户之间关系的管理思想、管理方法及管理技术，它实施于市场、销售、技术支持等与客户有关的工作部门。

客户关系管理作为一种新型的管理模式，有其先进的管理思想及技术手段。它通过对人力资源、业务流程与专业技术进行有效的整合，最终为涉及客户的各个领域提供完美的集成，使得金融企业以更低的成本、更高的效率满足客户的需求，并与客户建立起一对一的营销模式，从而让金融企业最大限度地提高客户满意度及忠诚度，挽回失去的客户，保留现有的客户，不断发展新的客户。金融企业的客户关系管理是其经营活动在高度数字化、信息化、电子化、自动化的条件下与客户全面接触、全程提供服务的统一技术平台和智能服务系统。客户关系管理的内涵大致包括以下 6 方面的内容。

（1）金融企业客户关系管理的核心是坚持以客户为个心。金融企业在进行客户关系管理的实践中，始终坚持客户至上、客户第一，将以客户为中心作为经营管理的基本理念，并贯穿各个方面和各个环节。因此，衡量客户关系管理有效性和效果的主要标志是客户的满意度和忠诚度。以客户为中心，就要求金融企业必须不断地研究客户需求，甚至通过相互学习和沟通创造客户需求，并及时满足客户需求，以提升客户利益和价值，这显然与传统金融企业通过推销金融产品来获取利润的经营有着本质的区别。由于不同类别的客户的需求是不一样的，甚至同类客户之间及其在不同的发展阶段需求也不完全一样，因此，客户关系管理更注重提供具有个性化的"组合式套餐"服务，也就是更强调一对一的量身定制。金融企业的实践表明，能否真正坚持以客户为中心的经营理念，是客户关系管理能否取得实效的核心，在一定程度上决定着金融企业的生存与发展。

（2）金融企业客户关系管理的实质是及时满足客户需求，在提高客户价值的过程中提高自身价值。具体来说有两方面的要求。一是强调及时、有效地满足客户的现实需求，同时不断挖掘并满足客户的潜在需求，能够为客户提供一套完整的、连续的、有效的服务方案，并确保方案能得到落实。二是考核客户贡献度，实行差异化服务。客户关系管理始终强调通过服务提升客户价值，但并不是说不考虑自身利益。事实上，它更多地强调在提高客户价值的过程中提升金融企业的自身价值，实现追逐利润的可持续发展目标。因此，客户关系管理非常注重对客户贡献度的测算和考核，并在此基础上实行差异化服务政策，将现有资源更好地配置在能够为金融企业带来大约20%的利润的优质客户身上。一般的标准是：对达到保本点及以上特别是贡献度较大的客户，配置专职客户经理或客户经理小组，提供具有个性化的金融"组合式套餐"服务，并享有各种服务便利；对达不到保本点的客户，实行收费服务或自助式服务，并在享受服务时受到一定的限制。客户关系管理的核心和实质，更多地集中在优质客户方面，通过强化为优质客户提供的服务稳定和发展长期合作关系，实现金融企业自身的经营目标。

（3）金融企业客户关系管理必须在满足客户需求和风险控制之间寻求一种均衡。市场的不确定性和信息不对称，以及基于人的本性的道德风险，使金融企业具有高风险特征。客户关系管理从本质上来说是以满足客户需求为主要内容，同时必须建立在风险的有效防范和企业可以承受的范围之内。在客户关系管理的运用过程中，金融企业都有一整套对客户风险进行识别和测定的标准模式。除此之外，客户关系管理在风险管理的政策上也强调客户的地域分散、行业分散，避免某一客户业务的过度集中。就客户关系管理的观点来看，单一大型客户占100%的市场份额不一定是最佳的选择。值得注意的是，近年来，西方金融企业在客户关系管理的运用中更多的是主动帮助客户进行风险识别、防范和控制，如采取信息共享、提供理财服务和投资咨询等，以达到降低客户风险从而降低自身风险的目的。

（4）金融企业客户关系管理主要由市场部门和客户经理完成。在金融企业经营以销售金融产品为主要特征的年代，金融企业的市场人员主要是储蓄员、信贷员等专业产品推销员；而到了金融企业经营真正以客户为中心的时代，客户经理才应运而生。在金融企业普遍推行客户关系管理的过程中，客户经理的地位和作用真正得以确立，从而与信息技术专家一起成为客户关系管理的主要力量。客户经理是金融企业与客户沟通的纽带和主要渠道，其基本职责是发现客户需求，进行风险识别，并协调金融企业内部资源，及时、有效地满足客户需求，实现客户关系管理的基本要求。

一般来说，金融企业会针对不同类型的客户（如个人客户和公司客户）配备不同的客户经理，客户贡献度和重要程度不同，也会配备不同级别的客户经理，甚至对特大型优质客户还会配备一个客户经理小组。正是因为如此，客户经理的素质、工作成效，在一定意义上决定了客户关系管理能否真正取得成效，所以金融企业一般会把加强对客户经理的培训、考核、激励等作为推行客户关系管理的重要内容。为了充分发挥客户经理的作用，不同级别的客户经理在责、权、利上一般是对称的，在对客户利润和市场开拓业绩的严格考核下，其晋升和退出通道也是明确的，从而保证了客户经理队伍的稳定性和高效率。

（5）金融企业客户关系管理是一个包括客户开发、稳定和扩大的动态过程。客户开发是客户关系管理的起点，也始终是金融企业竞争的焦点。在客户开发方面，金融企业一般通过自身实力、信誉、市场定位和特定的服务，并借助现代市场营销技术吸引和争夺优质客户。20 世纪 80 年代以后，金融竞争日趋激烈，更加自由化、全球化，金融企业客户开发主要通过地域扩张政策和大量采用新技术进行，客户开发成本相对较高。因此，金融企业更注重通过客户关系管理培育自己的优质客户。相对于客户开发而言，稳定和扩大客户份额，永远是客户关系管理的主题。

（6）金融企业客户关系管理需要健全的文化体制背景、顺畅的分销渠道和先进的科技支撑，大数据时代更需要深入的数据挖掘技术作为支撑。客户关系管理的核心是以客户为中心，并通过先进的技术平台和客户经理来实行一系列的营销和服务方案。金融企业在内部组织结构上必须体现这一要求，根据不同类型的客户成立不同的市场部门，如个人客户部、公司客户部等。市场部门通过加强对客户经理的管理，最终实现客户关系管理的经营理念和管理要求。在为客户服务的过程中，方便、快捷、安全始终是最基本的要求。因此，分销渠道的功能健全与否至关重要。除了有形网点外，服务前移的网络结算、网上结算等电子银行业务系统，以及 ATM 和 POS 机的广泛运用，更代表着适应不同客户需求的分销渠道的日益完善，提高了现代金融企业服务的科技含量。电话金融企业中心的建立，打破了金融企业服务在地域和时间上的限制，使销售自动化得到前所未有的发展。

客户关系管理的实现也是大量信息技术运用的结果。当前，人类社会已经迈入"大数据"时代，信息技术高速发展。金融企业在完成客户信息搜集、建立起基本客户大数据库之后，要想进一步获取客户，就需要深入了解客户的偏好，明晰客户需求。数据挖掘正是为达到这一目的的实现有效的客户关系管理的关键技术，金融企业可以从海量的客户数据中挖掘出有价值的信息，预测客户的需求和偏好，建立合适的模型使客户价值最大化，防止客户流失，为客户提供有针对性的产品和服务，打造不可复制的核心竞争力。大数据时代，数据挖掘技术的应用，大大便利了客户关系管理对客户信息的收集、整理和分析，满足客户的个性化需求，提高客户忠诚度和保有率，从而实现客户价值持续最大化，提升金融企业的竞争力。

7.2.4　信息与沟通技术的使用和管理

客户关系管理的媒介是积极运用客户关系技术，收集、掌握、积累、分析、理解、利用客户信息，并将其转化为知识（可行动的信息）和行动，向员工传授，以提供客户需要的产品和服务。因此，建立客户信息库以及以信息网络为基础的客户驱动的信息结构，保障信息流到真正需要它的地方，就成为现代客户关系管理的核心。

1. 创建客户信息库

（1）客户信息来源。创建客户信息库的核心工作在于信息收集。信息的来源主要有通过客户经理与客户之间的交谈获得的谈话性信息；通过观察客户接受金融企业产品或服务的全面活动，或者直接考察客户的实际情况获得的观察性信息；通过分析、预测获得的预测性信息。

（2）创建客户信息库的步骤。创建客户信息库一般有四个步骤：

- 将客户分类，比如可以分为现有客户、预期客户和流失客户；
- 将各类客户最近的购买情况与购买的频率等数据分别输入数据库；
- 将每位客户在一年左右的时间里与金融企业发生的各种联系的细节输入数据库；
- 输入客户的其他信息。

通过建立信息数据库，可以研究分析客户现在、未来的变化等。

2. 建立健全客户信息档案

建立健全**客户信息档案**（customer information facility，CIF），是奠定客户关系管理的基础。客户信息档案是以客户为中心的大型客户资料数据库，搜集客户个人基本信息、客户单位基本信息及其业务资料（各类账户），包括如下内容。

（1）账号，包括客户号、货币代号、业务产品代号等。

（2）个人资料，包含个人资料信息，如姓名、性别、出生年月、出生地、工作单位、职务、收入来源、年薪、身份证号、通信地址、联系电话、家庭情况、开户时间、签字、指纹、照片、音频等；账户资料信息，一是开户时间、账面余额、可使用余额、应付利息、应收利息、信用等级、信用额度、贷款、透支利息关联账户、对账单邮寄周期等；二是账户目录及余额，如本外币存款账户、本外币贷款账户、信用卡账户、消费贷款账户等；三是各账户细单，如交易发生日期、交易内容、交易编码、交易发生金额、交易余额、历史交易等；四是每笔交易细单，如交易编码、借方账户、定期（上一定期、本定期）编号、本金、利息、利率、起存日、到期日等。

（3）客户单位资料，包含客户基本资料，如单位名称、所有制性质、地址、合法性、行业领域、经营方向、主导产品、生产规模、市场规模、固定资产余额、技术水平与结构、人力资源结构、首席执行官情况、管理体制与制度等；客户运营资料，如历史信用记录、管理水平、资金运作情况、科技开发与创新、市场发展前景、盈利水平与增长率等。

（4）客户资料分析，根据客户需求筛选客户群，如年龄、职业、存款余额、存款时间等；根据产品需求筛选客户群，如各类存款、信用卡、消费信贷等；根据信用需求筛选客户群，如信用较好、风险较大等；分析各个客户的贡献，如利差、收费等。

3. 实施客户信息战略

实施客户信息战略包括六步：第一步，制定明确的金融企业发展战略；第二步，明确客户要求，根据客户利益决定对信息管理的投入和利用信息的方式；第三步，设计数据库所服务的业务流程，确定利用数据库做什么；第四步，设计客户信息系统的应用程序；第五步，将数据与技术结合起来；第六步，进行信息开发。其中，主要是分析客户资料库数据信息，进行客户开发，如发现某客户的定期存款到期或贷款付清，表示该客户有一笔可以转作其他投资的资金，及时传达给该客户一些重新投资的资料，可能留住该客户。客户信息战略与管理内容如表7-1所示。

表 7-1　客户信息战略与管理

步骤	内容	负责人	参加者
联系审查	审查与客户之间的所有联系点及联系内容与结果，为加强联系、提高收益提供信息源和可能的机会	关系营销经理	营销代表、服务代表

（续）

步骤	内容	负责人	参加者
内部数据分析	对营销数据库进行正式分析，检验其内容、范围、人数、年龄、相关性及数据的准确性	关系营销经理	系统人员、营销代表
客户资料的数量与质量审查	检查自己的系统和联系审查的数据的可利用性，这些数据现在已被用于客户与金融企业的交流，但还未引起注意	关系营销经理	系统人员、营销代表
加强数据	以上工作的开展可能表明需要加强内部系统方面的数据	关系营销经理	系统人员、营销代表
数据战略开发	必须开发出不断保持关键数据的战略，以明示谁做、如何做和如何衡量/度量频率	关系营销经理	营销人员
外部数据	包括地理、社会、人口及生活方式等，可通过调查获得，以覆盖现有的客户资料，或增加潜在的新客户名单	营销经理	关系营销经理、营销人员
与客户相关的其他内部数据	包括客户对早期促销的反应、客户服务记录与调查等	关系营销经理领导，系统人员执行	系统人员
将自己的数据库与合作伙伴的数据库共享	这种现象越来越普遍，因为公司可以找到彼此不相互竞争的伙伴，一起联手开发市场，有时，为了识别有问题的客户，也可以与竞争对手共享数据库	系统经理	系统人员
预测	客户数据库的发展趋势要考虑消耗和补充的动态变化、自己的策略和可能的竞争主动性	营销经理	关系营销总经理顾问、营销分析人员

资料来源：斯通.关系营销［M］.上海远东出版社，1998.

7.2.5　客户关系管理系统的构成与优点

1. 客户关系管理系统的构成

客户关系管理提供了这样一种经营模式：客户无须亲临网点柜台，无论何时、何地，只要通过语音、IP 电话、邮件、传真、文字、网络在线、视频信息等可进入的业务系统，就像面对客户经理一样，便可以轻松获得企业提供的各项业务处理和信息咨询等服务。功能齐全的客户关系管理包括四大系统。

（1）市场管理系统。通过营销专家彻底地分析客户和市场信息，策划营销活动和行动步骤，更加有效地拓展市场。它具有市场分析、市场预测和市场活动管理功能。市场分析能帮助市场人员识别和确定潜在的客户和市场群落，市场预测可以为新金融产品的研制、市场投放、市场开拓等决策提供有力的依据，市场活动管理可以为金融企业的领导提供制定预算、计划、执行步骤和人员分派的工具。

（2）业务管理系统。该系统不仅能有效地管理传统的存款、贷款、结算、支付等业务，而且能提供完善的新业务开发平台，从而多方面、深层次、高效率地管理金融企业的经营业务。

（3）客户服务系统。客户服务覆盖在线服务（包括呼叫中心）、现场服务、远程服务，兼容人工和自动化服务，另外还包含客户服务管理。在线服务最能体现客户关系管理的特点，它充分利用通信网和计算机网的多种功能集成，构建成一个完整的综合服务系统，能方便、有效地为客户提供多种服务，如每周 7×24 小时不间断的服务；通过多种方式（语音、邮件、传真、文字、视频信息等）交流；事先了解客户信息以安排合适的业务代表访问客户，将客户的各种信息输入业务数据库以便共享等。客户服务管理可以有效地提高服务质量，增强服务能力，从而更加容易捕捉和跟踪服务中出现的问题，迅速、准确地根据客户需求分解调研，延长客户的生命周期。

（4）技术支持系统。客户关系管理与客户经理的根本区别在于客户关系管理有强大的信息技术作为后盾，用自动化的处理过程代替了原有的手工操作过程，最典型的是电子货币、电子支付、在线营销。

2. 客户关系管理系统的优点

客户关系管理系统是企业业务系统、服务系统、网络系统、客户经理系统、管理信息系统等和全新的营销理念的集成，实现了其中单一系统无法实现的高效率、低成本、个性化、网络化等。

客户关系管理系统是基于电子网络技术建立的管理系统。它在系统与客户之间树立了一道智能的过滤网，同时提供了一个统一、高效的平台，客户与金融企业一接触就可以完成多项业务，服务质量的提高也使得服务时间大大缩短，工作效率大大提升。

客户关系管理系统避免了客户经理制的矛盾，最大限度地发挥了客户经理制的作用。任一客户的数据均储存在客户关系管理中，客户关系管理与企业的存款、信贷、会计、结算、理财、在线业务有共同接口，客户经理知识面窄、业务能力有限和服务范围固定的状态将彻底改变，任何客户都不会感到被冷落。

3. 客户关系管理的核心内容

（1）客户信息管理。一方面，将企业各部门甚至每个员工所接触的客户的资料合并进行统一管理，建立一个公用的信息平台；另一方面则牵涉金融企业客户价值评估体系的建立，即以客户对企业的利润贡献度为主要依据和标准，分析、评定不同层次客户的价值度，为其提供相应的服务。

（2）营销管理。客户关系营销管理通过对不同渠道和不同营销模式接触的客户进行分辨、记录和辨识，同时对企业营销活动的成效进行综合评价，促使企业实现从"宏营销"到"微营销"的转变。

（3）产品销售管理。企业目前已全面转向客户经理制，对客户经理实行多种销售渠道的管理，例如电话销售、现场销售以及销售佣金等的管理，同时支持现场销售人员的移动通信设备或掌上电脑设备的接入等，使客户经理能够即时整合和反馈销售信息，并满足客户多方面的要求。

（4）服务管理与客户关怀。诸如网络金融企业终端软件安装与技术支持，以及金融企业柜面服务内容、网点设置、收费及管理，通过客户关系管理系统详细记录服务全程情况，支持一般金融、自助金融、电话金融、网络金融等多种服务模式。

客户关系管理系统不仅对各层次管理体系进行彻底变革，同时将带来整个金融企业营销体系的重组。它的应用涉及金融企业各层机构的岗位、职能的重新定位，通过金融企业营销组织架构的重新设计最终建立起一套崭新的扁平化营销体系，这是金融企业应用客户关系管理系统真正的重点和难点所在。

7.2.6　客户关系管理方案

1. 融合的前后台

前台主要是指对多种客户联系渠道的整合，客户通过企业网点、电话金融、自助金融、网络金融等各种渠道方便、无碍地与金融企业接触。后台指的是企业采用强大的后台资料分析系统，探索客户资料并进行深入挖掘，以作为客户管理的依据。企业通过后台对客户的一般资料、近期消费趋势、交易数量和质量等进行综合分析，得出客户需要的服务，再通过前台向客户进行新服务的介绍或交叉销售，使客户产生有专职客户经理贴身服务的良好感觉。

2. 进行客户结构分析，确定重点客户

推行客户关系管理要求企业首先必须明确知道有哪些客户，对企业影响较大的客户是谁，哪些客户的发展潜力较大。一般来说，寻找重点客户的基本方法是测算客户贡献度。对于公司客户和机构客户来说，按客户贡献度很容易对现有的客户结构进行初步界定，并在此基础上将其划分为不同类别，其中重点客户的占比和贡献基本遵循二八法则。作为最基层的经营和服务机构（如支行），紧紧抓住 20% 的重点客户并合理配置自身资源，可以实行一对一营销，让他们成为忠实客户。但对于二级分行或省级分行来说，仅仅依靠 20% 的重点客户是不够的，不能轻视另外 80% 的客户。

（1）对于大型机构客户的分析。

- 分析行业、系统中重要客户的数量和虚拟利润贡献的变化，以及在整个结构中贡献度的变化，据此判断已实施的客户关系管理政策的有效性。
- 分析非重要客户中潜在优质客户的培育及变化。
- 分析行业和系统的整体市场，特别是非本行重点客户和本行重点客户在他行市场份额的变化，据此检验本行的竞争力并寻找新的目标客户。

（2）个人客户结构分析。

- 分析低效客户的变化及其对资源占用的影响，低效客户的大量存在严重影响了对优质客户提供的服务。
- 使用专用软件分析工具，将现有的重点客户按年龄、职业、收入等进行重新分类，并就其交易偏好进行归纳、分析，揭示其需求函数特征，以便制定差异化服务营销政策。
- 电话金融企业中心通过对可识别的重要客户交易和投诉信息进行分析，修正现有的营销和服务漏洞，挖掘其满足个性化需求的潜力。
- 对重要客户现有金融产品使用情况进行分析，明确营销重点，在满足客户需求的同时，提高客户的忠诚度和贡献度。

3. 确定客户需求，制定差异化服务营销政策

一般来说，客户需求具有多样性、差异性和变化性等特征，因此由客户需求导致的金融服务要求也是丰富多彩的。从客户关系管理的观点看，为便于管理，金融企业要不断地准确判断客户需求中哪些是基本需求、哪些是特殊需求，并适时采取相应的政策。基本需求具有相对稳定性，金融企业所要做的是使服务方便、快捷和安全，搞好优质服务，提高客户的交易量；对于特殊群体或单个客户的特殊需求，金融企业必须制定特殊政策，提供具有个性化的"组合式套餐"服务。

挪威联合银行提出的"由一家银行变为 100 万家银行以及每个客户一家银行"的经营

策略就是客户服务差异化理念的写照，即将每个客户作为一个独立的单元，通过行为追踪分析发现其行为模式与偏好，以制定应对策略和行销方案。著名经济学家汪丁丁所倡导的大规模个性化定制是一对一的延伸，它适用于金融产品的开发和营销，即金融企业根据差异化竞争战略、客户类型的划分来提供差异化的服务，这样所对应的不同客户类型既体现了"大规模"，又兼顾了"个性化"。

（1）公司客户。公司客户的基本需求主要包括结算、融资、现金、担保、信用评估、咨询等。现在任何一家商业金融企业基本上都能为客户的基本需求提供无差异服务，这样在公司客户选择金融企业时都不存在多少优势，如果有差别也只是体现在金融企业的品牌效应、个人关系资源和员工素质及服务方面。要留住优质客户，真正有意义的工作是发现客户的特殊需求，并适时予以满足，以提升客户的依赖性和客户的转户成本。

公司客户的特殊需求因公司而异，很难在同一时点找到完全一致的需求。就现阶段来说，公司客户的特殊需求主要包括上市重组顾问、投资与理财、系统资金管理、低风险资产置换、借助金融企业的财务安排、并购中的债务处理，以及相互代理和基于金融企业客户资源的共同开发、利用等。

目前可供金融企业选择的政策包括根据行业、系统或重要客户的需求分析，以及对客户潜在需求的把握，分别制订"一揽子"服务方案，量身定做具有特色的金融产品组合。根据服务方案制订营销方案和确定营销重点，系统大户和重点客户由省、市两级进行联动营销和一对一谈判。中等客户由客户经理上门营销或通过客户网站信箱进行电子化自动营销。协调、优化内部资源，做好为客户服务的无缝衔接，在提升客户价值的同时提升客户忠诚度。对客户信息进行不间断的收集、整理、分析，挖掘客户的潜在需求。

（2）个人客户。个人客户的基本需求相对比较简单，主要包括资金的安全和增值、代付各种款项、取现、信息查询等。个人客户的特殊需求可以说与时俱进、各有侧重，目前主要包括个人投资理财、养老疾病等保险、代保管、外币兑换、住房、汽车等融资和产业投融资等。满足上述两方面的需求，特别是满足个人优质客户的需求是个人金融领域客户关系管理的重点。

金融企业针对个人客户可采取的政策：在满足个人客户的基本需求方面，一是进一步健全分销渠道，调整劳动组合，真正体现方便、快捷、安全的品牌形象，如有形网点的布局调整和跟进以及城市自助金融企业服务系统的建立等；二是大力发展虚拟电子金融企业业务，通过电话金融、手机金融、网上金融业务的快速发展，进一步拓展金融企业服务的时空界限，减少柜面服务的压力。在满足个人客户的特殊需求方面，重点是理财中心和个人客户经理队伍建设。

全面推行差异化服务政策。在对个人客户进行细分的基础上，金融企业可以通过推进销售自动化、营销自动化进程，全面提升金融企业服务的品质，同时必须切实将服务重点瞄准优质客户，把满足优质客户的需求作为服务政策的基本取向。金融企业针对优质客户可采取的措施：进行个人信用评级制度试点，增强客户的社会认知和荣誉；以贡献度标识客户身份，以便客户在所有网点都能享受相应的特别服务；设立大户室或专门柜台，由专人提供免排队、免填单等服务；提供预约上门服务、提醒服务；在新业务和费用等方面享有优惠待遇；根据不同类型的客户群配备相应的客户经理，不定期进行关怀提示等。

实行差异化营销政策。除继续推行通过媒体、广告、宣传折页等大众营销手段外，重点是在优质客户中开展营销。市场部门要根据不同的客户群体推出"一揽子"金融产品组合，根据客户交易记录推测金融产品的使用范围和频率，从而确定有效的营销方案。这方面的工作，将会对个人转账、代保管和代保险等收费业务的扩展和电子金融企业业务发展起到重要的促进作用，在满足客户需求的同时，进一步提高客户的贡献度。个人优质客户的营销可以由客户经理来实行，也可以由市场部门通过电话金融企业中心、邮寄和邮件等方式实现自动营销。

4. 市场部门的确立和客户管理职责要求

作为一场深刻的服务变革，以商业金融企业为代表在推行客户关系管理时对企业内部组织结构提出了全新的要求。客户关系管理作为高度信息化、市场化条件下的产物，要求企业内部组织结构必须严格遵循以市场为导向、以客户为中心的原则，尽快摒弃以产品为原则、强调上下对口的官僚组织体系，全面推行扁平化管理。适应客户关系管理的金融企业，其内部组织结构主要包括市场部门、业务支持和管理部门以及保障服务部门三个层面。这三个层面的部门都是开放式的，其运作集中于统一的信息技术平台，按照授权管理原则，实现信息共享和业务流程的无缝衔接。今后的市场部门将由市场管理人员、信息技术专家和客户经理一起工作，达到与客户全面接触、全程服务的境界。市场部门作为推行客户关系管理的主体，其基本属性是利润中心，因此必须遵循以利润和安全为目标、以市场为导向、以客户为中心、以服务为根本的经营指导思想。在对市场部门的考核方面，首先是利润指标，其次才是客户和业务量指标，目的是促进市场部门扩大优质客户，提高能带来盈利的业务量，放弃低效客户和亏损业务。市场部门的数量没有一致要求，通常由客户性质决定，目前多是基于个人客户、公司客户和机构客户的性质不同而建立个人业务部、公司业务部和机构业务部。市场部门的内部结构大致可以划分为客户服务和客户管理两个层次，前者是由客户经理完成的，后者则是由承担管理职能的部门组成的，负责制定、执行客户关系管理的一系列政策。

客户管理是市场部门的重要职能和任务。城市行的公司客户、机构客户管理可以由二级分行的市场部门根据客户分类（如按行业、系统和重点大户）委派中、高级客户经理牵头负责，连同各支行直接为客户服务的中、低级客户经理构成若干个客户经理小组，完成服务和管理任务。个人客户的服务和管理一般以支行为单位进行，二级分行的重点是抓好整体服务的营销工作。

5. 客户经理的配备和管理

客户经理是推行客户关系管理的基本力量，也可以说，能否建设一支高素质的客户经理队伍是能否顺利推行客户关系管理的关键。客户经理的基本职责是发现客户需求并及时予以满足，同时对客户风险进行识别，以防止和降低金融企业风险。客户关系管理一般要求对于达到保本点及以上的重点客户都应有客户经理为其服务。客户经理根据素质高低可分为初级、中级、高级和资深四级，他们分别为贡献度不同的客户服务。由于客户的性质不同，不同的客户经理在服务范围和要求上也存在很大的差异，保持客户经理的相对稳定，有利于培养客户经理成为适合客户要求的专家，更好地为客户服务。为充分发挥客户经理的作用，其责、权、利应逐步统一起来，特别是在内控机制逐步完善的情况下，可以给予客户经理一定的业务授权，以保证其更好地为客户服务。对客户经理的考核是客户经理管理的重要环节，一般必须遵循效益原则。但由于客户的性质不同，也可以采用体现利润指标的业务发展指标来代替，如新增百万元以上存款客户数量、利息收入、中间业务收入等，以间接反映客户经理的创利能力。对客户经理的考核一般按年度进行，考核结果必须与其收入和级别升降结合起来，从而建立完善的奖惩机制。

6. 成立客户关系管理委员会

客户关系管理作为一种新型的管理实践活动，涉及经营管理的方方面面，迫切需要建立一个总经理挂帅的委员会来组织推动和制定统一的政策。

（1）客户关系管理委员会的基本职责。分析客户结构和客户需求，确定差异化的客户服务和营销方案；以客户为中心整合和协调内部资源；确定客户经理的配备和管理政策；组织开展大型的营销攻关活动；研究确定系统大户和重要客户的解决方案等。

（2）客户关系管理委员会需要重点处理的关系。客户关系管理委员会要通过发挥其职能作用，重点处理好以下五个方面的关系。一是客户需求与分销渠道之间的关系。要根据客户需求，不断调整网点布局和定位，不断优化自动营销和销售系统，实现微观金融服务在渠道上的动态均衡。二是以信息技术的广泛运用为主要内容的科技建设与业务发展之间的关系。科技建设与业务发展必须在客户关系管理的总体框架内运作，这样才能保证以较小的投入发挥较大的效用，减少重复建设和浪费。三是风险控制与客户服务之间的关系。要求客户关系管理的推行必须在依法、合规的前提下进行，确保稳健经营，防范和控制各类金融风险。四是市场部门和业务支持、管理部门之间的关系。一方面要努力做到客户至上、效率第一；另一方面要规范管理、有序发展，避免盲目性、片面性。五是不同市场部门之间的关系。不同市场部门的客户存在着一定程度的业务交叉，客观上要求不同的市场部门必须做到信息共享、相互配合、协同营销、共同发展。

□ 案例 7-3

微信客户关系管理平台在商业保险市场中的应用

客户关系管理（CRM）是市场营销的一个重要板块，在商业保险等服务型金融市场领域发挥着重要的作用。微信作为 B2C 行业的重要媒介，是促使商业保险公司从产品导向转为客户导向的窗口，已经被越来越多的商业养老保险公司作为与客户对接的渠道。

微信客户关系管理平台的主要技术应用包括分析型技术和服务型技术。

1. 分析型技术

（1）信息数据挖掘。客户数据是保险公司准确识别目标客户、进行精准营销的必要条件，是进行风险评估与管理的基础。

（2）统计报表管理。目前市场上现存的专业微信客户关系管理平台已经能够为企业提供业务机会分析、销售预测、客户生命周期预测等服务功能。

2. 服务型技术

（1）移动客户端。保险产品具有未来性和风险性，产品售出后有很长的服务期，需要保险公司与客户保持紧密的联系，客户关系管理显得尤为重要。

（2）微信支付。大多数商业养老保险要求投保人按年或按月缴纳保险金。

（3）精准营销。Social 客户关系管理技术中最具有代表性的微信客户关系管理平台，大数据精准营销能够得到运用和发展。后台能够根据客户的年龄、性别、位置等特点区分客户，并针对不同产品的不同目标受众进行精准营销。

泰康人寿是业内微信客户关系管理平台功能较为完善的企业之一，其微信客户关系管理平台已经开通了在线续保、在线理赔和特定产品投保等基本功能。首先，最大的亮点是在线理赔服务，理赔的报案、申请、进度查询、定点医院查询、理赔电话查询等服务功能一应俱全。其次，保单查询、业务进度查询、预约代理人等功能在"服务"模块都可以直接找到，方便客户直接快速地连接企业和代理人。最后，产品优惠信息、养老社区信息、慢性疾病知识问答等附加服务也为微信平台增加了不少亮点，成为提升客户满意度的重要原因。相比泰康人寿的微信客户关系管理平台建设，中国人寿的微信客户关系管理平台功能较为单一，主要集中在产品宣传和市场营销功能，其微信平台数量众多，各省市分公司均设有自己的微信平台，易使客户混淆，不利于统一管理，这也是大多数保险公司微信客户关系管理平台的共同弊端。

资料来源：时妍婧. 微信客户关系管理平台在商业保险市场中应用 [J]. 当代经济，2017.

7.2.7　网上银行客户和商户管理

1. 网上银行的客户管理

网上银行的客户管理主要分为五个部分：客户资料接收和审核、制作 CA 证书、通知客户下载证书、客户日常维护、报表处理等。

（1）客户资料接收和审核。网上银行中心在收到客户资料后，进行预处理，并将信息发送到签约柜台，以备审核。当签约柜台审核完毕后，将资料送往网络中心审核。

（2）网络中心审核无误后，向银行 CA 中心申请制证。

（3）制证结束后，网络中心以电子邮件的方式通知客户下载证书。

（4）客户日常维护包括为客户重新办理证书、客户密码挂失、信用卡申请等。

（5）报表处理。报表包括网上银行客户每天的交易流水报表和业务统计报表等。报表处理是网上银行后台处理的重要内容，对报表的分析、归纳和总结为网上银行客户和业务分析情况打下了基础。

2. 网上银行的商户管理

网上银行的商户管理主要包括商户的接洽、审批、商户协议的签订、商户上线工作和商户的日常维护等。

网上银行运行部门负责商户的接洽工作。商户一般要具备一定的条件，并向银行报送有关的文件材料等。网上银行运行部门接到商户资料后认真进行审核，并进行实地考察。对于具备开展网上支付条件的商户，银行同商户签订协议，明确双方的权利和义务。协议签订后，网上银行负责商户的上线工作，商户和银行进行联合测试，测试完成后正式向社会推出。商户在使用网上支付的过程中出现疑惑或问题，银行将协助商户查找原因和处理问题。商户和商户管理是建设网上银行的一个重要组成部分。

7.3　外部关系营销

7.3.1　外部关系营销的内涵

外部营销是相对于内部营销而言的，是企业运用营销手段在外部市场进行的营销活动。

实际上，外部营销就是我们一般情况下所说的市场营销，市场营销理论与方法在外部营销方面都可以应用。

外部营销的重点在于：一是在营销服务的每个环节加强质量管理，建立营销质量"持续提高"机制；二是进行客户关系管理，即通过识别、分析、研究客户，掌握客户对商业金融企业及其产品、服务的需求心理和消费行为的特点、规律，从商业银行、客户、社会及三者之间的相互作用等方面采取措施，最终实现提高客户获得、客户保留、客户忠诚和客户价值；三是关注客户价值链，将企业价值链与客户价值链恰当衔接，在为客户创造价值的同时，降低企业成本。

7.3.2　主要的外部关系

1. 与地方政府部门的关系

我国的大部分金融企业与政府没有直接行政隶属关系，但它们的经营是在地方经济发展的基础上进行的，它们的经营也大多以支持地方经济发展为目的，所以在经营上与政府行为密切相关。对政府的关系营销主要是征求地方政府的支持和保护，通过政府的支持，争取到一些优质项目贷款和基础设施贷款。这样既为地方经济的发展提供了金融支持，又从中获得了较大的利润，从而实现与政府的互惠互利。地方政府的态度具有十分重要的导向作用，与政府的良好关系将会带动银企关系、保险企业与企业、证券公司与企业的关系，提高在当地的影响力。

2. 与新闻媒体之间的关系

新闻媒体的传播作用在当今社会日益突出，作为以信用为基本立足点的企业，其社会公众形象十分重要，维护和发展与新闻媒体之间的良好关系，是树立公众形象的关键和必要途径。

3. 与金融同业之间的关系

随着现代经济的发展，金融同业在进行竞争和兼并的同时，越来越多地意识到竞争并不能完全占领市场份额，关系营销提倡在部分领域和时期弱化竞争，借助企业各自的优势，通过金融同业的合作来实现双赢。

同时，在一些大的项目投资上，同业合作还可以分散风险，弥补自身力量的不足。在外来竞争激烈的情况下，同业之间通过合作能够扩充自身能量，共同抵御外来者。

7.3.3　实施外部关系营销的途径

1. 参与公益行活动

在外部关系营销中，企业应该适时扮演热心社会公益活动的慈善家角色，特别是要适时参与一些影响力大、覆盖面广的公益活动，如希望工程、扶贫以及地方政府倡导的各类公益活动。企业通过参与公益活动，减少政府的财政或福利投入，造福社会，既可以塑造良好的公众形象，又能获得政府和公众的好感，加强企业与政府之间的关系。

2. 提供特色服务

通过向合作方提供一些特殊的服务，渗透到合作方的内部，与其建立更密切的关系，如中国工商银行与云南省昆明市政府签署了《中国工商银行与昆明市政府财务顾问协议》，充分运用现代金融服务手段支持地方经济建设。根据协议，工商银行将参与昆明市的招商引资活动，利用其丰富的融资经验、专业团队和国内外机构网络，协助昆明市政府为国内外潜在的投资者到昆明投资提供指引，为招商项目提供专业融资顾问意见。通过这种为地方政府提供综合金融服务的方式，积极支持地方经济建设，可以使企业与地方政府保持长期友好的合作关系。

3. 公开进行新业务签约或新产品发布

对于一些新产品或具有典型意义的银企或同业合作项目，企业可以公开举行签约仪式，通过各种新闻媒体打造声势，体现出自身的实力和关系营销能力，如公开举行授信签约仪式、在媒体上发布合作消息、公开向优质客户发布信用等级证书等，在公众面前塑造实力强、善于合作的良好形象。

4. 部分出让产品冠名权

企业可以对金融产品冠以合作者名称，这样既可以满足客户的精神需要，又可以起到良好的广告宣传效应。目前国内采取冠名权做法比较突出的是金融企业卡业务，许多金融企业都发行了各种名义的联名卡，如民生银行大连分行与迈凯乐商场联合发行了"民生－迈凯乐联名卡"，并举行了隆重的联名卡首发仪式，发卡后两天内就实现了单柜发卡 1 600 张的最高纪录，存款接近 60 万元。

5. 开展业务代理

一方面是同业之间的业务代理。有的企业分支机构少，影响了业务的开展，通过与其他企业合作，可以把部分业务交由合作企业（外包），以向合作企业支付手续费的形式，实现双方互利。银行与保险、证券等机构也可以通过代理弥补我国金融机构业务授权限制的不足，实现业务扩张。例如近年来出现的银行代售保险、代发行基金和债券等，都是属于金融机构之间的合作。在合作过程中，保险公司借用了银行的良好信誉和遍布网点的优势，而银行从代售的手续费收入中得到实惠。

另一方面是企业与客户之间的业务代理。以商业银行为例，随着收入结构的不断变化，中间业务越来越成为受关注的焦点，许多银行开设了煤气、电话费等代缴业务，帮助收费部门和广大个人客户免除了缴费的许多麻烦，而银行也因此占领了部分市场份额，为业务的进一步发展奠定了良好的基础，并从中间业务的收费中获得一定的收益。

6. 合作投入

当投资项目较大，一家金融企业不能全部承担投资和风险时，多家企业可联合投入以增强金融支持的强度，如银团贷款，一般由两家以上的金融企业共同投入，共同分享利润、分担风险。在这种合作方式下，受益的常常是大型金融企业，中小型金融企业往往需要政府的干预才能参与。

7. 购买同业或企业部分股份

这种方式一般用于强势营销，企业通过购买股权，参与企业和同业的经营，对其加深了解，并将本企业的经营理念渗透到企业或同业，在业务合作方面更能准确把握方向，有效控制风险，同时通过这种经营渗透，企业能够更加直接地从企业或同业的合作中获得利润，如花旗银行入股浦发银行等。

8. 联手宣传

确定一个与企业目前重点发展的业务有关的主题，选择关系营销对象，共同开展业务宣传。宣传的方式可以多种多样，如 2001 年年末，工商银行徐州市分行为配合开办理财业务，与《都市晨报》联合举办了"新生活新理财"征文活动，历时两个月，时值新春之际，迎合了市民对理财知识的需求，扩大了影响。

9. 共同开发产品

这种合作一般用于同业之间，对于技术性强、开发费用较高的产品，同业之间可以共同开发，共享产品资源，以降低开发成本，提高产品质量。这类共同开发产品往往具有更大的吸引力，在市场上的竞争力较强。

10. 广泛的友好合作

企业与客户、同业之间的合作逐渐呈现综合性，形式也越来越丰富多样，如汇丰银行对上海银行除入股 8% 外，还签署了全面技术支持协议。根据协议，汇丰银行将无偿向上海银行提供技术、人力培训，以及对计算机网络系统的支持。2002 年，汇丰银行根据上海银行的实际情况，为该行中高层领导开设了多次管理培训班。花旗银行对中国银行也进行了技术支持，并帮助其分析经营缺陷，调整思路。这些广泛的合作，使银行的市场竞争呈现出多元化和共赢的趋势。

11. 共同培育市场

当金融新业务刚萌芽时，单靠一家企业自己"耕地"很难将其做大。在这种情况下，企业可以联合其他看好此业务的企业，并与媒体紧密合作，共同把新业务做大、做强。特别需要强调的是，媒体的"锦上添花"作用千万不要忽视。

□ 案例 7-4

兴业银行：千亿市值的银银平台

2004 年，兴业银行提出"联网合作、互为代理"的银银平台发展构想。2007 年，银银平台在国内率先推出。银银平台结合了互联网金融和线下金融的完整服务体系，从兴业银行发展战略思路来看，兴业银行与多家城商行、农村商业银行、农村信用社等签约，互相开放柜面资源，互为代理各项理财产品，通过发展同业合作扩大其销售网络，建立新的利润增长点。对于小型地方金融机构而言，能够搭上兴业银行"银银合作"的快车，对促进自身业务迅速发展而言，不失为一条捷径，通过与兴业银行搭建的合作平台，引进其理念、产品以及技术支持，无疑得到了巨大的推动力量。从线下来看，客户能在银银平台联网的 20 000 多个网点获取各类理财产品信息，并且在网点直接购买。这意味着偏远县城和农村地区的消费者也能买到兴业银行及广大合作银行设计的理财产品。兴业银行支付给合作行手续费。此外，银银平台还连接了证券公司的柜面渠道。从线上来看，银银平台的网站和手机客户端是兴业银行开展互联网金融的重要载体。网站于 2011 年 8 月上线，目前产品包括理财产品、基金、贵金属以及银证转账和快捷支付等服务。银银平台改变了商业银行只提供金融产品的传统经营模式，将管理、科技、业务流程等作为可输出的产品，为各类合作银行提供全面的金融服务解决方案，既开拓了全新的业务领域，也对实现业务发展模式和盈利模式的转变进行了大胆尝试。

截至 2013 年 12 月，银银平台签约银行 446 家，上线银行 372 家，其中柜面互通联网银行 187 家，连接网点达到 25 600 多个，科技输出合作银行签约 218 家，兴业银行已成为中国规模最大的支付结算网络之一和最大的商业银行信息系统提供商之一。此次依托"银银平台"搭建的庞大的合作网络，兴业银行引进移动互联网的创新基因，通过整合线上线下资源，旨在打造一个更加高效便捷、互利共赢的财富管理平台。

资料来源：http://finance.ifeng.com/a/20131213/11270794_0.shtml。

7.4　内部关系营销

7.4.1　内部关系营销的含义

内部关系营销（internal relationship marketing）是指通过一种积极的、目标导向的方法为创造客户导向的业绩做准备，并在组织内部采取各种积极的、具有营销特征的、采取协作方式的活动和过程。

7.4.2　金融企业内部关系营销

金融企业内部关系营销，主要是培养企业员工接受"以客户为中心"的理念，通过内部沟通，加强部门之间的协调合作，使外部营销得以顺利开展。

金融企业内部关系营销是一个全面的营销系统，内部机构的关系协调是保证营销工作顺利开展的前提。

金融企业内部关系涉及经营决策层、业务管理部门、市场拓展部门、人力资源管理部门、财务部门、后勤管理部门、基层经营单位等，这些相关的部门和单位构成了企业营销管理的内部环境。

经营决策层确定金融企业的经营战略、经营理念，各项营销活动必须在经营决策层的计划管理下进行。营销部门与非营销部门之间是相互影响和相互作用的关系。金融企业业务管理部门主要负责对各项业务进行管理和风险监控。市场拓展部门是金融企业营销的管理部门，负责对外开拓市场，并将客户需求反馈给业务管理部门，以便改进和创新金融产品，使之更符合客户的需要。人力资源管理部门对金融企业进行人员配置、绩效考核，保证合理、有效，促进金融企业业务的发展。财务部门的职责是将资金有效地分配给各种不同的金融产品与营销活动。后勤管理部门保证营销部门和其他非营销部门的物资和场所需要，保证各项工作顺利开展。

因此，金融企业在进行营销管理时，首先要考虑企业内部部门和员工之间的协调，这是营销的主要内容。

7.4.3　金融企业内部关系营销的两个方面

金融企业内部关系营销包括两个过程：态度管理和沟通管理。

（1）态度管理。金融企业员工的工作态度直接影响服务和营销质量。对员工的态度及其客户意识和服务意识产生的动机进行管理，是金融企业实施内部关系营销的先决条件。

（2）沟通管理。金融企业营销人员和内部支持人员的沟通是营销的关键。沟通管理的一个重要内容是信息的交流和传递。

态度管理是一个持续的过程，而沟通管理是一个相对独立的过程，这两方面相互影响。态度管理需要足够的信息共享，沟通管理可以加强信息的互动交流。目前金融企业中的信息交流多呈单向式，如金融企业给员工发放内部宣传和管理手册、举办内部会议、向员工印发文件，这只是单向式的信息传递，基本上没有沟通。态度管理的关键是进行双向式的互动交流。

7.4.4　金融企业内部关系营销的目标

金融企业内部关系营销的整体目标如下：
- 确保员工围绕营销所开展的各项工作被认可并得到激励，成功地履行自己作为营销人员的职责；
- 吸引和留住人才；
- 内部组织机构之间能够协调开展各项工作；
- 为内部非营销部门人员提供充足的管理和技术支持，使他们能够胜任兼职营销人员的职责。

7.4.5　金融企业内部关系营销成功的前提

内部关系营销是一项活动，活动的开展需要一个完善的支持平台，否则，这项活动将无法正常进行。

支持平台要满足三个条件：内部关系营销是一项必不可少的营销战略；各级管理者对内部关系营销的支持；管理部门对内部关系营销的支持。

1. 内部关系营销是一项必不可少的营销战略

因为金融企业的营销不是一项独立的活动，它是一个营销价值链。在这个价值链中，金融企业内部员工和客户经理具有同等的价值，只是所处的位置有所不同。

与内部员工不同的是，当客户经理对外营销时，他们不仅面临着对外服务的压力，还有接受内部服务和支持的需求。当他们的内部需求得不到满足时，他们对外营销和服务的质量就会下降，从而影响整个营销过程的正常运行。

2. 各级管理者对内部关系营销的支持

营销战略是一项全局性的事情，内部关系营销是其中的重要内容，因此管理者对内部关系营销要有充分的认识。

内部关系营销涉及金融企业的经营理念、企业文化、激励制度、人才的留用、机构的调整等各个方面。只有得到高层管理者的认可和支持，才能将内部关系营销成功地推广给所有员工。

对金融企业的"大营销"概念来说，金融企业营销是一种全员性的营销，除客户经理之外的所有人员都是兼职营销人员。要让这部分兼职营销人员具有较好的服务意识和营销能力，高层管理者提供的支持和鼓励是基础。

如果金融企业希望兼职营销人员为客户经理提供好的服务，各级组织中的管理者就必须真正履行自己的职责，并为内部关系营销提供长期的、积极的支持。

3. 管理部门对内部关系营销的支持

内部关系营销不仅仅是对员工个体的管理，部门与部门之间的关系协调也是内部关系营销的重要内容。部门之间的关系是整个金融企业对外营销过程中小团队之间的协调。管理部门对内部关系营销的支持表现在为直接接触客户的营销人员提供后勤服务和业务支持，包括正确地选聘客户经理、进行营销培训、制定激励措施、促进信息的交流和互动、为各项营销活动提供优良的后勤服务等。

通过开展这些内部关系营销活动，可以减少直接接触客户的营销人员对外营销活动的顾虑和阻力，使外部营销活动得以顺利开展。

7.4.6 金融企业实施内部关系营销的途径

金融企业要成功地实施内部关系营销，首先要找准目前金融企业营销过程中存在的薄弱点，针对这些问题有的放矢地开展内部关系营销活动。

1. 金融企业内部关系营销存在的问题

目前我国金融企业大多成立了专门的营销职能部门，如设立了业务发展部、公司业务部和个人业务部等，专门负责金融企业各项业务的市场拓展。

金融企业的营销职能从业务管理中独立出来，这标志着我国金融企业营销进入了新的阶段。

然而，金融企业内部机构之间的运作仍然缺乏有效的协调，营销部门和非营销部门都倾向于站在自己的立场来确定工作目标在金融企业中的比重，导致营销职能部门独立后与其他非营销部门之间存在着一些冲突和矛盾，主要表现在以下几个方面。

（1）领导决策层与营销部门之间的冲突和矛盾。金融企业的领导决策层总是希望用最低的成本使利润最大化，希望有一个短期内能见效的营销计划。而营销部门则希望能保证有充足的费用，以赢得更多的客户和更大的市场份额，在营销计划制订方面，营销部门希望有长远的计划。

（2）业务管理部门与营销部门之间的冲突和矛盾。营销部门希望业务的审批流程和手续越简单越好，办理业务的时间越短越好，尽量减少各类表格的审批。而业务管理部门则希望对客户的经营情况和资信情况有一个全面的了解，对每一笔业务都要用很多的报表来反映客户的状况，把风险降到最低。在产品的开发和利用上，营销部门希望客户的每一个要求都能通过产品的创新来满足，而业务管理部门则希望每一类产品能有一个相对较长的使用期限，以减少开发成本。

（3）人力资源管理部门与营销部门之间的冲突和矛盾。营销部门希望人力资源管理部门提供最佳的人选来从事营销活动，配备的营销人员符合营销部门的要求，并对营销人员进行定期的、长期的技能和知识培训，同时希望通过绩效考核提高营销人员的待遇，调动营销人员的积极性。而人力资源管理部门所面对的不仅仅是营销部门，它要对各个部门的人力资源进行合理的分配，通过综合性的培训提高员工的整体素质。

（4）财务部门与营销部门之间的冲突和矛盾。营销部门希望费用能够配合营销活动进行弹性预算以满足需要，产品定价与市场拓展相结合，适当给予客户一些优惠或折扣，比如免年费、减少贷款利息等，以此来留住客户和发展客户。而财务部门则采取固定预算和严格控制费用开支的管理办法，在产品的价格上希望执行标准定价，与客户进行标准化的交易，在减少核算环节的基础上实现产品的利润最大化。

（5）后勤管理部门与营销部门之间的冲突和矛盾。营销部门希望市场拓展过程中的一切物资需求都能及时得到供应，以保证营销活动的顺利进行。后勤管理部门要保障各部门的后勤，而且出于费用或成本的考虑，不能及时和全力满足营销部门的需求。

（6）基层单位与营销管理部门之间的冲突和矛盾。营销管理部门从金融企业业务发展的需要出发，对营销进行统一管理，以避免公关资源的重复使用，降低金融企业的整体营销成本。但由于考核机制等一些因素，基层单位希望自己拥有的客户资料不被"兼并"，除此之外还能从营销管理部门得到一些信息和额外的客户资源，利用自身的力量开展营销。

2. 金融企业实施内部关系营销的途径

（1）树立"以客户为中心"的营销理念。一般而言，金融企业营销部门人员对"以客户为中心"的理解是直接的、明显的，对满足客户需求的工作也是主动的，但非营销部门与市场和客户的接触是间接的，他们对客户满意度的感觉也是间接的，因此金融企业在企业文化建设过程中，要注重将非营销部门对营销的影响效果直接表现出来，如人力资源管理部门证明一个不合格的营销人员将会降低多少客户满意度，由此流失多少客户，给金融企业带来多少损失等，只有当所有员工都重视他们对客户满意所起的作用时，他们才会主动地开展工作。

（2）建立全员营销标准流程。金融企业要把各部门不同的业务处理流程有机地结合起来，形成一个流畅的整体运作机制，这个机制是适用于所有部门的标准流程，它没有一个固定的模式，根据各金融企业的具体情况不同而有所区别，但基本内容都是以客户为导向强化内部服务意识。

（3）实施内部关系营销计价。从非营销部门和营销部门之间的冲突和矛盾中可以看出，各部门通常注重的是部门利益最大化，而不是金融企业和客户利益最大化。解决这个问题的一种途径是建立内部关系营销价值链。比如在授信业务中，可以将一笔贷款创造价值和产生成本的过程分解到信贷管理部门、营销部门、基层网点和其他部门的具体活动中，根据每一项活动在价值链中的地位确定其内部价值，并落实到部门的利益分配上。另一种途径是进行内部关系营销让渡价值分析。价值让渡是指整体客户价值与总客户成本之差。内部关系营销让渡价值越高，本部门利益越大。企业通过让渡价值分析，使部门利益与金融企业整体利益达到统一。

（4）在加强风险管理的前提下适当授权。目前我国金融企业普遍存在授权不足的现象，直接接触客户的营销人员没有足够的权力来满足客户的一般需求，内部部门的管理者没有足够的权力解决其与员工之间产生的问题以及与其他部门之间产生的协调问题，这就在一定程度上影响了内部关系营销的顺利进行。

（5）建立畅通的内部信息渠道。日常工作中，部门内部常常将注意力集中到部门分工上，部门之间的交流和沟通只限于交叉业务的结合点，这就造成了部门对其他部门职能的认识不足，往往造成一个部门十万火急而相关部门却没有足够重视并及时给予配合，这种状况主要是由部门之间的信息梗阻造成的。改变这一现状的最好办法就是让信息在部门之间流动起来，一是建立内部信息网络，通过在网络中展示各部门的工作及活动情况，加强部门之间的了解；二是部门负责人交流轮岗，使部门领导对各部门的工作职能有一个全面的认识。

（6）建立内部对话机制。长期以来，我国金融企业习惯了单向服从式管理模式，上级金融企业与下级金融企业、高级管理者与中层管理者、中层管理者与普通员工之间，都是一种绝对服从的关系。近年来，这种状况有所改变，但远远不够。

在内部对话机制中，管理者起着关键作用。各级管理者要善于为下属创造一个公开的气氛，多与员工共同规划和决策，增强员工的归属感。要重视信息交流中的反馈，对于反馈要认真对待，并积极引导对话的深入，对反馈做出积极、快速的反应。

□ 案例 7-5

中信银行：家庭财富管理计划

家庭财富管理作为一个热门词汇，越来越受到关注，有人说家庭理财是购买理财产品，有人说是追求资金的较高收益，有人说是实现家庭成员的各类目标等，那么我们该如何理解家庭的理财的概念并且做好整个家庭的财富规划呢？家庭财富管理是通过对财富进行适当管理，以满足家庭各类需求的过程，是为实现家庭整体理财目标而设计的统一的规划。它既是对有限资源的合理、高效利用，又是实现家庭各类目标的方法。

据了解，中信银行推出的家庭财富管理业务将通过一揽子与家庭生活息息相关的功能设计，如支付结算、投资理财、授信贷款等，打包管理家庭财富，并设计了升级的增值服务和积分兑换体系。家庭财富管理业务在设计功能中充分考虑了家庭的各类需求，对家庭财富进行综合管理。例如，一个家庭通常每个月需要定期给子女发零花钱、孝敬长辈等，这些需求都可以通过家庭财富管理业务的自动划转功能实现。对于未结清个人贷款的家庭来说，可以将家庭内数个账户作为贷款还款的备付账户，并设定优先级，当主账户卡内余额不足时，按照顺序从各备付账户扣款，直到本期贷款还清，以降低贷款逾期的可能性。在投资理财功能上，家庭财富管理业务将按照客户家庭管理资产划分，定期推送产品信息、理财建议，并可以提供专属财富顾问、定制产品、家族信托等服务。

此外，家庭财富管理业务带来了更有吸引力的增值服务体系，对于最多不超过 10 人的家庭，在保留每个客户应享有的增值服务的基础上，为家庭提供额外的增值服务，包括专家预约、健康体检、顶级高尔夫畅打、贵宾登机等服务内容。同时，家庭账户的积分也可以通过网银相互划转，化零为整。

资料来源：新浪财经，http://finance.sina.com.cn/roll/20140424/023018901195.shtml。

❧ 本章小结

关系营销是金融服务营销的基本手段，如何把握和建立关系营销是每个金融企业在提供金融服务和激烈的市场竞争中必须面临的问题。

🌀 思考练习

1. 你认为在营销和服务中如何建立与把握关系营销?

   答案要点：关系营销的基本点，建立和开拓客户需要做到的诚信、沟通、提供超值服务等。

2. 从银行客户经理的角度并联系关系营销的基本观点，你认为银行营销应主要把握什么?

   答案要点：银行的特点，从客户经理的职责方面阐述。

🌀 推荐阅读

1. 苏朝晖. 客户关系管理：客户关系的建立与维护 [M]. 4 版. 北京：清华大学出版社，2018.

2. 吴晓云. 服务营销管理 [M]. 天津大学出版社，2017.

3. 辛树森. 个人金融业务创新 [M]. 北京：中国金融出版社，2007.

第 8 章
CHAPTER 8

金融服务中的冲突与补救

■ **本章提要**

　　本章介绍了服务营销中的几个重要概念：真实瞬间、零缺陷理论及服务补救。在金融服务中，如何运用以上概念进行服务补救是本章重点研究的内容。

■ **重点与难点**

　　❑ 真实瞬间。
　　❑ 零缺陷理论。
　　❑ 金融服务失误。
　　❑ 服务补救。

8.1 真实瞬间理论

金融服务接触与真实瞬间

1. 真实瞬间的概念和金融服务的全过程

　　真实瞬间的概念是针对服务作为产品的特殊性提出的。服务的生产和消费是一个不可分割的过程，可以将这个过程想象成是由服务提供者和客户相互作用的一个个时间点构成的，就像一条线由很多点组成一样。在这一个个时间点，服务提供者与客户发生联系并完成服务产品的一部分生产和消费，这样的点被称作服务营销过程的真实瞬间。在实际的营销操作中，企业可以对各种服务过程进行分解，分解为很多的真实瞬间，并抓住主要的真实瞬间来进行考察，从而更有针对性地开展管理和协调工作。

　　对一个时间点进行考察，首先要对时间段甚至过程进行考察。从服务的特性来看，可以将服务的全过程分为金融服务的介入、金融服务的交付、金融服务的完成和金融服务的延伸四个阶段。这里的基本假设是客户初次认识到其对某种金融服务的需求。

第一阶段，金融服务的介入。客户从需要的确定、认识到对金融服务产品的需求到对相关信息的搜集这个过程是金融服务的介入阶段。金融需要形成的动因，可以归结为两点：自然形成和环境促成。也就是说，客户可能是在生活中不断发现自身对特定金融产品的需要，也可能是受到他人生活方式的影响或者所处环境的某些现象激发了其好奇心，从而产生了相应的需要。需要必须通过消费金融服务或产品来满足，这就产生了需求。一旦产生了需求，客户就会主动搜集与此相关的信息，并根据这些信息来确定自己的期望价值。影响这一过程的因素很多，主要是环境因素，譬如新的生活方式、金融服务产品或金融企业的广告宣传和广告诉求、金融企业服务差异化的吸引力等。例如客户在自己需要和对他人生活方式的观察中发现理财的重要性，开始关注理财产品和金融企业有关理财产品的广告及宣传，希望在多个金融企业中选择适合自己的企业，为自己制定理财规划。

第二阶段，金融服务的交付。这一阶段是指从客户接触服务提供者到接受服务的时间段。通过信息收集和详细的比较，并且形成自己的期望价值之后，客户就会依据这个标准来筛选服务提供者，进而接受服务。在此过程中，金融服务提供者完成核心服务的生产，同时客户完成服务产品的消费。可能对这一过程产生影响的因素有：信息收集的效率、信息的完整性和准确性、金融服务提供者的接待、环境、金融服务企业的专业水准和技术支持等。严格地说，只有这个阶段才是真正的金融服务消费阶段。信息收集的效率、信息的完整性和准确性决定了客户对其所需金融服务认知的程度，这将进一步决定他们选择服务提供者的标准。金融服务提供者的接待情况会促使消费主体做出最终的选择，由于金融服务的复杂性，客户在掌握的信息有限和对金融服务提供者不完全了解的情况下，只能根据第一印象和金融企业的信用做出判断。金融服务企业的专业水准可能影响客户对服务质量的感知。改进服务水平，提高金融服务的专业水准，尽量减少不确定性，对于提高金融服务质量有很大的影响。

第三阶段，金融服务的完成。这一阶段是指为保证服务顺利生产和消费而开展的服务活动阶段。金融服务的完成阶段并不独立存在，而是包含于其他阶段之中，所有的工作和联系都是通过辅助服务与附加服务来完成的。客户此时得到的价值是超出核心服务价值的价值，正是这些价值最大限度地实现了金融企业和服务的差异化。

第四阶段，金融服务的延伸。一次金融服务结束之后，金融企业与客户的联系并没有结束，金融服务的专业性和金融产品收益的不确定性，往往使得客户对金融服务的质量提出疑问，当客户需要再一次的金融服务或者希望得到更好的金融服务时，金融服务的供给就发展到了更深的层次。在这一阶段，金融服务已经不再局限于在金融服务场所的直接交流，而是扩展到金融服务企业相关部门对客户提出的反馈信息的处理。类似的部门有：客户部、后台管理部门和客户投诉处理部门。它们需要处理的相关事务有：市场问卷调查、服务产品的测试和推广、客户关系的维系和发展、客户投诉的处理和呈报等。这些都与客户有很密切的联系，值得特别关注的，并且都有可能是需要重点研究的真实瞬间。需要再次强调的是，金融企业的客户维护和客户发展同等重要，只要是与客户发生作用的环节，都是金融服务营销应该十分关注的。

上述对四个阶段的划分明确提出了众多影响金融服务生产和消费的因素，这些因素与消费主体相互作用的所有环节都是值得特别研究的真实瞬间。要做出好的金融服务营销决策，就要对这些因素进行仔细分析、筛选，确定影响最大的真实瞬间并进行不断的改进和完善。

2. 管理真实瞬间

与产品不同，对于服务而言，无论在上述四个阶段的哪一个阶段或哪一个服务接触点，都代表了服务的真实瞬间，在这一时间点的失误可能导致客户对服务全过程的否定。因此，对于服务的每一个阶段和每一个真实瞬间，金融企业都必须进行严格的质量管理，这样才可能赢得服务的成功，从而赢得客户满意。

金融行业本身所具有的专业性、技术性，对服务人员的业务素质和沟通能力都提出了较高的要求，每个客户对于自身财富安全以及资金保值增值的要求使得金融服务的难度更大，每一次服务接触以及金融服务的每一个真实瞬间都成为服务营销中非常重要的环节。

对真实瞬间的管理这一管理过程，应该沿着"发现问题—提出问题—解决问题"的思路来考虑，可以通过图 8-1 的模型来讨论对真实瞬间的管理。

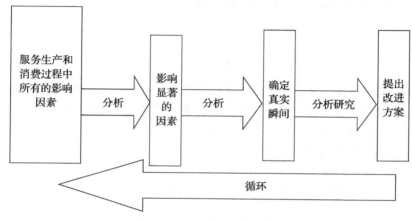

图 8-1　真实瞬间的管理模型

该模型从分析服务生产和消费过程中所有的影响因素入手，通过大量的数据分析，并结合统计学方法，对诸多因素进行筛选，进而确定影响较为显著的因素。这些因素反映的是造成客户不满意的方面，因此应该尽可能加以克服，哪怕不能够立即产生效果。

当显著性因素确定以后，企业还要对自身进行包括物质资源、营销能力、人力资源以及营销环境的全面考察，以实现对自身的充分认识，然后在充分认识的基础上，确定最可能实现改进和完善的环节作为真实瞬间加以研究。这里需要强调的是，任何战略的实施都要以企业实力和营销环境的耐受力为基础，要对这两方面做最充分的研究。

一旦通过对真实瞬间进行针对性的研究发现了问题产生的根本原因，服务提供者的管理决策层就应该提出一些解决方案，并且要努力保证效率和方案的综合性。对于方案的筛选，要本着以企业实力和营销环境状况为基础的原则，确定切实可行的方案，要坚决杜绝不切实际的、异想天开的方案。

关于真实瞬间管理，最后要强调的一点是，这个管理过程是一个不断循环、不断完善的过程。换句话说，服务提供企业在经营过程中，要不断地进行真实瞬间的确定和研究，要将这个管理程序作为日常性的工作来严格要求和执行。

□ 案例 8-1

招商银行：因您而变

1987 年成立的招商银行，最初只有 1 亿元资本金和 36 名员工。20 年后（2007 年），招行的资本净额已超过 640 亿元、机构网点 500 余家、员工两万余人，成为具有较大规模和实力的全国性商业银行，跻身世界前 100 名银行之列。

招商银行秉承"因您而变"的经营服务理念，在业界率先通过各种方式改善客户服务，致力于为客户提供高效、便利、体贴、温馨的服务。例如推出第一家 24 小时自助银行，第一家 24 小时炒汇厅，提出"客户投诉处理满意率"的服务质量指标，建立"客户满意度指标体系"，连续两年聘请业内知名调查专家——AC 尼尔森公司对客户满意度和网点进行调查等，为管理质量、服务质量的持续提升提供了有力保障。招商银行这一系列致力于为客户提供高效、便利、体贴、温馨的服务，带动了国内银行业服务观念和方式的变革，拉近了银行与客户的距离。

资料来源：http://roll.sohu.com/20110415/n305842822.shtml。

□ 案例 8-2

中国人寿

中国人寿保险（集团）公司，是国有特大型金融保险企业，总部设在北京，是世界 500 强企业、中国品牌 500 强，国家副部级单位。该公司前身是 1949 年成立的中国人民保险公司，1996 年分设为中保人寿保险有限公司，1999 年更名为中国人寿保险公司。

财产保险服务是中国人寿的一项新主营业务，由中国人寿财产保险股份有限公司承担，通过分析行业服务生产与服务消费过程中的影响因素，根据企业自身资源能力，从客户的角度出发，构建了完善、领先的服务体系，为客户提供全方位、多层次、专业化的财产保险保障。

行业领先的呼叫平台：95519、4008695519。双重客户服务热线随时为客户提供接报案、救援、咨询、查询、预约、投诉等全方位服务。

一言九鼎的服务承诺：索赔手续齐全，索赔金额 3 000 元以下，1 个工作日内赔款；20 000 元以下，3 个工作日内赔款；20 000 元以上，7 个工作日内赔款；市区内 30 分钟到达事故查勘现场；异地出险可就近索赔，无须支付任何异地查勘费用。

专业高效的服务团队：24 小时响应的电话中心团队，为客户提供报案、咨询、查询、预约、投诉和保单激活等各项服务；卓越高效的销售服务团队，以客户需求为导向，科学制订保障方案，充分满足客户的个性化需求；专业贴心的理赔服务团队，及时查勘、快速理赔，一次性清楚提示客户需要提供的所有索赔资料，切实保障客户核心利益。

方便快捷的救援网络：覆盖近 200 个国家、地区和全国范围的医疗救援服务网络，覆盖全国 90% 以上县域的道路救援服务网络，随时向您伸出援助之手。

贴心超值的增值服务：只需拨打 4008695519，客户便可在第一时间享受"悦行·锦程"道路救援卡提供的紧急拖车、现场修理、派送燃料、电瓶搭电、吊车清障、更换轮胎、运返维修车辆、住宿安排、继续行程、运送行李、酒后代驾等十余项增值服务。

立体高效的监督机制：公司建立了定期和量化的内部考评机制、服务品质暗访监督机制、社会义务监督员机制；引入第三方调查机构，积极建立、完善客户服务质量评价体系；从社会各界聘请 412 名义务监督员，通过内部检查和外部监督，为客户服务品质管理提供坚实的保障。

这些服务体系的实施，使该公司赢得了客户的信赖，开业三年就实现了盈利，打破了行业发展的常规模式。

资料来源：百度百科。

8.2　金融服务零缺陷管理

零缺陷理论[一]于 20 世纪 70 年代末被提出，经过不断完善，成为品质管理的经典哲学，备受 IBM、CEA、摩托罗拉、施乐等世界顶级公司推崇，成为企业创造质量奇迹、迅速发展壮大的强劲推动力。零缺陷理论的核心为：第一次就把事情做对。将零缺陷理论用于金融服务管理，对金融服务营销有着重要的意义。

8.2.1　零缺陷理论对品质管理的基本认识

1. 品质就是符合要求

零缺陷理论认为，品质不可以用"好""美丽""漂亮"等词来形容，不可以加入主观色彩，因为要求永远是客观存在的，符合要求就是要具备有品质的产品或服务。

2. 产生品质的前提是预防而不是检验

预防是从设计源头发现和解决问题，检验只能发现问题造成的结果，会对品质成本及客户满意度等各个方面造成某些不可挽回的损失，因为检验时缺陷已经产生了，并且部分缺陷还会被遗漏。预防是防患于未然，因而比较经济。

3. 工作标准必须是零缺陷

这一要求的含义为每一时间、每一个作业都需要满足工作过程的全部要求，而不是某些方面满足要求。

4. 品质是用缺陷造成的金钱损失来衡量的

零缺陷理论认为，用缺陷造成的金钱损失来衡量品质比用不良数据来衡量品质更能引起高层的重视，进而采取行动。

8.2.2　零缺陷理论关于公司品质管理水平定位方法的论述

零缺陷理论认为，可以以公司对品质管理的定义、系统、标准、测量的理解和要求以及高层管理者对待品质的不同态度而对其品质管理水平进行评估和定位。

1. 零缺陷理论认为，最好的品质管理是零缺陷的品质管理

在质量的定义方面，零缺陷理论认为质量就是符合要求；在系统方面，零缺陷理论以预防为主；在标准方面，零缺陷理论推行的是零不良；在衡量品质状况时利用缺陷导致的成本增加值。相应地，管理者对待品质的态度应该是：没理由不把事情做正确。

2. 零缺陷理论认为，某些公司的品质管理水准较高

零缺陷理论对质量的定义为：满足客户，在系统方面，零缺陷理论推行的是 ISO 9000

[一]　被誉为"全球质量管理大师""零缺陷之父"和"伟大的管理思想家"的菲利浦·克劳士比（Philip B. Crosby）在 20 世纪 60 年代初提出"零缺陷"思想，并在美国推行零缺陷运动。后来，零缺陷思想传至日本，在日本制造业中得到了全面推广，使日本制造业的产品质量得到迅速提高，并且领先于世界水平，继而进一步扩大到工商业所有领域。

质量体系，标准是不良率3.4PPM（六西格玛标准）。衡量品质状况时采用业务评分方法，高层管理者对待品质的态度应该是"认真对待质量"。

3. 零缺陷理论认为，最差的品质管理是安于现状、主观臆断、标准不明

标准不明的品质管理，即将品质定义为"好"；在质量系统方面以获得质量奖为追求；标准方面以目前情况可以达到的水平为标准。

每家公司都可以用以上方法对本公司的品质管理水平进行定量分析和评价，找出现存的主要问题，以便改正。

4. 零缺陷理论对品质管理、品质保证、品质控制的作用及其相互关系的描述

品质控制是测量和指示品质状况的基本方法，主要靠检验来实现。品质保证是为满足品质要求而建立的一整套程序和系统，主要靠建立体系来实现。品质管理则是一种应用哲学，它主要取决于我们对品质的理念和态度。品质是人做出来的，如果人对品质的理念或态度出现偏差，那么品质体系再完善，品质控制方法再先进，都是没有用的，因此零缺陷理论强调自上而下强烈的品质意识及其对工作的影响：每个人所做的每件事第一次就符合要求。

8.2.3　零缺陷理论中关于质量改进的14个步骤[⊖]

1. 管理阶层的决心

管理层具有独特的影响力，对一个新系统能否顺利推行起着举足轻重的作用，零缺陷系统当然也不例外。为树立企业人员对零缺陷理论的正确认识，可以在推行该系统前先对管理层进行零缺陷知识培训，纠正其某些错误观念，同时列举一些公司因推行零缺陷系统而获得回报的例子，激起管理层对该系统的兴趣，并使其最终下定决心推行零缺陷系统。

2. 成立品质改进小组

这个小组由技术、品质工程、品质、生产、财务会计等部门的专业人员组成，基本素质要求为：对品质有深入的认识；精通相关的运作；沟通协调能力强；均以兼职身份加入小组，一般由品质工程经理兼任组长。

3. 统筹测量工作不符合要求所造成的花费数据

质量改善小组负责统筹由于工作不符合要求所造成的花费数据，改善小组计算出浪费的金钱总额，并用柏拉图形式展示各种不符合要求的工作所占的比例，此举旨在让所有人明白，自己工作不符合要求给公司造成了多少损失。

4. 进行品质成本分析

用品质成本分析法计算在本公司品质成本中预防成本、鉴定成本和缺陷成本的构成及其比例，从而为品质成本流向决策提供依据。

5. 培养全员质量意识

这种培养不是空洞地说"人人必须重视质量，有质量意识"，而是通过零缺陷理论培训，揭示个人工作中有一点不符合要求，都可能给公司带来巨大的财务损失，要求每个人在做每

⊖　张弛，等. 现代企业品质管理技术 [M]. 深圳：海天出版社，2001.

件事之前首先了解要求，并且每一步要符合要求，要让每个人明白这是对公司品质管理做出的一大贡献，并对工作完全符合要求或极少工作不符合要求的人员给予褒扬，以此激励各层次员工的质量意识。

6. 实施纠正行动

纠正行动必须设立目标，纠正行动的实施者是品质改善小组或不符合要求的当事部门/当事人。必须对纠正行动的效果进行验证，验证的改善效果转换成节约了多少成本并予以公布，然后将改善效果与目标相比较，以确定如何采取下一步行动。

7. 零缺陷计划

在企业人员已对零缺陷的概念有所认识的前提下，企业可不失时机地推出零缺陷计划，计划中必须说明零缺陷的实施目的、范围、程序和具体运作方法，计划应具有阶段性，并有明确的分工。

8. 员工教育

员工教育的内容包括零缺陷基本知识；零缺陷系统给公司及每个员工带来的收益；零缺陷系统的推行办法；每个人在零缺陷系统中扮演的角色等。企业通过员工教育，达到使员工理解、接受并加入零缺陷系统运作的目的。

9. 规定零缺陷日

当获得高层的批准后传达给各部门管理者，然后各部门管理者根据要求进行部门大动员，在零缺陷日这天，各部门严格按零缺陷标准的要求运作。第二天将统计结果报给品质改善小组，小组将结果与以往的统计数据进行比较，结论一般是"零缺陷日"这天产生的作业缺陷、品质缺陷比平时低很多。品质改善小组将此结果图表化，并称"我们在零缺陷日这天能做得这么好，平时有什么理由做不好呢？由于你的每一步工作都符合要求，为公司节约了很多钱，衷心感谢你"。零缺陷日策划得是否成功，直接影响全员对推行零缺陷系统的信心，一次好的"零缺陷日"策划，可以起到极大的宣传鼓舞作用。

10. 基于零缺陷日的统计数据，设立缺陷控制目标

在规定零缺陷日并实施之后，公司就取得了最新的缺陷状况统计数据，基于这些数据，可以设立在缺陷控制方面的目标值（折算成花费之后）。这一目标必须足够具体并且可用花费衡量；应具有挑战性，但公司也能够完成。如果没有挑战性，不利于公司不断前进；如果不可能完成，则无可操作性。同时目标还应有阶段性，有时间限制。

11. 消除造成错误的原因

质量改进小组必须跟进各部门在零缺陷系统的运作及目标达成方面存在的偏差，将其量化，然后将取得的成果发送给各部门进行比较，寻找出现偏差的原因，并指导各部门逐步消除错误，从而趋近零缺陷。

12. 鼓励、赞赏

高层管理者对在前面几个阶段推行零缺陷系统取得的成绩予以充分肯定，对推行系统特别得力的部门进行嘉奖并在全公司（集团）宣传，此举旨在鼓舞士气，使大家对系统保持持续的热情。

13. 成立品质顾问团

品质顾问团主席由总经理担任，组员由各部门管理者担任，品质顾问团的主要职责是对品质改进小组提出的重大改进建议进行决策，指导、规范零缺陷系统的运作。

14. 重新开始

零缺陷的达成不可能一蹴而就，必须持续进行，在进行了一轮品质改善后，要重新开始进入第二个品质改善循环，如此反复，我们才会离零缺陷的目标越来越近。

8.2.4 零缺陷品质管理的实现手段

在零缺陷的品质管理中，将任何业务工作都看作一个过程，包括输入、活动和输出三部分。每个人在工作前首先要确认自己是否了解工作要求；该做些什么；由谁提供材料；工作结果是什么；谁来接收工作结果；通过良好的沟通，清楚地确认工作要求；对可能的问题采取预防措施；设立有效的目标，以零缺陷的要求来工作；对工作结果进行统计，趋近并最终达到零缺陷的标准。

1. 确认工作要求的步骤

- 确定输出；
- 确定用户（工作结果接收者）；
- 确定输入要求；
- 确定材料、信息的提供者；
- 确定输出要求。

2. 沟通方面的要求

零缺陷系统要求第一次就把事情做好，所有的工作都符合要求，而这一切的前提是要准确理解输入及输出的全部要求，这些要求无一例外是通过沟通来实现的，要达到良好的沟通，须注意：

- 沟通须明确，不能含糊；
- 让每个当事人都能够正确理解；
- 在开始工作之前先根据通过沟通获取的输入、输出要求进行作业策划；
- 作业时随时监督变化；
- 沟通时应保持互敬、互信、互利；
- 沟通的方法包括听、问、确认要求等。

3. 实施预防

零缺陷系统最突出的是预防，预防包括沟通、了解输入和输出要求，还包括过程能力分析、实验、测试等。在工作时，随时将中间结果和输出要求进行比较，必要时调整工作，进行误差校正。

4. 零缺陷的工作标准

表 8-1 比较了零缺陷标准和一般标准对质量、成本、进度三方面的要求，从表中不难看出：一般标准的要求以部门为单位，往往顾此失彼，各自为政，相比之下，零缺陷标准的要求是从系统、全局方面做通盘考虑的，二者孰优孰劣不言而喻。

表 8-1　零缺陷标准与一般标准比较表

工作标准	维度	制定者	要求
零缺陷标准	质量	管理阶层	每次均达到包括成本和进度在内的所有工作要求
	成本	管理阶层	不超出预算
	进度	管理阶层	准时完成
一般标准	质量	直属主管	尽量做好
	成本	财务部门	在预算内完成，不必计较质量
	进度	出货部门	不计成本，只要能准时完成

资料来源：杨国辉. 品质经理业务手册：掌握工作方法与技巧的捷径［M］. 北京：机械工业出版社，2003.

5. 测量、分析和改善

在工作过程中和工作结束后，都要对工作结果进行测量、分析，对不符合要求的工作进行改善。

金融服务营销管理应该运用零缺陷理论，首先从源头树立零缺陷的理念，从金融服务技术质量和过程质量控制两方面入手，制定金融企业的服务规范，真正从源头控制质量。金融企业必须认识到，提供可靠的服务是所有服务策略的基础。为了贯彻良好的服务意识，金融企业应该在企业内部形成一种"零缺陷"文化，将服务失误降到最低。在这种"零缺陷"的企业文化下，每个员工都必须充分认识到提供可靠服务的重要性，企业的目标是让每个客户满意，并且寻找改善服务的方法，这种文化可以使员工更确切地理解"客户的生命价值"这一概念，促使他们每时每刻为每一位客户提供优质的服务。

□ 案例 8-3

华为"零缺陷"质量管理体系

2016 年 3 月 29 日，中国质量领域最高政府性荣誉"中国质量奖"颁奖仪式在人民大会堂举行，华为获得了该奖项制造领域第一名的殊荣。华为已经成为世界级的产品质量标杆，这其中的秘密是什么呢？在华为运营部长 Mars 的印象中，华为真正把质量作为核心战略，应该是在 2000 年的一次质量大会上。在此之前，华为处于发展初级阶段。虽然华为在发展初级阶段就明确了"以客户为中心"的唯一价值观，但质量如何帮助公司实现这个价值观，并没有受到公司足够的重视。

从 2000 年开始，华为走上了发展的快速通道，有了自己完整的产品体系，并且开始了全球化的历程。华为仿佛被通信行业的车轮带动着，向前飞奔。然而，在这种高速增长过程中，质量问题突出，客户的抱怨声越来越大。"以客户为中心"的华为员工，真的不吝惜时间与成本，一趟一趟飞到客户身边，把坏了的产品换回来，通过售后服务来弥补质量带来的问题。但这就如同一个死循环，"以客户为中心"是华为的核心价值观，但产品质量不行，客户的订单越多，抱怨也就越多。

2000 年，华为相继引入了 IPD 流程、ISC 体系以及 CMM 软件能力成熟度模型。IPD+CMM 是华为质量管理体系建设的第一个阶段，也是华为国际化业务大幅增长的时期。IPD 和 CMM 是全球通用的语言体系，全球通用的语言使得客户可以理解华为的质量体系，并接受华为的产品与服务。在生产过程中，人的不同会导致产品存在很大的差异，而这套体系通过严格的业务流程来保证产品的一致性。

随着华为在欧洲开展业务，新的问题出现了：欧洲国家多、运营商多、标准也多。华为在为不同的运营商服务时，需要仔细了解每一家运营商的标准，再将标准信息反馈到国内的设计、开发、生产制造环节。基于这些年对于标准的摸索，华为现在已经可以在全球统一发布一款新手机。这是华为质量体系建设的第二个阶段，在这个磨炼的过程中，华为渐渐意识到标准对于质量管理的作用，随着欧洲业务成长起来的是华为自己的一套"集大成的质量标准"。在这个阶段，华为在严格的业务流程的基础上，强化了标准对于质量的要求，通过量化指标使产品得到客户的认可。

2007 年 4 月，华为为 70 多名中高级管理者召开了质量高级研讨会，以克劳士比"质量四项基本原则"（质量的定义、质量系统、工作标准、质量衡量）为蓝本确立了华为的质量原则。这是华为质量体系建设的第三个阶段。从 2007 年起，华为引入了克劳士比的零缺陷理论，开展全员质量管理，构建质量文化，让每一个人在工作的时候都要做到没有瑕疵。

为了进一步实现客户满意，华为的质量体系建设进入第四个阶段："以客户为中心"的闭环质量管理体系。这就要求除基础质量和零缺陷之外，要更加重视用户的体验。也正因为这个"以客户为中心"的闭环质量管理体系，华为获得了"中国质量奖"。

资料来源：《中国经营报》。

8.3   金融服务中的失误与补救

8.3.1   金融服务失误

客户满意是服务营销成功的基础。然而，无论企业如何努力，都不可避免地在服务中出现服务失误。例如客户在服装店定做的服装不合身，在餐馆就餐时服务员上错了菜，快递公司没有如期将客户要求的物品按时送到，照相馆将客户拍摄的珍贵的结婚照底片损坏了。这些服务失误不仅给客户造成了伤害，由此导致客户抱怨、客户流失，甚至客户通过消费者权益组织或法律渠道投诉等，这些后果必然对企业的经营和发展造成不良影响。尤其是在金融服务中，由于金融服务的高专业性和经济发展及环境的众多不确定因素的共同影响，产生失误的可能性更大，可以说，有金融服务的地方就必然会有失误发生。因此，在金融服务中，我们必须正确对待服务失误。

造成服务失误的原因非常复杂，既有金融服务提供者的原因，也有客户自身的原因，还有随机因素的影响。

从金融服务提供者的角度来看，由于服务具有差异性的特点，导致服务质量在不同时间、不同员工之间存在差距，造成的这些差距既有技术方面的原因，也有服务过程方面的原因。如果这些服务差距过大，就会形成服务失误。有些服务失误是直接面向客户的，有些只是金融企业内部的服务失误。但我们绝对不能忽略内部服务失误，因为内部失误终究会表现为外部失误。

从客户方面来看，由于服务具有生产与消费同时性的特点，服务质量不仅取决于员工是否按照企业所设定的服务标准为客户提供服务，还取决于客户参与的有效性，所以，在很多情况下，客户对于服务失误也具有不可推卸的责任。例如，在客户的服务期望中，既有显性的期望，也有隐性的期望，还有模糊的期望。在某些情况下，客户无法准确地表达自己的服务期望，由此形成的后果是服务失败。服务一旦失败，再好的服务过程都不会有任何的意义。比如，一个期待理财产品能带来收益的客户如果不能准确地表达他对风险的厌恶程度，仅有对收益的描述，那么，这个服务过程注定是要失败的，理财师的微笑和良好的服务也不会有任何意义。

在某些情况下，随机因素也会造成服务失误。例如，股票操作系统发生故障给客户带来的经济损失等。由于随机因素（特别是不可抗力）造成的服务失误是不可控的，因此企业服务补救的重点不是放在服务结果的改进上，而是如何及时、准确地将服务失误的原因等信息传递给客户，并从功能质量上予以有效的"补偿"。

总之，造成服务失误的原因有多种，国内外学术界对服务失误的不利后果进行了详细的研究。Oliver（1980）认为服务失误越严重，客户对服务补救的满意度越低，并将其解释为：服务失误越严重，客户的损失越大，其对服务补救的预期就越高，企业越难以通过服务补救措施达到客户预期的水平，因此客户也很难对服务补救形成较高的满意度。Smith 等（1999）将服务失误严重性定义为：服务失误发生后客户感觉到的损失程度。Weun 等（2004）将服务失误严重性定义为"客户感知的服务失误的强度"，失误越严重，其损失就越大。国内学者赵鑫、马钦海、刘汝萍（2009）对服务失误严重性的定义为：在一个既定的服务情境中，发生服务失误后客户对这次服务失误的看重程度。Levesque 和 McDougall（2000）认为服务失误越严重，客户提出抱怨的可能性就越高，同时客户的忠诚度会越低。因此，有学者直接将严重性视为衡量服务失误的重要变量。

服务失误的后果包括两种，一种是显性的，即客户流失；另一种是隐性的，即在不满意的客户中"坏口碑"的形成与传播。无论哪一种后果，最终都会严重损害企业形象，因此，提高服务补救水平，是保持客户满意和提高企业形象的一个非常重要的手段。

8.3.2　金融服务补救的重要性

"服务补救"一词，最早是 1980 年英国航空公司在"把客户放在首要位置"的活动中提出来的。Parasuraman、Zeithaml 和 Bitner（1998）认为，服务补救是企业在可能或者已经出现服务失误的情况下，对客户的抱怨立即做出的预警性或补救性反应，目的是通过这种反应来重新建立客户满意和客户忠诚。国内学者对服务补救的理论研究相对滞后。韦福祥（2002）认为，服务补救是服务提供者在出现服务失误时做出的一种即时性和主动性的反应，其目的是通过这种反应，将服务失误给客户感知服务质量、客户满意和员工满意带来的负面影响降到最低。郑秋莹、范秀成（2007）基于公平理论和期望理论对网上零售业的服务补救策略进行了研究并指出，服务补救需要注重公平性，服务承诺需要把握好尺度，综合使用三种服务补救策略（补偿、快速回应、道歉）效果最好。

从学者对服务补救的定义来看，金融服务补救是金融服务企业在出现服务失误的情况下，对客户不满和抱怨当即做出的补救性反应，其目的是通过这种反应，将服务失误给客户感知服务质量、客户满意和员工满意带来的负面影响降到最低。

国外学者研究发现，虽然服务不可以重新生产，但恰当、及时和准确的服务补救可以缓解客户的不满情绪，部分恢复客户满意和忠诚，而且在极个别情况下，甚至可以大幅度提升客户满意和忠诚。也就是说，经历服务失误的客户，如果对企业努力做出的服务补救感到满意，那么他们将比那些问题未得到解决的客户更加忠诚。美国消费者办公室经过研究发现：在批量购买中，未提出批评的客户，其重复购买率为 9%；抱怨未得到解决的客户的重复购买率为 19%；抱怨得到解决的客户的重复购买率为 54%；抱怨快速得到解决的客户，其重复购买率达到了 82%。

由此可见，有效的服务补救策略，其潜在的好处是多方面的，它不仅能提高客户满意及忠诚，消除客户不满，树立良好的企业形象，还能够使金融企业积累更多的处理危机的经验和改善服务的信息，在总结服务补救经验的基础上，通过调整服务过程、系统及产品，降低再次失误的成本，提高客户的初始满意度。

如果企业对服务失误没有实施服务补救或没有采取有效的服务补救策略，会产生严重的后果：除了可能造成客户流失之外，更有可能导致客户由于不满而形成"坏口碑"。一项调查表明，当企业出现服务失误导致客户不满后，不满意的客户将向 9～10 人讲述他们遭遇的不好的服务经历，而这 9～10 人又会向另外的 9～10 人传播对企业不利的消息，这是一种几何级数的变动过程，最终结果是企业形象受到严重的损害。此外，金融企业反复出现服务失误却不实行有效的服务补救策略，会造成员工不满，打击员工士气甚至失去员工，从而使金融企业付出很大的代价。因此，既然服务失误无法避免，那么重视服务补救应成为金融企业一项重要的、长期不容忽视的问题。

金融企业实施服务补救必须认识到一个重要的问题，即服务补救应包括处理好客户抱怨。服务补救有着不同于客户抱怨管理的特点，主要表现在以下几个方面。

1. 服务补救是企业的主动行为

客户抱怨管理是当客户抱怨时，企业才会采取相应的措施，安抚客户，使客户满意地离去。然而事实上，客户在面对金融服务失误时，有一类客户会采取行动，向金融企业投诉、向亲朋好友抱怨和向第三方（消费者协会等）投诉，根据金融企业服务补救的情况决定今后是否继续接受其服务。还有一类客户不采取任何行动，也就是说，听不到他们抱怨，但是他们会更换金融服务企业。如果采取"不抱怨不处理"的原则，即使金融行业是相对垄断的行业，客户更换企业的成本较高，但是，这也将严重影响客户感知服务质量和客户满意，从而影响客户忠诚，使金融企业在竞争中处于不利的状况。金融服务补救的优势在于，它要求金融企业主动发现服务失误并及时采取措施解决失误，这种前瞻性的管理模式无疑更有利于提高客户满意和忠诚。餐饮行业普遍实行的请客户在就餐后填写满意调查表就是企业实行服务补救的一种简单形式，值得金融企业借鉴。

2. 服务补救具有及时、迅速的特点

服务失误发生后，客户往往对企业的服务补救存在预期。Zemke（1987）认为，当服务失误发生后客户最基本的期望是服务人员重视并真诚地道歉，他指出，服务补救预期由真诚地道歉、及时补救、认真看待对客户做出的保证、赔偿和事后检讨这五个方面组成。Tax 等（1998）认为，消费者的服务补救预期由结果公平、过程公平与交往公平这三方面组成。Andreassen（1998）研究了服务补救满意的前置因素，认为服务补救预期包括同情、解释、道歉和补偿四个方面的预期，他发现服务失误的严重程度和客户归因是影响服务补救预期水平的重要因素，并且进一步证明了服务补救预期对客户满意有着显著的负影响。

因此，企业一旦出现服务失误，必须迅速采取措施，如果在服务过程结束后才进行服务补救，补救的效果会大打折扣。客户抱怨管理，一般需要等到一个服务过程结束之后。

3. 服务补救是一项全过程的、全员性质的管理工作

客户抱怨管理是由专门的部门来进行的阶段性的管理。一般来说、服务补救具有鲜明的现场性，金融服务企业授权一线员工在发生服务失误的现场及时采取补救措施，而不是等专门的人员来处理客户的抱怨。

金融企业只有真正认识到服务补救的重要性，并将服务补救纳入日常管理工作，在出现服务失误时采取切实有效的补救措施，才能真正减少客户不满情绪，提高客户满意度并培养品牌忠诚，最终提高企业效益。

□ 案例 8-4

加拿大丰业银行的服务补救

加拿大丰业银行拥有自己的服务补救数据库，通过这个数据库提供的信息可以了解最容易发生服务失误的环节，并且银行可以根据客户的信用记录在服务过程中采取不同的服务方式。银行要求一旦发生服务失误，前台员工要立即采取措施，并向客户阐明解决问题需要经过的程序，让客户及时了解问题解决的进度。在问题不能当场解决的情况下，员工要告诉客户银行将计划如何行动，表明银行正在采取措施，同时，要把问题解决的进度及时告诉客户，以减轻客户的心理成本；然后通过深入调查的形式了解服务补救的效果以及服务失误发生的原因，为改进工作提供依据；最后完善服务补救数据库，保证客户信息和服务补救信息的不断更新，以帮助银行更好地预测潜在的服务失误。

在这一服务补救的过程中，加拿大丰业银行对员工仪容仪表、服务用语、环境状况和设备设施等都确定了统一的标准。银行非常重视对员工的培训，包括入职前培训和入职后培训。培训的内容分为服务培训和业务培训。银行在服务补救方面最突出的表现是积极鼓励客户投诉，并帮助客户开辟投诉渠道。银行在其分支机构中放置了小册子，说明了投诉的五个步骤，表明客户最初应该向谁投诉，若不满意还可以向谁上诉，小册子中甚至还有一位银行副总裁的电话号码。这些措施鼓励了不满意的客户对银行进行投诉，并且向员工传达了企业对服务补救的重视。这样使服务补救的理念在银行中得到了很好的传递，无形中也促进了员工学习如何进行服务补救。

资料来源：百度文库。

8.3.3　金融服务补救策略

如今，越来越多的金融服务企业意识到了对不满意客户提供完美补救的重要性，而优秀的服务补救需要企业注重在服务过程中将各种各样的策略综合起来使用。通常来说，金融服务企业可以从以下方面制定服务补救策略。

1. 避免服务失误，争取"一次成功"

虽然我们常说"亡羊补牢，为时不晚"，即在出现服务失误时采取有效的补救措施可以将服务失误对客户感知服务质量、客户满意和员工满意所带来的负面影响降到最低，但在服务中争取"一次成功"是所有行业企业不懈追求的目标，也是服务质量最重要的量度。在服

务中避免失误不仅可以使客户得到他们所希望的满意服务，而且可以减少企业失误产生的成本。特别是企业付出了较高的服务失误成本后也不一定会获得高补救绩效，这样会极度地浪费企业的资源，往往得不偿失。因此，企业需要注重对员工的培训和管理，努力减少或者避免因为员工失误或者不负责任所造成的服务失误，尤其是严重的服务失误。

对于金融服务企业而言，建立"偶然的服务关系"是比较容易发生的，但是，如何在偶然的服务关系前提下建立和维持客户关系是金融服务营销要解决的基本问题，而"一次成功"的零缺陷式管理思维对于提高金融企业客户的满意度、提高客户忠诚度有着十分重要的意义。

2. 处理好客户的抱怨

对于金融服务企业来说，强调"一次成功"是必要的，但还远远不够。因为与实体产品相比较，金融服务所具有的生产与消费的同时性、服务的差异性等特性决定了金融服务无法实现高度的标准化，所以即使在一个追求100%服务品质的零缺陷组织中，失误也会发生，这就使得金融服务企业必须正确面对服务的"二次成功"，也就是说处理好客户的抱怨。

处理好客户的抱怨要求金融服务企业能够引导客户表达不满并设立有效的投诉、抱怨传递渠道，建立专门的机构来管理这些投诉和抱怨。为此，金融服务企业可采取如下措施。

（1）欢迎并鼓励客户投诉、抱怨，比如在服务现场设立投诉专柜等。

（2）重视客户的问题，快速采取行动，及时处理客户投诉。当客户提出抱怨时，他们希望能够得到金融服务企业快速的反应，一线员工要主动、及时地向客户道歉并当面解决问题。例如在营业大厅，如果临柜人员出现服务失误，大堂经理以及值班的后台经理都应该耐心地向客户道歉并及时处理问题，以免事态扩大，影响其他客户和正在工作的其他员工。

（3）主动征求客户意见。服务补救的一个重要原则是不仅要倾听客户意见，还要通过满意调查、重大事件研究和客户流失研究等主动查找潜在的服务失误。

（4）授权一线员工，鼓励员工灵活解决客户问题。在过去的30多年中，虽然管理者都喊着授权，但真正向下属授权的管理者凤毛麟角。针对这种情况，格鲁斯提出了"使员工具有解决问题的能力"的概念，将其视为授权取得成功的先决条件。服务补救的成功在一定程度上取决于一线员工是否拥有足够的权力和技巧开展有效的补救，有效的补救技巧包括倾听客户的问题、采取初始行动、辨别解决方法、即兴发挥，以及变通规则。金融服务企业不仅要对服务人员进行授权，还要进行必要的补救培训。此外，金融服务企业还可以采取一些激励措施鼓励员工行使其补救权力。

（5）使用新技术简化投诉、抱怨过程，保证投诉、抱怨渠道的畅通。客户最不愿看到的就是金融服务企业推诿，当他们不满意时，还要面对一个复杂的、难以进行的投诉过程。采用新技术可以保证客户很方便地找到服务人员，为此金融服务企业可以通过免费呼叫中心、公布免费服务电话、电子邮件等方式帮助和鼓励客户投诉，甚至可以使用软件对抱怨者进行自动分析、分类、回复和跟踪。

3. 从补救经历中吸取经验教训，改进产品和服务质量

处理客户抱怨的过程不仅是弥补服务漏洞、增强与客户联系的良机，同时也是一种有助于改进客户服务的有价值的信息来源。通过追踪服务补救的过程，金融服务企业可以充分识别问题的来源，进行过程改进，避免下一次发生同样的问题。

此外，为避免未来发生同样的服务失误和损失更多的客户，金融服务企业要更多地了解

一些客户流失的原因，尽管这类调查很困难，但它是有效服务补救策略的重要部分。客户流失的原因各不相同，主要是价格、不便利、道德问题等服务失误以及对服务失误的反应迟钝等。服务失误是造成客户流失的重要原因，金融服务企业只有对客户的投诉给予实质性的补偿，并将改进结果告知客户，才能真正保证服务渠道的畅通，也才能真正得到客户满意和品牌忠诚。

4. 建立一套弹性的补救机制

当客户接受了劣质服务时，除了感到生气，更会觉得委屈，此时客户对于服务补救的期待会越发强烈。以往金融服务企业的补偿方式包括给予折扣、退款及道歉等，这些往往是站在企业本身的角度来思考补偿的方式。对于在何种情况下要采取何种补偿形式，并没有统一的标准。企业应该基于每一次服务失误的经验，建立一套弹性的服务失误处理机制，以应付各种服务失误的发生。

5. 做出有效的服务承诺

承诺对于制造业产品来说使用得很普遍，但金融服务业只是近年来才开始使用。许多服务性组织机构已经认识到，承诺不仅可以作为一种营销工具，同时也是在组织内对质量进行定义、培养和维护的一种方法。可以说，一个行之有效的服务承诺对于企业金融的益处数不胜数。

（1）了解服务承诺的益处。服务承诺促使金融企业关注客户，企业要做出一个有意义的承诺，必须了解客户满意的含义及客户最看重的价值，客观上促使企业的各项服务活动以客户为中心，获得客户的理解和忠诚。

有效的服务承诺为企业建立了服务标准，如必胜客的承诺："如果您不满意您的比萨，告知我们，我们将改正或者退款。"这样使员工确切地知道当客户抱怨时应该怎么做，同时明确了为客户做好比萨是公司的重要目标。有效的服务承诺能够提高客户对服务组织的信任度和满意度。

好的服务承诺可以从客户那里得到快速及相关的反馈，保证客户投诉和抱怨的渠道畅通。

服务承诺对形成企业文化和提高员工忠诚度有不可低估的作用：承诺可以使员工产生自豪感，有利于形成共同的价值观，从而有利于企业文化的形成，同时通过承诺的反馈，服务得以改进，在一定意义上，员工满意与客户满意是相辅相成的，服务承诺既能使客户受益，间接地也使员工受益。

虽然服务承诺有益处，但企业必须充分认识到服务承诺并不适合所有的企业和每一种服务环境，只有根据企业的实际情况做出有效的承诺，才能保证服务补救策略的正确执行。为此，企业必须要分清能够给客户做出哪一种服务承诺。

（2）服务承诺的方式。通常来说，服务承诺包括满意承诺和服务属性承诺。有些企业提供的服务承诺是无条件的满意承诺，如美容院推出的"客户对服务不满意，可以不付款或退还费用"，就属于无条件的满意承诺。服务属性承诺是企业只对那些对客户而言重要的服务内容提供承诺。例如银行承诺员工办理一笔柜台业务的时间为 3 分钟，超过 1 分钟将给等待的客户补偿 100 元。美国联邦快递公司承诺包裹将在确定的时间内送达。麦当劳的广告承诺声称："热的食物，快速、友好的服务，双重检查，准确无误……我们干好自己的事，否则下次我们请客。"这些都是企业对其认为对客户而言重要的服务进行承诺。

（3）做出有效的服务承诺。好的服务承诺是实行服务补救的基础，有效的服务承诺应包含以下几个要素。

第一，有效的服务承诺应该是无条件的，没有附加条件。

第二，有效的服务承诺要有意义，要承诺那些对客户来讲十分重要的服务要素。

第三，有效的服务承诺要易于理解和沟通。客户需要知道他们能期待什么，员工需要知道该做什么。

第四，有效的服务承诺要易于援用和赔付，在服务承诺的援用和赔付过程中不应该有许多约束和阻力。赔偿应该能够消除客户全部的不满。

金融企业可以通过对照以上这些要素，评价和判断自己做出的承诺是不是有效的服务承诺，是否真正对客户有意义，是否能够达到降低成本、提高客户满意和品牌忠诚的服务目标。

（4）金融企业有效服务承诺的时机选择，具体如下。

1）金融企业何时需要做出服务承诺。第一，金融企业推出新产品。异质性是金融服务的特点，为了形成差异化优势，金融企业往往会不断地将自己的产品推陈出新，当一件新产品问世后，由于消费者对新产品不熟悉，往往会增加其对于购买结果的感知不确定性，同时，这会让消费者产生更高的感知风险。为了解决这一问题，金融企业要适时地向消费者做出服务承诺，加强与消费者之间的双向沟通，及时将新产品内容及信息告知消费者，以减少消费者由于感知风险而产生的对企业及产品的不信任感。

第二，金融企业推出起投金额大、风险等级高、投资期限长的产品。风险性是金融服务所具有的一大特点，金融企业为了消除消费者的感知风险，往往要付出巨大的努力。当金融企业尝试推出起投金额大、风险等级高、投资期限长的产品时，消费者往往因为其巨大的风险而对该产品望而却步，因此，金融企业要及时向消费者做出服务承诺，帮助消费者降低对于风险性的感知，将消费者的潜在需求转变为现实需求。这种服务承诺同时还有助于提升客户信任感和满意度，形成客户黏性。

第三，金融企业推出复杂程度高、客户难以理解的金融产品。金融产品及其衍生品具有复杂的专门知识，可能会使消费者难以理解。

价值是在消费者使用产品的过程中产生的，当产品的复杂程度较高，而消费者缺少必要的产品使用信息和知识时，消费者更难充分发挥和挖掘产品的价值。同时，当产品复杂程度高、消费者难以理解时，他们对该产品的感知风险也会比较高。金融企业在此时要对消费者做出合适的服务承诺，同时加强与消费者的沟通，强化消费者对金融企业的信任，提升消费者对该产品的知识水平，这样有助于提高消费者对于金融企业提供的服务及产品的满意度。

2）金融企业何时不宜做出服务承诺。第一，金融企业的现有服务质量低劣。当金融企业现有的服务质量较为低劣时，不应随意做出服务承诺。营销学者 Zeithaml 提出，服务感知很糟糕的原因之一就是企业承诺的服务与其实际提供的服务有区别。当金融企业现有的服务质量较为低劣时，做出服务承诺不仅无法提高消费者的感知质量，同时可能因为承诺的服务与实际服务之间存在质量差异，而被消费者认为金融企业存在欺骗行为，进一步降低消费者对于企业的信任，同时降低消费者对于服务的满意度。

第二，服务承诺与公司形象不符。当服务承诺与公司形象不符时，要慎用服务承诺。当公司享有盛誉，同时公司的服务水平与服务质量很高且具有较强稳定性的时候，如果该公司贸然向消费者提供承诺，可能会使消费者怀疑，让他们觉得"是否该公司的产品出现了什么瑕疵"，此时做出服务承诺可能会产生相反的效果。有学者曾对公司形象与服务承诺类型的匹配进行了研究，结果表明，要想最大限度地发挥服务承诺的作用，就要结合企业自身的特点，向消费者提供多重属性的适度承诺。

第三，服务质量在现实中难以把控。当服务质量难以把控的时候，企业要慎用服务承诺。例如，一些连锁餐饮企业在消费者心中形象不佳，其中很大一部分原因在于企业宣传的服务质量与各个连锁店所提供的服务质量无法匹配。当企业无法对自身所提供的服务质量加以把控的时候，贸然向消费者做出服务承诺，很可能会因为无法把控的服务质量而造成服务失误，导致消费者对于企业服务承诺的不信任，最终引起消费者对于整个企业的不信任。

当我们对服务补救的相关内容进行了探讨，了解了服务失误的原因，制定服务补救策略时，我们必须充分认识到服务补救并不总是有效的。在很多情况下，服务产品是无法重新生产的，服务补救的有效性在很大程度上取决于客户与服务提供者的关系。如果客户在服务生产过程中参与程度很高，而且投入的价值很大，在这种情况下，服务补救只能起到缓解客户不满意情绪的作用，而对客户满意度和忠诚度的提高不具有实质性意义。例如，当客户投入的是自己的身体或智力因素（如医疗服务中接受手术的患者）时，如果出现服务失误，后果将是无法挽回的，任何形式的服务补救都将是毫无意义的。相反，如果客户投入的是信息或其他所有物，那么，服务补救的效果将会远远高于前者。这是我们在制定服务补救策略时必须注意的问题。

□ 案例 8-5

某商业银行网点服务失误案例

某日，一位中年女性到某商业银行社区网点办理现金存取业务。由于该客户一直在该行办理理财业务，因此客户等级比较高，达到 6 星级别，根据叫号设置，该客户具有优先办理资格。但由于客户取完号之后没有注意叫号，导致自己错过了 VIP 号，直到后面一位 VIP 叫号时，才注意到已经过号了。这时该客户要求立即为她办理业务，并指责银行叫号系统跳号叫号。柜员表示重复两次叫了该 VIP 号，因为客户没有听到，所以要求客户根据过号要求重新拿号。这位客户很不满意，在大堂内争吵了很久，并且指责该行的员工恶意冤枉她，对其他客户造成了不良影响。值班经理见此情况，及时安排了其他窗口为其处理业务，但该客户回家后仍然拨打了投诉电话，投诉了柜员与当日的值班经理。如果是你，你将如何处理客户的此次不满意？

资料来源：豆丁网，https://www.docin.com/p-2000101783.html。

📎 本章小结

在金融服务中，失误和冲突在所难免，而且金融行业的特殊性会放大这种失误和冲突，因此，掌握服务补救基本理论并将其运用于金融服务十分必要，本章所讨论的也正是这样的内容。

📎 思考练习

列举生活中的实例，说明客户在面对金融服务失误和冲突处理不当时的感受，并说明金融企业应该如何处理失误和冲突。

答案要点：联系本章的基本理论和观点。

🔵 推荐阅读

1. 吴晓云. 服务营销管理 [M]. 天津大学出版社，2006.

2. 唐建邦. 观察与思考：走进欧美商业银行 [M]. 福州：福建人民出版社，2008.

3. 郭琼，宋燕华. 私人银行：从热身到实战 [J]. 财经，2007.

4. 杜建刚，范秀成. 服务失败中群体消费者心理互动过程研究 [J]. 管理科学学报，2011.

5. 郭帅，银成钺，苏晶蕾. 不同社会距离客户对服务接触失败下补救措施的反应与偏好研究 [J]. 管理评论，2017.

第 9 章
CHAPTER 9

金融服务文化与服务品牌建立

■ **本章提要**

本章从服务文化的含义出发，全面、深入地探讨了金融服务文化的相关问题，对金融服务品牌的定义、特征、定位，以及创建成功的金融服务文化品牌所需要考虑的因素、所采取的策略一一进行了讨论。

■ **重点与难点**

□ 服务文化的重要性。
□ 金融服务文化的特殊性。
□ 金融服务品牌的创建。

9.1 服务文化的内涵

9.1.1 服务文化的含义

服务文化是文化的一个重要分支，是文化建设的一个新的增长点。服务文化除具有文化的一般特征之外，还有自己独特的空间和魅力。

所谓服务文化，是企业在长期为客户服务的过程中所形成的服务理念、职业观念等服务价值取向的总和，即服务文化是以服务价值观为核心，以创造顾客满意、赢得顾客忠诚、提升企业核心竞争力为目标，以形成共同的服务价值认知和行为规范为内容的文化。服务文化是一个体系，是以价值观为核心、以企业精神为灵魂、以企业道德为准则、以服务机制流程为保证、以企业服务形象为重点、以服务创新为动力的系统文化。

服务文化是创造顾客满意、赢得顾客忠诚、提升企业核心竞争力的文化；是破解服务秘籍、开发服务资源、提升服务品质的文化；是实施服务革命、推动服务创新、促进服务升级、提升服务品位的文化；是整合机制、改造流程建立快速反应顾客服务绿色通道的文化；是让员工有自豪感、顾客有优越感、企业有后劲的文化；是整合资源提升形象、打造服务品牌、展示公司和员工魅力的文化；是以人为本、以顾客为本的情感性沟通文化；是义利并举的经营型效益型诚信文化；是具有导向约束、协调资源作用的管理文化；是倡导竞争合作互动双赢、为顾客创造价值、与顾客建立长久合作关系的文化；是独具魅力的个性文化，又是涉及各行各业的社会性文化；是让员工更新观念调整心态，用心服务、创新服务、快乐服务、享受服务，在服务中实现价值的文化；是摆正两个利益关系，从长远、战略的角度，文化品牌和客户体验的层面重新审视服务的文化。

服务文化实质上是对服务这种特殊资源的认知和开发，具有独特的功能：服务文化是路标系；服务文化对企业经营活动具有导向功能；服务文化是文化场，是一种氛围；服务文化是共振链，它具有激活组织的功能；服务文化是免疫系统；服务文化是一种心理契约；服务文化是兴奋剂、润滑剂，可以使好的硬件因为软件（文化）的润滑和运用而具有生命力与活力，让人觉得温暖；服务文化是一种监督和制约，提供的是一种无形的但又有巨大能量的监督。

服务文化是一种无时不在的文化。服务是一种文化情感的交流和沟通，你就是服务文化的创造者与传播者。服务是一种为满足他人需求进行的活动，是人与人之间相互影响相互作用的互动行为。服务的提供者和消费者是千姿百态多种多样的有思想有情感的个体或群体。服务过程是一种文化的交流沟通和折射，文化支撑服务，服务本身蕴藏着丰富的文化，具有不同文化底蕴的企业和员工所提供的服务将会出现完全不同的结果。我们被服务包围，并在这种包围中进行文化的沟通。我们一天也离不开服务，有服务就有文化，服务文化必然就在你的身边，就在你的身上。

服务文化是一种全新的文化管理，是文化与服务管理的全新融合。企业要想在竞争中获得有效的发展，必须将有限的资源予以极大的应用，这需要依赖员工的有效行动——朝向共同目标的行动，而构建服务文化是最有效的手段。一些企业通常采取制定规章制度以及运用奖惩措施或采取各项检查与监督的手段，来要求员工去做或避免做某些事情，这些方法是可行的、必不可少的，但效果也是有限的，其原因如下。一是当组织中的人数增加到管理者无法直接掌控的程度时，管理者便无法应对层出不穷的各种情况；二是员工的工作时间与地点覆盖的范围远远超过管理者所控制的范围；三是知识工作者或服务提供者的工作形态具有相当的隐讳性，无法直接从外表看出情况，例如计算机工程师到底是在发呆还是在思考程序，服务员是热情工作还是应付；四是服务工作具有无形性、突变性、随机性、不可恢复性（不像产品做不好可以重来）、非标准性，需要员工临机处置，创造性地提供服务；五是管理效率以及让部属产生有效行动所需付出的心力。采取高度监督的方式，管理者需付出极大的心血，而且部属也十分被动。要彻底解决这些问题，服务文化是最佳的工具之一。

服务文化侧重于经济服务背后的文化力的渗透和催化作用，是旨在使每一个员工自觉执行的文化管理科学；服务文化的建设能有力地提高服务管理效率。再好的硬件也要靠软件的润滑和支撑才有生命力，再严密的制度也有缺陷和死角，管理员工应该利用文化的微妙提示来管理，计算机永远管理不了人的情感世界和人的觉悟。如果建设了大家都认可的价值观，有了高度认同的企业精神，那么企业的交易成本就会降低。

9.1.2　服务文化的类型[©]

近年来，企业管理理论者和实践者都非常重视企业服务文化的研究，提出了一系列企业服务文化建设的指导原则。然而，在企业服务文化建设的实践和理论探索中，不少人虽然比较重视企业内部凝聚力的增强，却往往忽视了企业服务文化建设与企业经营业绩之间的关系。在当前竞争日益激烈的市场环境中，企业要取得竞争优势，提高经济效益，企业服务文化建设就必须以市场为导向，适应市场环境的变化。

美国著名企业管理学家罗伯特·奎因（Robert E. Quinn）认为企业服务文化有以下 4 种类型。

1. 市场导向型

企业管理人员强调市场竞争，激励全体员工努力实现企业的目标。这类企业采用市场导向的服务经营管理原则，迅速适应市场变化，并采取一系列有效的竞争措施，实现企业的财务目标和市场占有率目标。

2. 创新型

企业管理人员强调创新精神、创造性、适应性等价值观，不断努力拓展新的市场，确定新的服务发展方向，敢于承担风险，愿意接受市场挑战。

3. 家族型

企业管理人员强调凝聚力、归属感、员工参与管理、各个部门之间相互协作。在这类企业里，凝聚力和员工满意度比企业的财务目标和市场占有率目标更加重要。

4. 等级型

企业管理人员强调等级观念和规章制度。这些企业的服务活动是在各级管理人员的监督、评估和指导下进行的。

这四类企业服务文化并不是相互排斥的，大多数企业可能同时具有几类服务文化成分。然而，在某一段时期，主要的企业服务文化只能是其中一种类型。在不同时期，占支配地位的企业服务文化也可能会发生变化。

企业服务文化不同，企业的经营业绩（投资收益率、盈利率、增长率、市场占有率、客户忠诚度、产品和服务的市场声誉等）也会有所差别。市场导向型企业服务文化强调竞争优势和市场优势；创新型企业服务文化的核心是创新精神、创业精神、敢于承担风险。这两类企业服务文化都强调企业对市场的适应性，都能使企业取得较好的经营业绩。家族型企业服务文化强调员工忠诚度、传统习惯和内部稳定，往往忽视了外部市场环境变化；等级型企业服务文化强调稳定性、一致性，企业内部机构臃肿，等级层次过多，工作效率较低。这两类企业服务文化都强调内部管理，忽视了企业外部市场环境变化，企业的经营业绩一般较差。

□ 案例 9-1

兴业银行的服务文化

兴业银行服务文化的核心价值观包括三个方面：真诚合作、诚实守信与尊重客户。这些

───────────
　㊀　丁宁.服务管理［M］. 3 版.北京交通大学出版社，2018.

朴素的价值观又都来源于基本的管理思想，在兴业银行，客户始终是根本，是全行服务的中心，兴业银行以先进的服务手段、丰富的服务内容、主动的服务态度为客户提供高质量的服务。关注细节和持续改进是兴业银行一直秉承的理念。在这种服务文化的对外表达方式上，兴业银行倡导换位思考和关注细节。客户是企业的衣食父母，企业因客户而存在，因此，兴业银行倡导员工对待客户要抱有感恩之心，真诚地为客户服务，兴业银行相信服务的质量源于真诚，而真诚体现在细节之中，在为客户服务的过程中，坚持从细节做起，关注细节，持续改进细节，真正做到服务领先、服务立行。另外，兴业银行始终强调员工要强化服务意识，改善服务态度，把提升服务能力作为立足市场的根本，崇尚领先始于专业；坚持站在客户的立场思考问题，把简洁、方便、高效留给客户，把繁杂和不便留给自己。

资料来源：百度百科。

9.1.3　服务文化的功能

服务文化是新型的企业文化，它是指以客户需求为导向、追求优质服务的一种企业文化。一般来说，组织文化具有导向、约束、凝聚、激励四项主要功能，对于服务文化来讲，有如下具体意义。

1. 导向功能

服务文化中的服务导向会增加顾客所感知的服务质量中功能性质量的立体感。企业的服务文化能引导员工产生良好的服务意识，不断提高自己的服务技能和服务水平，以满足顾客需求。具备服务导向观念的员工会对顾客产生兴趣，言语更加谦恭，服务更加周到，并努力尝试寻找满足顾客期望的恰当办法，以便能有效应对尴尬的或未曾想到的情况。同时，服务文化能够促进企业与顾客之间形成良好的互动关系，增强顾客对企业服务质量的认知。由于顾客感知质量是企业收益的决定性因素，所以从服务导向出发提高顾客感知质量进而提高企业收益才能形成良性循环。

2. 约束功能

组织文化贯穿于企业精神、价值观、经营理念等"软件"要素之中，能够在员工中形成心理约束力，使员工能够进行自我控制并具有良好的职业道德和职业行为。组织文化这种"柔性的软件"与企业规章制度等"刚性的硬件"相协调，共同营造了良好的企业环境。通过有形的规章制度对员工行为进行硬性约束固然是必要的，但是它的功能和调节范围是有限的。服务文化注重的是企业为顾客服务的宗旨、顾客至上的价值观、服务传统等对员工的软性约束。通过塑造服务文化，企业在组织群体中培养与制度相协调、相对应的服务氛围，从而使企业员工能对自己的行为进行自我控制，自觉遵守为内部顾客和外部顾客服务的行为规范。服务文化这种无形的约束力事实上比有形的约束力更为强大。

3. 凝聚功能

组织文化是企业全体成员的群体意识，寄托了企业员工的理想、希望和要求，企业成员对这种群体意识具有"认同感"，因此组织文化能产生一股无形的心理凝聚力量，能够使员工在统一价值观的引领下，按照企业服务战略的要求在各自岗位上做好工作。服务文化能够使服务意识获得企业员工的心理认同，这就促使企业员工积极融入企业的服务过程，自觉做好内部及外部的服务工作，在顾客满意的基础上为企业发展贡献力量，并逐渐形成对服务企业的"归属感"。服务文化的凝聚功能还表现为一种排他性，对外的排他性在某种意义上是对内的凝聚力。对外部服务文化的排斥和竞争压力的存在，使员工对企业内部文化产生依赖。同时，服务文化的排他性也使员工对外部压力和竞争的敏感性增强，促使员工凝聚于企业中，形成"命运共同体"。

4. 激励功能

传统的激励方法实质上是通过外在的强制手段进行的，而组织文化所起的激励作用不是消极被动地满足人们的心理需求，而是通过文化的塑造，使每个成员从内心深处自觉地产生积极向上的思想观念及行为准则，形成强烈的使命感和持久的驱策力，成为员工自我激励的一把标尺。倡导服务文化的过程，就是帮助员工在服务中寻求工作的意义，建立良好的服务行为的社会动机，而且这种调动员工积极性的方式可以避免传统的激励方法引起的各种短期行为等不良后果。

在服务文化的四大功能中，导向功能是最基本的。这四大功能不是单独发挥作用，它们互相影响，形成企业文化的功能体系。这只"看不见的手"，在企业精神文化层次调节着员工的行为，指引着企业服务经营的方向。

9.1.4 服务文化建设的基本要求

企业的服务文化不是自然而然产生的，它发育于市场，来源于客户，依靠企业全体成员，以创新的、高质量的服务产品来满足客户的需要，并从中提升企业形象，增加企业美誉度。服务文化建设是一个广泛、长期的过程，各企业应努力营造具有本企业特色的服务文化，同时立足于服务文化建设的基本要求。

1. 应具有市场适应性

国内外许多成功企业的经验证明，要长期保持卓越的经营业绩，服务文化建设必须强调企业对市场环境的适应性。管理人员应善于预见并密切关注市场环境中的变化，抓住机遇，主动改变竞争战略和经营管理方法，不断提高企业的竞争力。服务文化的适应性特别强调价值观，管理人员必须具有公仆意识，无微不至地关心顾客、员工和投资者的利益，满足他们的合理要求。这类服务文化高度重视企业家精神和应变能力。管理人员应乐于接受多变的市场环境的挑战，敢于承担必要的风险，善于创新，不断推出与市场环境变化相适应的经营管理措施，并通过内部沟通和激励机制，使全体员工接受各种改革措施，不断提高企业的经营业绩。

2. 应具有合理的组织结构

良好服务的先决条件是组织结构的改进。组织结构越复杂，提供服务时就会遇到越多的问题。良好的服务需要服务设计、改进、实施部门密切合作，形成共同的价值观和良好的关系，改善运作体系、日常规程和工作流程，使处理方法简单易行，从而避免由于过度复杂而产生不必要的错误和信息沟通的中断。

3. 应具有强大的领导体系

建立服务导向的领导体系，是促进良好服务的前提。管理工作必须是支持性的、激励性的，并且与所管理的人员相适应。如果没有来自经理和管理人员积极、持久的支持，具备真正服务文化特点的价值观就不可能渗透到组织的各个角落中去。即使文化已经形成，也不可能长期维持下来。如果服务导向的价值观被员工所接受并通过强化成为其日常工作的一部分，就会对管理效果产生巨大的影响。

领导必须明确服务战略，长期重视服务战略并持续、积极地给予战略执行者以有力的支持。因此，每个经理和管理者都必须担起作为其下属训导员的责任，时常鼓励下属，并强化他们对服务活动的主动性。

9.1.5　对服务文化的需求

1. 关系管理需要服务文化

企业与顾客和同一个网络中的供应商、分销商的关系中包含着大量的服务，供应商、分销商在某种程度上也可以被看作企业的顾客。企业的某些服务环节与将服务出售给顾客的过程相关，这些服务环节为顾客带来了核心价值，如递送、保存及咨询服务，这些服务的优劣可以很容易地被管理层观察到。而其他一些服务环节，例如开发票、抱怨处理、电话或者电子邮件回复等许多类似的活动都无法被管理层直接观察到（我们称这些服务为隐性服务），但这些服务也为顾客增加了价值。因此，这两类服务都影响着企业与顾客的关系。

如果企业不注重服务文化的培养，企业的非服务导向价值就会吸引员工的注意力，使员工忽视隐性服务的重要性，甚至对那些管理层可以看到的服务行为都十分淡漠，这对于建立和保持企业与顾客的关系是十分不利的。如果一个企业的组织文化只是将处理顾客关系的优先权交到管理层手中，而不是让服务和持续提供优质服务成为企业员工的工作导向，该企业就很难实施关系导向战略。因此，企业中顾客关系及其他关系的管理都需要建立服务导向的文化。

2. 培养基于服务战略的盈利能力需要服务文化

实施服务战略要求企业所有人员都参与其中，高层管理者、中层管理者、与顾客接触的一线员工和相应的支持人员都要为服务的最终传递提供相应的支持。管理者和员工对提供服务的兴趣及对优质服务的认同是很重要的，这就需要具有服务文化的企业文化。这样的文化可以被描述为："它是一种鼓励优质服务的文化，拥有这种文化的组织可以为内部顾客、外部顾客提供相同的优质服务，组织中的每个人都将为外部顾客提供优质服务视为最基本的工作方式和生活中最重要的价值之一。"

服务文化意味着组织中的员工都具有服务导向。服务导向可以被描述为影响组织成员的共享价值和态度。具有这种导向的员工在工作接触中和与顾客的接触中会以服务意识来为对方提供优质服务。在组织内部，服务导向可以增强合作氛围，改善内部服务及相互支持的质量。从外部来看，服务导向可以为顾客创造出优质的感知服务质量，并强化他们与组织的关系。

如图9-1所示，服务导向在企业中是一个极其重要的积极因素。服务导向可以增强顾客感知服务质量中的功能质量，在某种程度上还可以强化其技术质量，因为具有服务导向的员工总是会尽力为顾客提供最符合其期望的服务，具有服务文化特色的服务导向可以提高顾客的感知服务质量。服务导向通过提高服务质量，也会对企业的盈利能力产生积极的影响，反过来，更强的盈利能力可以为维系和增强服务导向提供基础，这样就形成了一个良性循环。

但是需要注意的是，服务价格的确定既要考虑顾客愿意支付给企业的价格，也要符合合理的成本结构，否则即使让顾客获得了满意，企业也不会获得利润。

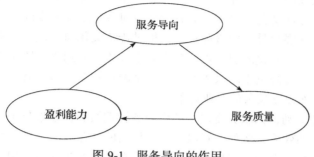

图 9-1　服务导向的作用

服务是"所有组织活动存在的理由"，具有"组织上的必要性"，但是我们不能因此否认其他管理要素对于企业盈利能力的重要性。在企业中建立服务文化并不意味着不需要其他管理要素。例如关注内部效率和成本控制向来就非常重要，鼓励销售和争取新顾客也同样有意义。只是服务导向应该在企业中占主导地位，企业绝对不能把它视为次要的、边缘的东西，而要把它看成战略层面的东西，必须将服务导向用于对企业日常活动的指导和对员工业绩的衡量。

3. 企业共享的价值观需要服务文化

企业成员共享的价值观和公认的行为标准是企业文化的基础。共享价值观引导着员工从事日常工作。一个具备强有力的共享价值观的企业通常有如下三个明显特征：

- 共享价值观是完成企业任务的最明确的行动指导方针；
- 管理者投入了大量时间和精力来开发与强化共享价值观；
- 共享价值观深深根植于每个员工的脑海之中。

由于管理者和员工将大部分时间和精力贡献给共享价值观所强调的活动，因此企业可以通过建立强有力的共享价值观来提高经营业绩。但强有力的共享价值观也可能会带来某些问题，原因如下。

第一，共享价值观过时后，会与最新的战略和服务理念不匹配。第二，强有力的企业文化会导致员工抵制变革，致使企业无法适应快速变化的环境。缺少服务文化的企业的共享价值观可能强调制造业的思想或程序，或者过分关注短期销售目标而不重视维系顾客关系。这种共享价值观会使企业对市场和社会的压力熟视无睹，或者自身根本无法实施变革。第三，企业的内部营销活动如果不能与当前的企业文化相匹配，就很容易失败，例如某项不具备战略基础的培训活动，无法消除员工原有的共享价值观。长期的内部营销过程首先需要从原有共享价值观的变革开始，而共享价值观的变革需要以服务文化为背景。

9.1.6　服务文化在企业发展中的作用[⊖]

1. 服务文化对员工的服务观念有着极为重要的影响

在服务企业中，强劲、完善的服务文化能够加强员工对良好服务和顾客满意的理解。因

⊖　傅云新. 服务营销学［M］. 广州：华南理工大学出版社，2005.

此，服务企业比制造业拥有更加完善的企业文化十分重要，这种重要性源于服务生产与消费本身的特性。一般而言，服务的买卖双方需要进行接触和互动，由于顾客个体情况的千差万别和顾客行为的无法预测性，服务的生产不能像产品生产那样完全实现标准化。服务企业只有具备了独特的服务导向文化，员工才能有效地应对各种复杂多变的情况。因此，现代企业在建立服务文化时应该强化员工的服务意识，推进传统文化向现代服务文化的跨越，这需要将企业文化中普通的、大众化的服务观念转变为个性化、差别化、情感化的服务观念。只有强化员工的服务意识，提高员工的服务素质，实施顾客满意经营战略，才能提升企业的服务品质和服务形象，从而建立长久的企业竞争优势。

企业开展的各种活动，如服务意识培训和服务管理培训，如果与企业现有的文化不相吻合，就难以达到预期的效果。例如，对以生产为导向的产业工人只进行服务意识的培训，这对他们的思想和行为是不会产生明显影响的，因为在以生产为导向的制造业中，按标准化要求生产产品非常重要，而这与服务的灵活性观念相抵触。所以，要在制造业和服务业中实施转变服务文化的变革，只有站在服务战略的高度建立服务文化，通过策划更详细的活动方案并花费更多的精力去实施，才能在员工中树立坚实的服务观念。

2. 服务文化可以明确员工的行为规范

在现代企业中，明确的文化价值观念对于指导员工行为尤为重要。在许多情况下，新员工比较容易融入企业的强势文化中。当一个具有服务观念和顾客观念的新员工受雇从事服务性工作时，如果周围的同事拥有较强的价值观念和行为规范，但并不是强调顾客第一和服务第一，那么新员工很快就会受到影响，从而放弃自己原有的观念和规范。相反，如果企业的强势文化是服务导向型的，就很容易吸引具有服务观念的求职者，而且这样的新员工会顺利地融入已有的服务文化之中，当然就保证了企业文化的延续。这种企业文化的感染力和传承性对于教化与约束员工的价值观念及行为规范意义重大。

如果企业员工缺乏明确的共享价值观和行为规范，那么他们在面对不确切的问题和情况时会给人不可靠的感觉。例如，当顾客的要求出乎意料时，具有较强服务文化的企业的员工处理起来会显得非常自信，而具有较弱服务文化的企业的员工则常常想不出解决问题的办法，这无疑会降低顾客感知的服务质量。原因在于企业内部没有明确的行为规范，同时也缺乏对员工进行相应的营销和服务培训。可见，健全的服务文化可以通过明确员工的行为规范来避免员工感到迷惑，进而增加顾客对服务的满意度。

3. 服务文化一旦转化为员工的心理需求，就能激发员工的积极性和创造性

服务文化具有引发企业员工产生高昂的情绪和奋发进取精神的效力。通过服务文化的塑造，每个员工从内心深处自觉地产生积极向上的服务观念及行为准则，从而形成强烈的使命感和持久的动力，成为企业员工自我激励的一把标尺。

企业在实施服务战略时需要全体员工的共同支持，高中层管理者、各职能部门全体员工都必须参与其中。在各管理层和所有员工中树立重视服务的观念和加强对质量的认识，是实施服务战略最基本的要求。现代企业所需要的服务文化要求重视优质服务，每个员工都要把为企业内部顾客与外部顾客提供优质服务当作一种自然的工作方式和重要的行为规范。服务文化一旦成为企业员工的心理需求，员工就会更加主动、用心地服务以及提供个性化服务，而且能激发员工的积极性和创造性，从而使服务走向规范化、常态化。服务文化的力量是从管理的更深层次规范企业和员工的行为，使员工和企业站在市场及客户的角度，不断提升服

务品质，促进公众对企业文化的认知，使企业的美誉度与竞争力得到提升。

4. 服务文化对企业的长期经营业绩起着重要的作用

研究表明，重视整合所有的管理要素（如消费者要素、股东要素、企业员工要素等）和重视各级管理人员领导艺术的企业，其经营业绩远远胜于没有这些文化特征的企业。现代企业的生产经营都是围绕一定的目标展开的，只有把全体员工团结在企业目标的周围，形成具有共同价值观、共同愿景、共同行为准则的文化体系，才能使全体员工拥有统一的精神支柱。服务文化是企业全体员工共同创造的群体意识，寄托了企业员工的理想和要求，使企业员工对企业的群体意识存在"认同感"，因此能使企业内的人际关系变得和谐、有序，企业员工能够积极参与企业事务，为企业发展尽职尽责，并逐渐形成对企业的"归属感"。

企业良好的服务文化氛围能使员工明确工作责任，清晰地了解工作业绩评估制度，能最大限度地施展自己的才能，这对提高企业经营业绩起着重要的作用。企业员工努力工作，为顾客提供优质的产品和服务，可以树立良好的企业形象，提高企业的知名度和品牌价值。例如在产品的保修期与非保修期内，企业都一如既往地为顾客提供及时、高效的专业化服务，这就有助于树立产品的知名度，提高品牌忠诚度，促进产品在未来的销售，形成品牌价值，从而使服务为企业带来更多的品牌附加值。

5. 服务文化能为产品服务带来增值，为企业创造新的价值

良好的服务文化会使企业整合顾客的需求，创造新的服务价值。它要求企业在相对保持原来产品的基础上，进入服务增值领域。此时服务战略已经不是简单地为顾客提供维修保养和培训等服务，它将服务价值的创造延伸到产品之外，结合顾客的个体需求，深入顾客的消费领域，提供个性化的解决方案，为顾客解决产品问题提供咨询和技术支持，提供企业的创新服务。另外，它还满足了顾客由于使用产品而产生的服务需求。例如房地产商纷纷进入物业管理行业，为顾客提供所需的物业管理服务，并将文化的内涵融入物业管理的全过程。产品服务的增值在为企业带来服务收入的同时，也提高了企业的长期竞争力。

那些重视塑造良好服务文化的企业，能够吸引优秀人才加入，并将他们长期留在企业工作，因为在这里员工能够提高工作能力、享受到真正的工作乐趣，并实现自我价值。企业产品服务增值可以通过搜集产品信息、了解顾客需求、建立良好的客户关系等方式为产品后期销售创造条件，实现潜在的产品服务增值，从而为企业创造新的价值。

6. 强劲的服务文化并不总是有利的

对企业的经营业绩存在负面作用的企业服务文化并不罕见，特别是当周围的环境已经发生变化需要产生新的思维方式时，较强的企业服务文化将成为企业改革的严重障碍。这时强劲的服务文化不仅会削弱员工的应对能力，而且会使管理层变得无能为力。经营业绩不佳的企业的服务文化对企业管理存在负面作用，最重要的原因在于这些服务文化与企业采用的新型经营策略或经营战术相抵触。那些鼓励不良经营行为、阻碍企业合理经营策略的企业服务文化很容易在长时间里缓慢地、不知不觉地产生，而且这种服务文化一旦存在就极难改变。

强劲的服务文化尽管不易改变，但它们完全有可能转化为有利于企业经营业绩增长的服务文化，但这种转变需要很长的时间，并需要管理者具有杰出的领导才能。管理者必须有明确的洞察力，清楚哪一种服务文化可以促进企业经营业绩的增长。不同的服务文化氛围需要不同的管理风格与之相配合，传统的管理风格与新型的服务文化有很大的冲突。因此，企业

管理者必须形成与新的服务文化相匹配的管理风格。

□ 案例 9-2

中国农业银行：企业文化建设十大典范之一

在"中外企业文化 2012 峰会"上，中国农业银行合规文化建设案例与中石油集团"英模现象"、首钢公司"融合文化"等一起荣获"2012 年度企业文化建设十大典范案例"。

在颁奖仪式上，中国企业文化研究会副理事长李世华对中国农业银行合规文化案例进行了点评，他指出，中国农业银行大力推进合规文化建设，积极倡导"合规创造价值""合规促进发展""合规成就幸福""合规是严肃的爱"等理念，着力构建"六位一体"合规文化建设长效机制，营造了良好的文化氛围，强化了内控合规管理，促进了农业银行的稳健发展，案例为金融风险防范问题提供了有效的文化解决方案。

近年来，农业银行在全行深入开展合规文化建设，积极倡导诚信、正直的价值观念和行为准则，大力推行"合规创造价值""合规促进发展"等合规理念，着力构建宣传教育、制度建设、强化执行、监督检查、整改纠偏和考核奖惩"六位一体"的合规文化建设长效机制。经过近三年的实践，农业银行营造了合规文化建设的良好氛围，强化了内控合规管理的基础，促进了农业银行的稳健发展，获得了系统内外相关部门及全行广大员工的普遍好评。

资料来源：《中国城乡金融报》。

9.2   金融企业服务文化的建立及管理

所谓金融企业服务文化，是金融企业在长期为客户服务的过程中所形成的服务理念、职业观念等服务价值取向的总和。

9.2.1   金融企业建设服务文化的前提

从以上服务文化建立的必要性及其对服务企业发展的作用的分析可以看出，金融企业作为一种特殊的服务企业，更需要建立独特的服务文化来帮助员工树立服务导向的观念，并以此指导金融企业的发展和成长。当前无论是金融企业还是其他类型的企业，引入和实施一项服务战略都首先需要建立一种全新的服务文化，进行文化变革。文化变革是一个长期的过程，它需要制订广泛和长期的活动方案。一般而言，金融企业优质服务的形成有四个前提条件：战略的要求、组织的要求、管理的要求、知识和态度的要求。

这四个不同的前提条件相辅相成，如果不能全部满足，内部变革就会夭折。例如，金融企业组织结构过于复杂，使得优质的服务理念无法真正得以实现；一个具有服务意识的员工在为顾客提供服务时因无法从上司或企业内部获得支持而感到难过，进而失去继续服务的兴趣。金融企业如果没有从战略高度来审视和对待服务导向，那么要求员工具备服务意识是不可能的。

1. 开发服务战略

金融企业只有建立服务导向战略，提供优质服务的目标才可能实现，这就意味着金融企业的高层管理者需要创建一个以服务为导向的组织。这里的高层管理者可以是金融企业的总裁及其管理团队，也可以是有足够自主权的地区性组织或者利润中心的管理者。

（1）服务概念是构成服务战略的基础。制定服务战略要求金融企业首先确定与组织使命和战略有关的服务概念。如果金融企业无法对服务概念进行清晰的界定，那么对组织目标的讨论、资源的使用和业绩的考核就缺乏稳固的基础。服务概念表明了金融企业应该做什么、为谁而做、如何去做、利用哪些资源以及向客户提供什么利益等一系列问题。如果这些问题得不到明确的解答，企业员工就会对自己的行为感到迷惑。并且，由于没有明确的、达成共识的服务概念作为前提，企业各级员工的行动目标和日常惯例的制定也不可能做到明确简洁与通俗易懂。同样，对于中层管理者来说，如果服务概念艰深晦涩、不易传播，他们也很难履行好自己的职责。

（2）人力资源管理是服务战略的一个重要方面。金融企业的招聘程序、职业生涯规划、奖惩制度等都能体现出服务文化的概念，优质的服务战略应该能指导金融企业的人力资源管理工作。在金融企业的招聘程序、奖惩制度中，非技能、非服务导向的成分强调得越多，员工对服务导向的认同就越弱，服务文化发展失败的可能性就越大。

金融企业无论对员工的业绩进行考核，还是对优质服务进行激励，都必须按照能够让员工意识到服务的重要性的方式行事。但是金融企业中往往存在对考核和奖惩制度的错误引导，导致员工觉得做其他工作会比提供优质服务带来更多的回报。如果金融企业的文化氛围如此，任何发展服务文化的尝试都注定要失败。

2. 构建服务导向的组织结构

（1）适当的组织结构是创造优质服务的先决条件。高质量的服务意味着顾客能够便捷地得到服务和员工迅速灵活的决策。如果金融企业的组织结构阻碍了员工以这种方式开展工作，那么具备服务文化特征的规范和价值观就难以形成。要想取得和长久保持优质的顾客感知服务质量，金融企业组织结构设计的所有方面都应该配合服务的生产和创造。正式的组织结构越复杂，提供服务时出现的问题就越多，在这样的组织中发展服务文化就存在很大的障碍。如果金融企业组织结构和企业战略不匹配，即使企业战略是服务导向的也无法实施，员工会认为管理层交给自己的那些任务根本无法完成，并会对企业服务导向的战略产生负面影响。

（2）关注非正式组织结构的存在。金融企业的员工之间形成的一种利益结构或个人关系网，总是对正式的组织结构有影响，或者使其得以简化，或者使其更加臃肿。对于前一种情况，员工的积极态度相互影响，可以使复杂组织中产生的问题得到解决。而后一种情况恰好相反，即使金融企业组织结构的设置具有服务导向性，这种非正式组织结构仍然会成为优质服务的障碍，因为如果员工不想合作，就会影响组织中服务问题解决的效率甚至效果，以至于无法建立真正的服务文化。

（3）服务导向需要扁平化的组织结构。通常情况下，服务导向的企业需要很少层级的组织结构。现在许多服务问题的解决必须由那些最靠近顾客的员工做出决策，这些与顾客接触的员工和支持人员肩负着更多的责任。他们需要独立地做出决策，但这并不意味着管理层失去了权力，只是他们的角色改变了，他们不再只是技术经理人和决策者，更像是教练或者指导者。他们必须帮助和鼓励员工，并创造出以优质服务为首要共享价值的文化氛围。

（4）明确界定支持性职能的作用。在金融企业中，行政事务部门的员工一般不与顾客直接接触，他们常常认为自己是出于行政职责被动地发挥作用，事实上，在大多数支持性职能中，他们的角色相当重要。他们应该把与顾客直接联系的员工看作自己的内部顾客，必须像为最终顾客服务一样为这些员工提供服务。许多金融企业的顾客联系职能并没有得到应有的重视，常常是此职能部门的员工数量不足而支持性部门的员工数量超编。显然，金融企业必须重视与顾客的互动过程和服务流水线的设计，以便让支持性部门的人员以更加有效的、服务导向的方式支持一线员工与顾客之间的互动。

（5）建立明确的运作系统、规章制度和工作流程。优质的服务总是与简洁明了的工作方式相联系的。有了明确的运作系统、规章制度和工作流程，可以避免许多由于运作系统过于复杂而造成的不必要的延误和信息中断。它的效应是双重的，首先，给顾客的感觉是服务的职能质量改善了；其次，在工作流程简化以及运作系统中不必要的、耗时的环节和因素被剔除之后，员工会感到自己的工作更有意义，从而更加积极地工作，使顾客得到更好的服务感知质量。

3. 培育服务导向的领导能力

服务导向的领导能力包括管理者和上级主管对各自角色的认识、对下属的态度以及他们作为管理者的工作表现。

（1）形成服务导向的领导能力是优质服务在管理方面的先决条件。服务导向的领导能力涉及管理者对自身角色的态度以及他们作为管理者的行为方式。金融企业的管理者要主动地、持续地在组织中大范围地传播真正的服务文化，并为各层级和各部门提供支持，这样才能使服务文化更快和更完善地建立起来。金融企业的管理者如果仅仅作为技术经理，而不兼任教练或领导的角色，那么由他领导的服务文化建设是不会有什么大的成果的。管理者需要具有一种全身心地为组织文化和下属工作服务的精神。

（2）合作观念对领导能力有很大的影响。对许多金融企业的管理者来说，树立合作观念是一个重要的转变。在某些情况下，合作的意义很单纯，只是一般性的支持互助。在另外一些情况下，合作更像一种哲学观念，不同层次的员工在一种协作和相互尊重的氛围里相互影响。合作也意味着一种正直的思想，正直必须成为组织一个共同的价值观念。

（3）沟通是金融企业管理者的领导能力的关键要素。金融企业的经理和主管必须愿意并知道如何与员工进行沟通。沟通是双向的：领导者不仅要会发布命令，还要有很强的倾听能力。一个领导者需要经常和他的员工进行对话，给他们下达清晰的指令，使他们站在企业的立场做出决策。服务导向管理的表现之一就是形成一种积极的沟通氛围。一方面，员工需要从管理者那里获取信息，以便能够实施服务战略；另一方面，管理者需要了解员工掌握的关于顾客需求和愿望、问题、机遇等有价值的信息。

（4）金融企业的管理者在实施服务导向战略时必须到位。如果金融企业的管理者只是空谈服务概念和顾客意识的重要性，实际上却不实施服务战略，那么就会丧失信用，服务文化就会失效。金融企业的管理者必须承认优质服务和追随服务文化的重要性，并在企业中身体力行地示范给员工。每个经理和主管也要尽快将自己视为教练，鼓励员工，强化员工创造服务导向业绩的动机。金融企业的管理者必须对有利于创造一流的质量和符合企业所表述的服务文化的工作业绩进行度量并给予奖励。组织高层管理者要时刻将服务战略放到最高位置，并通过自己的努力让组织实行这种战略。无论整个企业、局部单位、利润中心、战略使命单位，还是权责分明的组织单元，它们的主管必须始终赋予服务战略最高优先权。

（5）监控服务的过程和结果也是管理工作的一部分。金融企业的管理部门作为控制员工的传统角色，正在向指导下属的角色转变，这种转变并不意味着放弃管理，而是以一种强有力的、清晰的方式建立工作目标和原则，并把经营性职权下放给下属，这是一种开放式、业务导向式和参与式的领导方式。这种领导方式将与顾客接触的员工纳入规划和决策过程，让他们参与规划并决定需要提供哪些新服务及如何生产和传递这些服务。一个群体或部门的整体目标被分成许多子目标，然后让大家根据这些子目标确认自己的职责和可以提供协作的部分。这个过程首先要把公司战略和目标传达给员工，然后督促员工对服务战略和目标尽心奉献。当然，领导还需要进行反馈，以便让员工看到他们工作和行动的结果，如果没有反馈，员工就会很容易对其所从事的工作失去兴趣。

总之，金融企业的管理手段以及经理、主管和员工的态度对服务文化的成功建立起着决定性的作用。

4. 设计服务培训方案

为了使员工具有提供优质服务所要求的知识和态度，金融企业必须对员工进行培训。员工培训是内部营销的一部分。如果金融企业中存在明显的非服务导向价值观，并且现有的行为规范也不以服务为导向，就会遇到变革的阻碍。如果满足前文讨论的优质服务在战略、管理和组织方面的先决条件，大多数障碍可以消除。然而，还有一部分障碍属于知识和态度问题。

如果金融企业的所有人员都被服务导向思维和行为调动起了积极性，他们就需要清楚如何服务组织运转、如何发展客户关系、个人应该做些什么以及他们在全面经营和客户关系中的作用。如果某个员工不了解企业的发展状况和企业期望他提供优质服务的原因，他就无法为顾客提供优质服务。

任何一名员工除了知道自己所在部门的目标、职能目标以及个人目标外，还要清楚地知道公司的业务使命、战略和整体目标。否则，员工将无法真正理解他们所从事的工作的重要性并以某种特定的、适合的方式工作。让支持性员工了解这一点比让与顾客直接接触的员工理解这一点更加重要。

在培训方案中，知识导向的培训和正直态度的培训要相辅相成。一个人知识越丰富，其对于某一特定现象就越容易持积极的态度。我们必须认识到，没有知识，也就没有态度的转变。仅仅对服务文化大肆渲染，在某些情况下可能会有一些成效，但是如果人们不知道以下这些事实，就不会长久地保持服务导向态度。这些事实包括：为什么金融企业是一家服务性组织？为什么金融企业也要采取服务战略？实施服务战略对企业业绩有哪些要求？在与其他人员的联系中，我扮演一个什么样的角色？这对我个人有哪些要求？为什么会有这些要求？

金融企业的服务培训可以总结为以下三种类别：①开发有效强化组织整体观念和市场导向的子功能；②开发能够完成不同任务的技能；③开发专门的沟通技巧和服务技巧。第一种培训为我们提供了一个理解和实施服务战略的总体基础。它把每一个功能、部门和任务都考虑进来，并且阐述了其在组织流程中的地位，这些过程涉及的员工可以更好地为顾客服务，并支持具有内部价值的生产过程。第二种培训，即技能培训，为员工提供了完成工作任务所需的技能，这些任务在引入服务战略后会有所改变，会朝着更加有效的方向转变。第三种培训为员工（特别是与顾客接触的员工，也包括支持人员）提供了实施沟通任务的特殊技能。那些强调服务意识的课程也属于这种培训。我们常犯的错误是相信第三种培训可以改变员工的态度，因为它看上去简单易行，但由于它距离战略高度还很远，所以只这样做是无法成功的。

9.2.2 创造金融企业服务文化

1. 金融企业服务文化的创建途径

文化以服务为载体在企业内部形成一种"服务氛围"，为金融企业的发展注入了强劲的推动力。服务文化分为物质、制度和精神三个层次，因此，我们也可以从这三个层面探索服务文化创建的途径。

（1）金融企业的服务文化离不开特定的环境和背景。金融企业的服务环境文化是指影响和制约金融服务活动的各种内外环境中所渗透的文化因素。对于顾客来说，良好的环境也能增加服务的价值。我们应深入研究服务环境的文化内容，使服务文化与环境文化得到和谐统一的同步提高。

金融企业的服务环境的文化建设，关键是要突出一种文化的特色。从物质环境来讲，环境可以分为宏观环境和微观环境。以银行为例，宏观环境是指设计特色、建筑风格、分行与支行的网点分布、ATM机等。银行的发展固然不是一朝一夕之功，但重要的是要保留其文化特色。金融企业要利用顾客的视觉导向，传达一种文化格调。

金融企业营业设施的布置更能综合反映微观环境的文化特色，例如交通银行的一大特色就是营业厅在布置上传达了一种轻松愉快的气氛。在这样令人愉快的环境中办理业务，顾客不仅能得到感官上的满足，而且能够体会到银行在这样的环境中传递的服务因素及营造的服务文化氛围。

金融企业在服务文化的营造中，还必须注重微观环境与宏观环境的协调一致，由于宏观环境改造周期较长，可以先在微观环境上突出特色。

（2）营造内部顾客满意氛围，培育统一的服务理念。金融企业的服务文化的核心价值观应该是顾客满意，而顾客是否满意，主要是从一线员工的态度及行为中感知的。假如金融企业的员工在工作中感到不满意，得不到应有的回报，那么其就无法长期使外部顾客满意。如果员工得不到组织给予的支持和鼓励，就不会对工作保持热情。如果金融企业不向一线员工征求意见，或者不重视他们表达的想法，他们就会变得麻木。但是如果金融企业把重点放在顾客身上，而且把一线员工视为"内部顾客"，那么在创造服务文化的过程中，满意的一线员工就会起到更积极的作用。

金融企业的服务理念是服务文化的灵魂，它要求关注顾客、服务顾客。但并不是每个人天生就能提供优质服务，即使是满意的一线员工，也未必能够恰到好处地服务顾客。服务理念的形成是一个渐进的过程，它需要金融企业的正确引导和全面的培训计划。培训计划使一些以提供优质服务而闻名的金融企业有更大的飞跃。从对经理到对一线员工进行培训，这对于统一的服务理念具有巨大的作用。

（3）金融企业的服务文化的框架建设。塑造高品位的服务文化，关键是在正确的服务理念的指导下，制定必要的服务规范和制度，建立具有特色的服务礼仪。明确严格的服务规范和制度是服务行为的操作标准，也是服务文化框架建设的保证。服务人员仅在观念上对"顾客满意"有所认识是不够的，不付诸实践、没有行为约束的观念只是空中楼阁。尤其是服务作为一种动态的商品，具有易消失和不可储存的特性，顾客是否对服务满意，要看服务人员的态度和行为是否达到和超过了顾客的期望。企业在深入研究顾客需求及变化的基础上制定高于顾客期望的规范和制度是极其必要的。

每个行业都有自己的行业规范和制度，金融服务业也不例外。要创造一种以服务为载体的文化氛围，不能只简单地遵守行业规范和制度。

2. 金融企业服务文化的营造步骤

金融企业服务文化的塑造是一项艰巨的系统工程。这项工程的实施需要遵循一个严密、科学的基本思路。服务文化的塑造与企业文化的塑造有不同之处。总的来说，它包括下列步骤。

第一步，分析和规划。金融企业的服务文化是金融企业在长期经营活动中形成的。金融企业只有正确认识本企业的历史和现状，才能对未来的文化建设进行规划。对企业的历史进行总结和归纳是塑造服务文化不可缺少的步骤。金融企业应对其现状进行系统分析，主要包括内部和外部环境分析两方面。

内部环境是服务文化生根发芽的土壤，对金融企业服务文化的塑造具有直接的、巨大的影响。诊断金融企业的内部环境，首先，分析企业员工的素质，包括管理人员的素质和普通员工的素质。员工的素质影响着服务文化的类型，也制约着金融企业服务文化发展的现实水平和潜在能力。其次，要分析企业的管理体制。管理体制是否合理对服务文化的塑造有着重要的影响。最后，要分析企业自身的经营特色。金融企业的类型多种多样，服务文化的塑造要考虑本企业与众不同的地方。

金融企业无法控制外部环境，但外部环境对金融企业的经营状况和员工的行为影响很大，优秀的金融企业要能够根据企业外部环境的变化及时调整内部环境以适应竞争。分析外部环境首先要考虑市场状况，服务文化的塑造必须考虑市场变动的趋势。其次要分析新的服务技术发展状况，每一种新服务技术的出现，都给金融企业带来了新的机会和挑战，只有把握住机会的金融企业才能成功，服务文化的塑造应充分考虑新服务技术带来的影响。对金融企业的历史和现状进行完整、系统的分析后，金融企业便可以着手进行文化建设的规划。这些规划包括总体思想、实施重点、实施方法和时间表等，其中总体思想是核心。

第二步，组织与实施。组织与实施是金融企业服务文化塑造的关键阶段，它通常包括以下几个方面。

（1）调整现有的规章制度。规章制度是金融企业内部约定的行为规范，具有强制性的特点。金融企业在服务文化塑造的过程中，需要检查与服务文化相矛盾的规章制度。彼得·德鲁克指出："应该调整规章制度，而不是企业文化，因为组织调整规章制度比调整企业文化容易得多。"当然，金融企业在调整规章制度时，要考虑人们的既得利益和心理承受能力，采取慎重稳妥的方式。

（2）全面提高员工的素质。企业员工的素质是企业素质的基础。提高员工的素质是金融企业服务文化建设的基础性工作。一个素质不高的员工很难提供高质量的服务。员工素质不高，服务文化建设的有效措施就难以得到积极的回应和贯彻，即使得到贯彻，也往往在低水平徘徊。因此，金融企业要塑造服务文化，首先需要提高员工的素质。

（3）强化员工的企业意识。如果员工能把工作真正当成个人生活的组成部分，他们自然就会对企业产生感情。当企业取得成功时，管理人员不仅应该向顾客和公众进行宣传，而且要向员工进行宣传，以强化员工的企业意识，加强分权和授权，同时，管理人员要鼓励员工积极参与决策，树立员工的主人翁意识。

（4）设计各种仪式和活动。金融企业的员工只有在亲身实践过程中感受到企业的价值观，才能对本企业文化（服务文化）产生兴趣。一些有远见的金融企业善于设计、组织一些仪式和活动，以营造适宜的环境氛围。

（5）树立英雄人物。英雄人物把抽象的精神层面和文化层面的内涵形象化，对企业文化的形成和强化起着不可忽视的作用。不同行业的服务企业有着具备不同特点的英雄人物，一家饭店的英雄人物可能是优秀的服务员，一家贸易公司的英雄人物可能是创造销售纪录的推销员，而一家金融企业的英雄人物既要是优秀的服务员，同时也是创造销售纪录的推销员。因此，金融企业对英雄人物的选择应坚持高标准，英雄人物的言行应能够体现金融企业的价值观。

（6）完善文化网络。金融企业文化的实践表明，文化网络能够广泛、迅速地传递大量信息，在金融企业文化的形成过程中往往起着正式传播渠道无法替代的作用。因此，金融企业在创造服务文化的过程中，应重视文化网络的作用。金融服务企业应充分利用这些渠道传播企业的价值观，促进服务文化的形成和发展。

金融企业的管理人员在创造服务文化的过程中，要特别注意以身作则，通过实际行动来体现企业精神，达到潜移默化地影响广大员工的目的。美国联合包裹公司在这方面做得就很好，该公司倡导"一切为顾客着想"的价值观，公司经理不仅要求员工，更要求自己处处将顾客放在第一位。例如，有一年圣诞节的前几天，铁路局的一位职员打电话到联合包裹公司说，装有该公司包裹的铁路运货车厢，因作业上的疏忽被遗忘在伊利诺伊州中部的铁路支线上。联合包裹公司经理决定尽全力把这些装有圣诞礼物的包裹准时运达目的地。为此，他们租用了一辆高速柴油火车，把那一节铁路运货车厢拉到芝加哥，然后订了两架波音727客机飞往佛罗里达和路易斯安娜等地，及时赶在圣诞节前将圣诞礼品送到了顾客手中。虽然这样做花费不少，却为公司赢得了良好的信誉。这件事在公司里广为流传，对服务文化的形成和强化起到了很好的促进作用。⊖

9.3　创建金融企业服务品牌关系

管理学家史蒂芬·金认为："产品是企业生产的东西，名牌是消费者购买的东西。产品可以被竞争者模仿，优秀的品牌却是独一无二的；产品容易过时落伍，但成功的优秀品牌能经久不衰。"品牌是企业的无形资产，优秀的品牌是企业的优质资产。优秀的品牌不但将优良的产品和服务带给了顾客，使顾客享受到优质的产品和优良的服务，而且在一定程度上把某种生活方式带给了顾客，影响着顾客的消费观念和生活方式，有的甚至还成为顾客某种生活态度的象征。金融产品品牌打造是金融产品营销过程中的重要一环，精心打造的名牌产品在推动相关业务发展的同时，也为银行等金融企业赢得了宝贵的市场份额和丰厚的利润。因此，只有拥有优秀的金融产品品牌，金融企业才能在市场激战中赢得有利地位。

9.3.1　金融企业服务品牌的定义

根据美国市场营销协会的定义，品牌是"用来识别产品和服务，并以此区别于竞争者的

⊖　曹礼和．服务营销［M］．武汉：湖北人民出版社，2000．

名称、术语、符号、标志、设计或它们的组合"。那么，金融服务品牌就是"用来识别金融服务，并以此区别于其他竞争者的名称、术语、符号、标志、设计或它们的组合"。它是消费者对金融服务以至金融企业的总体概念，这种概念是消费者长期使用该服务获得的，它是一种心理上的感受。金融企业服务品牌的一个显著特点是它的附加价值，这种附加价值丰富了品牌的内涵。消费者使用某金融企业服务品牌的产品，除了可以获得功能享受以外，还可以获得精神上的享受，这种精神上的享受通常被称为附加价值。它是通过消费者使用品牌的感受以及广告包装建立起来的。

金融企业服务品牌包括品牌名称和品牌标志两部分。品牌名称，也称品牌或品名，是品牌中可以用言语称呼的部分，如龙卡、乐得家、速汇通等；品牌标志，又称品标，是品牌中可以被记认、易于记忆但不能用言语称呼的部分，通常由图案、符号或特殊的颜色等构成，如中国建设银行的品标，是一个艺术化的字母"C"，它也是该行的行徽。

□ 案例 9-3

中国农业银行标志的意义

中国农业银行是四大国有独资商业银行之一，是中国金融体系的重要组成部分，总行设在北京。如今的中国农业银行是 1979 年 3 月恢复成立的。中国农业银行的网点遍布城乡，资金实力雄厚，服务功能齐全，是中国最大的银行之一。在海外，中国农业银行同样通过自己的努力赢得了良好的信誉，被《财富》评为世界 500 强企业之一。

中国农业银行的标志为圆形，形状酷似中国古钱币，钱币代表着银行。标志的中心由麦穗构成，麦穗的中部为"田"字，寓意农业，构成了中国农业银行的名称要素。标志外圆内方，象征着资金流动的循环和银行经营的规范化，推动农村发展。麦穗芒刺指向上方，外圆开口，给人以突破感，象征中国农业银行的事业不断开拓前进。标志为绿色，象征着中国农业银行充满生机、发展、稳健、有保障、有安全感、信任、可靠、公平。标志寓意着中国农业银行诚信高效，事业蓬勃发展。

资料来源：字体中国网。

9.3.2　金融企业服务品牌的特征

1. 金融企业服务品牌的背后是特定的顾客群体

菲利普·科特勒教授在他的《营销管理：分析、计划、执行与控制》[⊖]一书中强调，品牌暗示着特定的消费者。如果我们看到一位 20 来岁的年轻人使用牡丹白金卡会感到很吃惊，因为我们大都认为使用牡丹白金卡的人是有成就的经营者、企业家或 CEO。在大多数消费者的心目中，对牡丹白金卡品牌的消费者群体有一个基本的界定，如果该品牌的消费者群超越了这个界定的界限，人们就难以理解，甚至不愿意接受这样的事情发生。也就是说，品牌暗示了购买或使用产品的消费者类型，即品牌的背后是顾客。

2. 金融企业服务品牌是金融企业与消费者之间的无形纽带

金融企业设计、建设、经营品牌，消费者最终拥有品牌。金融企业服务品牌是金融

⊖　科特勒.营销管理：分析、计划、执行和控制（原书第 9 版）[M]. 梅汝和，等译. 上海人民出版社，1999.

企业通过产品对消费者做出的最庄严、最重要的承诺。金融企业设计品牌的目的就是通过有效的品牌运作，使消费者信任、接受品牌及其标定的产品，进而销售产品获得预期收益。品牌在产品和消费者之间起着桥梁或纽带的作用。金融企业借助品牌实现有关产品及相关信息的输出（或向市场释放）；消费者通过品牌了解其标定的产品的质量、特色及服务保证等信息，并据此决定是否购买。金融企业与消费者之间的这种信息传递是在市场中实现的。

3. 金融企业服务品牌是市场竞争的焦点

中国加入 WTO，打开了封闭多年的中国金融市场的大门，为外国金融企业进占中国市场提供了契机。外资、外企不断渗入，中国金融市场上的洋品牌已屡见不鲜，国外金融企业进占中国市场的第一步就是抢夺制高点，吞灭竞争对手的品牌，输出自己的品牌。消灭竞争对手的品牌是一种成本比较低、效用比较长远的战略举措。正因为如此，许多发达国家的跨国公司进占发展中国家市场都纷纷要求打自己的"品牌"。

4. 金融企业服务品牌是企业的优质资产

金融企业服务品牌能给金融企业带来财富，同样的产品贴上不同的品牌标签，就可以卖出不同的价格，其市场占有能力也有很大的差异，这是人所共知的。这种由品牌带来的超值利益是品牌的价值体现，是由品牌这种特殊的资产生成的。我们说品牌是特殊资产，不仅因为它是无形的，还因为它的真实价值并未反映在企业财务状况表中。

金融企业服务品牌是金融企业的无形资产，它虽不像土地、房屋、机器设备等有形资产那样可观，但是它同样具有可交换的属性。不仅如此，品牌资产能够产生价值，将其用于投资能给企业带来收益，品牌资产盘活有形资产进而使企业增势就是证明。

9.3.3 金融服务的品牌定位

1. 金融服务的品牌定位

金融服务品牌经营的首要任务是品牌定位，品牌定位是品牌建设的基础，是品牌成功经营的前提。金融服务的品牌定位在品牌经营和市场营销中起着不可估量的作用。金融服务的品牌定位是指金融企业在金融市场上为自己的品牌树立一个明确的、有别于竞争对手品牌的、符合消费者需要的形象，目的是在消费者心中占据一个有利的位置。定位一词是由里斯和特劳特提出的，他们把定位看成对现有产品的创造性实践——定位就是对企业的品牌进行设计，从而使其在目标消费者心中占有一个独特的、有价值的位置的行动。定位理论自诞生之日起，日益发挥着重要的作用，以至于被提高到战略的高度，越来越受到人们的重视。

金融企业在经营自己的金融服务品牌时必须首先对自己的品牌进行设计，从而在目标客户群体心中留下一个明确的、独特的、有利的形象，即进行金融服务品牌定位。市场细分是金融服务品牌定位的前提，目标市场是金融服务品牌定位的归着点。

金融服务品牌定位是金融服务品牌经营的前提，也是金融企业进入金融市场、拓展市场的前提，成功的品牌定位对金融企业进占市场、拓展市场起到导航作用。如果金融企业不能有效地对金融产品品牌进行定位，树立独特的、消费者认同的金融产品品牌个性与形象，必然会使自己的金融产品淹没在众多产品质量、性能及服务雷同的金融产品之中。

2. 金融服务品牌定位的原则

在金融服务品牌定位过程中，全面掌握、灵活运用品牌定位原则，是确保金融服务品牌定位成功的重要条件。金融服务品牌定位作为金融企业与目标消费者的互动性活动，其成功依赖于企业对目标消费者的激发。为此，总体上讲，在金融服务品牌定位过程中，金融企业要考虑目标市场的特征，与目标消费者的需求相一致，只有这样，才能使其品牌形象真正深入到目标消费者的心中并占据不可替代的位置。如将青少年作为目标市场，就应赋予品牌朝气蓬勃、充满活力、热情奔放等特色；若将成年人作为目标市场，则应赋予品牌高雅、稳重、有品位的形象。

（1）金融服务品牌定位要考虑金融产品本身的特点。产品是品牌的载体，品牌必须依托于产品，这就决定了在进行品牌定位时必须考虑品牌标定下产品的性质、使用价值等相关因素。受金融产品有用性等因素的限制，金融服务品牌定位应该有所区别。有的金融产品（如储蓄产品、住房贷款等）使用范围较大，可以以不同的品牌定位满足不同消费者的需求。而有的金融产品（如贵宾理财服务）必须将品牌定位于高端、卓越。

（2）金融服务品牌定位要考虑企业自身的资源条件。金融服务品牌定位必须要考虑金融企业的资源条件，要能使金融企业资源获得优化利用，既不要造成资源闲置或浪费，也不要因资源缺乏陷入心有余而力不足的窘境。如果金融企业将金融品牌定位于高档，就要有能力确保其产品或服务的品质；如果定位于尖端产品，就要有相配套的技术支持；如果定位于国际化品牌，就要有在全球市场运作的经营管理人员。也就是说，金融服务品牌定位要与金融企业自身的资源和能力相匹配，既不能好高骛远，也不能妄自菲薄。

（3）金融服务品牌定位要考虑成本收益。品牌定位是要付出经济代价的，其成本多少因定位不同而有所差异。不考虑成本而一味付出、不求回报，不符合现代企业的经营宗旨，因此，金融企业在考虑金融服务品牌定位时，必须考虑成本收益比，收不抵支的品牌定位，最终只能导致失败。

（4）金融服务品牌定位要考虑竞争者的定位。目前金融（零售）市场竞争十分激烈，几乎任何一个细分市场都存在很多竞争者，未被开发的市场空间越来越小了。在这种情况下，金融企业在进行金融服务品牌定位时更应考虑竞争者的品牌定位，应力图使本企业的品牌体现的个性和风格与其他金融企业有所区别，否则消费者容易将后来进入市场的品牌视为模仿者而不予信任。因此金融企业在进行金融服务品牌定位时，要突出自身的特色，营造自身品牌的优势，使自己的品牌区别于竞争性品牌。

（5）金融服务品牌定位要与金融企业自身的定位相统一。金融产品品牌创建应与金融企业自身的经营理念、企业文化、价值主张保持一致的定位和统一的风格。比如建设银行的"乐当家"系列品牌定位从客户的感受出发，体现对客户的关怀，展现建设银行充满人文精神的企业文化，传承建设银行既是员工的家园也是客户的家园，满足客户对轻松、幸福生活的价值追求。任何单一品牌的定位都不能脱离金融企业现有的文化和风格。

3. 金融服务品牌定位的主要策略

金融产品的特点、市场、占有率以及市场竞争状况不同，不同品牌产品的定位也不相同，主要有以下定位策略可以选择。

（1）根据金融产品的属性和功能定位。金融产品本身的"属性"以及由此给客户带来的实际"利益"（包括核心服务、便利服务及辅助服务）能使客户体会到它的定位。在某些情况下，新的金融产品品牌应强调一种属性，而这种属性是竞争对手所不具备的，这种定位往往有效。

（2）根据品牌的市场地位定位。根据品牌的市场地位定位有两种策略可以选用。一种是"首席定位"策略，即追求的是使品牌成为本行业的领导者和第一品牌，这种定位能使品牌成为强势品牌，占有最高的市场份额。采用这种定位策略成本高、维护难度大，较适合行业中的龙头企业。另一种是"加强定位"策略，即注重巩固和加强自身在市场与客户心目中现有的地位。这种"不求最大、但求最好"的定位可以避免与实力强大的竞争对手发生冲突，使自己的优势得到巩固和提高。

（3）根据品牌的档次定位。依据金融产品品牌在消费者心目中的价值高低分出不同的档次，这是最常见的一种定位策略。品牌价值是产品质量、消费者心理感受及各种社会因素（如价值观、文化传统等）的综合反映。消费某种金融品牌给消费者带来的情感方面的满足，往往是无形的和难以衡量的。金融品牌功能性的价值容易被模仿，而感性的价值较难被模仿，并且它在建立品牌忠诚方面所起的作用更大。定位于高档次的金融产品品牌，传达了金融产品（服务）高品质的信息，同时体现了消费者对它的心理认同，它具有实物之外的附加价值，如给消费者带来自尊和优越感等心理满足。高档品牌往往通过高价位来体现其价值。定位于中低档次的金融产品品牌，则针对其他的细分市场，如追求实惠和廉价的低收入群体。例如，美国运通公司向商业人士和拥有较高社会地位的人提供价格高昂的运通卡，这种信用卡实际上与 VISA 和万事达卡没有什么区别，但由于它更强调信用卡的高档次，从而更具有吸引力。

由于档次定位综合反映品牌价值，不同品质、价格的金融产品不宜使用同一品牌。如果金融企业要推出不同价值、品质的金融系列产品，应采用品牌多元化策略，以免使品牌整体形象因受低质产品的影响而受损。

（4）金融产品品牌的 USP 定位。USP 定位是指依据品牌向消费者提供的利益定位，这一利益点是其他品牌无法提供的，是独一无二的。运用 USP 定位，在同类产品品牌众多、竞争激烈的情形下，可以突出本品牌的特点和优势，让消费者按自身偏好和对某一品牌利益的重视程度对不同品牌在头脑中进行排序，当有相关需求时，更便捷地选择商品。比如在理财产品市场上，招商银行"金葵花"理财强调其服务尊荣享受、超凡体验。工商银行"理财金账户"则秉持理财带来更多的自由、自信、自然的新主张。建设银行的理财卡全针对超越理财定位的高端客户，提供跨省、跨国全功能的服务。

利用 USP 定位时有几点值得注意：①USP 诉求的利益点是消费者感兴趣或关心的点，而不是金融企业自身一厢情愿的售卖点；②利益点应是其他品牌不具备或者没有指明的独特点，在消费者心目中，这一点位置还没有被其他品牌占据；③在利用 USP 定位时，一般要突出一个主要利益点。

（5）根据品牌使用者定位。品牌使用者定位是指依据品牌与某类消费者的生活形态和生活方式的关联进行定位。如建设银行"龙卡"双币种贷记卡就运用了这一定位战略，它在广告中选择了一位 30 岁左右、"海归"模样的社会精英作为形象代言人，从而将品牌诉求对象直指 25～35 岁、受过良好的教育、有体面的工作、有稳定且可观的收入、有消费主义倾向的"黄金一代"。

成功地运用品牌使用者定位，可以将金融产品品牌人性化，从而树立独特的品牌形象和品牌个性。

（6）根据品牌文化内涵定位。向品牌注入某种文化内涵，形成文化上的品牌差异，称之为文化定位。强势品牌群体化的出现，导致市场竞争格局发生了深刻变化，文化管理与文化营销竞争已经展开。以人性化原则为基础，以人本精神筑品牌，以文化资源为原料，主张品牌有文化品位、精神价值和文化魅力的艺术化的营销工程，正以文化的理性价值促进营销力的突破。文化内涵定位将普通的金融产品升华为情感象征物，更能获得消费者的心理认同和情感共鸣，品牌价值在无形中提高了。

（7）各种方法结合定位。金融服务品牌定位的角度和方法多种多样，到底选择其中哪一种，金融企业要对品牌自身和金融市场、目标消费者有透彻的了解后加以选择。金融企业可以综合使用上述多种方法来进行金融服务品牌定位。

在确定了金融服务品牌定位的策略后，金融企业还要细致地策划，运用品牌营销组合的各个因素创建定位，实现选定的金融产品品牌形象。

4. 金融服务品牌定位的过程与步骤

金融服务品牌定位的关键是金融企业要设法针对自己的产品找出比竞争对手更具有竞争优势的特性。金融服务品牌定位的全过程可以通过以下三大步骤来完成，即确认企业的竞争优势、准确地选择相对竞争优势和明确显示独特的竞争优势。

（1）确认企业的竞争优势。这一步骤的中心任务是回答以下三个问题：

● 竞争者的品牌定位如何？

● 目标市场上足够数量的消费者的欲望满足程度如何以及他们还需要什么？

● 针对竞争者的品牌定位和潜在消费者真正的利益要求，本企业应该以及能够做什么？

要回答这三个问题，金融产品品牌经营人员必须通过一切调研手段，系统地设计、收集、分析并报告有关上述问题的资料和研究结果。通过回答上述三个问题，金融企业可以从中把握和确定自己的潜在竞争优势。

（2）准确地选择相对竞争优势。相对竞争优势表明了金融企业能够胜过竞争者的能力，它既可以是现有的，也可以是潜在的。准确地选择相对竞争优势就是一个金融企业各方面实力与竞争者的实力相比较的过程。比较的指标应是一个完整的体系，只有这样，才能准确地选择相对竞争优势。金融企业分析、比较自身与竞争者在下列 6 个方面究竟哪些是优势、哪些是劣势：

● 经营管理方面，主要是经营者的素质，包括领导能力、决策水平、计划能力、组织协调能力以及应变经验等指标；

● 技术开发方面，主要分析技术资源（如专利、技术诀窍等）、技术手段、技术人员能力和资金是否充足等指标；

● 运营管理方面，主要分析企业运营水平、运营过程控制以及员工素质等指标；

● 品牌营销方面，主要分析营销网络控制、市场研究、服务与销售战略、广告、资本是否充足以及市场营销人员的能力等指标；

● 财务方面，主要考察长期资本和短期资本的来源及资本成本、支付能力、现金流量、财务制度与理财素质等指标；

● 产品及服务方面，主要考察可利用的产品和服务特色、价格、质量、分销渠道、服务、市场份额、形象、声誉等指标。

金融企业通过对上述指标体系进行分析与比较，选出最适合本企业的优势项目。

（3）明确显示独特的竞争优势。这一步骤的主要任务是金融企业要通过一系列的宣传促销活动，将其独特的竞争优势准确地传递给消费者，并在消费者心目中留下良好的印象。为此，首先，金融企业应使目标消费者了解、熟悉、认同、喜欢和偏爱本企业的金融产品，在消费者心目中建立与品牌定位相一致的形象。其次，金融企业通过一切努力强化金融产品品牌形象，保持与消费者的关系，稳定消费者的态度和加深与消费者的感情来巩固与品牌相一致的形象。最后，金融企业应注意消费者对金融服务品牌定位理解出现的偏差或由于企业品牌定位宣传失误而造成品牌诉求主题模糊、混乱和误会，及时纠正与品牌定位不一致的形象。

□ 案例9-4

浦发银行获得"2013中国最佳品牌建设案例"奖

2013年10月23日，在"2013中国最佳品牌建设案例"评选中，浦发银行凭借"进步的力量——浦发银行打造行业先行者品牌形象"案例获得"2013中国最佳品牌建设案例"奖，这是浦发银行第三次将这一奖项揽入怀中。

"中国最佳品牌建设案例"评选活动由财经传媒《21世纪经济报道》与Interbrand联合举办，截至2013年已连续举办10届，具有较高的权威性和公信力。凭借前瞻的发展战略、积极拓展的优势业务领域以及专业亲和的品牌形象，浦发银行在300多个优秀参评企业中脱颖而出，荣膺"2013中国最佳品牌建设案例"奖。

核心竞争力的提升带动了浦发银行品牌价值稳步增长，在英国《银行家》"2012年全球银行品牌500强排行榜"，浦发银行以24.5亿美元的品牌价值位居总榜单第62位，在上榜的亚洲银行中位列第12位，居中国内地上榜银行第7位，并以年度品牌价值净增6.14亿美元入围全球年度品牌价值表现最强劲20家银行。2013年7月，英国《银行家》杂志发布了2013年世界银行1 000强排名，浦发银行按核心资本计位居全球第53位（较2012年上升4位，在上榜中资银行中排名第8位）；同月，美国《财富》杂志发布2013年财富世界500强排行榜，浦发银行首度跻身财富世界500强，位列全球企业第460位，位列上榜中资企业第88位和上榜中资银行第9位，表现出良好的综合竞争优势。

资料来源：网易新闻。

9.3.4　创建成功的金融服务品牌需要考虑的因素

1. 差异化

具有良好品牌的金融服务企业应不断创新，而不是模仿，它们创建与竞争者不同的品牌关系。

2. 提升金融企业声誉

在差异化的基础上，为顾客开发出重要并且有价值的服务，仅仅将自己的服务与竞争者区别开来是不够的。宣传品牌表明了金融企业在市场中的目标。具有良好品牌的金融企业的服务业绩要比竞争者好，在此过程中也会获得良好的口碑。

3. 建立情感联系

服务通常与情感联系在一起，因此，良好的金融企业给顾客带来信任感、热情和亲近感。它们试图超越服务的逻辑和经济层面。而品牌应该反映顾客的核心价值，这些核心价值往往是超越常规逻辑的。

4. 将品牌内部化

品牌关系的建立在很大程度上依赖于服务接触，因此，和顾客接触的员工占据非常重要的地位。他们可以支持，同时也可以破坏塑造企业品牌的过程。具有良好服务品牌的金融企业注重将企业品牌内部化。

9.3.5　创建金融服务品牌关系的策略

总结起来，创建金融服务品牌策略包括以下五方面的内容。

1. 建立金融企业品牌主导的品牌组合

金融服务是无形的，缺乏实体展示和包装，顾客在购买前无法对服务产生直观的感受，也无法进行客观的评价。在这种情况下，金融企业的实力、形象、口碑等往往成为直接影响顾客做出购买决策和消费后评价的重要依据。顾客在购买服务产品时，不仅关心服务的具体内容，而且十分看重提供服务的企业。他们常常根据服务的提供者来决定是否购买服务产品。可见，在金融服务企业的品牌组合中，金融企业品牌理应成为主导品牌，成为重点建设的对象。

2. 创造强烈的组织联想

组织联想是指顾客看到品牌就联想到企业，它是形成品牌特色或个性的关键因素。由于服务产品极易被模仿，因此对于顾客而言，提供的服务内容往往不重要，重要的是谁提供服务和如何提供服务。不同的金融服务企业，在提供同种服务时差别可能很大，尤其是在服务质量方面。金融服务企业人员、设备、专长等是能够直接或间接影响顾客评价服务质量的组织联想的重要因素。与基于产品特色的联想不同，基于抽象的企业价值观、成员、资产、技术等特色所产生的组织联想有利于提高品牌的可信度。通过组织联想，金融服务企业还可以使消费者建立对品牌的感情。

3. 使用全方位的品牌要素

无形性对金融服务品牌要素的选择具有重要意义。由于金融服务决策和安排常常是在服务现场之外做出的，因此品牌回忆成为影响服务决策的重要因素。作为品牌核心要素的品牌名称应易于记忆和发音，相应的文字和标识等刺激物要认真策划。服务的"外观"，如环境设计、接待区、着装、附属材料等对顾客的品牌认知也有影响。其他品牌要素，如标志、人物和口号，均可以全部用来辅助品牌名称，向顾客展示品牌，建立品牌认知和品牌形象。金融服务企业使用这些品牌要素的目的，是试图使服务和其中的关键利益更有形、具体和真实。例如，许多保险公司使用寓意强大或安全的标志——岩石或表征救助的双手。

4. 建立合理的金融服务品牌科层结构

随着产品和业务的多样化，金融服务企业需要根据不同的市场和产品特性，推出相应的品牌。金融服务企业经营的服务项目在品种上一般远远超过生产企业的产品种类。金融产品多样化是金融服务企业的一个显著特点。从横向来看，金融服务企业建立品牌科层，有利于定位和瞄准不同的细分市场，突出不同服务产品的特征。从纵向来看，服务等级可以根据价格和质量来体现，纵向延伸需要采用合作或辅助品牌策略。

5. 金融服务品牌内在化

金融服务企业的员工是向顾客传递品牌的重要媒介，他们可以为品牌注入活力和生机。通过员工的行为，可以将文字——视觉品牌，转化为文字——视觉——行为品牌。品牌内在化涉及向员工解释和推销品牌，与员工分享品牌的理念和主张，培训和强化员工与品牌宗旨相一致的行为。最主要的是，员工通过参与，他们会关心和培育品牌。否则，员工不理解或不相信品牌，他们就不会自觉地成为品牌的一部分，也不会按金融服务企业希望的方式行动。应记住，良好的服务品牌可以有效地传递和强化好的服务，但是无法弥补差的服务。

本章小结

品牌是企业发展的命脉，尤其对于以信用立足的金融企业而言，服务文化本来就是服务业的重要盈利标志。对于金融服务而言，创建符合企业特征的文化和让消费者充满信心的品牌，是金融企业发展的根本。

思考练习

自选一种金融产品（如某银行的网银），通过分析其现有的利弊，策划如何使之成为消费者信任的品牌。

答案要点：分析所选金融产品的特点；分析消费者的偏好；参考本章品牌定位的相关知识。

推荐阅读

1. 辛树森. 个人金融产品营销 [M]. 北京：中国金融出版社，2007.
2. 吕巍，阮红. 银行零售客户价值提升与管理 [M]. 北京：人民邮电出版社，2007.
3. 周晓明. 国有商业银行个人金融发展：服务营销与品牌推广 [J]. 市场营销导刊，2005.
4. 金融大数据营销研究中心消费金融课题组. 中国消费金融品牌口碑指数研究（2017）[M]. 北京：经济管理出版社，2018.
5. 金. 银行 4.0 [M]. 施轶，张万伟，译. 广州：广东经济出版社，2018.
6. 因基莱里，所罗门. 超预期：智能时代提升客户黏性的服务细节 [M]. 杨波，译. 南昌：江西人民出版社，2017.

第 10 章
CHAPTER 10

金融服务沟通与推广

■ **本章提要**

本章主要研究金融服务的沟通与推广。为了创建有效的金融服务可以采取整合营销的沟通方式。本章还详细研究和论证了金融服务促销与推广的各种有效手段以及金融服务 CIS 系统的导入。

■ **重点与难点**

☐ 整合营销沟通和金融服务沟通。

☐ 金融服务的推广方式。

☐ 金融服务 CIS 系统。

10.1　金融服务沟通概述

市场竞争越激烈，金融服务企业就越是需要采取有力的促销措施来促使顾客理解、接受其服务产品。服务沟通是现代服务企业开展服务促销的重要手段之一。加强金融企业服务沟通工作，将极大地促进金融服务企业的成功与发展。

10.1.1　金融服务沟通的过程

很多时候，金融服务沟通强调在目标市场上使消费者立即注意服务产品、产生印象或偏好。不幸的是，这种方式局限性很大。因为以这种方式沟通，内容过于短小，花费又太高，而且受众会把绝大多数信息当作耳边风。如今，营销人员正在转变观念，逐步将服务沟通看成对客户购买过程不同阶段的操控，即在客户购买过程的不同阶段，包括购买前、购买时、消费过程中以及消费后四个阶段，向客户传递不同的信息。客户是千差万别的，针对不同的客户群、不同的小群体甚至不同的个人，企业需要开发不同的沟通计划。随着现代交互式通信技术的发展，企业不仅要考虑"如何才能影响客户"，而且要考虑"客户如何影响我们"。

沟通过程的起点是，专业的金融服务机构掌握目标客户以何种潜在的形式受到公司的影响、接触服务机构及其与机构之间的相互作用。为了使沟通顺利进行，并具有较高的质量和效率，我们必须了解沟通是如何进行的。

如图 10-1 所示，沟通涉及九个因素，其中两个因素，即服务信息发送人和服务信息接收人代表沟通过程中最主要的两方当事人；另外两个因素，即信息编码与媒体，代表主要的沟通工具；编码、解码、反应和反馈四个因素代表主要的服务沟通功能；最后一个因素是服务沟通系统中的噪声。

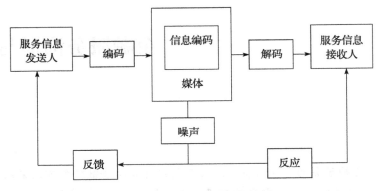

图 10-1　进行有效沟通的关键

这个模型指出了进行有效沟通的几个关键：服务信息发送人需要明白自己准备将信息传递给什么样的受众，并且希望这些受众做出什么反应（比如作为金融服务提供商的企业，提供什么样的服务，服务的特色、价格，什么时候推出，服务的定位，顾客对该服务项目可能的反应等）。他们必须精通信息编码，而且在编码过程中要考虑目标受众（现实和潜在的顾客）将会如何对信息进行解码；他们必须通过媒体将信息传递给目标受众，而且必须建立反馈渠道来评估受众对信息的反应情况。

10.1.2　金融服务沟通的目的

现代金融服务企业不仅要提供满足市场需求的服务产品，为其制定有吸引力的价格，并使其易于被目标消费者购买和消费，还必须与现有的和潜在的消费者进行沟通，塑造并控制金融机构在公众心目中的形象。因此，每个金融服务企业都不可避免地承担起沟通者的角色。其实，服务沟通的实质就是服务促销活动，是服务营销组合的又一重要因素。

服务沟通是指沟通者有意识地传播有说服力的信息，以期在特定的沟通对象中唤起沟通者预期的意念，试图有效地影响沟通对象的行为与态度。服务沟通的主要目的和意义体现在以下方面。

1. 宣传服务内容

当消费者面对一个新的、复杂的、专业性很强的金融服务项目时，他将很难理解这项服务是什么、能满足什么需要、服务质量如何、服务能带来什么好处。消费者很难像乘车、美容、干洗衣服那样简单、轻易地决定是否消费，此时服务沟通可以回答上述这些问题。可见，服务沟通对于消除服务陌生感、推动服务购买起着决定性的支持作用。

2.说服服务尝试

对于购买不可触摸的服务，简单的服务内容介绍是无法消除消费者的感受风险的。保险公司低于预期的赔偿、旅游计划中未能兑现的行程，这些经历将强化顾客对新服务的防范意识。为此，服务沟通不仅要提供信息，还要提供保证，而保证最有效的方式是亲身尝试。比如接受一次局部体检，体验一次健身运动，这是说服顾客进行周期性全身体检和购买季度健身卡的最好的沟通方式。

3.展示服务差别

"在比较中鉴别"的消费心理驱使消费者想要了解该企业与其竞争者提供的服务有何区别，或者同一企业此次提供的服务与以往有何差别。服务沟通的一大任务是展示本金融企业的服务优势和服务改进，这是帮助顾客"鉴别"、敦促其尽快做出消费决策的有效手段。

4.纠正顾客的错误感受

顾客经常会出现感受到的服务缺陷超过实际的不足这样的状况，有时甚至会因为误会恶化对服务的印象。此时，服务人员通过解释，纠正顾客感受上的误差，并表达金融企业努力改进服务的决心，会给顾客留下真诚的服务形象。

5.创造顾客忠诚

服务感受风险的存在使顾客每一次的消费选择都小心谨慎，但是一旦跨越了这道障碍，顾客对风险的回避便转化为对服务品牌的忠诚。此时金融企业定期与顾客进行沟通，及时消除顾客对服务的各种不满，品牌忠诚将在顾客心中扎根。

6.明确服务定位

服务应该以一定的形象被企业预选的目标顾客所接受。这个形象是战略性的，是与竞争者差别定位的。在顾客心目中明确服务形象，要依靠广泛的服务沟通，让顾客在沟通中自己体会，并与企业达成共识。

7.强化顾客记忆

沟通的第一层目的在于让顾客了解有一种服务可供其使用，它有一定的特点，能带来一些好处；沟通的第二层目的就在于向顾客保证他们的选择是正确的，他们能从服务中获得最大的满足；沟通的第三层目的在于不断强化顾客在服务中获得满意的感受。如果顾客相信自己体验过的服务具有比较优势，那么他对服务的忠诚会远远超过对实物产品品牌的忠诚。

8.全面支持促销

金融服务促销是个大概念，促销战略可以表现为多种促销方式，对于不同的服务，有主要方式和次要方式的差别。但无论金融企业采取何种促销方式，在人员接触阶段的服务沟通对前期的促销总能起到强化作用，对后期的促销能起到铺垫作用。

10.2　整合服务营销沟通

随着通信技术革命和各大媒体的发展，消费者与金融服务企业的沟通手段日益多元化，传播的信息也日益丰富。知识经济时代的到来及世界经济一体化的深入发展，使得服务业市场竞争日益激烈。如何整合营销传播沟通已经成为当今金融服务企业面临的新课题，能否与顾客建立起连续、有效的沟通过程是金融服务企业能否赢得顾客信赖、保持顾客忠诚、在竞争激烈的市场中立于不败之地的关键。

营销传播：整体沟通问题

营销传播是营销过程的核心部分，它已与过去大不相同。过去，顾客通常从大众营销沟通渠道，比如电视、报纸上的广告等有限的媒介来了解关于商品和服务的信息。在这种情况下，营销人员不难勾画出统一的品牌形象，使其与营销所做出的承诺保持一致。然而，与传统营销不同的是，今天的顾客可以通过更多的渠道获得商品和服务的信息，如专门的服务宣传手册、互联网等。此外，服务场景、顾客服务部门、与服务人员的接触交互活动也为需要服务的顾客提供了更多的信息来源。这些信息来源增加了特定企业或品牌的信息类型和信息数量，也提高了信息的复杂程度。如果顾客通过不同渠道接收到的信息相互冲突，并且企业缺乏清晰一致的形象，就会造成顾客通过这些信息产生的期望与其实际获得的服务之间存在差距。

正如我们前面所讨论的，购买预期和现实获得之间的差距大小决定了顾客的感知服务质量。整体营销是复杂与微妙的，它涉及的内容包括组织在提供服务的过程中所做的一切宣传、该组织的一切行为对顾客产生的影响以及组织在这一过程中的沟通行为。下面我们先介绍整合营销传播的基本概念。

1. 整合营销传播的定义

整合营销传播（integrated marketing communication，IMC）是一个营销传播计划的概念，即通过广告、直接营销、销售促进和公共关系等传播方式的战略运用，对不同的信息进行完美的整合，最终打造明确的、一致的和最有效的传播影响力。在营销领域，整合营销传播通过使企业形象和沟通信息保持一致建立起强势的企业品牌认同。这意味着企业所有的信息、定位和形象以及识别标识在任何场合都保持一致。因此，金融企业进行整合营销传播需要拥有长期的视角。

我们把应用于服务业的、更为复杂的 IMC 称为**整合服务营销沟通**（integrated services marketing communications，ISMC）。ISMC 要求参与沟通的每个人都清楚地了解企业的营销战略和对顾客的承诺。由上述定义可知，企业可以通过不同的沟通渠道传递信息。Duncan 和 Moriarty（1997）对沟通信息的渠道进行了如下区分。

（1）计划性信息。计划性信息是一系列计划性营销传播的结果，通过独立的沟通媒介（如电视、传单和互联网等）发送信息。一般来说，这类信息是最不值得信任的，因为人们知道它们是营销人员用来说服现有顾客和潜在顾客购买某种特定产品而采用的手段。

（2）产品信息。产品信息是关于产品的信息，主要指除物理外观以外的关于产品生产厂家及产品的信息，如产品的设计程序、产品功能以及产品的使用说明等。

（3）服务信息。服务信息是在服务的过程中传递出来的信息。一线服务人员的仪表、态度、行为、系统和技术运作的方式及环境中都包含着服务信息。服务过程的实质就是顾客和服务人员的互动接触，顾客不仅从这些服务接触中得到大量的信息，而且在互动沟通的基础上形成对服务企业的信任。当然，如果沟通不好，结果可能是负面的。企业的运作系统及环境为服务过程提供支持的方式同样可以传递信息，以便获得顾客的信任。我们一般认为，服务信息比计划性信息和产品信息更值得信任，因为顾客知道掌握服务信息的难度大于掌握上述两类信息，因此，服务信息的可靠性也高于计划性信息和产品信息。

（4）非计划性信息。人们认为最值得信赖的信息就是非计划性信息。服务企业及其产品的非计划性信息的发出者是在服务过程中接触了某个特定顾客的相关顾客、对产品或者商家的好坏做出过口头评价的顾客，或者报道过某种服务及产品信息的报纸、杂志以及电视节目。

对上述四种信息的来源及特点进行总结，如图 10-2 所示。

最不值得信赖			最值得信赖
计划性信息	**产品信息**	**服务信息**	**非计划性信息**
大规模沟通（广告）	外观设计	与服务过程的互动	口碑推荐
宣传手册	有用性	传递信息	推荐意向
直接反馈	原材料	开发票	新闻报道
销售网址	生产过程	索赔处理	舆论
其他	其他	其他	其他

图 10-2　沟通信息的渠道来源

资料来源：Based on Duncan and Moriarty, Driving brand value, New York: Mcgraw-Hill, 1997.

如图 10-3 所示，这四种信息的来源也可以被描述为"企业所说""企业所为""其他人所说、所为"三个方面。

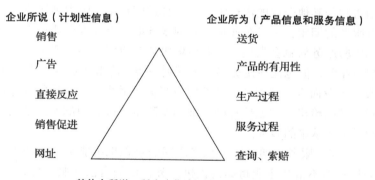

图 10-3　整合营销三角形

资料来源：Gronroos, Christian. & Kirsti Lindberg-Repo. Integrated Marketing Communication: The Communications Aspect of Relationship Marketing [J] *Integrated Marketing Communications Research Journal*, 1998, 4(1): 10.

营销传播的一个重要问题在于，只有最不值得信赖的关于企业及其产品的信息——计划性信息，才可以作为企业营销沟通计划的一部分，由企业进行策划。在这类计划中，常被适当考虑的是产品信息，而作为顾客最值得信赖的服务信息和非计划性信息却被企业忽视了。因为这些信息不属于有组织的营销传播过程的组成部分，它们难以计划。现在，只要企业有能力投入大量的资金，使用广告、邮寄、促销等传统营销传播手段或互联网传播媒介开发计划信息都变得越来越容易。可惜的是，这些沟通策略的效果是无法保证的。这将涉及沟通周期及沟通一致性的问题。

2. 整合服务营销的沟通

基于前文论述的整体沟通，我们将在本节分析金融服务沟通问题产生的原因，进而提出整合服务营销沟通的方法以及管理营销传播的基本原则。

（1）服务沟通问题产生的原因。如果金融服务企业中的营销沟通出现了问题，那么这会在很大程度上影响顾客感知的服务质量。产生沟通问题的原因有以下几点。

1）服务承诺管理不当。当金融企业未能管理好服务承诺，也就是说，企业未能管理好销售人员、广告和服务人员对顾客的承诺时，服务传递与服务承诺之间就会产生差距。这种差距出现的根本原因之一在于，金融企业提供的服务承诺信息不完整。例如，营销人员经常在金融企业实际提供服务之前进行新服务宣传，但没有提供新服务何时上市的确切信息。此外，需求和供给的变化也会对服务承诺产生影响，这种变化使服务提供在某些时候是可能实现的，而在其他时候却不可能或很难实现。还有，由企业的组织结构决定的业务流程是否畅通也影响着最终提供的服务能否与承诺相一致。

2）顾客期望管理不当。随着金融服务市场的不断完善及竞争激烈程度的加强，许多金融服务企业在争取新业务及赢得竞争优势方面比以前面临更大的压力。因此，金融服务企业在广告宣传、销售和与其他企业的沟通中，经常会过度承诺以吸引新顾客。过度承诺会在无形中提高顾客对服务的期望，一旦企业把顾客的服务期望提高到企业可以提供的服务水平之上，顾客在实际体验服务后就会失望。虽然金融服务企业将顾客期望提高到不现实的水平可以带来更多的初始业务，但也往往使更多顾客感到失望，降低了业务的重复性。

对于金融服务企业而言，营销和生产部门应当提供适当的、准确的沟通信息，对顾客期望进行管理：营销部门给出的沟通信息必须准确反映服务接触中的实际情况；生产运营部门必须提供营销沟通中所承诺的服务。

3）顾客教育不当。服务传递和服务承诺之间的差距也可能来自金融服务企业未能有效地教育顾客。如果顾客不清楚企业将如何提供服务，他们自己在服务传递中的角色是什么，以及他们应该如何评价以前从未接受过的服务，那么顾客就容易感到失望，并且经常让金融服务企业承担本应该由他们自己承担的责任。即使服务传递中的一些错误或问题是由顾客自己造成的，顾客仍旧会不满意。服务研究企业 TABP 的研究表明，1/3 的顾客抱怨与顾客本身有关。针对这一问题，金融服务企业必须承担教育顾客的责任。

在线服务业是逐渐成长起来的，许多没有经验的顾客不知道使用这种服务需要每月支付服务费和额外的电话费，还要有足够的耐心面对复杂的安装程序。这些先决条件超过了许多顾客原有的应对能力，并且这类服务的更新速度很快，因此当顾客不能自如地使用服务时往往归咎于服务提供者。产生这一问题的主要原因是企业没有预先通知顾客并为顾客提供准确的操作培训。

此外，对于信誉资产密集的服务业来说，即使顾客曾经接受过该类服务也很难评估服务的价值，因为许多顾客仍然不知道判断服务的标准。在高参与度的服务业中，通常存在类似的问题。

4）内部营销沟通不当。实现服务承诺需要企业的多个职能部门，如营销部门和生产部门联合起来提供服务。服务广告和推销人员承诺为顾客做什么，而生产部门是真正的服务提供者。因此，各职能部门之间进行有效的沟通至关重要。如果企业内部不能保证很好的沟通，就会面临服务感知质量下降的危险。

不管金融企业外部进行何种形式的促销宣传，企业内部各职能部门的联合或整合对于提供高质量的服务而言都是必需的。销售人员需要与服务提供者进行内部沟通。如果了解顾客期望的人员不向相关部门提供这些信息，就会导致宣传信息失真，从而影响顾客对服务的期望，进而使顾客产生失望感。人力资源部门与营销部门也必须保持有效的沟通。企业需要激励员工，以使他们提供满足顾客期望的服务。这些都属于内部营销的内容。关于内部营销的具体内容，本书已在前面进行过详细叙述，这里不再赘述。

内部协调的最终形式是各部门和各分支机构在政策与程序上都保持一致。如果一个服务组织在同一名号下运营许多分支机构，不管是特许经营还是企业自营，顾客都期望获得相同的服务。在不同的组织分支中，很多差异性因素会影响营销沟通的效果。

（2）整合服务营销沟通的方法。针对金融企业服务沟通问题产生的原因，我们将继续介绍相应的解决方案。如图 10-4 所示，整合服务营销沟通的方法主要包括管理服务承诺、管理顾客期望、改进顾客教育以及管理内部营销沟通四种措施。

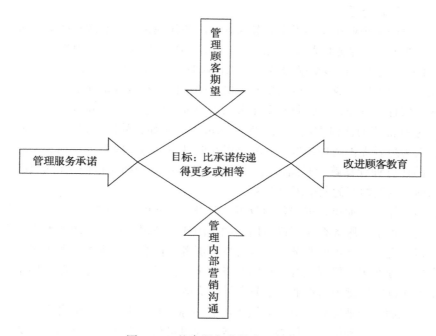

图 10-4　整合服务营销沟通的方法

资料来源：泽丝曼尔. 服务营销［M］. 张金成，白长虹，译. 北京：机械工业出版社，2004.

1）管理服务承诺。管理服务承诺就是使所有外部营销沟通和内部营销沟通所做的承诺保持一致并且具有可行性。服务不同于有形产品，它要求由营销部门承诺其他部门的员工能够提供何种服务并在服务过程中将承诺传递给顾客。由于员工提供的服务不可能像有形产品的生产那样标准化、机械化，因此需要更多的协调和承诺管理。具体来说，管理服务承诺可以从以下几个方面进行考虑。

首先，创造有效的服务沟通是管理服务承诺的基础。广告的某些方面是产品和服务所共有的，但服务的特殊性要求另外制作战略性广告以使服务广告更有效。使用特定信息形式的广告，创造一种深刻而清晰的形象，可以使人们脑海中对无形的服务产生某种特定的画面。在此基础上，金融服务企业利用有效的整合标识与象征物强化企业的业务印象，进而关注企业的有形服务，在沟通中突出服务员工，鼓励口头沟通以及强调服务的目标顾客。这些都是创建服务沟通的有效方法。

其次，协同外部沟通同样重要。对于服务组织来说，协调所有为顾客提供信息的外部沟通工具，包括广告、公共关系、人员推销及互联网，是一种重要且具有挑战性的方法。服务品牌不仅是广告等外部营销工具创造出来的，实际上，许多品牌资产来自顾客对品牌的直接体验。从品牌资产的角度，我们能得到一种区别于一般品牌定义的说法：顾客从某品牌的营销活动中获取的品牌知识会对其产生影响，当顾客对某种品牌非常熟悉并与之形成强烈的、良好的、单一的品牌关系时，就产生了基于顾客的品牌资产。美国捷运公司的创始人迈克尔·布罗尔（Michael Bronner）着重指出要协调外部和交互营销沟通："企业可以在网络广告中花费几百万，却忽视了顾客在服务线上一层一层反馈的工作方式。"

再次，管理服务承诺的另一个重要方面是保证承诺的可行性。顾客对服务的期望将影响他们对质量的评价：期望越高，传递的服务就越被认为应该是高质量的。因此，外部营销提供的承诺必须可靠且合适。

最后，金融服务企业还需要提供服务保证。服务保证是提供给顾客的关于服务的正式承诺。只有让顾客了解到保证是真实存在的，并相信企业会支持他们，才能最终保证顾客满意。

2）管理顾客期望。许多金融服务企业都面临这样一种境地：不得不告诉顾客过去提供的服务不能再继续提供，或者提供需要支付更高的价格。在这种情况下，金融企业如何向顾客传递这样的信息？首先，金融服务企业可以为顾客提供选项，重新设置顾客期望。选项可以包括对服务有价值的任何方面，比如时间和成本。例如，外国某诊所看病时按每小时 50 美元收费，它为患者提供两种选择：一种是以小时计算，每小时额外增加 5 美元；另一种是不足一小时的按分钟计算就诊时间付费。这样，顾客可以选择对他们来说最有价值的选项。提供服务选项可以使顾客的期望固定下来。

其次，金融服务企业可以创造价值分级的服务。不同的产品成本不同，因此制定的价格也不同，在这一点上，服务企业同样适用。如美国捷运公司根据服务的类型提供多种水平的服务：传统绿卡提供最基本的服务，金卡有额外服务，白金卡提供的服务更多。企业提供价值分级服务的好处在于：根据顾客选择的服务水平，使顾客保持特定的服务期望，并且企业可以分辨出哪些顾客愿意为高水平的服务支付高价格。

再次，金融服务企业需要建立有效服务沟通的标准和水平。金融服务企业需要把握机会教育顾客，建立评估服务标准。如果金融服务企业以可信的方式教育顾客，就会在评估过程中占有优势。

最后，金融服务企业要善于与顾客商谈不现实的期望。有时顾客表达的服务要求是愿意以最低的价格获得一般水平的服务，如果他们要求的服务是不现实的，企业必须让顾客在了解服务价格的同时了解服务的价值，它们也要准备好为更现实的期望而谈判。否则，企业就会发现自己因为向顾客提供服务而降低了利润。

3）改进顾客教育。在许多有效的服务中，顾客必须恰当地扮演自己的角色。如果顾客忘记自己扮演的角色或扮演不当，就会感到失望。与顾客沟通可以作为教育顾客的有效形式。金融服务企业可以通过对顾客进行服务教育来避免以上问题的产生。它们需要经常让顾客为下一步的活动做准备，甚至每一步都要准备。只要顾客没有经验或者服务过程是新的或特别的，进行期望教育都是非常必要的。例如在管理咨询和其他复杂的服务中，服务提供者必须使顾客对服务过程有所准备。在咨询之初，管理咨询公司经常建立贯穿咨询全过程的"检查点"，用以评估时间进程，引导顾客为完成项目建立目标。类似的方法有时对有个人服务需求的顾客来说也是有效和必要的。

同时，金融服务企业应该保证绩效符合标准和期望。服务过程中存在很多种情况，如顾客不能评价服务的有效性，服务购买的决策者不是使用者，服务是无形的，金融服务企业需要依靠其他机构提供一些服务以满足顾客期望等，此时金融服务企业必须通过适当的沟通来强化自身的服务，最终使顾客了解服务标准或企业为改进服务所做的努力，从而提高服务感知质量。

在上述基础上，金融服务企业应该教育顾客避开需求高峰时间而选择需求低谷时间。譬如在银行，研究者采用三种措施来处理顾客等待：一是提前通知顾客业务繁忙的时间；二是员工为办理业务延误向顾客道歉；三是安排所有员工为顾客服务。其中只有第一种方法是在教育顾客，其他两种都是员工管理。研究者证实，当顾客预先获得通知后，即使他不得不选择高峰时间必须等待，也可以降低等待的消极影响。如果顾客能得到银行的繁忙和空闲时间表，顾客对银行的服务会更满意。教育顾客避开高峰时间，对顾客和企业都有益处。

4）管理内部营销沟通。如前文所述，内部营销沟通包括水平沟通和垂直沟通两种。垂直沟通既包括从管理层到员工的向下沟通，也包括员工到管理层的向上沟通。水平沟通是指组织中各功能机构之间的交叉沟通。

首先，金融服务企业需要创建有效的垂直沟通。企业必须提供与员工相关的信息、工具和技能，以顺利地完成员工与顾客的交互营销。向下沟通的形式主要有企业的宣传册和杂志、企业网站、简报、内部促进活动以及各种表彰活动。成功的向下沟通的要素之一是，保证员工了解将要通过外部营销传递给顾客的所有信息。如果不存在垂直沟通，顾客就不能从员工那里获得与外部营销沟通相同的信息，如果顾客向员工询问外部沟通过但是还没有在内部沟通的服务，就会使员工产生不统一、被遗忘和无助的感觉。向上沟通对于弥补服务承诺与服务传递的差距是必要的。员工在一线为顾客服务，他们比企业中的其他人更了解什么信息可以传递、什么信息不可以传递。员工与管理层之间拥有通畅的沟通渠道，可以避免发生服务问题，如果发生问题，也可以减少负面影响。

其次，水平沟通是管理内部营销沟通的另一个侧重点。营销与运作之间进行沟通和协调可以准确地反映服务传递，进而减少顾客期望与服务传递之间的差距；营销和人力资源的整合可以提高每位员工的能力，使他们变成优秀的营销人员；财务与营销的协调可以根据顾客对价值的认同制定价格。在服务企业中，需要整合所有的功能，以确保信息的连续性，缩小服务差距。

（3）管理服务营销沟通的指导原则。金融服务企业除了要对可能产生的沟通问题采取必要的对策以外，还要对服务营销沟通进行长期有效的管理，管理服务营销沟通有一些通用性原则，以下是关于管理营销沟通的 10 条原则。

1）员工直接沟通。所有的广告活动和大多数大规模的沟通都是针对现有顾客或者潜在顾客的，但是这些活动信息也会传播给员工，因此员工是这些活动重要的"第二听众"。通过内部营销加深员工对企业服务的了解和认同，提高员工在内部的地位并加强对员工的各种激励，是促使员工在对外直接沟通中有良好表现的根本途径。

2）利用口碑沟通。有利的口碑是最有效的沟通工具，它使得顾客更易于接受外部的营销传播手段，能够产生巨大的整合效应。反之，消极的口碑传播不仅会增加其他外部营销沟通手段的沟通成本，还会对营销传播的最终效果产生负面影响。

3）提供具体的线索或者信息。服务是无形的，要将服务信息传递出去，尤其是传递给潜在的顾客十分不易。最好的办法就是企业尽量使服务变得更加具体。例如，企业可以展示服务生产过程或者与服务相关的具体证据，这是展示服务质量的一种方法。航空公司的广告应向顾客说明乘坐该公司的飞机旅行的舒适程度，最有效的宣传方式是利用某些能让顾客联系起来的、便于记忆的、有形的物品，而不仅仅是抽象的视觉上的豪华感受。

4）沟通无形的信息。尽管金融服务企业可以提供有形的信息，但服务本身往往被视为无形的。有时，通过强调服务过程中的有形因素来区分不同企业的服务意义不大，这时强调服务过程中的无形因素便成了一种很好的替代方法。因为在服务的无形部分，我们也许能发现真正将不同企业的服务区别开来的因素。

5）让服务明白易懂。由于服务具有无形性的特点，我们必须让某种特定服务带给顾客的益处明白易懂。运用抽象的、夸张的语言并不一定能达到很好的沟通效果，人们可能并不清楚该服务能为其提供什么利益。因此，用适当的、确切的词来描述服务十分重要。

6）沟通具有连贯性。由于服务具有无形性的特点，关于某种服务的大规模的沟通信息难以被顾客掌握，因此沟通必须有连贯性。电视和商业广播电台不断播出的广告、报纸连续刊登的文章和图片会更加容易让顾客意识到宣传的对象是什么以及广告中所包含的信息是什么。概括地说，营销人员只有在确定目标群体已经了解了企业传递的信息内容之后，即感觉到某项沟通信息已经过时时，才能规划新的营销沟通信息，来替换前面的信息。

7）承诺可以兑现。良好的服务质量中最重要的一个方面就是兑现承诺。如果金融服务企业对外的市场沟通所提供的承诺不能兑现，顾客亲身体验与其预期之间的差距就会加大，顾客感知服务质量就会下降。在进行营销沟通时，防止过度承诺极其重要。这一条和第八条原则紧密联系。

8）观察沟通的长期效果。如前文所述，一些短期内有效的沟通活动从长远看来可能会产生负面的影响。如果金融服务企业做出了不可能兑现的承诺，短期内的销售效果也许很好，但是随着顾客对真相的逐渐了解，他们会越来越不满，不但不会成为回头客，还会进行不良的口碑传播。从长远来看，企业的形象会遭到破坏。因此，企业在计划和执行营销沟通时，必须从长远出发，注重沟通的长期效果。

9）了解缺乏沟通的影响。在紧张的环境中，如果企业没有提供相应的信息，顾客通常会将失去控制的局面理解为负面信息。在这种情况下，企业与顾客分担坏消息胜过一言不发，高透明度的沟通反而会在顾客心中留下一种诚实的印象。

10）整合营销传播信息。顾客常常置身于通过不同营销渠道传播的信息之中，这些信息有可能是相互矛盾的，而矛盾的信息容易产生令人困惑的结果。例如，如果通过广告、直接邮寄的方式传播的信息和服务过程中传递的信息是相互矛盾的，就会导致顾客不信任企业的后果，企业形象就会遭到破坏。因此，营销人员应该尽力将各种沟通信息（计划性信息、产品信息、服务信息和非计划性信息）整合起来，以便让顾客了解企业的真实立场，从而与企业建立信任关系。

□ **案例 10-1**

中国平安整合营销助力综合金融

2015 年 3 月 8 日，中国平安"女神节"正式上线，针对女性推出了专属的传统金融和互联网金融产品，为消费者打造了一场"漂亮的"互联网理财盛宴。作为中国平安打造的首个涵盖全金融产品线的理财节日，截至 2015 年 3 月 16 日 24 时，"女神节"在 9 天爆款期内总成交额逾 1 000 亿元，平均每天销售额超百亿元。

中国平安品牌宣传部副总经理王英分析说，"女神节"上线不到 10 天即创下逾 1 000 亿元的销售成绩，显示出女性对金融产品的需求和购买力不可小觑，也表明除了花钱消费以外，网上金融理财同样受到消费者的青睐。

除了主动创造节日之外，中国平安还一直在进行品牌整合营销的创新。2014 年年初，中国平安以 6 亿元冠名中超，成为首家与中超结缘的金融集团；2014 年年底，中国平安又推出"平安好戏"娱乐金融产品平台，深入挖掘用户在"玩"这一领域的金融需求。"站在客户的角度，这些营销创新使客户享受到了有别于其他金融机构甚至超乎自身期望的增值服务，成为中国平安提升客户体验的创新之举，"王英坦言，"整合营销创新也为中国平安综合金融战略奠定了坚实的基础。"

资料来源：新浪财经新闻。

10.3　金融服务促销和推广

在市场经济条件下，金融企业的生存和发展取决于其经营状况，影响金融企业经营绩效的因素有很多，其中促销策略起着重要作用。

10.3.1　金融产品促销的基本含义

1. 金融产品促销的概念与作用

金融促销是指金融企业将自己的金融产品或服务通过适当的方式向客户进行报道、宣传和说明，以引起其注意和兴趣，激发其购买欲望，促进其购买行为的营销活动。简而言之，金融促销是金融企业将其金融产品和服务信息向客户传递的过程。

金融促销的作用主要包括如下内容。

（1）提供产品信息。金融企业通过促销活动，使客户知晓本企业提供何种金融产品和服务，有何特点、去何处购买以及购买条件如何等，以便客户选购，从而扩大产品销售。

（2）引导消费需求。金融企业通过促销活动引起客户对新产品和服务的购买欲望，这样既引导了消费需求，又为新产品开拓市场创造了必要条件。

（3）促进市场竞争。金融企业通过促销活动将其产品的价格水平和服务质量都在市场上展现出来，供客户选择比较，各金融企业之间也可以彼此了解、互相学习和有效竞争。

（4）树立企业信誉。金融企业通过促销活动可以使人们了解企业的特点与优势，从而树立良好的企业声誉，有助于维持和扩大市场份额。

总之，金融企业应重视产品，并采取适当的促销策略，以取得最佳的促销效果。金融企业针对其产品和服务的促销活动可以采取多种形式，主要包括人员推销、广告促销、营业推广和公关促销这四种形式。

2. 金融产品促销的信息传递模式

信息传递是指人们通过文字、图像或声音等手段互相沟通的过程。信息传递过程通常是：发送者—信息—通路—接收者—效果，由此构成了信息传递模式。金融企业一般通过告知、劝说、提示等传递方式，激发客户的初始需求和需求选择。初始需求是指客户第一次购买某产品和服务，而需求选择是客户在众多产品和服务中选择某一品牌的产品和服务。无论采取何种促销方式，金融企业都必须通过有效的信息传递，才能达到产品促销的目的。

□ 案例 10-2

交通银行信用卡"最红星期五"

"最红星期五"是交通银行信用卡打造的行业首创营销品牌，持卡人每周五消费需求的情感释放和实实在在的刷卡优惠，赢得了众多持卡人的喜爱和支持。2012 年 9 月，交通银行信用卡将"最红星期五"创新升级，举办了第一届"超级最红星期五"，目前以每年两届的模式定期举办，联合全国几千家合作商户推出活动当天刷卡消费返 50% 刷卡金的重磅优惠，不仅升华了"最红星期五"品牌，更影响和带动了信用卡行业营销活动的发展。

"最红星期五"于 2009 年推出时，最先携手卜蜂莲花、乐购、吉之岛三家连锁超市，每周五在三大连锁超市的活动门店开展持卡人刷卡满 128 元打 95 折的活动，同时在大型超市任意一笔消费都可获得三倍积分。2010 年，"最红星期五"品牌的超市活动拓展到全国 3 000 家门店。加油活动累计覆盖全国 80 个城市，在 3 500 多家加油站门店举行，参与人数达 35 万，奖励金数额近数百万元。"超级最红星期五"活动当天的消费额总额突破 20 亿元，创下单日刷卡消费金额新纪录；超市消费额相比 8 月周五平均消费额增长了 5 倍；合作商户沃尔玛活动门店当天店内销售总额比上一个周五提高了 36%，卜蜂莲花全国地区店内销售总额比上一个周五提高了 25%；"超级最红星期五"活动注册人数超过 150 万，为单一营销活动单日参与人数之最。同时，"超级最红星期五"活动拉动了 9 月消费总额，与 8 月相比环比增幅超过 12%，人均消费与 8 月相比环比增幅超过 10%，创下了良好业绩。由于如此丰富的活动类型、如此庞大的商户数量、如此多的参与人数、如此高额的奖励发放，"最红星期五"广受持卡人的青睐。

资料来源：新浪网。

10.3.2　人员推销

1. 人员推销的概念

人员推销是指金融营销人员以促进销售为目的，通过与客户进行言语交谈，说服其购买金融产品或服务的过程。由于金融产品或服务的复杂性与专业性，尤其是在新的产品和服务不断涌现的情况下，人员推销已成为金融产品和服务销售成功的关键因素之一。人员推销的主要优势表现为：①可以当面说明金融产品或服务的用途、特点，还可以直接观察和了解客户的愿望与需求，并及时做出反应；②可以培养企业与客户之间的良好关系；③可以详细地解释某项产品或服务的优点，以引起客户的兴趣和购买欲望，从而激发其购买行为。通常，人员推销仅要求维持现有的客户并接收订单，而创造性的人员推销要求寻找潜在客户并使之成为现实客户。

2. 人员推销的特点

（1）双向交流性。人员推销是一种双向沟通的促销形式。在促销过程中，推销人员一方面为客户提供有关信息，促进产品销售；另一方面，通过与客户面对面的交流，推销人员可以直观、及时地了解客户的需求、愿望和偏好，掌握市场动态，了解反馈信息，有利于金融企业适时调整其产品与服务，为企业经营决策提供依据。此外，通过与客户的直接沟通，推销人员可以反复介绍产品特点和服务功能，为客户做好参谋，激发客户的购买欲望。

（2）双重目的性。人员推销不仅是为了促销金融产品，更是为了帮助客户解决问题，满足其金融需求，只有这样，才能不断增进推销人员与客户之间的感情，从而更好地实现金融产品促销的目的。可见，在人员推销过程中，应建立起供求双方的沟通与联系，加深彼此的了解和信任，这样既能向客户提供更多的服务，还可以建立起深厚的友谊，从而有助于金融企业巩固老客户、发展新客户。

（3）需求多样性。人员推销不仅能有效地满足客户对金融产品本身的需要，而且通过对产品进行宣传介绍，还能满足客户对产品信息的需要；通过售前、售中与售后服务，能有效满足客户对技术和服务的需要；通过文明经商、礼貌待客，能有效满足客户的心理需要，从而使双方关系更加密切，增进金融客户对金融企业的信任感。

（4）促销灵活性。推销人员与金融客户当面交谈，易于形成双向互动的交流关系。推销人员通过交谈和观察，能及时掌握客户的购买心理，有针对性地介绍金融产品与服务的特点和功能，并抓住有利时机促成客户的购买行为；还可以及时发现问题，为客户解释并提供服务，从而消除客户的疑虑或不满意感。双方当面交谈和议价，便于迅速达成交易，成功的概率较高。

3. 人员推销的形式、方法与策略

（1）人员推销的形式，主要包括上门推销、柜台推销和会议推销等。

- 上门推销，即金融企业派出推销人员上门与客户直接面谈金融业务，在面谈过程中向客户传递金融产品与服务信息。
- 柜台推销，即由金融企业营业网点的推销人员向客户展示金融产品与服务。
- 会议推销，即由金融专家凭借其专业知识向客户宣传金融产品与服务，这种形式往往能取得较好的效果。

（2）人员推销的方法主要包括以下几种。

- 单个推销人员对单个客户，即推销人员直接与客户以电话或面谈的方式接触。
- 单个推销人员对客户群体开展推销活动，即推销人员针对一组具有相同需求的购买者介绍金融产品的功能与服务。
- 推销小组对客户群体开展推销活动，即由企业各有关部门组成的推销小组针对一个客户群体系统、全面地介绍产品。
- 推销会议，会议的目的在于教客户使用和了解某项新产品，如商业银行开发了电话银行业务，银行要具体指导企业客户如何通过电话查询当日账面余额，查询每日人民币

外汇牌价，并开展授权转账等业务。

（3）金融企业在开展人员推销时，需要对推销人员进行合理的组织和分配，具体可以采取以下四种策略。

1）目标区域策略，即把金融企业的目标市场划分为若干区域，每个推销人员负责某个区域的推销业务，这样既有利于核查推销人员的工作业绩，激励其工作积极性，也有利于推销人员与客户建立良好的关系，节约促销费用。

2）产品分类策略，即将金融产品与服务分成若干种类，每一个或几个推销人员为一组，负责推销一种或几种金融产品，该策略适用于类型多、技术性强的产品促销。

3）客户细分策略，即按产业特征、人口变量对目标客户加以分类，每个推销人员负责向其中一类客户进行推销。该策略有利于推销人员深刻了解客户需求，从而有针对性地开展促销活动。

4）综合组织策略，即当产品类型多、目标客户分散时，金融企业应综合考虑地域、产品和客户等因素，并依据各因素的重要程度以及关联情况，分别组成产品—地域、客户—地域、产品—客户等不同的综合组织形式，开展人员推销。

当然，随着金融产品和金融市场的不断变化，人员推销策略需要及时进行评估和调整。

10.3.3　广告促销

1. 金融广告的概念

金融广告是指金融企业通过宣传媒体直接向金融客户介绍、展示金融产品和服务，并树立良好的企业形象的促销活动。广告作为一种信息传播工具，如今已成为各行各业营销活动中不可或缺的促销手段。广告与其他促销形式相比，具有以下特点：①有偿性，即广告是一种投资活动；②非人员性，即广告通过媒体进行传播而非人员直接传播；③广泛性，广告通过大众传媒传播信息，在同一时间或空间接收信息的人员广泛、影响显著；④潜在性，尽管广告的促销效应相对滞后，但它对于潜在客户的吸引力是巨大的；⑤艺术性，广告是一种说服的艺术，它通过艺术化的语言、图片、声音等展示了企业形象和产品特征。

2. 金融广告的实施步骤与策略

（1）确立主题。广告主题是指以金融产品还是以企业形象作为主要宣传内容，这主要取决于金融企业的目标及其产品和服务的特点。如果金融企业为了达到在消费群体中树立良好声誉的目的，就会选择以企业形象为主题的广告宣传，如果为了扩大近期销售，就会选择以金融产品为主题的广告宣传。

由于金融产品自身的特点，金融产品广告容易引起人们的注意，并成为客户购买金融产品的理由，以此作为广告宣传的主题，可以起到促销作用。做好金融产品广告的关键在于：一是要尽可能地将金融产品与服务的特色充分地加以展示和介绍；二是要根据不同客户的需求，突出产品质量和服务优势；三是要选择好广告投放的时间和地点，力求达到"先入为主"的宣传效果。例如，美国联邦储蓄银行推出"保值定期储蓄"新产品，它的广告语是："过去不总是将来的预见者"，意思是人无远虑、必有近忧。这种存款期限为 18 个月，利率为 5.26%，高于一般的 2 年期利率。这则广告颇有规劝消费者有备无患的深长意味。又如这样一则广告语："open a CD once and we'll pay you twice"（一次定期存款，我们付你两次利息）。这种储蓄产品存期 9 个月，利率为 4.7%，另外在开户时先付 0.25% 的利息，到期后如果储户决定续存，就再付一次 0.25% 的利息，以示优惠。

企业形象广告是为了在广大客户心目中树立有利于金融企业长期发展的良好声誉，以期获得金融客户的信任感与安全感，即通过扩大金融企业知名度，提高其信誉度，给客户留下亲切的形象，使客户成为"回头客"。企业形象广告的重要性还在于消除金融企业给人的官僚习气重、缺乏人情味等不良印象。金融企业形象具体包括企业的历史、文化、规模、实力、产品质量、服务态度、建筑风格、营业场所布置、企业标志等。随着金融产品的差异性越来越小，企业形象广告在广告促销中的作用越来越大，逐渐引起了金融界的广泛重视。金融客户去银行开户、去证券公司交易或去保险公司投保，吸引他们去的关键是他们知晓金融企业是关心客户的，是为客户利益着想的，是有能力解决客户困难的。只有覆盖面广的企业形象广告，才能有效地在目标市场中树立特色鲜明的企业形象。

例如，美国旧金山街头有一幅摄影广告，题为"you are in good hands"（你在一双手的呵护中）。这是一家保险公司的广告，画面中央是一双稳健有力的男性的手，小心翼翼地捧着一颗心形钻石，背景是一片幽兰，隽永的意境尽在不言中。又如，美国北方信托银行的广告语是："trust Northern，I do and you should too"（相信北方银行，我做你所需要的），广告做出了如何满足客户需要的承诺，以表真诚。

总之，金融产品广告和金融企业形象广告应互相补充，当企业形象广告引起客户的注意和兴趣后，金融企业应趁热打铁，利用金融产品广告及时向客户介绍能为其带来收益的各种金融服务，因为企业形象广告必须以金融产品和服务为基本内容，而金融产品广告所推出的产品与服务又必须以良好的企业声誉作为前提和保证。

（2）明确对象。为了达到广告效果，金融企业在设计广告和内容时，必须了解和分析有兴趣购买产品的个人、家庭或组织类型，并判断谁能做出购买决策。对象不同，金融企业在选择广告媒体、进行内容设计时应做相应的调整，如果不区分客户对象，或仅在专业刊物上做广告是难以引起目标客户注意的。

（3）提出构思。金融广告的构思首先要具有说服力，要直接指向宣传对象的切身利益，以表明金融产品和服务能使宣传对象获得实际利益。金融企业扼要地阐明其所提供的产品和服务，以使客户有明确的选择。例如，将本地区办理某项金融业务的营业网点的地址刊登在广告上，将极大地便利客户选择。其次要富有创意，因为广告效果在很大程度上取决于广告创意。以前，金融界不太愿意采用有新意的广告内容，某些金融界人士甚至认为金融企业必须表现出传统、稳重的形象，标新立异的广告宣传会损害金融企业形象。然而，随着公众兴趣和态度的转变，创意性广告已成为塑造金融企业形象的有效手段。现在大多数客户都把创意性广告与企业创新精神等同看待。例如，美国圣保罗联合银行在《芝加哥论坛报》上登出了一则广告，标题用语是"what goes up must go higher"（追求高效），并且下面还有一个大字："guaranty"（保证）。是因为美国有一句谚语："what goes up must come down"，意为"上去的必然下来"。这里却反其意而用之，"上去的必然更上去"，暗指存款利率上去后能再上去，而且有"保证"，怎会不吸引人呢！最后，要设计好的广告语，广告用语是广告的灵魂，应具有较深的内涵，既要含蓄又要独创，才能令人耳目一新。寓意深刻的广告语，能给人留下意犹未尽、回味无穷的美好印象。美国金融企业十分重视广告语，各类金融广告都有生动醒目的标题，借以打动公众。例如一则银行广告的标题是："your money has never gone this far"，这句话有类似"积小钱、办大事"的含义，可谓神来之笔。当画龙点睛般极富个性的广告语深深烙印在客户脑海中时，这些金融企业的形象也就随之铭刻于客户心中了。

可见，富有创意的金融广告构思主要表现在以下三个方面：

- 设计现代化的标识、符号和图案；
- 运用生动形象的画面，包括运用动画和聘请明星等；
- 运用可信的广告语，并根据时代特征加以改变。

（4）选择媒体。广告媒体是指广告信息传播的载体，主要分为印刷媒体，如报纸、杂志、书等；电子媒体，如电视、广播等；邮寄媒体，如产品说明书、宣传手册、产品目录、服务指南等；户外媒体；其他媒体。四大媒体是指广播、电视、报纸、杂志。不同的广告媒体在传播空间、时间、效果、广告费用等方面具有不同的特点，具体如下。

1）广播媒体。广播媒体的优点是制作周期短、传播时间灵活、宣传范围广、人口覆盖面大、成本费用低，属于大众化传媒；缺点在于只有声音，不如电视媒体那般引人注意，并且信息瞬间即逝。因此，广播媒体难以为抽象的金融产品和服务提供直观有效的宣传。电视媒体在各种广告媒体中传播效果最好，据统计，电视广告直接产生的效果约占所有媒体的35.4%，积累性效果高达50%。电视媒体的优点在于综合了视觉、听觉传播效果，富有感染力，能引起观众的高度注意，传播范围广，有利于塑造金融企业形象，通过生动的场景展示可以更好地说明金融产品的功能；缺点在于制作成本高、信息瞬间即逝、观众选择性小。随着电视媒体影响的扩大和金融企业更多地运用有创意的广告以及社会公众对金融重要性认识的提高，电视广告在金融广告预算中所占的比例逐年升高。20世纪70年代初，英国银行的电视广告支出仅占其广告预算的4%，而进入80年代后，这一数字达到了50%。

2）报纸媒体。报纸由于发行量大、覆盖面广，并涉及各阶层的读者，因而是最具可选择性的广告媒体。报纸媒体的优势在于其订阅和发行地区比较明确、区域集中度较高、信息传播快、费用较低，尤其适合借助文字传播、内容比较复杂的说明性广告。目前，美国有1 700多家报社，大城市的日报一天出50～100个版面，星期天更多，达200～300个版面。《纽约时报》曾经有一天出了946个版面，重3.4千克，刊登广告120万条。金融企业可以根据其产品情况和促销目的，在报纸上刊登各种类型的金融广告，即使是一种复杂的金融产品，也可以在报纸广告中登载一段详尽的说明文字；在为下属分支机构提供促销支持时，也可以将每个分销渠道的情况列在上面。杂志的优点是品种多、可选择性大、印刷质量好、保存时间长、反复传阅率高；缺点在于发行周期长、信息传播慢、读者范围窄。专业杂志的可信度和权威性更符合金融企业的形象要求。

3）户外媒体。户外媒体主要包括设置在公共场所的广告牌、海报招贴等，通常主题鲜明、形象突出，能给人留下深刻印象，尤其是广告牌长期固定在某一场所，可重复传播，公众注意率极高。由于广告牌位置固定，因而接收宣传信息的往往是同一类客户。广告牌主要宣传企业名称和服务内容，广告画面和广告用语必须简明易记，以增强宣传效果。

4）邮寄媒体。这是通过邮局直接寄给客户宣传品的广告媒体。邮寄媒体的针对性最强，可以根据目标客户的需求和特点，决定广告传播的内容和形式；邮寄媒体可以详细介绍产品和服务的功能与特点，说明性较强；邮寄媒体的阅读率高，传播效果好，费用低；在对目标市场进行宣传，尤其是宣传金融企业特有的业务项目时，邮寄媒体更是一种高效、廉价的促销方法。在新产品投放初期，邮寄既可以起到短期内保密的作用，以防止在产品大面积推广之前招来模仿者，又可以让老客户尽早了解新产品信息，优先享用新产品。随着越来越多的金融企业建立起了客户数据库，邮寄媒体发挥着越来越大的作用。

总之，金融企业选择广告媒体，应在充分了解各媒体特点的基础上，综合考虑目标宣传对象的性质、特点、范围、规模以及广告费用等因素，重点选择某一媒体，并辅以其他媒体，通过媒体组合方式强化促销功能。

5）评估预算和效果。广告促销活动除了传播信息、吸引客户外，还必须关注广告宣传的成本和收益。由于在金融产品广告中，这种联系体现得更为显著，因而金融企业大多采用产品广告方式；而在金融企业形象广告中，这种联系效应还难以测定。

□ 案例 10-3

汇丰银行的社会化媒体营销

2010 年夏天，汇丰银行借力社会化媒体，在 Facebook 上设立了汇丰银行 Facebook 学生主页，汇丰银行助学金竞赛是学生主页的核心内容之一。从 2010 年开始，汇丰银行把连续举办 12 年的"学生助学金竞赛"搬到了 Facebook。2011 年，这项竞赛从 7 月开始到 10 月结束，竞赛的主要内容是学生需要上传一个时间为 90 秒的视频来阐述他们如何让自己闻名世界，并要在这个视频中阐述他们为什么需要这份助学金。经过社区和官方以及上一届两位获奖者的投票，最终会有 10 位获奖者获得金额为 1 万英镑的助学金。2011 年，学生积极参与这项在 Facebook 上进行的竞赛，全部的参赛视频有超过 3 000 次留言和 40 000 次投票，不仅有效地推广了汇丰品牌，而且加强和巩固了与学生的互动。对此，汇丰银行 Facebook 学生主页的管理员 Helen Gentry 认为："我们知道要运营和管理好这一主页会遇到很多的挑战，但是这个项目对我们汇丰银行的品牌的确有着非常积极的影响。"这一活动让汇丰银行入选了 Mashable "2011 年度利用社会化媒体的最佳银行之一"，并荣获了 "2012 Revolution Award"。

资料来源：https://site.douban.com/140758/widget/notes/10085228/note/241781728/。

10.3.4　营业推广

1. 营业推广的概念

营业推广是金融企业为了刺激需求而采取的促销措施，即利用各种刺激性促销手段吸引新客户、回报老客户。对金融企业而言，新客户可以分为两类：一类是尚未接受金融服务的潜在客户；另一类是已接受过同类服务的客户。

2. 营业推广的特点

（1）非规律性。营业推广多用于短期的促销活动，目的在于解决具体的促销问题。

（2）方式多样化。营业推广的具体方式包括赠送礼品、有奖销售、免费服务、陈列展示等。

（3）效果即时性。营业推广的促销效果能在短期内迅速显现。

3. 营业推广的主要作用

首先，加快新产品进入市场的过程。当消费者对投放市场的新产品尚未充分了解时，金融企业通过必要的促销措施可以在短期内迅速为新产品打开销路。其次，对抗竞争者的促销活动。最后，刺激消费者的购买欲望，即通过适当的促销措施，使消费者对产品产生好感，促成其购买行为。

4. 营业推广的基本策略

（1）确立营业推广目标。由于目标市场和产品生命周期不同，营业推广达到的具体目标也不相同。例如，对于传统金融产品，金融企业应鼓励客户重复购买；而对于投放市场的新产品，金融企业应吸引客户尝试购买，尤其鼓励反季节性购买。

（2）选择营业推广方式。为了实现促销目标，金融企业应根据市场需求和竞争环境，选择适当、有效的营业推广方式。例如，如果营业推广目标是抵制竞争促销，金融企业可采取赠送礼品、有奖销售等措施。

（3）制订营业推广方案。金融企业制订方案要本着费用少、效率高的原则，具体规定营业推广的范围、途径、期限和成本等。

5. 营业推广的主要方法

（1）赠送礼品。赠送礼品是金融企业运用较多的促销方法之一，例如，在吸收存款、办理信用卡以及新设分支机构开业时赠送礼品，或为了鼓励长期合作向老客户赠送礼品等。

（2）有奖销售。这种方法主要用于储蓄、信用卡购物等方面。例如在 20 世纪 80 年代后期，国内各专业银行纷纷推出各种住房有奖储蓄，有的银行 1 年开一次奖，有的银行 1 年开几次奖。

（3）免费服务。当金融市场竞争加剧时，为了推广业务、招揽客户，金融企业往往会采取免费服务的促销方法，例如信用卡持有人免会员费等。

（4）陈列展示。金融企业通过实物展示、展板解说等形式吸引客户购买产品。

10.3.5　公关促销

1. 公关促销的概念

金融企业公关促销是通过一系列活动，向客户传递理念性和情感性的金融企业形象以及金融产品和服务信息，从而改善金融企业与客户的业务往来关系，增进客户对金融企业的认识、理解与支持，树立良好的企业形象。

与客户建立良好的关系，金融企业需要做到：第一，让客户充分了解企业的宗旨、信誉、经营范围和服务方式；第二，尽可能提供多样化产品和热情周到的服务；第三，及时处理客户投诉，并善于协调与竞争者的关系，努力与其建立良好的伙伴关系，尊重竞争者。处理好上述关系是金融企业公关促销活动的重要内容，将大大促进金融产品和服务的销售。

公关促销是一门追求良好企业形象的艺术，具体包括产品形象、服务形象、员工形象、外观形象。良好的企业形象会给金融企业发展带来巨大的助力，能为企业赢得更多的客户和市场，增强其战胜困难的能力。因此，公关促销是金融产品促销策略的一个重要组成部分。

2. 科学地导入 CIS 系统

现代金融企业越来越注重在公众面前树立自己的企业形象，在西方发达国家，企业形象的塑造和构成已形成了一个比较规范的系统，即**企业识别系统**，也叫**企业形象系统**（corporate identity system，CIS）。金融企业可借助这一系统，树立自己的良好形象。参照一般企业的 CIS 系统，金融企业的 CIS 系统构成如图 10-5 所示。

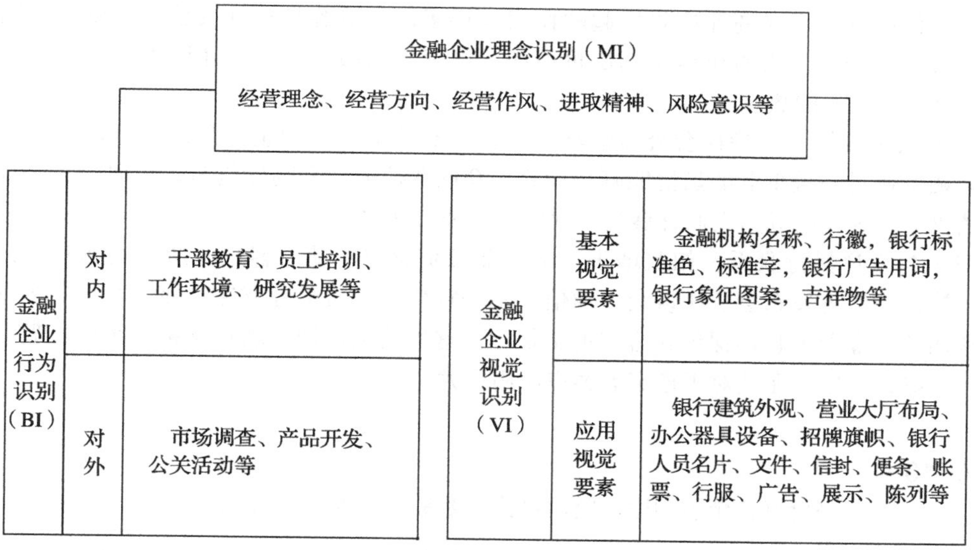

图 10-5　金融企业的 CIS 系统

（1）金融企业理念识别。**金融企业理念识别**（mind identity，MI）是指金融企业的经营理念、经营方向、经营作风、进取精神和风险意识等，这是金融企业最重要的方面。MI 是 CIS 系统的灵魂，是最高决策层次，也是导入 CIS 系统的原动力。

（2）金融企业行为识别。**金融企业行为识别**（behavior identity，BI）包括金融企业的对内行为和对外行为。对内行为主要指干部教育、员工培训、工作环境、研究发展等管理活动，金融企业的文化、内部营销均源于此。对外行为主要包括金融企业的市场调查、产品开发、公关活动等。由于金融产品具有同质性，因此，不同经营理念下对市场的理解、观察以及各项开发和公关活动的行为表达，是各金融企业竞争力的体现。金融企业的 BI 表现为动态识别系统。

（3）金融企业视觉识别。**金融企业视觉识别**（visual identity，VI）包括金融企业物资设备形象，如营业场地、办公楼等建筑物的标志及式样、内外部装饰装修、色彩搭配等；员工形象、产品质量形象、品牌包装形象等。视觉识别是具体化、视觉化的传达形式，项目最多、层面最广。各个金融企业不同的外部表达包括 LOGO、广告语、各种不同促销活动、公益赞助活动用语等，是本企业文化理念、凝聚力、最直观的表达方式，最直接地给予客户及社会公众企业感召力。

综上所述，CIS 是一个金融企业区别于其他企业的标志和特征，也是金融企业在社会公众的心目中占据的位置和确立的独特形象。CIS 的主要目的在于通过金融企业行为识别和视觉识别传达企业理念、文化，树立企业形象。科学地导入 CIS 系统，统一企业经营理念，对于金融企业而言具有十分重要的作用。

3. 公关促销的方法

金融企业开展公关促销的方法主要有以下三种。

（1）通过新闻媒体宣传企业形象。金融企业通过与新闻媒体建立良好的关系，将有新闻价值的信息传播出去，以引起社会公众对金融产品与服务的关注。报纸、杂志、广播、电视等新闻媒体是金融企业与社会公众进行沟通、扩大影响的重要渠道。新闻报道在说服力、影响力、可信度等方面比商业广告所起的作用大得多，也更容易被社会公众接受和认同。当然，只有金融企业不失时机地策划出价值高、可带来回报的新闻，才能引起新闻媒体的关注，成为媒体追逐的热点。

（2）积极参与和支持社会公益活动。社会公益活动是金融企业深入承担社会责任的活动，金融企业对公益事业的热情能赢得社会公众的普遍关注和高度赞赏，可以最大限度地增加营销机会，现在已成为它们开展公关促销的主要方法之一。

（3）与客户保持联系，相互增进了解。金融企业应主动与客户保持沟通和联系，通过访谈、演讲、信息发布会、座谈会、通信、邮寄宣传品与贺卡等方法，促进客户对企业的了解，从而使企业形象长期保留在客户的记忆中。这种公关促销活动对维系老客户、吸引新客户具有良好的作用，尤其对于稳定老客户作用更大。

□ 案例 10-4
兴全基金牵手阿里、腾讯推出"互联网＋公益＋金融"模式

2017 年 9 月 5 日第二个"中华慈善日"，兴全基金再度联手阿里、腾讯，推行"互联网＋公益＋金融"的创新模式，以提升公益效能。在 9 月 5 日正式启动的首届阿里 95 公益周，蚂蚁森林发布了公益开放计划。兴全基金成为其第一个品牌合作伙伴，从 2017 年开始三年内拟陆续投入爱心资金 1 000 万元左右，用于在库布其种植胡杨林，防治沙漠化。

与此同时，9 月 7 日至 9 日三天内，兴全基金联手腾讯 99 公益日实行爱心伙伴配捐激励计划，采用 1∶1∶X 的配捐比例，用户捐赠 1 元，兴全基金将配捐 1 元，同时腾讯基金会则会随机配捐 X 元。兴全基金此次配捐的 100 万元将投向"种棵改变未来的胡杨"库布其种树项目、"西藏高原藏医学校"等 10 个项目。

从 2006 年截至 2017 年，兴全基金以逾十年的公益"长跑"，累计捐赠 9 000 万元善款。2014 年和 2016 年，兴全基金两度登上《福布斯》杂志中国慈善榜，分别位列第 63 位和第 54 位，年度捐款额均达千万元以上。兴全基金用投资的方式来推进公益项目，关注项目的可持续性和运作效率，严格筛选项目，并将管理企业的模式应用到公益管理体系中。随着互联网在公众日常生活中的进一步渗透，在"金融＋公益"的基础之上，兴全基金能更进一步联手互联网以提升公益透明度、触达速度以及影响力。

资料来源：中国经济网。

📎 本章小结

沟通和推广是服务中的重要问题，尤其对于专业化的金融服务而言，建立有效的沟通渠道和方式是赢得消费者信任与理解的重要手段，同时，推广应该融入金融服务每个阶段、各种方式的细节之中，因为消费者会从这些细节中逐渐建立对金融企业的认识和信任以及忠诚。

📎 思考练习

情境设计。王先生投资了 100 万元于股票型基金，目前收益为 −30%，近日，王先生将有另外一笔 100 万元定期存款到期。

在银行的营销服务过程中王先生可能提出以下反对意见。

1. 之前的投资都赔了，我想再等等，多观察一下再说。

2. 我在其他银行的投资绩效比这里好得多。

3. 这笔定期存款到期，我有一些别的用途。

4. 我太太说，不要再投资了，还是续存吧。

5. 我在其他银行的手续费比你们银行便宜得多。

讨论在此场景下，作为营销人员，如何在与王先生的沟通中取得他的信任，让他愉快地接受本金融企业的服务和产品。

答案要点： 对王先生投资失败原因的分析；对王先生风险偏好的分析；建立有效的沟通方式。

🌀 推荐阅读

1. 陈思编. 营销心理学 [M]. 广州：暨南大学出版社，2005.

2. 赵萍. 中国零售银行的理论与实践 [M]. 北京：中国社会科学出版社，2004.

3. 万国华. 中国证券市场问题报告 [M]. 北京：中国发展出版社，2003.

4. 格拉德威尔. 引爆点：如何引发流行 [M]. 钱清，覃爱冬，译. 北京：中信出版社，2014.

5. 费里尔，弗莱明. 如何让他买：改变消费者行为的十大策略 [M]. 王直上，译. 北京：中信出版社，2018.

第11章
CHAPTER 11

信息技术对金融服务营销的渗透

■ 本章提要

本章详细介绍了信息技术对金融服务营销的渗透，包括信息技术对金融服务理念的冲击，信息技术的高速发展为金融企业提供的服务、面对的客户带来的改变。本章概述了在信息技术发展的背景下，金融服务营销手段、营销形式的改变，并对数据库营销管理、体验式营销、一对一营销与平台营销等新的方式进行了总结。

■ 重点与难点

❑ 信息技术带来的服务营销理念改变的实质。
❑ 新的营销方式和特点。

11.1 信息技术对金融服务营销理念的冲击

计算机与电子通信技术发展的初衷是构建连接不同计算机的网络，使之进行快速、稳定、可靠的数据交换，避免集中式系统面临的种种弊端。然而，随着信息技术的大范围普及所催生的丰富应用和新思潮，信息技术和互联网概念已经远远超越计算机技术本身，触及社会、经济和思想等诸多层面。

随着数字化进程的深入和信息化时代的来临，互联网由电子信息交换网络逐渐升级为全民交流与社会、经济活动的纽带——新型技术和应用不断涌现，Web 2.0、云计算、大数据和移动互联网是其中的典型代表。这些技术降低了互联网的使用门槛，强化了整个社会与互联网的连接和融合。信息技术也逐渐深入金融行业，对金融服务营销不断渗透。在用户使用互联网的过程中积累的体量巨大、内容丰富、变化快速、价值巨大的数据，为人们通过数据重新认识营销以及理解金融服务营销理念的转变提供了可能。

11.1.1　重新定义市场

金融服务市场是为企业、机构、个人和家庭提供资金融通、证券交易、信用等金融服务产品的市场，包括货币市场、资本市场、外汇市场、黄金市场和保险市场等。

由于信息是人类社会的重要属性之一，因此，信息技术对于信息传递、呈现和处理方式的改造，使得一切可被捕获、使用的信息源源不断地涌向金融机构。金融机构在处理、利用这些信息实现自身商业价值的同时，打造了独特的商业模式，并对金融服务市场进行了重新定义。

1. 市场界限模糊化，规模扩大

由于信息和互联网技术的普及，收费普遍较低，用户数量成为金融机构取得高额营业收入的关键，也是支撑绝大部分商业模式的基础。未来的市场界限划分不会很清晰，基于信息技术的市场没有特定的目标群体，市场的广度和深度都将有所加强。信息技术的发展促使金融服务能以低成本便捷地对接客户，将无限拓宽金融服务市场的范围和规模。因此，金融服务营销对象的范围将不断扩大，金融机构提供的产品、服务和营销方式也将更加多元化。

2. 长尾市场的兴起

海量用户与客户的个性化需求构成了长尾市场。正态曲线中间突起的部分叫"头"，两边相对平缓的部分叫"尾"。从人们需求的角度来看，大多数需求集中在头部，这部分我们可以称之为流行；而分布在尾部的需求是个性化的、零散的、少量的需求，这部分需求是差异化的。少量的需求会在需求曲线上形成一条长长的"尾巴"，所谓长尾市场，就在于它的数量上，将所有非流行的市场累加起来就会形成一个比流行市场还大的市场。事实上，大量的金融机构和企业都已经开始在长尾市场中服务用户，挖掘自身的商业价值。

国内很多金融企业比较重视位于需求曲线顶端的一级市场或少量二级市场，而对看上去蛰伏在需求曲线尾部的更广大的长尾市场了解、认识、重视和运用不够。信息技术的发展给金融企业接触长尾市场带来了机会，而对长尾市场问题的创造性解决是信息技术对于经济和商业做出的一大贡献。长尾市场大都不在重视二八法则的传统企业的视线内，但是现阶段，在信息技术和互联网技术的冲击下，金融企业普遍通过开发新增市场捕获海量用户，然后携海量用户的口碑进入头部市场，实现对传统运作和营销的颠覆。

3. 市场向低净值客户延伸

对用户数和市场爆发潜力的重视使得许多金融企业能够对所有用户一视同仁，它们甚至将自己的商业模式构建于"兼济天下"的心态之上，将市场向草根群体——低净值客户延伸，这是信息技术背景下平等共享精神的典型体现。

草根群体被普遍认为是"社会底层""弱势群体""没有权势"等不被重视的群体，是指同主流、精英文化或精英阶层相对应的弱势阶层。比如一些不太被重视的市民、在基层默默工作的人或群体等，其实就是低净值客户。传统金融机构提供的服务出于成本控制的原因主要针对中高净值客户，并不涉及草根群体。然而，随着信息技术的进步，针对草根群体的金融服务成本降低，以及对广大草根群体的关注促使金融机构不断丰富和提升其产品与服务的质量，各类型金融机构开始重视低净值客户市场。

11.1.2　金融企业及其提供的服务

信息技术的发展必将改变金融，要么是金融机构依靠信息技术、互联网技术和思维实现自我变革（如招商银行和平安银行），要么是技术型企业或者互联网企业深入金融业务，撼动传统金融格局（如阿里、京东）。

传统金融机构是指与从事金融服务业有关的金融中介机构，为金融体系的一部分。金融服务业包括银行、证券、保险、信托、基金等行业，与此相对应，金融中介机构包括银行、证券公司、保险公司、信托投资公司和基金管理公司等，同时也包括放贷机构及发放贷款给客户进行财务周转的企业。这些企业收取的利息比银行高，但简化了繁复的文件和手续，方便客户及时解决资金融通问题。相对于传统金融企业，互联网金融企业依靠高效的互联网工具，更易于开展资金融通、支付和信息中介业务。

金融企业普遍拥有信息技术是未来的大趋势，信息技术渗透下的金融企业及其提供的服务都将发生改变。

1. 创新型金融服务

信息化的意义不局限于金融行业本身，它是整个社会发展的关键。随着电子商务的发展，信息时代对金融企业提出了新要求，金融企业支付系统接口可以和企业、政府以及千家万户老百姓的网络相连接。健全的网上支付系统不仅能够促进金融企业开发新的金融工具和金融服务，而且对整个社会的发展和信息化都将产生深远的影响。

正因为这样，金融企业纷纷触网，如中国银行推出了网上银行系列产品，其他各行紧随其后推出相应的新业务，使客户能够享受网上付费、网上购物、银行转账、账户转账等创新型金融服务。依托信息技术的发展，各类型的金融企业不断创新，为用户提供便捷的、高体验价值的金融服务。

2. 综合型金融服务

不断更新的技术，包括以网络为平台的服务、技术以及金融企业系统，使金融企业面临着巨大的战略威胁和激烈的竞争。在这种大背景下，如果金融企业想要占有一定的市场份额，获得相对稳定的目标群体，取得丰厚的利润并屹立不倒，就必须不间断地利用先进的信息技术来全面武装自己，为客户提供更全面、综合的金融服务。信息革命扑面而来，金融企业只能努力完善自己来适应这种改变。

综合型金融服务是指一家金融机构可以同时提供银行、保险、证券等多种金融服务。例如中国平安集团已基本达到了综合金融集团的程度，另外还有很多的金融企业在朝这个目标努力。对于金融机构而言，综合型金融产品和服务的研发在信息技术高速发展的背景下被不断提及，综合型金融服务具有范围效应，能同时为客户提供综合型金融服务，满足客户多层次的需求，有助于增强客户对金融企业的信赖。当然，这也对金融监管提出了更高的要求。

3. 跨界性金融服务

金融企业要满足信息化时代客户不同类型的需求，不仅需要借助新技术，更需要借助新逻辑，否则将极易陷入技术金融的窠臼，不仅无法真正满足客户需求，而且会忽视这些需求对于金融变革和金融深化的革命性价值。

针对信息技术、互联网技术催生的新型金融需求（如虚拟生活保障、虚拟经济监督、虚拟资产抵押等），金融企业需要提供与之匹配的金融服务。这类需求源于互联网与人类生活日益紧密的结合。未来人类的大部分行为可能会通过信息技术迁移至互联网，日常生活中更多的内容将虚拟化。虚拟化生活将引发类似于现实生活中的全面资金融通与风险保障需求，虽然现在这个市场的容量微乎其微，但未来可能足以与现实世界的金融市场相匹敌。

跨界性金融服务不同于综合型金融服务。综合型金融服务只针对客户，为其提供完整的金融服务方案；跨界性金融服务通过信息技术和互联网渠道将金融嫁接到其他领域，如金融和旅游、留学、餐饮、家装消费的融合将导致消费金融的发展。

扩大金融产品类型和金融服务范围，使得消费者能够以合理的价格、便利地得到其所需的金融服务，并从正当的金融活动中获益。信息技术和互联网为金融企业的跨界性金融服务提供了平台和渠道。

□ 案例 11-1

途牛打造专业互联网金融综合平台

2014 年，途牛推出针对出境游客的零保证金出游"牛客贷"业务，随后又推出了为中小供应商提供贷款服务的供应链金融产品"牛业贷"，这一产品后来因被业内指为途牛的金融游戏而遭到质疑。2014 年年底，可以对指定旅游产品申请分期支付的"牛分期"业务上线。2015 年 5 月 29 日，途牛宣布与工商银行江苏分行营业部达成战略合作，在现金管理、供应链融资、支付结算、旅游分期等领域开展深度合作。2015 年 9 月，途牛对外宣布旗下两家商业保险公司已获批，同时，途牛获批了基金牌照，成为首家进军旅游商业保理市场的在线旅游企业。途牛金融频道叫作途牛金服，途牛金服提供的可选服务较为丰富，"途牛宝""消费信贷""礼品卡""购物退税""牛对兑"基本实现了对旅游金融几大板块的覆盖。途牛网 CEO 于敦德表示："未来，我们还会根据供应商的需求来定制金融服务，将旅游和金融结合起来，完善整个供应商金融链，推动整个旅游行业的健康、快速发展，与合作伙伴共同做大、做深。"

资料来源：前瞻产业研究所。

11.1.3　客户与用户

客户（customer）是为产品或服务买单的人；用户（user）是使用产品或服务的人，和产品或服务产生直接的交互过程。客户是对产品或服务形成服务请求和达成买卖关系的人或实体，而用户对产品的关注点是好用、简单、能提高效率、能带来便利。产品最终是为用户服务的，即使产品被客户买单，但如果最终用户不使用，那么这也是个失败的产品。

1. 客户思维和用户思维

银行等传统金融机构长期致力于打造专业服务，不断砌高而非抹平行业壁垒，其行为是制造信息不对称并不断巩固这种信息优势，体现自身作为资金中介的价值，并从中攫取生存空间，这更多地体现了客户思维方式。

信息技术和互联网技术以消除信息不对称、去中介化为使命来实现自身价值，这样就无须把产品做得过分专业和复杂。只有简单、易懂的产品才能吸引用户，从而促进了用户思维的形成。

2. 信息技术下的客户分类

（1）个人客户。个人或家庭是金融市场中的基本客户。从社会各部门的资金供需状况来看，由于个人或家庭的收入一般大于支出，因而个人或家庭通常是社会资金的盈余部门。尽管个人或家庭也会成为金融市场的资金需求者，如购买住房、开办企业或因短期资金需求而在二级市场抛售证券等，但总体而言，个人或家庭大多是金融市场的资金供给者和长期投资者。

（2）机构客户。信息技术下的机构客户包括政府、工商企业、金融企业和机构投资者、事业单位、社会团体以及新兴的团体组织。该类型客户资金需求量大，对金融体系影响深远。信息计划对于该类型客户数据的收集、处理和利用尤为重要。

3. 信息技术下用户的新特点

（1）个性化需求。信息创建和传播成本降低、产品供应丰富，使得用户享有充分的选择权，用户变得更加挑剔，只有符合用户个性化需求的服务，才能得到用户的认可。如金融理财产品，其个性化的需求要求金融企业为用户个人或家庭提供符合其财务状况和风险偏好的产品，而非大众化产品。

（2）时间碎片化。这是用户行为移动化带来的结果，用户在不同的屏幕、页面之间快速切换，停留在某个具体应用上的时间长短不一。用户不再像以往一样有大把时间阅读长篇文章，而是喜欢轻阅读，追逐简短分享、简易化表达。因此，金融企业在为客户提供金融服务时需要抓住客户的核心关注点，吸引其注意力。

（3）消费理性化。用户被广大商家教育得越来越"精"，过去是"卖的比买的精"，今天是"买的比卖的精"。用户在购买产品前会再三对比，对比服务口碑、对比产品质量、对比价格优惠、对比赠品、对比售后服务等，不再会因为看到一个广告而直接购买。

（4）用户相信朋友。用户相信朋友，相信朋友的评价，相信朋友的购买选择，相信朋友对某个品牌的评价，以此做出自己的消费决策。尼尔森和国内不少权威统计机构的数据显示，商家直接打硬广告的效果越来越差，在影响消费者方面只占7%，而意见领袖则高达25%，另外68%基本来自口碑。基于真实社交关系背书形成的口碑力量成为决定品牌生死的关键。

（5）重视体验和售后服务。工业经济发展到今天，产品供给富饶，个性化需求和小众市场崛起，大量用户不再满足于千篇一律的产品和服务，开始追求与众不同的消费体验，更重视整体服务环节。生产与消费模式的变革，必然要求金融产品和服务与之相适应，这也会引起消费文化和社会文化的重大变化。

11.2 营销手段的改变

11.2.1 数据库营销管理

1. 数据库营销的概念

根据科特勒（1997）的观点，数据库营销是一个以联系和交易为目的建立、维持和使用消费者数据库以及其他数据库（如产品、供应商及转售商数据库）的过程。数据库营销的前提是数据库作为企业关于消费者管理策略的中心，不只是一个启动临时的直复营销活动的战术工具。这里有一个误区，企业认为消费者的邮件列表就是一个合适的消费者数据库，然而结果有可能是消费者得到一些模糊不清的商品信息，并将其列为"垃圾邮件"。

2. 数据库的类型

企业可能存在很多不同类别的数据库，用于实现不同的目的。Stone 和 Woodcock（1997）在对金融服务业的研究中定义了下面几种类型的数据库。

（1）消费者主文档。这个数据库包括基本的消费者信息，比如名字、地址、电话号码等。在银行中它一般包含在交易数据库中。

（2）运作或者交易数据库。这个数据库用于管理与消费者有关的销售和服务交易，在一个金融机构中，一般有几个该类型的数据库，用于管理不同类型产品的交易。

（3）消费者数据库。消费者数据库是对个人消费者或者消费前景综合数据的系统收集，它提供了关于消费者在产品购买、采用决策、交易等方面的综合情况。它建立在运作数据的基础之上，后者将被清理并消除备份。这是一个交互式的数据库，并被提供给所有"面对消费者"的员工。尽管多年来金融机构一直在收集消费者数据，但仍存在较多不合理的消费者数据库。很多数据只是一些产品文档。银行和某些消费信贷公司在开发消费者数据库方面一般走在保险公司前面，但这未必就能成为优势，因为作为先驱需要消耗很多成本。消费者数据库存在的问题之一是清理和消除备份工作的成本高，效果也不好。例如，多次向同一个客户推送相同的邮件，后果将非常不好。这里最大的障碍之一就是消除备份的有效标准不明确。

（4）营销数据库。营销数据库支持业务和营销计划，提供关于业务变化发展的综合情况，用于开展业务活动，以及辅助跟踪发展前景并提出建议。此外，它还随时跟踪和记录与消费者关系的发展情况，包括外部来源的数据，比如生活方式、心理统计学、人口统计学、分类编码以及问卷调查结果。其中一部分数据反馈到消费者数据库，并用于销售，确定消费者属于哪个分类以及如何处理。营销数据库经常成批量地用于业务活动选择、分析等。

（5）数据仓库。数据仓库包括上述提到的数据库以及其他数据库的数据，用于分析或者简单地提供一个可供其他用途的标准数据组。数据采集越来越多地应用于大型数据组或数据库，是一门用来分析数据及消费者主要行为方式的技术。信用卡公司利用这种技术来确定一些因素，以鉴别哪些客户在周转资金、哪些客户拖欠资金以及哪些客户可能及时平账。

消费者要求能够利用网络在线处理商务，不仅包括银行业务，还包括获得产品细节以及进行购买，这也促使了专业数据库管理的进一步发展。消费者希望金融机构能够让他们方便地购买产品，并很好地管理他们的数据，持续提供相关产品（不是曾经销售过的产品）。这样，在线处理提出了改善消费者数据库管理的要求。

3. 通过数据库营销维持客户

数据库被认为是恢复和提高消费者忠诚度的一种非常有效的方法。金融企业如果希望有效地使用数据库达到此目的，那么它们必须保证数据库的信息是精确的、最新的以及相关的。消费者和营销信息是所有销售活动的基础，在理解消费者的产品需求方面更是如此。如果金融机构采用了市场细分的概念，并且想利用它们的数据库来跟踪和确定消费者群体随时变化的需要，那么它们必须有足够的信息来支持这个数据库。

维持消费者不是一次性满足市场以及个人消费者需要，而是要延伸到他们的生活中。金融企业需要对消费者进行有效的跨区域销售，就必须对客户需要和他们的购买周期有深刻的理解。然而，对于一些金融企业而言，这可能存在问题，因为营销特定产品的责任往往局限于该特定产品范围（包括时间和空间）区域内。金融企业要对消费者整个购买周期有透彻的理解。

为了使数据库在跨区域销售和维持消费者方面取得最大的成功，金融企业的消费者数据库中需要包含消费者购买周期的数据。产品的销售取决于企业能够在消费者"准备购买"阶段与他们联系。"准备购买"指的是在一个阶段内，消费者将主动寻找商品、接收产品信息和直接邮件广告。然而，这个阶段很有限，并且每种金融产品不一样，有些能够进行预测，有些却不能。在机动车保险（以及大多数其他普通保险）的情况中，对已经存在的消费者而言，"准备购买"阶段是可以预测的，这个阶段可能在消费者改变决定之前有 4～6 周时间。这意味着消费者只是在这个阶段中的 7%～11% 的时间处于"准备购买"状态。在抵押情况中，"准备购买"阶段难以预测。消费者可能在需要新的抵押之前最多有 6 个月的时间是"准备购买"阶段，而在 7～10 年的周期中预测这 6 个月几乎是不可能的。但是，为了获得较高的跨区域销售，必须确定和利用"准备购买"阶段。然而，大多数金融机构都没有足够的数据。在没有足够信息的情况下进行跨区域销售，简单的定位消费者基础与大众定位的营销效果基本无异。在金融机构–消费者关系的开发中有很多地方可以收集信息，并更新消费者信息。最明显的地方就是第一次接触，也就是当该消费者第一次成为客户的时候，此时可以收集很多关于该消费者当前拥有的产品信息，以及预测将来需求的信息。之后，就是当消费者购买另一种产品或者以另外的方式与金融机构相互影响的时候。很多高档商业区的金融机构现在每年都回顾消费者的金融活动，以此鉴别消费者可能的"准备购买"阶段的时间范围。数据采集还有另外的选择就是采取有效的周期性的调查来收集数据和大规模更新消费者文档。无论信息是如何收集的，新信息技术的发展将来都是成功管理消费者的关键。

□ 案例 11-2

大数据营销：淘宝信用贷款

淘宝在聚划算平台推出了一个奇怪的团购"商品"——淘宝信用贷款。开团不到 10 分钟，500 位淘宝卖家就让这一团购"爆团"了。他们有望分享总额约 3 000 万元的淘宝信用贷款，并能享受贷款利息 75 折的优惠。据悉，目前已经有近两万名淘宝卖家申请过淘宝信用贷款，贷款总额超过 14 亿元。

淘宝信用贷款是阿里金融旗下专门为淘宝卖家提供金融支持的贷款产品。淘宝平台通过卖家在淘宝网上的网络行为数据给出一个综合的授信评分，卖家纯凭信用拿贷款，无需抵押物，无需担保人。由于淘宝信用贷款非常符合中小卖家的资金需求，且重视信用，无担保、无抵押，再加上申请流程非常便捷，仅需要线上申请，几分钟内就能获贷，因此被不少卖家戏称为"史上最轻松的贷款"，也成为淘宝网上众多卖家进行资金周转的重要手段。

资料来源：新浪财经网。

4. 数据库营销对金融机构的意义

通过数据库的建立和分析，金融机构可以全面、详细地了解客户资料，从而提供更加个性化的服务支持和营销设计，使"一对一的客户关系管理"成为可能。数据库营销是一个信息双向交流体系，为每一位目标客户提供了及时反馈的机会，并且这种反馈是可测定、可度量的。数据库营销在发达国家的应用已相当普及，从全球来看，数据库营销作为市场营销的一种形式，越来越受到管理者的青睐，在维系客户、提高销售额中扮演着越来越重要的角色，表现在市场预测和实时反应以及分析每位客户的盈利率方面。

（1）市场预测和实时反应。利用消费者数据库的各种原始数据，通过数据分析和数据挖掘发现盈利机会。例如，基于客户的年龄、性别、学历等数据，对客户使用某一具体产品的可能性做出预测；根据数据库中客户信息特征有针对性地制定营销策略、促销手段，提高营销效率，设计适销产品以及制定合理的价格；可以从多角度（地区、国家、客户、产品、销售人员，甚至邮编）研究数据，比较不同市场的销售业绩，找出数字背后的问题，挖掘市场潜力。金融产品质量和功能的反馈信息首先通过市场、销售、服务等一线人员面对面地从客户口中获得，金融机构将相关信息整理好，输入数据库，定期对市场上的客户信息进行分析，促进产品功能的改进和完善，有利于产品开发部门进行前瞻性研究、开发新产品。管理人员根据市场上的实时信息随时调整产品的品种、价格、规模等，做到"适时性生产"。

（2）分析每位客户的盈利率。事实上，真正给银行类金融机构带来丰厚利润的客户只占全部客户的 20% 左右，他们是银行的最佳客户，盈利率最高。对于这些客户，银行类金融机构应为其提供特别的服务、折扣或奖励，并要保持足够的警惕性，因为这些客户是竞争者争夺的目标。大多数金融机构的客户战略只是获取客户，却很少花精力辨别和保护它们的最佳客户，去除不良客户，也很少花精力争取其他金融机构的客户。利用数据库中的详细资料能够深入了解客户信息，计算每位客户的盈利率，以识别、保护最佳客户，驱逐最差的客户，争夺竞争者的优质客户。

11.2.2　体验式营销

1. 什么是体验

所谓**体验**（experiences），就是人们响应某些刺激（stimulus，例如，企业营销活动在消费者购买前与购买后为其提供的一些刺激）的个别事件（private events）。体验通常是对事件的直接观察或参与造成的，无论事件是真实的还是虚拟的。

2. 体验式营销的分类

体验式营销可分为五个战略体验模块：感官营销、情感营销、思考营销、行动营销、关联营销，如图 11-1 所示。

（1）感官营销策略。感官营销的诉求目标是创造知觉体验的感觉，它经由视觉、听觉、触觉、味觉与嗅觉传达信息。具体包括产品识别，例如设计出区别于其他浏览器的 LOGO；建立专属下载网站。针对客户体验理念，设计出简洁、温馨、绚丽的浏览器专属下载网站，包括常见问题、客户回访、安全提

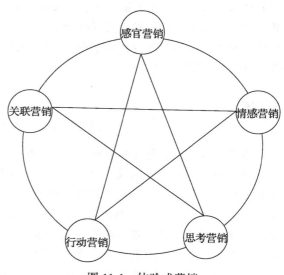

图 11-1　体验式营销

示、模拟理财游戏等客户体验模块；设计个性化银盾以及营造良好的体验环境。

（2）情感营销策略。情感营销诉求的是顾客内在的感情与情绪，从温和、柔情的正面心情到欢乐、自豪甚至激情、强烈的激动情绪，目标是创造情感体验。比如银行可通过微笑服务、温馨提醒、贴心饮料、爱心传递、节日送礼等活动建立情感营销的基础。

（3）思考营销策略。思考营销诉求的是智力，以有创意的方式引起客户的兴趣及对问题集中或分散的思考，为客户创造认知和解决问题的体验。营销人员需要换位思考，即站在客户的角度思考。例如，金融机构根据不同职业、不同年龄段的客户设计表 11-1，并张贴在客户体验区，用户可以根据自己的特征及实际需要，选择想要体验的电子产品。

表 11-1   消费群体的适用产品

目标群体	群体特征	适用产品
年轻人、学生	对电子产品容易上手；热衷网购；接受新鲜事物的能力强	方便、快捷的网上支付系统
白领、上班族	按期领取工资；业务需要；转账频繁；平时工作繁忙、压力较大，没有精力在银行排队等候办理业务	简单、易操作、方便、可以随时办理业务的系统
企业高层	工作繁忙，很少去金融机构网点；每次办理业务涉及金额较大	安全、稳定、方便的网上银行系统
普通百姓	对新鲜事物接受较慢；对金融机构的业务不精通；对网络、电子产品等上手慢	安全、操作简单同时又能详细介绍业务的系统

（4）行动营销策略。行动营销的目标是影响身体的有形体验、生活形态与互动，包括动态流程展示，用户可以通过演示学习网上银行如何操作使用等。

（5）关联营销策略。关联营销涉及感官、情感、思考、行动营销等层面。关联营销是营销的高级层次，它超越了私人感情、人格、个性，加上客户的"个人体验"，与个人的理想自我、他人以及文化相关联。关联活动的诉求是个人对自我改进的渴望，想要别人对自己产生好感。例如，在体验区设立分享网银使用心情的涂鸦，用户可以在上面写自己使用网银的感受，并与其他用户分享。

□ 案例 11-3

蒂哲：试穿，穿出来的口碑营销

蒂哲（Dopure）是源自瑞典的牛仔品牌，《中国经营报》曾设专栏报道过 H&M、蒂哲等瑞典快时尚品牌抢滩中国服装市场的内容。蒂哲首先在天猫开了一家旗舰店，由于产品价格较高，所以在初期并没有多少顾客。随后，蒂哲利用体验式营销在全国开展了试穿活动，淘宝达人、微博达人、北京 798 里的歌手、校园里追逐梦想的学生等都成为蒂哲免费赠送牛仔裤的对象。通过赠送，第一批用户深刻地体会到了蒂哲的品质，在网络上产生了非常好的口碑，于是蒂哲也成为为数不多的在天猫快速成长的牛仔品牌之一。蒂哲在体验式营销上注重了一点：影响那些本身具有影响力的人，通过体验式营销产生口碑传播！

资料来源：人人网。

3. 体验式营销的特点

（1）注重客户体验。体验是一个人在遭遇、经历过一些处境后产生的结果。金融企业应注重与客户之间的沟通，挖掘他们内心的渴望，站在客户体验的角度审视自己的产品和服务，以体验为导向设计、制作和销售金融产品。

（2）检验消费情景。营销人员不再孤立地思考一个产品，而是通过各种手段和途径（娱乐、店面、人员等）来创造一种综合效应以增强消费体验；不仅如此，还要跟随社会文化消费的变化，思考消费所表达的内在价值观念、消费文化和生活的意义。

（3）客户既是理性的，又是感性的。一般来说，客户在消费时经常会理性地选择，但有时也会有对疯狂、感情、欢乐的追求。企业不仅要从客户理性的角度开展营销活动，也要考虑消费者情感的需要。

（4）体验要有一个"主题"。体验要先设定一个"主题"，也可以说，体验式营销从一个主题出发，并且所有服务都围绕这个主题，或者至少应设有"主题道具"。这些"体验"和"主题"并非随意出现的，而是体验式营销人员精心设计出来的。

4. 体验式营销与金融机构传统一对一营销的对比

体验式营销是一种采用什么方式能够更深层次地引发客户思考的销售方式。无法使客户产生思维联想的销售模式是毫无意义的，因此世界上的营销高手，基本上都采取这种营销方式。这种营销方式的效果很明显，它可以给予客户极大的想象空间。客户可以在这个空间里任意联想，充分享受产品和服务带来的快乐。努力使客户在获得商品后感受到体验，是营销人员最好的营销模式，也符合客户真正的心理需求。客户对商品的体验，是商品利益给客户留下的心里的感受，也就是客户在获得商品以后在情感上产生的快感。

传统营销与体验式营销不同，具体见表 11-2。

表 11-2　传统营销与体验式营销

传统营销	体验式营销
专注于产品的特色与利益	焦点在客户体验上
将客户当作理智的购买决策者，将客户的决策看成一个解决问题的过程，他们非常理性地分析、评价，最后决定购买	认为客户既是理性的，也是感性的，客户因为理智和因为追求乐趣、刺激等一时冲动而购买的概率是相同的
关注产品的分类和在竞争中的营销定位	在广泛的社会文化背景中检验消费情境

5. 信息技术对体验式营销的深化

信息技术带来了基于服务技术创新的理念革新，更注重客户体验。随着"以客户为中心"理念的深入及信息技术的发展，电子银行"体验为王"时代悄然来临，例如大连银行在电子银行领域始终坚持提高客户体验的经营理念，以持续不断的创新精神，打造以"连 e 生活"为主题的系列电子银行产品。体验式营销是指通过看（see）、听（hear）、用（use）、参与（participate）等手段，充分刺激和调动消费者的感官（sense）、情感（feel）、思考（think）、行动（act）、联想（relate）等感性因素和理性因素，重新定义、设计一种思考方式的营销方法。尽管我国中资银行的网点数量是外资银行的 150 多倍，但是在单体服务能力和质量上仍与外资银行相距甚远，尤其是不能满足中高端客户的需求。

6. 我国金融企业体验式营销

与外资金融企业相比，我国金融企业在客户体验方面的发展仍显落后，在客户体验方面存在以下问题：①网店的营业环境缺乏人性化；②金融产品同质化，缺乏区分度；③工作人员的专业技能不足；④服务不够便利。除此之外，在日常生活中，客户总是在使用一些非 IE 内核浏览器登录网上系统时遇到各种棘手问题，导致客户产生怀疑甚至抵触的情绪。事实上，为了更好地推广网上系统的使用，国内金融机构已经利用电子银行等网上系统为客户提供差异化服务。如何提高电子银行等在线系统客户的满意度，借助网络渠道拓展企业业务，增强金融机构的核心竞争力，增加企业收入，成为实体金融机构必须布局的战略重点。

国内金融机构开始借鉴国际上客户体验方法在外资银行中成功运用的经验，将客户体验管理的手段引入国内企业，采用绩效型可用性测试、问卷调查和专家评估等方法，通过衡量品牌认可、忠诚度、转化率和满意度四个维度，使金融机构了解其当前网上系统存在的问题，以及未来客户对在线电子银行等的需求。金融机构通过采用以客户为中心的产品设计方法，改善网络系统服务，尽可能满足客户的需求。将客户体验管理、以客户为中心的产品设计引入企业，体现了营销理念从以产品为中心的 4P（产品、价格、促销、渠道）向以客户为中心的 4C（客户、成本、便利、沟通），再到以响应为中心的 4R（关联、反应、关系、回报）的转变。商业银行，特别是网上银行应当注重体验式营销，表现在以浏览器推广为主，通过各种方式及渠道让尽可能多的消费者使用本浏览器，体验网上支付的便捷性，降低消费者对安全的顾虑，通过品牌形象和专业机构认证赢得客户信任。客户体验网上支付的过程，使得银行网银的销量和网上银行使用量有所提高。

11.2.3 一对一营销

科特勒认为，20 世纪 90 年代出现的关系营销，是 21 世纪最被看好的营销趋势之一。关系营销的进一步演变，便是一对一营销，互联网已成为一对一营销的重要平台。

1. 一对一营销的起源

1991 年，雷吉斯·麦肯纳（Regis McKenna）在《关系营销》中提出了关系营销的概念。关系营销与传统营销的区别在于对客户的理解。传统营销对关系的理解仅限于向客户出售产品、完成交易，将客户看作产品的最终使用者。关系营销则将客户看作有着多重利益关系、多重需求、存在潜在价值的人。关系营销能够不断发现和满足客户的需求，帮助客户实现和扩大价值，并建立一种长期的良好的关系。

随着市场的快速扩张和深化、企业的不断发展、产品的极大丰富，客户的选择余地大大拓宽。金融企业若不及时了解、发现、满足客户的需求，无异于将客户送入竞争者的怀中，自断财路。为了进一步研究如何满足客户日益增长的个性化需求，1993 年，美国学者唐·佩珀斯（Don Peppers）和玛莎·罗杰斯（Martha Rogers）出版了 *The One to One Future*，提出了**一对一营销**（one to one marketing）的概念。

2. 一对一营销的基本观念

（1）营销的分类。按营销的对象进行分类，我们将营销分为三种类型：一是群体性营销，它是一种面对全体或多数人的营销方式，信息和媒体不做专门的处理；二是针对性营销，它是一种面向少数人的营销方式，只对这些专门的个体进行信息和媒体处理；三是一对一营销，它是一种面向极少数人或个人的营销方式，只针对高度专业化市场及个人进行信息和媒体处理。

（2）大众化营销与一对一营销的对比。佩珀斯和罗杰斯将传统的大众化营销与一对一营销进行了对比，结果如表 11-3 所示。

表 11-3　大众化营销与一对一营销的对比

大众化营销	一对一营销
客户平均化	客户个别化
客户匿名	客户概貌
标准产品	定制产品
大众化生产	定制生产
大众化分销	个别化分销
大众化广告	个别化信息
大众化促销	个别化刺激
单向信息	双向信息
规模经济	范围经济
市场份额	客户份额
全部客户	能带来盈利的客户
客户吸引力	客户维持

（3）一对一营销的主要观点。佩珀斯和罗杰斯指出，开发新客户所需的成本是维系老客户的 5 倍。因此，做好客户服务、提升客户满意度、管理好客户资产已经成为当今企业积极努力争取的竞争优势。一对一营销观念包含以下几项重点。

第一，放弃市场占有率法则，改为客户占有率法则。市场占有率是生产者的营销观点，拥有一项产品就把它推销给更多的人，以抢占市场份额；而客户占有率是站在客户立场的营销观点，拥有一位忠诚的客户后，向他推销各式各样的产品，满足他不同的需求，以掌握更多的消费价值。

第二，不再高额投资于市场来增加营销额，而是集中投资于每一个客户来增加回报额，即在一对一的基础上增加每个客户的份额。这种理念有利于增加盈利，因为通过现有客户增加销售额比增加新客户成本更低。另外一个好处是，在增加每一个客户份额的过程中，事实上已经与客户建立了长期、牢固的关系，要最大限度地增加每个客户的份额，需要了解客户的想法，而这一点只有在一对一的基础上才能做到。

第三，为客户提供满意的产品和服务。如果没有符合客户的产品或服务，就无法使用客户占有率法则。客户占有率法则的先决条件是金融企业具备能使客户满意的产品，这样客户才愿意重复购买产品。

第四，客户重复购买的规律。越能争取到客户购买，就越能增加企业的长期利润。向一个特定的有价值的客户销售的产品数量越多，单位产品的边际收益就越高，花在客户身上的营销费降低，所购产品的管理费也相应降低。

第五，双向交流。对金融企业而言，重要的不是对所有客户了解有多少，而是对每位客户了解多少。具体的做法是与客户相互交流，交流是双向的而非单向的。这种双向交流手段及反馈机制比市场调研更能让企业获益。为客户交流提供便利，按照他们的建议实施，以建立诚信的友情，结果金融企业能实现销售和利润双增长。

第六，不再将客户视为"目标"或对手。要开始注重个别（潜在）客户的需求，而不是注重一群客户的需求。只有专注于个别客户，才能使个别客户得到他们想要的产品和服务。只要措施得当，必然可以使客户满意，同时能够以更好的价格卖出产品。

此外，一对一营销还包括必须长期日常中关怀每位客户，记录客户上一次的交易，加强与个别客户的关系，设法扫除让客户不满意的障碍，将客户抱怨视为额外的生意机会，创造与客户合作的机会，掌握客户的忠诚度，掌握客户的终身消费价值，相信营销成本在较长时间内会逐渐降低等。

3. 金融机构一对一营销与大众化营销的区别

银行类金融机构一对一营销鼓励银行与每一个客户进行对话，并利用这种对话促成一种"学习的关系"。客户会指出他们需要的银行服务，银行则为他们提供其所需要的内容。客户会在这种学习的关系中提出意见，并具体说明需要什么样的服务。在此期间，双方深入了解，由于这种学习教育的过程很吃力，因此客户改换其他银行的机会不大。也正是出于这个原因，一个成功的一对一营销做得好的金融机构能够大大增强其竞争力。在对大量数据进行处理、挖掘的基础上，金融机构一对一营销关注客户终身价值和长期沟通、更精确的目标客户、一对一的双向协调、互动、学习和人性化的沟通。服务项目的可测性与长期跟踪、银行类金融机构营销战略的隐蔽性、金融机构与客户之间的长期关系是银行一对一营销的核心。表 11-4 为银行一对一营销与大众化营销的对比情况。

表 11-4　银行一对一营销与大众化营销的对比

	银行一对一营销	银行大众化营销
追求	银行与客户互利关系与双赢局面的最佳化	银行利润最大化
强调	客户满意度与忠诚度	银行市场占有率
营销目标	追求可持续性消费	最大限度地刺激消费
服务对象	扩大至直接客户及其相关的社会层面（家属、朋友、同事及关心银行服务的所有人），由单一性扩展到丰富性	直接客户
对"客户满足"的理解	客户不仅在消费服务时得到满足，在服务消费前和消费以后也得到满足	客户在消费服务时得到满足

4. 信息技术对一对一营销的深化

利用数据库，针对不同客户的特殊需要提供差异化服务是现代银行的一大特点。21 世纪以来，中国的金融机构开始进入营销时代。为客户提供个性化、定制化的"一对一营销"应运而生，成为客户关系管理（CRM）、掌握客户信息、积累企业智慧、建立真正持久的竞争优势的战略基础。一对一营销针对每个客户创建个性化的营销沟通。该过程的首要关键步骤是进行客户分类（如根据客户需要或基于客户以往行为等），从而建立互动式、个性化沟通的业务流程。记录响应（或互动），使未来的沟通更显个性化。优化营销和沟通成本，从而搭配或提供最符合客户需要或行为的产品或服务。

5. 一对一营销对金融机构的意义

金融机构一对一营销的最终成果是企业的社会效益与经济效益大幅度提高，这种成果来自成功运作一对一营销的金融机构营销网络。在这个网络中，企业根据不同客户采取不同的战略，并找到战略伙伴与之联合，以进行更广泛的扩张（技术扩张、业务扩张、地理扩张）。金融机构营销网络远远超出了纯粹的"市场营销渠道"的范畴，借助该网络，银行等金融机构可以在任何市场上同时推出新技术、新服务内容，而且可以降低由于技术或服务进入市场时间滞后而被富有进攻性的模仿者夺走市场的风险。金融机构因而具备了一项独特的资产、一项独特的战略资源，这便是市场经济条件下金融机构经营的更高境界。

对于中小金融机构来讲，一对一营销主要是其获取细分市场的竞争优势。而对于强势的大型金融机构来讲，一对一营销可以帮助其获得更大的市场份额。金融机构在运用一对一营销时，必须考虑大众化和个性化的市场空间问题。例如，主力市场采取"大众化"的一对一策略，即一对一营销的市场维度一定要有足够的广阔性，主打的金融服务往往承担着这个任务，以满足大众消费者；边缘市场则可以采取"个性化"的一对一策略，即市场维度相对较窄，它的主要任务是增强竞争力，从而有利于争夺竞争对手的市场份额或对竞争对手的某些市场造成冲击，侧翼产品、攻击产品、过渡产品承担着这个任务。

□ **案例 11-4**

私人银行："1+N"服务模式

说起私人银行，人们提到最多的便是富人的财富"管家"，但"管家"也并非所有事都亲力亲为，正如一个庄园主的管家的背后有厨师、司机、园丁一样，私人银行也是有一个团队在提供服务。这里的厨师、司机和园丁对应私人银行业务就是包含金融证券、法律、税务，甚至玉石、国画等艺术领域的专家也会被列入行内的专家库中。这样一个专家团队就是所谓的"N"。在私人银行客户经理背后组建专家团队提供专业化支持的模式，是国内大多数私人银行普遍采用的一种组织框架。这种专家团队模式不仅能保证为客户提供更专业化的服务，还保留了私人银行客户经理的精力，使其更多地投入到与客户的沟通交往上。目前来看，这种方式比较适合国内私人银行业务发展现状。东亚私人银行的工作人员在接受记者采访时将此模式表述为"以点带面"，对于每一个私人银行客户来说，只有一个接触点，即客户经理，但是真正为他服务的是整个团队，在客户经理的背后还有专属产品设计、后台操作等人员在提供服务，由此就产生了"1+N"，即私人银行财富顾问（客户经理）+专家团队的服务模式。

资料来源：中国经济网。

11.2.4　网络平台营销

随着智能手机的普及，一方面，金融机构都在想方设法抢占移动端；另一方面，社交平台移动端也成为金融机构眼中的新阵地。以微信为例，越来越多的银行与微信绑定，纷纷抢占微信平台，微信银行的服务范围也从单一的信用卡服务拓展为集借记卡、信用卡业务为一体的综合服务。本质上，微信银行是手机银行的延伸，但对客户而言，它的便捷性更强。目前，商业社交化已经越来越明显，基于社交平台的金融服务比单纯的手机银行在商业盈利上更有优势。

1. 网络平台营销的定义

网络平台营销是以国际互联网络为基础，利用碎片化信息和网络媒体的交互性来辅助实现营销目标的一种新型市场营销方式。对网络营销最直观的认识就是它是以客户为中心，以网络为导向，借助社会化媒体，为实现企业目的而进行的一系列企业活动。

2. 网络平台营销的发展现状

目前，银行类金融机构提供的微信银行服务，大概可以分为三类。第一类是以招行、兴业、浦发、光大银行为代表的多功能微信营业厅。第二类是提供信息和业务咨询，如交通银行推出的"微银行"，24 小时提供信息服务、账户查询和智能客服；工行的微信平台提供的服务包括 7×24 小时人工咨询、自助查询，以获取优惠活动、查询黄金价格等 12 项金融信息；农业银行的"电子银行微导航"微信账号提供"寻找离您最近的 10 家自助银行""银行自助设备吞卡取卡点信息查询"等特色服务。第三类是不是真正意义上的"微信银行"，而是单独设置的信用卡服务中心，如中信银行、农业银行、平安银行等。

微信银行充分利用互联网的便捷、个性化特性，覆盖更广阔的服务范围，为客户提供体贴入微的用卡体验。它不仅可以办理账户查询、转账汇款、信用卡账单查询、信用卡还款等卡类业务，还可以实现如招行的办卡申请、生活缴费、网点查询、贷款申请、手机充值等服务。此外，微信银行的在线智能客服可以在线实时解答客户咨询，使微信银行的服务可以和网点相比。

3. 信息技术与网络平台营销

总的来说，信息技术带来的互联网银行时代对营销手段的改变可以概括为自主互助、互联互通、整合融合、智能开放、个性随性五大特征。

（1）自主互助是指银行既能通过网银、手机银行等为客户提供优质体验的自主服务，又能通过社区化平台和多种交流工具，让客户经理和客户之间、客户和客户之间提供具有情感纽带的互助服务。

（2）互联互通是指网银、手机银行、自主银行、网点等线上线下渠道互联互通，银行的信息平台与其他服务商信息平台互联互通。

（3）整合融合是指银行在多维度客户信息整合、多业务数据整合的基础上实现跨业跨界服务的融合、线上线下服务的融合、近场远场服务的融合。

（4）智能开放是指银行在大数据、云计算的支持下，实现数据的智能化收集、智能化分析，并实现对客户的智能化需求预测和提供智能化服务。同时，建立开放式服务平台，对集团的下属子公司、第三方企业、其他金融机构、非金融机构开放，应用软件接口（API）向软件开发商开放，构建多方共赢的商业生态环境。

（5）个性随性是指及时洞察客户当前的个性化偏好，为细分客户提供个性化服务，随时记录客户的动态变化，为客户提供随需而变的服务。

11.3   大数据与金融服务营销

11.3.1   大数据的概念

2012 年《纽约时报》的一篇专栏中写道："大数据"时代已经来临，在商业、经济及其他领域中，人们将日益基于数据和分析做出决策，而非基于经验和直觉。广义的**大数据**（big data），或称巨量数据、海量数据，是指涉及的数据量规模大到无法通过人工在合理时间内实现截取、管理、处理并整理成人类所能解读的信息。在总数据量相同的情况下，与分析独立的小型数据集（data set）相比，将各个小型数据集合并后进行分析可得出许多额外的信息和数据关系，可将其用来察觉商业趋势、判定研究质量、避免疾病扩散、打击犯罪或实时测定交通路况等。这样的用途正是大型数据集盛行的原因。大数据时代的互联网金融产品营销要品牌，更要效果。金融产品的特殊性增加了营销难度，而大数据能够让互联网金融营销变得更"聪明"。

11.3.2　大数据金融

大数据金融是指利用大数据开展的金融服务，即针对海量数据，经过互联网、云计算等信息化处理方式，并结合传统金融服务，开展资金融通、创新金融服务。大数据金融通过平台金融和供应链金融两种模式，将传统金融的抵押贷款模式转化为了信用贷款模式。这样不仅提高了金融效率，创新了传统金融业的金融模式，最重要的是它重构了金融体系，并促进了其他行业的跨界整合。在越来越多的行业中，能够独占鳌头或者经久不衰的企业往往是那些能够真正拥有大数据、掌控大数据金融的企业。

1. 平台金融模式

平台金融模式主要是指企业基于互联网电子商务平台基础提供的资金融通等金融服务，或企业通过在平台上凝聚的资金流、物流、信息流，组成以大数据为基础的平台来整合金融服务。企业通过在互联网平台上运营多年累积的数据，利用互联网技术为平台上的企业或者个人提供金融服务。与传统金融依靠抵押或担保模式不同，平台金融模式主要通过云计算对交易数据、用户交易与交互信息、购物行为等大数据进行实时分析处理，形成网络商户在电商平台中的累积信用数据，进而提供信用贷款等金融服务。

阿里金融是平台金融模式的典型代表。阿里金融以电商为平台，利用支付宝的网上支付优势，通过云计算及模型数据处理积累的中小企业信用信息而涉足大数据金融。通过在电商平台长期形成的网络信用评级体系和金融风险计算模型及风险控制体系，阿里可实时向网络商户发放订单贷款或者信用贷款，贷款批量快速且高效。阿里金融目前涉足基金、保险、小贷等业务，如余额宝、支付宝、阿里小贷等金融产品，这些都是阿里基于其巨大的电商平台针对货币基金理财、网上支付、小额信贷所提供的平台金融产品。余额宝从上线起三个月内用户就突破了 1 200 万，这也使得与其合作的天弘基金一跃成为全国名列前茅的大型基金。

2. 供应链金融模式

供应链金融模式，是指供应链中的核心企业利用其所处的产业链上下游，充分整合供应链资源和客户资源为其他参与方提供融资渠道的金融模式。供应链金融模式是在海量交易的大数据基础上，以行业龙头企业为主导，主要以信息提供方身份或以担保方的方式，与银行等金融机构合作，为产业链上下游的企业提供融资。供应链金融依托实体供应链，提高了整个供应链的资金运用效率。19 世纪初，荷兰一家银行以仓储质押融资业务的形式最早推出了供应链金融，20 世纪末，物流与信息技术的发展带动了供应链金融的兴起。作为一种金融创新，供应链金融不仅为整个产业链的健康发展提供了融资便利，而且通过核心企业的引领和参与，在实现规模经济效应的同时降低了风控成本，整体提高了金融资源的配置效率。

11.3.3　大数据金融的三大优势

1. 成本低廉，易于拓展客户群

这种资金融通以大数据、云计算为基础，以大数据自动计算为主，而非以人工审批为

主，成本低廉，不仅可以为小微企业提供金融服务，而且可以根据企业生产周期灵活决定贷款期限。同时，大数据金融的边际成本低，效益好，不仅能整合碎片化的需求和供给，而且可以拓展服务领域，为数以千万计的中小企业和中小客户服务，这进一步降低了企业的运营与交易成本。

2. 放贷快捷，便于提供个性化服务

无论平台金融还是供应链金融，都建立在长期的信用及资金流的大数据基础之上，这有利于运用大数据金融的企业快速计算出信用评分，并通过网上支付方式，实时根据贷款需要及信用评分等大数据来发放贷款。同时，由于利用大数据金融的企业可以根据信用评分及不同生产流程发放贷款，这使得放贷不受时空限制，而且能够较好地管理匹配期限，及时解决资金流动性问题。更重要的是，大数据金融可以针对每家企业的个性化融资要求，快速、准确、高效地提供不同的金融服务。

3. 科学决策

建立在大数据金融基础上的决策更为科学，能有效降低不良贷款率。大数据金融能够解决信用分配、风险评估、实施授权甚至欺诈问题。大数据金融可以利用分布式计算做出风险定价、风险评估模型，这些模型不仅可以替代风险管理、风险定价，甚至可以自动生成保险精算。另外，由于贷款发生在大数据金融库中累积的、持久闭环的产业上下游系统内部，这有利于提出预警和防范风险。同时，基于这些交易借贷行为的大数据金融还可以实时评价违约率、信用评分等指标，有利于控制金融风险。

大数据金融大幅降低了交易费用，减少了信息不对称，弱化了服务中介功能，最终使得平台金融与供应链金融不仅给金融产业格局带来了挑战，甚至可能产生变革。基于大数据金融的优势，传统金融行业开始利用大数据开展金融业务，如建行、农行等国有商业银行以及平安、民生银行，它们几乎都在发展供应链金融，陆续开通了微信银行、手机银行、网上银行等业务。其他行业，比如电商、电信运营商、钢铁企业、IT 企业等也纷纷利用大数据金融涉足金融领域，发展跨界经营。这些跨界经营的企业有一个共同点，就是自身都具备大数据资源，或者为了获得大数据资源，整合和控制产业链上下游，占据平台金融或供应链金融的核心位置，从而利用聚集效应为用户提供金融服务。

□ 案例 11-5

IBM 利用大数据预测股价走势

IBM 利用大数据信息技术成功开发了"经济指标预测系统"，借助该预测系统，IBM 可以统计分析新闻中出现的单词等信息，以此来预测股价走势。

"经济指标预测系统"首先从互联网上的新闻中搜索"新订单"等与经济指标有关的单词，然后结合其他相关经济数据的历史数据来分析与股价的关系，从而得出预测结果。在"经济指标预测系统"的开发过程中，IBM 进行了一系列的验证。IBM 以美国"ISM 制造业采购经理人指数"为对象进行了验证试验，该指数以制造业中大约 20 个行业、300 多家企业的采购负责人为对象，调查新订单和雇员等情况之后计算得出。验证前，首先假设"受访者受到了新闻报道的影响"，然后分别计算出在 30 万条财经类新闻中出现的"新订单""生产"及"雇员"等 5 个关键词的数量。追踪这些关键词在这段时期内的搜索数据变化情况，并将

数据和道指的走势进行对比，从而预测该指数未来的动态。

IBM 称，一般而言，当"股票""营收"等金融词的搜索量下降时，道指随后将上涨，而当这些金融词的搜索量上升时，道指在随后的几周内将下跌。据悉，IBM 的试验仅用了 6 小时，就计算出了分析师需要花费数日才能得出的预测值，而且预测精度几乎一样。

资料来源：李军. 大数据：从海量到精准 [M]. 北京：清华大学出版社，2014.

11.3.4 大数据下的客户关系管理

面对客户的多样化、层次化、个性化需求，大众化营销已失去优势。曾有学者指出："促销费用的大部分都打了水漂，仅有 1/10 的促销活动能得到高于 5% 的响应率，而这个可怜的数字还在逐年递减。"在数据繁多且混乱、市场营销执行力下降的同时，不可否认，大数据中来自不同终端、不同媒介的海量数据埋藏着用户习惯、市场变化、技术走势等有价值的信息，这将成为新时代营销的"金矿"。

客户关系管理就是企业为应对竞争和留存客户，努力改善自身的经营管理，与客户进行交流，维护客户关系，实现利润最大化和长期发展。客户关系管理旨在深刻理解客户，掌握客户需求，并实现客户价值最大化，由四个步骤构成：客户识别、客户吸引、客户维持、客户发展。这四个步骤可以被视为一个提取客户信息并转换为积极的客户关系的循环过程，数据挖掘技术通过从海量数据中提取隐含的客户特征和行为帮助完成这个过程。根据客户关系管理流程，结合客户关系管理及数据挖掘的特点，在客户关系管理的每个步骤都可以使用数据挖掘方法，具体应用模型如图 11-2 所示。

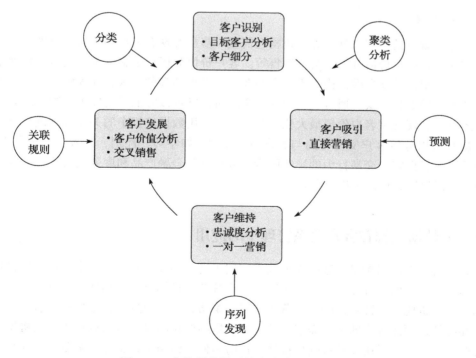

图 11-2 大数据背景下的客户关系管理模型

1. 客户识别

客户识别是客户关系管理的初始环节，包括目标客户分析和客户细分，即通过客户购买记录数据确定客户特征，识别金融机构的潜在客户以及最具盈利价值的客户，并进行客户细分，对具有相似特征的客户进行归类，从而为金融机构实施客户关系管理奠定基础。根据客户识别特点，可以实施客户分类。客户分类就是根据客户的背景资料（如年龄、职业、行业等）、消费偏好等信息将客户分为不同类型。通过客户分类，可以帮助金融机构掌握不同客户群的特征，找出客户消费行为和规律，计算出不同客户对金融机构的贡献程度，从而确定客户群体的种类。可以采用的客户分类方法包括聚类分析法、KNN 法、SVM 法等。

2. 客户吸引

识别潜在的目标客户后，金融机构需要采取针对性措施以吸引这些客户，即直接营销。直接营销是指金融机构通过邮寄、电子邮件等渠道直接向目标客户推销产品。这就需要金融机构了解客户的个性化需求，数据挖掘中的预测模型可以实现这一功能。金融机构根据客户信息和历史交易数据，可以预测目标客户最可能购买哪种产品和服务，从而有针对性地进行营销，降低营销成本。

3. 客户维持

将客户吸引过来以后，金融机构需要与客户保持良好的互动和接触，不断了解客户需求，针对不同客户设计不同的产品和服务，实现一对一营销，将给金融机构带来盈利的客户发展为忠实客户，不断提升其忠诚度。在客户维持阶段，可以利用数据挖掘中的"序列发现"来进行分析。"序列发现"强调时间序列的影响，即通过时间序列搜索出重复发生概率较高的模式，可监测客户的经常购买行为。

4. 客户发展

除了维系现有的客户以外，金融机构还需进一步提升现有客户的价值，发展客户，可以采取的方式包括客户价值分析、交叉销售等。客户价值分析指金融机构预期从客户那里获得的价值。交叉销售是指金融机构基于现有的客户，发现其多种需求，并提供满足其需求的相关产品和服务的销售方式。通过交叉销售，金融机构既可以降低营销成本，维系现有的客户资源，还可以实现现有客户价值最大化。此时，可采用数据挖掘中的关联规则进行分析。利用关联规则可以分析客户交易行为与客户背景信息（如年龄、性别、收入、受教育程度等）之间的关联，找出客户交易行为的影响因素，分析哪些金融产品和服务最可能一起存在同一交易中等，以确定最优的销售组合。

11.3.5　大数据挖掘在客户关系管理中的应用

国外的许多金融机构已将数据挖掘技术应用于自身的经营管理，其中，数据挖掘技术应用最多的包括以下四个方面：一是基于客户关系管理的目标市场识别和客户分类、聚类，从而有利于金融机构采取针对性的客户营销和服务策略；二是通过对数据进行分析，挖掘出数据模式和特征，预测客户的金融需求以及金融市场的变化趋势，从而有利于金融机构制定决策、规避风险；三是运用多种数据挖掘技术预防和侦查信用卡诈骗等金融犯罪；四是时间序列的分析和挖掘，如股票市场、外汇市场等随时间变化的情形，可以挖掘出某一段时间内交易数据的变化趋势和规律。

在将数据挖掘应用到客户关系管理方面，发达国家的商业银行中汇丰银行、花旗银行和瑞士银行是较早应用数据挖掘技术的银行，主要用于客户档案分析、发现销售规律；MBNA 等信贷银行则将数据挖掘技术应用于信用卡用户分析。随着客户关系管理理论的提出和不断完善，欧美许多银行开始利用数据挖掘方法为其经营管理决策服务，如苏格兰皇家银行、法国兴业银行、德意志银行等。随后，美国 Mellon 银行与 IBM 联合开发了 Intelligent Miner for Data 数据挖掘软件，根据已有的信用卡客户数据，采用数据挖掘技术对客户行为特点进行总结，并预测客户下一步可能的行为。根据挖掘结果，银行采取有针对性的措施留住客户，避免客户流失。美国 Firstar 银行利用 Marksman 数据挖掘工具，根据客户信息挖掘其消费模式，找出每种新产品最适合的消费者，最后预测何时向消费者提供哪种适合的产品。英国巴克莱银行根据客户历史数据，利用数据挖掘技术预测客户未来的行为，计算每位客户的利润贡献度，从而节省营销成本。此外，美国银行、美国第一银行、HeadLand 抵押公司、联邦住房贷款抵押公司、美国联邦储蓄银行等著名金融机构都建立了数据仓库，并开发和应用各种数据挖掘技术为自身经营管理决策服务。如今的欧美银行业，数据挖掘已经是一项应用非常普遍的技术。

大数据挖掘在客户关系管理领域的应用得到了一定的重视，而且应用结果表明，数据挖掘技术能够帮助提升银行经营管理效率。银行主要将数据挖掘技术应用于客户识别、客户吸引两个领域（如客户细分、客户信用风险评估等），对客户维持、客户发展等涉及较少，应用领域不够广泛。与国外商业银行相比，国内应用数据挖掘技术的商业银行数量相对较少，而且应用领域较窄。我国一些商业银行正在积极探索将数据挖掘技术应用到经营管理中，具体应用举例如下。

1. 中国民生银行

中国民生银行将数据挖掘技术应用于高端客户流失风险预测研究中，利用逻辑回归与决策树分类技术构建客户流失预测模型，以预测客户流失的可能性，并按照流失的可能性从高到低对客户进行排序，从而帮助客户经理掌握挽回流失客户的轻重缓急程度。此外，民生银行还按流失客户的分布情况进行多类别细分，针对潜在的流失客户制定适当的挽留策略，最终将数据挖掘结果应用于其管理信息体系中。

2. 招商银行

为了提高把握客户风险的效率，同时提高客户信用识别能力，降低贷款风险成本，招商银行于 2006 年启动了个人住房贷款评分卡开发与推广项目。根据第一期个人贷款申请评分卡系统，并结合数据和业务特点，招商银行采用 SAS 的 Enterprise Miner 模块建立了个人贷款评分卡模型。在建立模型的过程中，招商银行设置了统一的评分卡监测报表，并根据评分卡的使用情况对评分卡模型进行相应调整，从而实现综合评价客户信用风险。

3. 中信银行

为了实现业务数据的集中整合，提升业务效率，中信银行引入了 Greenplum 数据仓库解决方案，建立了数据库营销平台。结合实时、历史数据，中信银行进行全局数据挖掘分析，建立统一的客户视图，更有针对性地开展营销活动。根据数据挖掘模型，风险管理部门每天评估客户的行为，同时对客户的信用额度进行调整，从而降低了信用卡不良贷款率。

　　大数据时代已经到来。以银行业为例，银行业依靠传统利息差为主要收入来源的时代已经过去，商业银行既要面临互联网金融的冲击，还要面临同业之间愈发激烈的竞争。商业银行必须从"以产品为中心"转向"以客户为中心"，充分利用数据挖掘技术识别客户，掌握客户需求，开展针对性的营销吸引客户、维持客户，充分发挥、提升客户价值，发展客户，为客户关系管理服务。从数据出发，对客户进行精准营销，最终打造并保持商业银行的核心竞争力。

本章小结

　　信息技术已经应用于金融行业的方方面面，其中对金融服务营销的影响尤为显著。它促进了金融市场的重新定义，创新了金融服务产品，而且更新了服务营销的手段。特别是体验式营销、网络平台营销、大数据营销等营销方式，对于金融企业来说，理解并合理运用这些营销方式非常重要。信息时代的到来，让客户掌握了更多的相关信息，他们对于便捷性、个性化的追求比以往更甚。因此，如何让客户体验并感知到优质和独特的服务，是当前金融企业面临的主要挑战。

思考练习

　　信息时代，商业银行如何利用大数据进行客户营销。

　　答案要点：结合目标客户的特征；结合大数据营销的特点。

推荐阅读

1. 施密特. 体验式营销［M］. 刘银娜，等译. 北京：清华大学出版社，2004.

2. 贝里. 数据挖掘技术：市场营销、销售与客户关系管理领域应用（原书第 2 版）［M］. 别荣芳，等译. 北京：机械工业出版社，2006.

3. 金. 大数据银行：创新者、颠覆者、企业家们正在重塑银行业［M］. 张翠萍，译. 北京：机械工业出版社，2016.

4. 舍恩伯格. 大数据时代：生活、工作与思维的大变革［M］. 周涛，译. 杭州：浙江人民出版社，2012.

5. 周涛. 为数据而生：大数据创新实践［M］. 北京联合出版公司，2016.

第 12 章
CHAPTER 12

传统金融企业服务营销方式的改变

■ 本章提要

本章介绍了由于信息技术的发展，传统金融企业服务营销方式也随之改变，并且详细分析了网上银行与自助银行、电话银行与金融服务呼叫中心以及移动客户端金融的概念、特点和业务功能等。

■ 重点与难点

- □ 网上银行与自助银行的概念及特点。
- □ 电话银行与金融服务呼叫中心的特点及功能。
- □ 移动客户端金融的概念及功能。

12.1 网上银行与自助银行

随着信息技术日新月异的发展和银行业之间的激烈竞争，银行类金融企业经营朝着智能化方向发展，重点打造电子银行，对内提高运营管理效率、降低网点建设成本，对外提高客户服务水平、满足客户多样化的需求、加大创新力度和服务深度。在信息技术发展的冲击下，商业银行已然从"大鱼吃小鱼"的时代向"快鱼吃慢鱼"的时代转变。下面简单介绍目前较为流行的商业银行营销工具——网上银行和自助银行。

12.1.1 网上银行

1. 网上银行的概念

网上银行（internet bank）是指设在网上的金融站点，是指没有银行大厅、没有营业网点，只需通过与互联网连接的计算机进入该站点，就能够在任何地方、任何时间开展各项银行业务的一种金融机构，又被称为虚拟银行（virtual bank）。网上银行经过注册登记，就会成为独立的银行。客户如欲开户，只需要一台接入互联网的计算机，通过网上银行的网址进入该网上银行，直接输入个人相关资料和密码，仅仅几分钟就能够完成一切开户手续。几天内，客户便会收到网上银行寄来的金融卡、个人支票、客户手册等相关资料。

2. 对网上银行定义的理解

网上银行的定义可以从三个层次加以理解。第一是银行提供服务的载体。在传统银行服务方式下，客户需要到银行办公场所，通过与银行业务人员面对面接触，填制一系列纸质凭证，例如各种申请表、传票等，才能获得所需的银行服务。而在网上银行服务方式下，客户无须到银行办公场所，无须与银行业务人员见面，通过填制电子表格、电子凭证，借助虚拟的网络空间，即可享受银行服务。第二是银行服务的场所。在传统银行服务方式下，银行需要在繁华、方便的中心地带建造或租用体面的办公楼，需要配备设备齐全的营业柜台，需要在营业场所制定和落实全面的安全措施，才能向客户提供银行服务。而在网上银行方式下，银行只需设计友好的用户界面，借助客户的个人电脑、手机或其他智能设备就可以向客户提供服务。也就是说，网上银行的服务前台已经前移。第三是银行服务的内涵。通过网上银行，客户不仅可以享受传统的存、放、汇等银行服务，而且可以享受信息技术应用带来的其他服务，例如 B2C（商户对消费者）、B2B（商户对商户）、B2G（商户对政府）、P2P（个人对个人）等服务。后文将提到，由于网上银行的交互性特征，网上银行提供的服务已经跨越了银行业的界限，向证券、保险和其他行业渗透。以上三个层次的内涵是网上银行最基本的特征。

3. 网上银行业务类型

网上银行可以办理各种各样的业务，几乎所有的金融交易都可以通过网上银行完成，包括开户、存款、支付账单以及各种转账业务。另外，客户还可以在网络上获得申请住房、汽车贷款、购买保险、通过经纪人买卖各种金融商品（如股票）等服务。网上银行的主要功能可以分为三类：①银行的广告、宣传资料和公共信息的发布，例如银行的业务种类、处理流程、最新消息、年报等信息，这是网上银行最基本、最简单的功能；②客户查询在银行的各类账户信息，及时反映客户的财务状况；③客户实现安全交易，包括网上购物、转账、信贷、股票买卖等业务，真正意义上实现电子贸易等实时功能。

全球已经实现的网上银行都包括上述三种类型的业务。网上银行每天会产生一次交易汇总表，供客户查询及核对，客户开出的银行支票交换兑现后，银行会将支票的真实影像载入账户，供发票人确认。如需存取现金，客户能就近利用金融卡在 ATM 机上提取。网上银行是信息革命、知识经济推动金融电子化的结果，它依靠迅猛发展的计算机网络与通信技术，利用渗透到世界各地的互联网，打破了银行从大堂前台开始传统业务流程的限制，直接在互联网上推出银行业务。网上银行与以往电子银行的主要区别在于客户无须购买任何软件，也不需要在自己的计算机上储存任何资料，只要连上互联网就可以进行各种金融交易活动。

4. 网上银行的特征

与传统银行相比，网上银行具有因信息网络特别是互联网的应用而产生的各类特点。这些特点不仅赋予了网上银行传统银行无法比拟的优势，改变了银行的经营理念，而且使网上银行有了新的风险内涵，对网上银行的风险管理也提出了更高的要求。

（1）网上银行突破了时间和空间限制。"3A"是网上银行的基本特征，即网上银行是全天候运作的银行（all time）、开放的银行（any where）、服务方式多样化的银行（any how），银行服务突破了时间和空间限制，突破了服务手段的限制。

全天候运作的银行，即无时限银行，突破了时间限制。由于互联网不分昼夜每天 24 小时运转，因此网上银行服务不受时间因素的制约，可以全天候地连续进行，摆脱了人们上下班的时间限制，摆脱了白天和黑夜的时间限制，也摆脱了全球时区划分的限制。

开放的银行，即全球化银行，突破了空间限制。由于互联网把整个世界变成了"地球村"，地域距离变得无关紧要，因此网上银行服务不受空间因素的制约，大大加快了银行全球化进程，金融市场的相互依存性空前加强。

服务方式多样化的银行，客户无须到银行柜台才能办理业务，通过电脑终端就可以享受查询、转账、证券交易等银行服务，还可以通过电话、手机等方式享受银行服务。客户不仅可以通过网上银行获得银行服务，还可以通过网上银行享受证券、保险、信托等多方面的服务。

"3A"在给我们带来便捷的同时，也使得银行更容易受到外界的影响和攻击。24 小时提供服务就意味着银行 24 小时保持对银行业务运转的监控和管理，这样在出现意外情况时，能够及时采取救助措施，甚至停止运行。开放意味着任何个人和机构都可以访问银行的网站，银行将可能遭受黑客或其他非法侵入者的攻击。服务方式多样化，使得银行的操作风险不仅限于自身的业务运作，银行还要提醒客户在操作过程中注意安全，防止操作不当导致交易失败或个人信息泄露。

（2）低成本和高回报的优势。企业的投入与产出之比，是衡量经济效益的最佳方法。尽管网上银行的经营成本由一次性投入、租用网络费用和行政费用等成本构成，但其低成本的优势还是很明显的。一方面，虽然网上银行要支付互联网接入、购置信息技术设备等费用，但传统商业银行每年要把收益的 4.1% 用于无息支出项目和行政经营，而网上银行可以把这项支出所占的比例降至 3% 以下。另一方面，网上银行的客户往往是结存额较高的储户，这对网上银行的发展是有利的。美国一咨询公司提供的数字表明，网上银行客户的家庭平均收入为 8 万美元，这个数字相当于其他客户家庭平均收入的 2 ~ 4 倍。花旗银行的客户必须在活期存款账户上有 6 万美元的余额，才能获得 1% 的利率；网上银行规定的最低限额是 100 美元，存款利率为 4%。花旗银行一年定期存款利率为 4.8%，网上银行为 6%。网上的客户被高额利息吸引，美国一些网上银行的存款额正以每月 19% 的速度增加。

（3）信用的重要性更加突出。信用是企业的生命线。网上银行业务作为利用信息网络技术、人机结合的金融服务，在开展业务的过程中，要得到客户的认同，就应该比传统银行业务更重视信用。通过网络办理业务，客户面对的不再是有形的银行，而是通过虚拟的网络商务空间和账号、密码进行业务操作，这不仅需要信任银行本身，还要信任这个银行开放的网络系统。信息传递、系统的稳定性、账户信息的安全、对信息处理的准确性都直接影响着网上银行的信用。因此，信用的重要性更加突出，评估银行信用的标准必然发生改变，银行技术系统的优劣将是评价信用的一个重要标准，也是客户市场不断扩大的关键。

5. 网上银行的基本业务领域

在我国，网上银行应用的主要方式是银行通过互联网建立自己的网站，供网上的用户访问、发布银行信息以及处理银行业务等。随着互联网技术的发展，网上银行能提供的银行业务服务越来越全面，特别是在发达国家，由于网上银行起步早，技术先进，网上银行几乎能提供与"砖墙式"营业网点相同的服务。发达国家的网上银行提供的服务主要包括以下几大类：信息发布、咨询服务、查询、资产、现金服务。

（1）信息发布，包括银行概况、业务品种介绍及操作方法和注意事项、汇率和利率信息、特约商户介绍、各种通知等可向公众公布的信息。

（2）咨询服务是指银行通过网络回答客户提交的问题和咨询信息，甚至可以实现网上银行的专人值守，直接在网上银行的后台终端通过交互式屏幕或语音实时与客户交流。

（3）查询包括企业和个人所有账户的实时余额和历史数据查询、打印对账单和支票使用情况查询、企业往来信用证查询、汇入／汇出款项查询、交易信息查询、企业受信额度查询等。

（4）资产是指银行利用掌握的客户资料直接在网上办理各种贷款和融资业务，包括买方信贷、信用透支、担保业务以及各种网上抵押按揭贷款（如住房贷款、汽车贷款、助学贷款、消费贷款）等。

（5）现金服务目前处于研究探索阶段，但利用互联网技术上门办理现金存取业务是完全可行的。个人和企业可在家中或单位通过网上银行办理现金存取手续，银行收到指令后，携带便携式电脑和打印设备及现金直接上门办理确认和凭证打印手续。此外，银行还可以将网上银行技术与移动电话相结合，直接上门，到交通和通信不便的军营、矿山和居民社区办理银行业务。

6. 网上银行基础服务和增值服务

网上银行是一种虚拟银行，它提供的金融服务主要包括两方面，即基础服务和增值服务（见表 12-1）。

表 12-1   网上银行提供的金融服务

基础服务	银行电子化提供的金融服务	银行零售业务电子化
		银行批发业务电子化
		银行同业清算转账电子化
	网上支付服务	
增值服务	在线多元化	各类信息
		在线交易
		新型服务
	品牌化	

资料来源：根据陈爱华. 网络时代的网络银行［J］. 经济研究参考，2000 一文整理而成。

（1）基础服务是指网上银行向客户提供的基础性电子商务服务，它由银行电子化提供的金融服务和网上支付服务两部分组成。

1）银行电子化提供的金融服务。银行零售业务电子化形成的金融服务品种，如 ATM 和 POS 机的发展使银行零售业务不受时空的限制；银行批发业务电子化提高了服务的规模经济效益；银行同业清算转账电子化，如电子资金转账系统（EFT）、自动付费系统（APS）和全球电子资金转账系统的建立，为网上银行金融服务的提供创造了重要条件。

2）网上支付服务，主要是向客户提供安全、可靠的网上支付服务，这一服务是电子商务的核心服务项目。网上进行的全部交易都需要通过网络支付系统来完成，它既是吸引网上客户的基本手段，也是提供网上金融服务的重要保证。

（2）增值服务主要体现在金融服务的在线多元化和品牌化两个方面。

1）银行业务多元化是网上银行金融服务的优势。目前，网上银行提供的服务可分为以下几类：

- 各类信息，包括静态信息、动态信息和账户信息；
- 在线交易，包括开户、存款、支付账单、转账、贷款、保险及通过经纪人购买各种金融商品；
- 新型服务，包括向客户提供投资咨询、股票分析等。为了更大限度地满足客户的随机性、便捷性要求，美国的网上银行正在开拓以下在线金融服务。

第一，客户综合服务网络。人们通常称它为金融服务呼叫中心，它是指客户利用一定的通信手段，如电脑、电话、传真等，与服务中心取得联络后，可以享受服务中心提供的金融信息服务和金融业务服务。

第二，电子货币形式的支付服务。它是指在网络服务供应商的技术支持下，网上银行提供电子票据支付、电子票据开立、购买保险和共同基金以及进行股票交易等各种电子货币形式的支付服务。

第三，网络金融工程的全方位服务。它是指向特定客户提供特定的服务方案，包括尖端金融产品的设计、证券承销安排、资金的吸收和分流以及投资组合策略等。

2）品牌化是网上银行提供的增值服务的又一体现。现在人们越来越重视品牌的选择，因为它有信誉、值得信赖。同样，人们在选择网上银行时也会对传统的老牌银行情有独钟，因为它们比新创立的银行更具深厚的企业文化基础和更强的市场营销策划能力，也有实力提供更方便、更快捷的金融服务。

网上银行的出现，使得银行能提供更便利的服务。网上银行无需自助银行的固定场所，节省了自动柜员机（ATM）等价格昂贵、需要频繁维护的银行设备，客户只需要输入用户名及密码便可进入系统。当然网上银行不仅指银行，证券企业、保险企业以及一些与金融业务相关的基金公司、投资担保公司也都采用类似的业务方式。因此，网上银行是对现有银行专用网络的延伸和对金融传统业务的补充，金融企业只需要增加路由器、服务器等软硬件设备，不必另外投资租用通信线路，就能把自己的网络延伸到客户的办公室或家里，弥补传统金融业务中营业网点少和营业时间短的不足。

12.1.2　自助银行

1. 自助银行简介

金融业务电子化之后，很多时候客户仍需面对柜员办理业务（如存取款），并且会受到营业时间的限制。随着科学技术的发展，目前出现了一种新的服务方式——自助银行。自助银行是指银行运用多媒体、网络、通信设施，为客户提供 24 小时不间断的自助综合银行服务。自助银行是指客户通过操作自动柜员机实现自我服务，包括提取现金、存入现金、转账、查询、打印存折等业务。

2. 自助银行的分类

自助银行分为三种类型。第一种是设在银行营业大厅内，称为"大堂式"自助银行，客户要进入银行营业大厅内对其进行操作；第二种是安装在公共场所或交通要道处的街墙内，称为"穿地式"自助银行；第三种叫"驾驶者式"自助银行，客户驾车驶近该设备，从汽车窗口伸出手即可操作。由于"大堂式"自助银行设在营业大厅内，不必担心有人破坏，因此不用十分坚固；"穿墙式"自助银行露在墙外面的部分必须十分坚固，以防有人作案偷盗；"驾驶者式"自助银行四面都露在外面，必须非常坚固。在我国，现在较常见的是"大堂式"和"穿墙式"自助银行。

3. 自助银行的特点

20 世纪 80 年代后期，各种自助银行逐渐取代传统银行营业网点。随着时代的发展和金融市场竞争的不断加剧，为了满足客户越来越高的要求，银行通过扩展业务和服务范围以树立现代商业银行形象，采取了提高服务质量、改进业务处理模式与服务手段、降低运行成本以及跨系统、跨地区联网实时处理等一系列措施，自助银行就是在这种背景下产生与发展起来的，它充分利用现代电子设备和高科技手段为客户提供安全可靠的、丰富的多功能自助服务，主要有如下特点。

（1）比传统网点服务时间长。自助银行可每年 365 天、每天 24 小时全天候提供服务，服务地点一般都充分考虑了客户的集中性、广泛性和便利性。

（2）便于银行开展无人服务、无现金服务和自助服务，可以随需提高服务质量、改进业务处理与服务手段、降低运营成本。

（3）自助银行简便节约、便于创建，它占地面积小，可节约大量的人工费用，降低用地及人工成本和开支，增强银行的竞争力。

（4）自助银行可以提供多种业务服务，例如现金取款、现金存款、转账、存折补登、账户查询、金融信息查询、账户资料打印、外币兑换、夜间金库、自动保管箱等功能，基本上覆盖了柜员的手工柜台业务，甚至还可以弥补柜员功能的不足。

（5）自助银行可以跨区域、跨行业处理金融业务。和网上银行一样，自助银行也并不局限于银行本身，它基本上可以跨系统、跨地区联网进行实时处理，随着自助银行的广泛应用与发展，如今自助银行已经能够面向全世界，可实现跨地区、跨国家、跨世界各国银行联网进行实时处理。

（6）自助银行的标准化操作更利于客户使用。自助银行利用现代电子技术与计算机技术，能够提供友好的交互式操作界面，采用科学合理的设计，便于操作和维护，以良好的形象赢得客户。

（7）自助银行是商业银行的一种战略性竞争手段和工具，也是商业银行业务与服务的延伸和发展。

目前，无人银行与自助银行在一些发达国家已相当普及。在我国国内的一些大中城市，各商业银行也已经建立了很多家自助银行，并且还在不断增加。自助银行作为一种新兴的银行模式，越来越受欢迎，已被国内各商业银行及广大客户接受和认同，在我国得到了广泛应用。

□ 案例 12-1

兴业银行社区支行

2013 年年底，银监会印发了《中国银监会办公厅关于中小商业银行设立社区支行、小微支行有关事项的通知》，首次提出了社区支行的概念，并指出社区支行是定位于服务社区居民的简易型银行网点，属于支行的一种特殊类型。这标志着国内社区银行业务正式起步。因此，不少银行纷纷把社区支行开在了社区，以抢占金融的"最后一公里"。

与传统的银行网点不同，兴业银行社区支行一改银行固有的"高大上"形象，这里没有将客户与银行工作人员隔开的高冷玻璃，统一布设的"低柜"让银行员工与居民之间交流"零距离"。以兴业银行在武汉市的社区支行的发展为例，众多社区支行在开办之初并不被社区居民所接受，为此，兴业银行社区支行在网点公示金融许可证及营业执照，另外还开展形式多样的主题活动，让老百姓和这家"全球银行50强"的银行越来越亲近，越来越信赖。据了解，2015年，兴业银行武汉社区支行组织了"磨剪刀子""闹元宵""六一亲子活动""全家福摄影"等活动。兴业银行社区支行还经常向老年群体提供健康义诊、法律知识讲座。此外，在大型社区，兴业银行有附近商户优惠活动、租售房屋等信息汇总……正是有了这一个个精心策划组织的社区活动，兴业银行社区支行再造银行服务模式，由此成为与居民零距离、面对面的"社区帮手"，居民的认可也折射出了兴业银行社区支行"先做邻居，再做业务"的理念。日复一日真诚的服务慢慢赢得了居民的心，兴业银行结合武汉市社区及工业园区分布布局社区支行，截至2016年3月，兴业银行武汉分行在武汉市地区开设社区银行33家。与国内其他银行相比，兴业银行布局社区支行更早，尽管发展缓慢，但也取得了不错的成绩。

资料来源：《长江商报》，http://www.changjiangtimes.com/2016/03/527416.html。

学习与探索

银行自助服务持续使用研究：基于技术焦虑角度

服务是市场营销中一个重要的研究领域，关于服务的研究由来已久。随着计算机信息技术及人工智能技术的飞速发展，技术已经慢慢渗透到整个服务传递过程，也深刻地改变着服务。企业为了减少人力成本、管理成本，提高服务效率与消费者的服务体验，广泛采用自助服务技术。在众多应用自助服务的行业中，银行业是最为典型的例子。从早期的ATM机到电话银行，再到网上银行和手机银行，每一个阶段都融入了当时最新的自助服务技术，以完成客户和企业之间的服务传递与互动。

银行自助服务技术是否能被消费者全盘接受？消费者在使用银行自助服务技术之后是否有持续使用的意愿？自助服务领域一直存在的技术焦虑问题，在金融业中由于财产和隐私因素更加突出。这些都是银行在面临人工服务和自助服务的选择时不可避免的问题。然而，到目前为止，银行还没有开始重视这一系列问题，导致一些银行自助服务设备的闲置、资源的浪费。同时，在学术界，关于自助服务的研究主要集中在其采纳前因上，关于自助服务的持续使用的研究较少，并且在不同的自助服务领域，其持续使用影响因素并不一样，应当有所侧重，现有的行为理论模型也需要在不同的研究情景下被丰富。因此，无论从实际情况还是从理论研究出发，关于银行自助服务的持续使用的影响因素都有进一步探讨和研究的必要。

本研究将以我国银行自助服务作为研究背景，基于ABC态度模型和UTAUT整合的技术接受模型，以银行自助服务技术焦虑作为切入点和自变量，银行自助服务偏好作为中介变量，引入银行自助服务使用经验和主观规范两个调节变量，研究银行自助服务技术焦虑通过银行自助服务偏好对因变量——银行自助服务持续使用的影响机制。

本研究借鉴并综合前人的定义，认为银行自助服务技术焦虑是当人们面对银行自助服务技术或者设备时存在的一种紧张心理状态，这是一种负面的情绪和认知。银行自助服务使用经验是指消费者是否使用过银行自助服务并对银行自助服务的使用有一定的了解。银行自助服务偏好是指消费者在面临银行提供的服务（人工服务和自助服务）时，会偏向于或者优先考虑使用自助服务的一种行为倾向，它是消费者基于认知的一种态度选择。当银行运用新的自助服务技术或者设备时，虽然消费者能够意识到它可以给自己带来利益，但由于技术准备、客户准备不充分等原因，新技术会使消费者产生焦虑不安的感受，这些感受可能来自消费者以往的经验，可能源于消费者的感知控制以及自我效能感的低下，也可能是受到消费者自身特质，如性别、年龄等的影响，无论哪种情形，消费者最终都会产生回避使用或者减少使用的情感态度以及行为选择。因此，银行自助服务技术焦虑会对银行自助服务偏好产生负向影响。

银行自助服务持续使用是指消费者在使用过银行自助服务之后，愿意继续使用自助服务的行为。消费者通过对人工服务和自助服务这两种不同的服务形式进行比较，容易形成自己的偏好（行为倾向），最后根据偏好决定是否继续使用自助服务。因此，银行自助服务偏好会正向影响银行自助服务持续使用。

银行自助服务使用经验是消费者态度的重要调节因子。本研究认为，偏好是指消费者对于自助服务的行为倾向，这个概念与消费者行为意愿与态度在其情感层面的表达一致。而使用经验能够调节消费者的行为意愿与态度，也可以调节消费者的偏好。因此，银行自助服务使用经验对银行自助服务技术焦虑与银行自助服务偏好的相关关系有着负向调节作用。

银行自助服务主观规范的定义为消费者感知到的重要人物或者群体支持其使用银行自助服务的压力程度。个体在依据自己的经验、知识进行选择判断的同时，也会受到社群压力的影响。如果此时的社群群体，即消费者身边的人或者重要的人，倾向于使用银行自助服务，那么消费者也会更加倾向于使用银行自助服务。即使消费者对于银行自助服务的偏好程度较低，但由于社群压力的影响，消费者也会选择多使用银行自助服务来缓解压力。因此，本研究认为，银行自助服务主观规范会削弱银行自助服务偏好对银行自助服务持续使用的影响，即银行自助服务主观规范对于银行自助服务偏好与银行自助服务持续使用的相关关系起着负向调节作用。本研究的初始假设模型如图 12-1 所示。

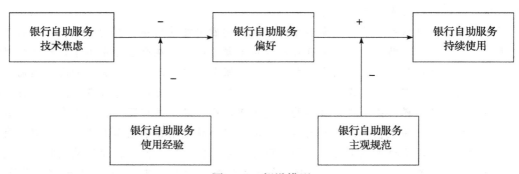

图 12-1   假设模型

调查问卷主要通过问卷星进行样本数据收集，最终回收有效问卷 210 份，对数据进行信度、效度和模型拟合分析，最终得到如下结论。

（1）银行自助服务技术焦虑对银行自助服务偏好有显著的负向影响。银行自助服务技术焦虑包含消费者对自身使用自助服务不自信的焦虑，也包含对自助服务设备本身故障的焦虑。银行自助服务偏好是针对银行人工服务而言的。研究结果表明，消费者的银行自助服务技术焦虑越高，那么它对银行自助服务的偏好或者行为倾向就越低。

（2）银行自助服务偏好对银行自助服务持续使用有显著的正向影响。银行自助服务持续使用不是消费者对自助服务的接纳，而是消费者在使用银行自助服务之后是否会在将来持续使用。研究结果表明，消费者越偏好自助服务，就会越持续不断地使用它。

（3）银行自助服务主观规范对银行自助服务偏好与银行自助服务持续使用的关系有显著的负向调节作用。银行自助服务主观规范是指消费者的行为会受到意见领袖以及周围重要人士的影响，为了与他们保持一致，降低社群压力，消费者可能会违背其意愿或者喜好做出选择。研究表明，银行自助服务主观规范会削弱银行自助服务偏好对银行自助服务持续使用的正向作用，即消费者社群压力导致的主观规范越高，银行自助服务偏好对银行自助服务持续使用的影响就越小。

（4）银行自助服务偏好的完全中介作用。银行自助服务偏好在银行自助服务技术焦虑与银行自助服务持续使用之间起到完全中介的作用，即银行自助服务技术焦虑对于银行自助服务持续使用，将全部通过银行自助服务偏好产生影响。

（5）银行自助服务使用经验起到的调节作用不显著。通过检验，银行自助服务使用经验在银行自助服务技术焦虑和银行自助服务偏好之间的调节作用并不显著。原因可能在于银行自助服务使用经验可能会形成"惰性"忠诚，不一定影响消费者真正的喜好。对经验的研究偏于理性而非感性；银行自助服务技术焦虑是一种长期、稳定的焦虑，还会受到其他各方面的影响，比如消费者自身的特质、舆论等。由此得到本研究的最终修正模型，如图 12-2 所示。

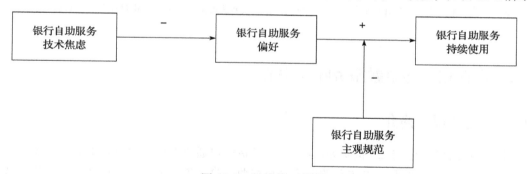

图 12-2　最终修正模型

基于以上结论，针对银行自助服务存在的问题，根据本研究以银行自助服务技术焦虑和银行自助服务持续使用的作用机制为基础搭建的模型及最后的实证检验，对银行自助服务技术运用的管理提出如下建议。

（1）与人工服务相结合，适当、适量地采用自助服务。本研究证实了银行自助服务技术焦虑对银行自助服务持续使用的负向作用。银行自助服务技术焦虑是消费者持续性、长期性的认知，它贯穿于银行自助服务传递的全过程。这种焦虑不仅包含消费者自身对技术使用的焦虑，还包含对自助服务设备故障的焦虑，在银行领域，技术焦虑突出表现为消费者对于自己的金融财产以及个人隐私的焦虑，再加上银行自助服务技术本身的不断更新迭代。因此，这种焦虑不会因为消费者使用过自助服务技术就完全消失，它会影响消费者对于银行自助服务的持续使用。

所以，银行不能只考虑自助服务，还要将人工服务纳入服务范围，将两者相结合。银行在进行服务形式的分配时，应当充分考虑消费者的偏好，偏好决定了消费者的持续使用行为，如果银行忽略消费者的偏好而单独使用一种服务方式，可能会造成投入的资源效果甚微，影响银行的业绩。因此，银行在平衡自助服务和人工服务时，应当从自身和消费者两方面进行考虑。比如，在人群密集的、业务频繁的网点增加自助服务机器；对于网上银行复杂程序的应用，应当增加人工客服，避免智能客服带给消费者的服务二次失败。

（2）提升自助服务设备的人性化和简易性。消费者技术焦虑的主要来源是由于自己对自助服务设备不了解导致的不自信，以及自助服务设备有一些专业术语，操作步骤过于专业化。因此，针对不同的自助服务类别，银行都应当保证服务界面操作简便、通俗易懂和人性化。比如，银行ATM机应当做到绝对保密、安全，并且保证服务流程的流畅性；网上银行和手机银行App都应该做到服务页面一目了然，服务完善，尤其是金融理财产品的购买界面，应当做到流畅、安全和易于操作；电话银行服务，在智能语音阶段应当保证消费者对每一个服务选项都能清楚地了解其含义，服务人员应当有充分的服务意识并且具有专业性。

（3）加强金融知识宣传和自助服务宣传。银行希望通过自助服务减少人力成本、管理成本，提高消费者的服务体验和满意度，但是现实中消费者往往由于金融知识匮乏而无法自主在自助服务终端购买理财产品，因为消费者并不知道或者不完全知道自助服务终端提供的服务功能，从而不再使用。因此，在金融知识方面，银行应当加强宣传和教育，落实"普惠金融"，这样不仅有利于消费者的自助购买，还有利于整个金融市场的活跃，同时加大自身推出的自助服务技术的宣传，让消费者了解自助服务、理解自助服务。

资料来源：李思恒. 银行自助服务持续使用研究：基于技术焦虑角度［D］. 西南财经大学，2017.

12.2 电话银行与金融服务呼叫中心

12.2.1 电话银行简介

电话银行业务产生于20世纪80年代初，是指客户通过电话向银行发出交易指令、完成交易的服务方式。一般有三种主要的电话服务类型。第一类，采用语言自动提示系统。这要求客户在使用该系统时，必须使用双音频电话将数字化信息传递给银行自动服务系统，系统通过提出一个又一个问题，引导客户完成交易。第二类，完全使用接线员为客户服务，不使用语言自动提示系统。第三类，银行利用与银行自动服务系统相互联机的个人电脑作为服务载体，再通过电话传输数字式信息的方式完成交易。电话银行业务一般包括账户余额查询、银行对账单业务、申请支票账户、开户人在不同账户之间的资金转移、申请旅行支票等。现在，电话银行业务适用于个人银行业务和企业银行业务。

12.2.2 金融服务呼叫中心简介

金融服务呼叫中心（call center，又称客户服务中心）起源于发达国家对服务质量的需求，其主旨是通过电话、传真等形式为客户提供迅速、准确的金融咨询信息以及金融业务受理和投诉等服务，通过程控交换机的智能呼叫分配、计算机电话集成、自动应答系统等高效的手段和有经验的人工座席，最大限度地提高客户的满意度，同时自然也使银行与客户的关系更加紧密，是提高金融企业竞争力的重要手段。近年来随着通信和计算机技术的发展与融合，金融服务呼叫中心又被赋予了新的内容：分布式技术的引入使人工座席代表不必再集中于一个地方工作；自动语音应答设备的出现不仅在很大程度上代替了人工座席代表的工作，而且使金融服务呼叫中心能够 24 小时不间断运行；互联网和通信革命更使金融服务呼叫中心不仅能处理电话，还能处理传真、电子函件、Web 访问，甚至基于互联网的电话和视频会议。因此，现在的金融服务呼叫中心已远远超出了过去的定义范围，成为以信息技术为核心，通过多种现代通信手段为客户提供交互式金融服务的组织。金融服务呼叫中心在银行业中的具体应用，表现为电话银行的产生。

12.2.3　电话银行的特点

电话银行使用便利、服务内容齐全、操作简单，能适合当今的快节奏生活和讲究效率的需求。电话银行作为在现代信息技术发展的基础上出现的一种新兴金融营销电子渠道，具有如下几大特点。

（1）超时空的"3A"服务。电话银行不受时间、空间限制，客户可以在任何时间（每年365 天、每天 24 小时不间断）、任何地点（家里、办公室、旅途中）以任何方式（电话、手机、传真、互联网、电子邮件等）获得银行服务，免除了客户为了交电话费在银行柜台前长时间排队等候而心急如焚的痛苦，或者忘了交电话费导致电话停机带来的不快，甚至为了交电话费在大街上四处寻找银行的辛苦。电话银行充分利用发达的现代通信技术，为客户提供简单、便捷的消费服务方式。

（2）使用简单，操作便利。电话银行将自动语音服务与人工接听服务有机地结合在一起，客户通过电话操作。

（3）手续简便、功能强大。开通电话银行服务，客户只需要到当地银行指定网点办理申请手续即可使用。客户可以通过电话银行方便地查询本人多个账户的情况，进行注册账户之间的资金划转，可以向已注册的他人账户转账，还可以实现自助缴费、银证转账、外汇买卖、股票买卖等多种理财功能。

（4）成本低廉、安全可靠。客户办理银行业务，不需要到银行储蓄网点，直接通过电话处理，节省时间，成本低廉。同时，电话银行采用先进的计算机电话集成技术，安全可靠。

（5）服务号码统一。各金融企业各地电话银行的服务号码通常都是统一的，例如中国农业银行为 95599，便于客户记忆和使用。

12.2.4　电话银行的功能

纵观各商业银行的电话银行服务，常见的服务功能如下。

（1）账户查询。客户可查询在银行开立的活期账户、信用卡等账户余额及历史交易明细。各类账户的查询内容包括：①银行卡账户：查询账户余额、贷款利息；②活期存款账户：查询账户余额；③个人支票活期储蓄账户：查询账户余额；④本外币定期一本通：查询账户余额、单笔明细、当天利息；⑤外币活期一本通账户：各币种余额。

（2）转账服务。客户可以进行注册账户之间的资金划转，还可以向已注册的他人账户划转资金。客户可以通过电话银行，在自己的注册账户之间进行转账。例如，目前工商银行电话银行服务的转账范围包括：活期转活期、活期转银行卡、活期转一本通、银行卡转银行卡、银行卡转活期、银行卡转一本通、一本通转一本通、一本通转银行卡、一本通转活期。客户还可以通过在电话银行申请表中设置他人的银行账户，实现向他人账户的转账。注意，向他人账户转账时，只能将资金从客户本人账户转到账户设置表中的他人账户，而不能从账户设置表中的他人账户转到客户本人账户。能否向他行转账，各银行规定不一致。

（3）自助缴费。客户可自助查询和缴纳手机费、座机、水电气费等多种费用。银行目前开通的代理交费服务主要包括代缴手机费、网费、水电费、电话费、按揭款、教育培训费等多种费用服务（各银行提供的交费服务不一）。

（4）银证、银保等转账。电话银行可以实现银行账户与证券保证金账户、保险账户之间的资金划转，方便客户理财。银证转账是银行为进行股票交易的客户提供的一项安全、高效的资金划转服务系统，客户可以通过电话银行，完成其在证券公司的保证金和银行活期储蓄存款之间的互相划转，在银行与证券公司之间实现转账。目前银证转账业务功能包括查询证券保证金账户余额、查询银行账户余额、转入资金、转出资金。

（5）银证通。客户可以直接使用银行账户通过电话银行进行股票买卖业务。

（6）外汇买卖。客户通过按键操作进行外汇买卖。为了方便客户，帮助客户避免汇率风险、增加存款利息收入和外币兑换，银行特开办了个人外汇买卖并开通了电话银行24小时服务。客户可通过拨打银行统一服务电话委托银行将一种外币兑换成另一种外币，银行参照国际金融市场行情制定的汇率予以办理。个人外汇买卖业务功能包括查询外汇买卖即时汇率、查询个人外币活期存折余额、即时外汇买卖、委托外汇买卖、查询货币代码。

（7）业务咨询。电话银行可以办理公共信息查询和金融业务咨询等业务，目前业务咨询的内容包括业务品种咨询、网点资料咨询、外汇走势分析、新业务品种介绍、热点问题介绍等。

（8）受理投诉和记录客户建议。受理客户对银行营业网点服务质量、业务质量的批评和投诉，并在规定时间内由相关部门给予客户答复。记录客户对银行服务、产品等方面提出的各项建议和意见。

（9）账户挂失。办理信用卡、存折等账户的临时挂失，客户可以通过电话银行，对未在电话银行授权账户设置表内的通存通兑账户进行应急临时挂失，目前包括活期存款账户、外币活期储蓄存折、定期储蓄存折。

（10）人工辅助电子渠道密码解锁及挂失。客户可以通过人工辅助方式，对已签约网上银行、手机银行账户的电子渠道的密码进行解锁或挂失。

（11）传真服务。客户使用音频直拨电话可以获得信用卡对账单、住房贷款利率表等各类传真表。传真服务内容主要有传真即时外汇汇率和传真各类交易明细两类。其中传真各类交易明细包括银行转账、银证转账、外汇买卖、信用卡对账单、代理业务扣款等。

（12）外拨服务。银行主动通过电话、传真、电子邮件等方式与客户联系，向客户发送有关贷款本息的追索、业务交易情况、理财申请和投诉回复、各种重要通知、业务宣传资料等信息。

（13）委托服务。客户可以委托银行在授权额度范围内，按实际金额、指定日期自动从指定账户划款交费。

（14）预约服务。预约服务包括预约收单、上门收款、股票及外汇买卖达到预定价位的通知。

（15）特约商户服务。银行卡特约商户可以办理小额索取、查询、止付等业务。

12.3　移动客户端金融

12.3.1　移动客户端的概念

中国互联网络信息中心（CNNIC）第 40 次《中国互联网络发展状况统计报告》的数据显示，截至 2017 年 6 月，中国网民规模达到 7.51 亿，占全球网民总数的 1/5，互联网普及率为 54.3%，其中手机网民规模达到 7.24 亿，较 2016 年年底增加 2 830 万人，占中国网民总规模的 96.3%。可以看出，移动互联网已经成为中国网民日常上网最主要的方式。移动互联网时代，人们主要通过下载各种 App 来满足不同的需求。CNNIC 数据还表明，2017 年，中国网民在手机端使用最多的 App 类别是即时通信类，其中使用最多的 App 是微信，占 79.6%，其次是 QQ，占 60.0%。艾瑞咨询的数据也证实了这一点，截至 2016 年年初，中国移动社交通信 App 月度覆盖人数已达到 6.08 亿，中国移动社交网民占总体网民人数的比例接近 90%。以上研究数据表明，移动社交已经成为我国网民日常网络生活的主要活动之一。

客户端（或称为用户端）是指与服务器相对应，为客户提供本地服务的程序。除了一些只在本地运行的应用程序之外，客户端一般安装在普通的客户机上，需要与服务端互相配合运行。互联网发展以来，较常用的客户端包括万维网使用的网页浏览器、收寄电子邮件时的电子邮件客户端，以及即时通信的客户端软件等。对于这一类应用程序，网络中需要有相应的服务器和服务程序来提供服务，如数据库服务、电子邮件服务等，这样，客户机和服务器端之间需要建立特定的通信连接，以保证应用程序的正常运行。移动客户端与 PC 端相对应，网民可以在移动设备上进行网络操作。

市场上常见的智能手机和移动设备操作系统主流有三类：Symbian、iPhone、Windows Mobile。Symbian 实用性强、针对性强，在学生、白领等人群中应用较多；iPhone 是简单、休闲、时尚的代名词，以商务人士和追求时尚的高端用户为主要用户群；Windows Mobile 拥有微软在 PC 领域桌面操作系统的强大优势，在与桌面的无缝连接方面做得很好，以学生、商务人士为主。正是终端操作系统和硬件的多样性，导致了移动互联网客户端要根据不同型号的手机开发不同的版本，从而增加了研发成本。

优质、高效的移动设备客户端或 App 有助于客户获得良好的体验，使客户对企业的产品和服务产生优质的感知与联想，对于培养消费者情感与黏性起着正向的推动作用。

从技术和营销的角度来说，优质、高效的客户端应该具有这样的特点：第一，软件的用户界面最好和手机系统保持一致，并且每个子界面的风格统一，让用户在各方面都能获得良好的体验；第二，不多加载任何一个页面，最大限度地为用户节省流量；第三，操作按键的设计要符合用户的习惯，与手机系统保持一致，最好不要尝试改变用户的行为习惯，降低用户的学习成本；第四，尽可能将客户端设计为"傻瓜"式的，用最简单的产品黏住用户；第五，内存不能太大，内存一旦很大，运行速度自然就跟不上，在影响用户体验的因素中，速度这个因素至关重要；第六，注意细节，耗电量、兼容性、手机短信、电话功能的同步使用。

□ **案例 12-2**

浦发银行：发力移动端，融合金融与生活

NFC 手机近场支付已经成为近年来银行发力手机银行的重要热点，浦发银行把握先机，率先在 2013 年正式推出该业务。浦发银行在提供传统金融服务的基础上，整合多方资源，将手机银行建设成了一个集金融、工作、生活于一体的完备的综合服务体系。同时，浦发银行利用发展过程中积累的经验，针对国内同业手机银行缺少统一标准的状况，于 2013 年 6 月发布了移动金融 2.0 标准。

银行卡与 SIM 卡合二为一

在手机银行近场支付领域，2013 年 5 月，浦发银行与中国移动深度携手，率先推出国内首个具有中国自主知识产权的 TD-SCDMA 技术的 NFC 手机支付产品，创造性地将银行卡与 SIM 卡合二为一，手机支付更加轻松便捷。

据了解，客户持手机即可进行快速刷卡消费和乘坐地铁，并可以通过内置于手机中的客户端进行银行卡申请、下载、激活、充值、换卡等业务，彻底摆脱了对网点的依赖，有效节约了客户的时间成本，让钱包得以"瘦身"。

手机"摇一摇"就可导航

在手机银行远程服务领域，浦发银行对手机银行进行全新改版，更符合移动互联网用户的使用习惯。同时，在服务中更彰显人性化因素，以账户管理、投资理财、清算支付等传统金融服务为核心，引入了电影票、商城、机票、彩票等生活服务。

另外，浦发银行还将智能手机具有的 LBS 位置服务及二维码等一系列先进技术创新性地运用到服务体验当中，推出了手机"摇一摇"即可自动进入预设功能的智能导航服务、两台手机之间"听一听""拍一拍"就可以人性化地完成转账汇款的智能收付款服务。

打造"微理财"核心服务

除此之外，2013 年 8 月，浦发银行推出了微信银行服务，创造了国内银行业金融服务新模式。微信银行以"微理财"为核心，包含查询、购买、与理财经理互动、网点预约等一系列服务之后，推出了"微信支付""微信取款"服务，2014 年又推出了微信银行闪电理财、微旅行、微信汇款、微信结购汇、微信黄金交易等服务。

与以往商业银行提供的客户服务不同，浦发微信银行创新性地以自然的语言、拟人的交互为客户提供准确应答，带给客户轻松、愉悦的感受。

资料来源：《新快报》。

12.3.2　移动客户端金融功能实现的必要性

互联网的快速发展和移动设备的普及使得金融功能在移动客户端的实现成为必需。

客户端的兴起有四个原因。第一，客户端是移动互联网的接入口，谁占有客户端市场的大份额，谁就能够在无形中引导移动互联网的网民；第二，客户端很容易形成用户黏度，通过客户端培养用户群，就奠定了在未来移动互联网领域高速发展的基石；第三，客户端软件为广大用户节省了很多流量，在按流量计费的今天，这个特点满足了广大用户最基本的需求；第四，当今移动互联网中的部分页面比较混乱，通过客户端能使用户的操作变得简单易行。由于人们更多地在移动设备上进行社交活动、网页浏览、读书、购物，这些都需要安全支付作为基本的保障。进而，人们开始在移动设备上开展专业的金融活动，包括转账、汇款、外汇、理财、证券、保险等业务，这样的需求催生了移动客户端金融功能的实现。

借助无线通信技术以及手机的高普及率和便捷性，移动金融服务最直接的影响是扩大了服务的覆盖范围（只要有手机信号覆盖，均可办理相关业务），同时延长了服务时限（7×24小时），真正做到了"无时不金融，无处不金融"。移动金融服务既填充了实体网点布局的空隙，又弥补了实体网点的不足，增强了区域性金融的外延性扩张能力，减轻了大型国有金融企业实体网点的客流压力。在这种情况下，网点不再是僵化的固定点，它是随客户移动而改变的虚拟点，这从根本上改变了银行与客户之间的关系（个性化的服务）。

提高金融企业的经营水平主要体现在成本、收益和服务这三个方面。对于金融企业，尤其是银行经营管理来讲，移动金融服务最直接的作用是降低了交易成本，提高了业务服务效率和质量，中间业务收入也随之增加。2011 年，时任招商银行行长马蔚华在《C 时代的移动金融》一文中提道，招行手机银行的一笔交易成本仅为柜台成本的 1/45，近年来手机银行的业务访问量相当于 37 家面积超过 1 000 平方米的营业网点完成的非现金业务交易笔数。同时，移动金融服务扩大和培育了客户群，既可以促进线上客户的发展，也带动了新客户进入银行交易系统，重塑了移动互联网时代银行业的市场结构。

移动金融服务与传统金融的交互关系表面上是替代与互补的权衡，而实际上背后是市场细分和差异化经营问题，是根据收入或学历（高/中/低端客户）、年龄（年轻/成年客户）、户籍（农村/城镇客户）等相关特征变量进行的细分。金融机构提供的基本服务从柜面向网络进而向手机转移，不仅提高了服务效率和服务体验，同时节约出来的柜面可以专业面向高端客户服务定制。另外，经验表明，除非有特殊问题需要处理，年轻客户——未来的成年客户——更愿意使用电子设备享受银行的各种服务。国内手机银行用户中，18～34 岁的年轻人群体占比近 94%，其中近 45% 的手机银行用户使用过网上支付。市场研究公司 Gartner 的报告《2012 年十大用户移动应用》显示，移动用户的需求不断变化，今后最受用户欢迎的智能手机应用包括手机转账、移动支付和定位服务等。网易财经发布的《2012 手机银行客户端评测报告》也表明，53% 的手机银行用户最常用的功能是转账汇款。然而，受安全、操作困难等因素的困扰，年龄偏大的客户对移动金融服务的接受度较低。因此，移动金融服务要倾向于向年轻客户市场加强渗透。

12.3.3　移动金融的功能

在移动客户端进行金融功能的配置包括线下各银行推出的移动银行（手机银行）以及证券公司、保险公司推出的移动终端的解决方案（App）。

1. 手机银行（掌银）

手机银行（掌银）的功能主要包括账户管理、转账、信用卡业务、缴费业务、理财服务、融资服务、支付业务和增值服务。

（1）账户管理。账户管理包括在线开立电子账户、账户余额查询、明细查询、修改密码、挂失等。

（2）转账。转账按收款方不同可以分为本行转账和跨行转账，按到账时间可分以为实时转账、普通转账、次日转账。如果收付款双方是同一银行掌银注册账户，则支持手机号转账。

（3）信用卡业务。手机银行提供在线申请、账单查询、在线分期、在线还款等线上一条龙信用卡服务。

（4）缴费业务。缴费项目涵盖物业费、公用事业费、电费、通信费、有线电视费、燃气费、党费、学杂费等。

（5）理财服务。手机银行提供基金风险测评、签约、解约、购买、定投、赎回；理财产品风险测评、签约、解约、购买、赎回、自动理财等；账户贵金属签约、解约、买卖等；个人外汇买卖；购买理财型和保障型保险；大额存单购买、支取；定期活期互转；双利丰签约、支取、解约等。

（6）融资服务。手机银行提供网捷贷、质押贷，均为线上融资类服务。

（7）支付业务。手机银行提供无卡取款服务，通过掌上银行预约取款金额，在 ATM 机上提取现金；扫码支付，支持客户扫商户和商户扫客户两种模式；HCE 云闪付，支持通过掌上银行开通并绑定 HCE 云闪付账户。

（8）增值服务。手机银行提供电子商城购物类服务、各类票务服务（景区门票、飞机票、火车票、电影票等订购）、基于 LBS 的本地化服务（本地商户优惠信息展示、本地优惠促销活动领券等）、附近银行网点查询等服务。

2. 证券和保险移动客户端

与手机银行类似，证券公司和保险公司相继推出了移动客户端。证券公司和保险公司的移动客户端和银行的手机银行功能相似，除了监管部门要求临柜办理、需要采集个人信息的项目以外，其他业务都可以通过移动客户端办理。

（1）证券移动客户端的主要特点如下。

- 投资操作简单：通过手机获取行情、交易、资讯等系列证券应用服务，操作和在证券营业部一致，简单易用。
- 获取便利：无须开户、换卡，如果已预装终端可直接使用，未预装终端通过短信申请可直接下载，订购即可开通。
- 支持多款手机：基于 Kjava、Symbian、Windows Mobile、Palm 等平台的手机终端都支持手机证券业务。
- 多券商支持：支持多家券商交易，客户可以选择指定交易的券商，进行在线证券交易。
- 实时行情：支持 K 线、分时走势、报价等实时行情显示，速度和电脑一样快。
- 资讯丰富：提供即时、丰富的综合资讯和品牌资讯，包括专业的宏观资讯和个股资讯信息。
- 突破地域限制：信号覆盖的地方，客户端都能使用。
- 服务完善：移动客服及营业厅业务支持，为用户提供完善的服务。

（2）保险移动客户端运作。与证券公司类似，保险公司也发布了针对自身的手机 App，用户通过客户端下载 App，可以足不出户享受开户、产品查询、产品比较、理赔等服务。

更重要的是，由于手机银行、证券或保险移动客户端的运行，消费者在产品和业务选择、时间和空间选择上有了更大的选择权，而且客户解决方案更为宽松。另外，这样的运行在为金融企业节约大量人力、物力成本的同时，不仅对金融企业的技术提出了更高、更快、更完善的要求，还对线下运行提出了更严格的服务营销标准。

🌐 学习与探索

基于移动客户端情境的社交平台内部信任转移研究：以微信平台为例

随着网络及移动通信工具的不断普及，移动互联网已经成为中国网民日常上网最主要的方式。为了满足用户的不同需求，实现平台的商业价值，移动社交平台运营商在平台内部不断增加新的功能，以提高自身的商业化程度。同时，这种商业化趋势也为理论研究者提供了新的研究课题。

有研究表明，无论是传统的 PC 端商业活动，还是新兴的移动客户端商业行为，信任都是关键的影响因素。以移动社交平台微信为例，用户最初使用微信是基于微信的即时通信功能，随着使用的深入，用户慢慢对微信社交功能形成黏性，然后这种黏性转化成对微信社交功能的信任。当微信突破社交软件的基本功能，逐渐增加新的功能，如生活缴费、慈善公益、游戏娱乐甚至金融理财时，人们为什么会使用这些功能？进一步研究表明，在网络交易中，人们是基于信任来影响态度继而影响最终行为的（Gefen，2006）。因此，当用户开始使用这些新功能时，我们可以认为用户已经对它们产生了初始信任，那么用户的初始信任是如何产生的？哪些因素会影响初始信任的产生？或者，用户基于对社交平台初始功能的信任如何转移成了对新增功能的初始信任？为了回答这些问题，本研究将以微信为例，从两方面展开讨论：第一，用户对延伸功能的信任是如何产生的，第二，哪些因素影响这种信任的产生。

首先，本研究通过查阅文献，从移动产品的功能信任入手，将自变量确定为微信社交功能信任。微信社交功能是微信的初始功能，也是用户最熟悉和使用最频繁的功能，除此之外，微信社交平台还是一个集社交、支付、媒体、生活服务及企业服务于一体的移动应用平台，用户在逐渐使用微信平台内社交功能时，随之产生对社交功能的信任，同时这也会增加用户对微信平台作为一个整体概念的信任度。其次，本文根据信任理论，提出了微信功能初始信任，这是指当用户对微信社交功能产生信任时，这种信任会留存在用户的记忆中，当用户第一次看到或者使用微信理财功能时，会基于微信平台下相似的功能或者联系功能的知识与记忆，将对微信社交平台的信任转移至微信理财功能，进而形成对微信理财功能的初始信任。本研究将微信功能初始信任划分为两个维度，其一为情感信任，它建立在双方的情感联系之上，是信任方以情感为基础形成的对被信任方的信心，依赖双方良好的沟通和交流，在做出决定时会充分考虑对方的福利和情感。微信理财功能情感信任可以理解为用户基于对微信社交功能的熟悉度和黏性，因微信理财功能属于微信平台而产生的情感联系，是感性认识的一种体现。其二为认知信任，它取决于被信任方的能力和可靠性，是基于理性和利益做出的信任判断，如对他人（物）能力和责任感等产生的信任。微信理财功能认知信任可以理解为用户对于理财功能能否实现其资金保值增值以及提供的产品信息是否公正的判断，更多的是基于对微信理财功能的进一步认识和深化，是理性认识的一种体现。基于以上概念，本研究着重探讨微信社交功能信任是否会通过微信功能初始信任的中介作用来影响用户对于微信理财产品的购买意愿。最后，考虑到用户与微信社交平台交互程度的不同，以及用户对于微信社交平台内部功能产生的不同感知，本研究认为感知联结度及感知相似性会在微信社交功能信任与微信功能初始信任之间起到一定的调节作用。研究模型如图 12-3 所示。

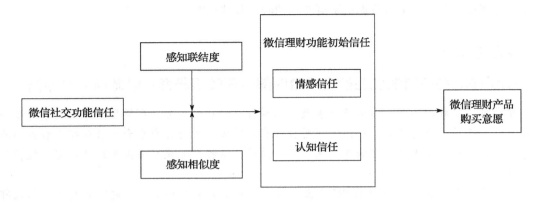

图 12-3　研究模型

本研究以微信社交平台作为调研对象，同时将被调研人群限制为使用微信时间在一年及以上的用户群体，并通过问卷的形式来收集数据。本次调查共回收问卷 213 份，剔除不符合要求（使用微信时间低于一年及以下的用户）和无效问卷后，有效问卷共计 188 份，有效率为 88.3%。

首先，通过分析数据，本研究发现，微信社交功能信任对微信理财功能情感信任及认知信任都有显著的正向影响。因此，我们认为基于微信理财功能在微信社交平台内部这一关联性，用户很容易对微信新增加的理财功能产生一定的信任度。可以看出，移动社交平台商业化的起步阶段在于初始功能对用户的吸引，以形成规模用户流量，而只有当用户对初始功能形成依赖，进而形成信任之时，平台内部增加新的功能才有意义，因为社交平台内的信任是可以转移的。

微信理财功能情感信任及认知信任对微信理财产品购买意愿有显著的正向影响。本研究还证实了在移动客户端情景中，信任对于购买意愿同样有显著的影响，即使在已经产生信任基础的社交平台内部，对于不同功能，信任仍是影响购买意愿不可或缺的关键因素，对社交平台运营商而言，这一结论具有重要的商业意义。

其次，本研究发现了情感信任和认知信任的完全中介作用。由于微信理财功能的特殊性（理财与风险相关，需要更加审慎对待），因此本文将初始信任分成两个维度，期望探讨这两种不同的信任对于微信理财产品购买意愿的影响差异。首先是对中介作用的检验，检验的结果是微信理财功能情感信任和认知信任在微信社交功能信任与微信理财产品购买意愿之间起完全中介作用，这也说明了平台内信任转移的重要性。其次是通过比较情感信任与认知信任的中介效应，我们可以看出，虽然两者之间没有显著的差异，但是认知信任的中介作用还是高于情感信任，我们的解释是微信理财产品的特殊性决定了人们在对待它时会经过更加审慎的思考，比如安全性、收益率、结构保障性、方便性以及流动性等，虽然基于情感的信任会影响购买意愿，但基于理性的思考对购买意愿影响更大。

最后，本研究结果表明，感知联结度和感知相似性在移动商务平台内的信任转移过程中起到重要的调节作用。首先，感知联结度是指微信用户感知到的不同功能之间的密切程度，具体而言就是功能之间的链接感知以及相互推送信息的感知。在用户对微信社交和理财功能的感知联结度的认知概念中，用户会看到微信社交功能中有微信理财功能的链接，而且还会在微信朋友圈看到理财广告或者好友分享的使用微信理财功能获得的收益状况，这些都会促使用户认为微信社交和微信理财存在较强的某种联系性，而这种联系性增加了用户对微信理财功能的信任度。其次，感知相似性是指微信理财功能和微信社交功能基于微信平台内部（群体实体性）在功能、属性上的相似度、互补性以及价值观念上的一致性。本文定义的感知相似性已经超越产品层面的范畴，这是基于本文研究的对象是移动社交平台内的不同功能，这种扩展是极其必要的。在微信社交功能信任与微信理财功能初始信任的关系中，当用户感知到两个功能之间的相似性时，用户可能意识到它们都是微信平台，并且都是腾讯品牌下的产品。进一步感知，用户还可能会意识到微信社交功能和微信理财功能共同享有微信平台的资源，它们都是微信平台开发出来满足用户不同需求的，虽然功能有所差别，但是利益追求具有一致性，因此，感知相似性的存在，同样能够增加用户对微信理财功能的信任度。

基于以上研究，本研究认为，社交平台运营商应充分利用用户对平台社交功能的信任，以带动其对延伸功能的信任，进而购买延伸功能产品。第一，建立用户对社交平台社交功能的信任是关键，如完善基础的社交功能、增加平台的安全性。第二，建立社交功能与延伸功能的链接关系，如建立方便寻找的链接、主动推送新功能以及激发用户分享的欲望等。第三，在感知相似性方面启发社交平台用户，在社交平台内宣传时，平台运营商要注意提醒或者暗示用户新增功能与初始功能都属于该平台；在社交平台外宣传时，广告的诉求点应是宣传新功能与社交功能在满足用户需求以及追求利益上的一致性。

资料来源：孙鹏. 基于移动客户端情境的社交平台内部信任转移研究：以微信平台为例［D］. 西南财经大学，2014.

本章小结

随着信息技术的发展，金融企业的服务营销方式随之发生了改变。网上银行和自助银行的出现，极大地提高了客户办理业务的便捷性，同时降低了银行网点建设和运营成本。而后续移动客户端金融的实现，则进一步提高了服务效率和服务体验。对于现代金融企业来说，信息技术是促进其自身发展的一个契机，只有迅速抓住机会、调整服务方式、做好服务细节、进行服务创新，才更容易在日趋激烈的金融行业竞争中脱颖而出，受到消费者的青睐。

思考练习

结合金融市场的特点，思考金融企业还可以采取哪些创新的服务营销方式。

答案要点：查阅金融科技在服务营销中的最新应用；结合营销 7P 或 4C 理论对市场上金融企业普遍采用的营销方式进行归类和对比分析，从而找出可创新点。

推荐阅读

1. 鲁书玲. 移动金融模式与创新：抢占互联网金融的下一个风口［M］. 北京：人民邮电出版社，2015.

2. 李麟，钱峰. 移动金融：创建移动互联网时代新金融模式［M］. 北京：清华大学出版社，2013.

3. 廖理. 全球互联网金融商业模式［M］. 北京：机械工业出版社，2017.

第13章
CHAPTER 13

互联网金融与金融服务营销创新

■ 本章提要

本章阐述了互联网金融的定义，介绍了互联网金融产生的背景和历程、国内外互联网金融发展状况以及互联网金融的优势与劣势；结合互联网金融的特点，重点分析了互联网金融给金融服务营销带来的变革与创新。

■ 重点与难点

□ 互联网金融的定义。
□ 互联网金融的特点、优势和劣势。
□ 互联网金融给金融服务营销带来的变革和创新。

13.1　什么是互联网金融

互联网金融是基于互联网精神的金融。由于互联网金融的发展同时受到政策、市场、技术等多方面的调节和制约，因此学术界至今没有关于互联网金融准确的、被普遍接受的定义。学术界对互联网精神这一抽象概念的不同理解与认识造就了不同的互联网金融定义，甚至引发了争论。

13.1.1　互联网金融的定义

1. 关于互联网金融定义的分歧

互联网金融的定义经常引起争论，其中较有影响的是"互联网金融"与"金融互联网"之争。

在互联网金融的概念诞生之前，"金融业的互联网应用"早已作为传统金融行业的业务创新而问世。"金融互联网"是依托实体金融机构的线下基础，搭载互联网功能和技术手段，对传统金融领域进行的技术和效率改进。互联网促使金融业务透明度更强、参与度更高、协作性更好、中间成本更低、操作更便捷。大多数电子银行、网上银行业务就属于这一范畴。

网络信息技术在金融领域的应用经历过两个不同阶段：第一阶段是计算机局域网在金融领域的大规模应用，它满足了人们快速、准确地处理金融业务、传递交易信息的需求；第二阶段是 20 世纪 90 年代末以后互联网在金融业务中的逐步应用。银行、券商、基金公司、保险公司和各类交易所平台借此开发网络业务，金融交易商借此开展网上交易，金融服务从一个私有域扩展到无限的互联空间。

然而，信息技术在金融领域的前两次变革，本质上都只是技术的进步和效率的改进，计算机和网络的使用对于金融而言没有突破算盘与电话的范畴。区别于金融互联网应用等技术层面的变革，"互联网金融"有着完全不同的逻辑起点和商业模式，将掀起信息技术在金融领域的"第三次革命"。

2. 广义的互联网金融

随着业务的扩展，互联网金融绕不过金融的本质，必然会与金融互联网融合。我们很难从互联网金融业务中清晰地区分出哪些单纯属于互联网业务、哪些单纯属于金融，二者不可分割。谢平教授对于互联网金融的定义可以较为准确地包含这两者：在互联网金融模式下，由于有搜索引擎、大数据、社交网络和云计算，市场信息不对称程度非常低，交易双方的资金期限匹配、风险分担等成本也非常低，银行、券商、交易所等金融中介机构都将不起作用；贷款、股票、债券等的发行和交易以及券款支付直接在网上进行，这个市场充分有效，接近一般均衡定理描述的无金融中介状态。⊖

谢平教授对于互联网金融定义的核心是尝试摆脱金融中介在资金流转过程中的作用，将中介结构从市场交易主体中剔除。在理想状态下，互联网金融将依托互联网的现金技术和分享、公开、透明的理念使资金在各种主体之间的流通达到直接、自由的状态，同时通过数据分析控制信用风险，最大限度地降低违约率，金融中介的作用不断弱化，每个个体都将成为一个个"自金融"（见图 13-1）。这意味着不仅电商企业主导的供应链金融、互联网企业主导的众筹融资等被归入互联网金融，而且银行等金融机构主导的产业链金融、纯线下模式的 P2P 贷款（如宜信）由于体现出鲜明的互联网精神和思维也成为互联网金融的一部分。

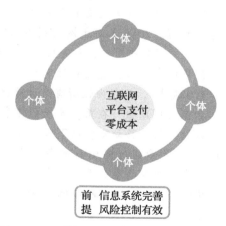

图 13-1　互联网金融：信息系统完善、风险控制有效、中介机构消失

3. 互联网金融的定义

互联网金融是传统金融行业与以互联网为代表的现代信息科技，特别是搜索引擎、移动

⊖　谢平，邹传伟. 互联网金融模式研究［J］. 金融研究，2012(12): 11-22.

支付、云计算、社交网络和数据挖掘等相结合产生的新型领域，是借助互联网技术、移动通信技术实现资金融通、支付和信息中介等业务的新兴金融模式。无论互联网金融还是金融互联网，都只是战略上的分类，没有严格的定义区分。随着金融和互联网的相互渗透、融合，互联网金融泛指一切通过互联网技术实现资金融通的行为。互联网金融是广义金融的一部分，传统金融机构的互联网业务也应该是广义的互联网金融的组成部分，两者交叉进行、相互促进的。

互联网金融业态模式主要包括第三方支付、P2P 小额信贷、众筹融资、互联网货币（如比特币、Q 币等）、电商金融以及其他网络金融服务平台。

□ 案例 13-1

网商银行

网商银行是由蚂蚁金服作为大股东发起设立的中国第一家核心系统基于云计算架构的商业银行。它作为银监会批准的中国首批五家民营银行之一，于 2015 年 6 月 25 日正式开业。网商银行的定位为网商首选的金融服务商、互联网银行的探索者和普惠金融的实践者，为小微企业、大众消费者、农村经营者与农户、中小金融机构提供服务。网商银行主要致力于普惠金融服务，希望利用互联网技术、数据和渠道创新，帮助解决小微企业融资难、融资贵和农村金融服务匮乏等问题，从而促进实体经济发展。在技术背景支持方面，网商银行是中国第一家将核心系统架构在金融云上的银行。基于金融云计算平台，网商银行拥有处理高并发金融交易、海量大数据和弹性扩容的能力，可以利用互联网和大数据的优势，为更多小微企业提供金融服务。

作为首批成立的五家民营银行中唯一一家定位于小微金融服务的银行，网商银行过去四年的发展历程，其实是整个新金融行业不断探索通过互联网手段、大数据技术优化小微金融服务的过程。2018 年对于网商银行而言是一个重要的时间节点，在 6 月举行的三周年大会上，网商银行宣布提前两年完成了第一阶段的发展目标——服务 1 000 万家中小企业。同时，新一阶段的发展目标也已经确定——以开放的姿态服务 3 000 万家小微企业，与金融机构共享"310 模式"，三年内让所有路边摊都能贷到款。

如果说网商银行在第一阶段的探索主要停留在蚂蚁生态内部，利用既有的用户、数据优势，以及伴随着移动支付的下沉，逐渐将从获客到风控及贷后的整个流程打磨成熟，那么在 2.0 阶段，网商银行将 to B 服务、开放平台等蚂蚁金服的整体战略进一步迁移至小微金融业务上，也将自身的服务进一步推广和下沉。

资料来源：网商银行官网（https://www.mybank.cn/）与中国电子银行网（https://www.cebnet.com.cn/）。

13.1.2　互联网金融产生的背景

金融的本质在于促进价值的跨时、跨地交换和优化资本配置。金融本质属性所涉及的所有环节的优化问题（如降低交易成本、提高流动性、有效管理风险等），均会构成金融创新的阵地，从而形成金融创新的内在动力。互联网时代生产模式、社会文化方面的变化构成了当下金融业创新的主要外部环境，产生了强烈的外在性创新动机。

1. 互联网技术渗透

在环境优化和终端技术进步的推动下，互联网的渗透率不断提升，移动互联网作为新生军也在不断拓宽市场。易观智库 Enfodesk 产业数据库发布的《2014 年第 1 季度中国移动互联网市场季度监测报告》数据显示，2014 年第 1 季度，中国移动互联网用户数达到 6.71 亿人，渗透率接近 50%。互联网已成为消费者生活的一部分，移动互联网的崛起以及 LBS（手机定位）、移动支付、二维码等技术的应用，更是让用户可以随时随地完成消费行为，便利性得到大幅提升，越来越多的消费者开始由线下转移至线上。总的来说，信息技术的渗透已经逐步改变了用户的消费习惯。

随着互联网技术渗透到各个行业，并引发了以融合为特征的产业之间技术、产品和服务的相互渗透和交叉，形成的新型产品或服务往往是多个产业生产成果的结晶，这也使原有的产业界限日益模糊。这是由于互联网行业在第三次工业革命中诞生后，技术平台和底层架构的特性赋予了其强大的连接功能，摆脱了传统的时空、地域限制，覆盖范围、传输效率和时效性都较传统行业有了质的飞跃。

在互联网和移动互联网对用户及行业渗透率的不断提高与深入发展的模式下，未来互联网行业和其他行业的融合将成为必然趋势。也就是说，传统行业的生产效率会在互联网技术的驱动下或主动或被动地提升。同时，移动互联网带来的冲击可能会比传统互联网的冲击来得更快、更猛烈。

2. 多方需求共同作用

（1）中小企业融资需求强，并且传统的金融渠道难以满足。以银行为代表的传统金融机构以追求自身利益最大化为运营目的。单位业务规模大的客户能够在获得相同收入的情况下有效地分摊人力、物业、设备等运营成本和风控成本，因此利润贡献占比更高。即使目前国家已出台相关政策，但高风险、低回报的交易使金融机构的各类资源必然会向大客户倾斜，导致中小客户获得的产品种类、服务深度不足。

传统金融机构的主要业务是中高额贷款，涉及的小额贷款较少，而在我国，小额贷款的需求量是巨大的。中国人民银行发布的调查报告显示，2018 年三季度，大、中型企业贷款需求指数分别为 56.3% 和 58.1%，比上季分别降低 1.7 和 2.5 个百分点；小微型企业贷款需求指数为 67.1%，比上季提高 2.6 个百分点。根据阿里巴巴平台的调研数据，约 89% 的企业客户存在融资需求，其中 53.7% 的客户需要无抵押贷款，融资需求在 50 万元以下的企业约占 55.31%，200 万元以下的约占 87.33%（见表 13-1）。

表 13-1 阿里巴巴平台商户融资需求调研结果

融资需求	10 万元	10 万～20 万元	21 万～50 万元	51 万～100 万元	101 万～200 万元	201 万～500 万元	500 万元以上
50 万元以下		55.31%					
100 万元以下		76.07%					
200 万元以下		87.33%					

银行针对小客户的服务存在明显缺失

如表 13-2 所示，随着企业规模逐步扩大，企业向银行申请贷款被拒绝的数量与次数逐渐减少，成功申请银行贷款的数量与次数逐步增加。

表 13-2　商业银行对中小企业贷款的拒绝情况

企业规模	申请数量	申请次数	拒绝数量	拒绝次数
小于 50 万元	836	1 637	578	1 513
51 万元～100 万元	460	848	303	385
101 万元～500 万元	259	507	103	124
大于 501 万元	146	252	25	24

（2）互联网企业方式多样化。互联网企业积累了巨大的流量，中国互联网行业经过 30 年的发展，产生了以百度、阿里和腾讯为代表的大型互联网企业。根据最新统计结果，目前全球独立用户访问量排名前 20 的网站中，中国有 5 家上榜。移动互联网应用已经拥有数以亿计的用户，并仍在快速增加，截至 2018 年年底，微博月活跃用户数达到 4.62 亿，同期微信月在线活跃用户达 10.825 亿。

变现方式多样化成为趋势。互联网行业典型的商业模式是通过免费的应用吸引足够多的用户，然后利用不同的方式对用户进行商业价值开发，互联网广告和网络游戏的快速发展已经证明了互联网用户存在的巨大价值。通过广告和游戏对大量的用户资源完成第一阶段的变现之后，仍然有大量的冗余流量价值未被开发，因此拓展至其他行业获取附加利润成为趋势。互联网金融的出现，使互联网公司闲置的客户资源和资产管理公司闲置的投资机会都被激活，双方一拍即合。

（3）资产管理公司对低成本渠道的需求。以基金公司为代表的资产管理公司以前的业务主要集中于产品设计和投资研发，难以自建渠道直面客户，因此客户获取成本较高。也就是说，资产管理公司的渠道成本非常高。但在大资产管理背景下，随着产品供给逐渐丰富，资产管理公司自身的渠道优势和议价能力将更加重要，找到低成本渠道是资产管理公司的迫切需求。

资产管理公司的产品原本通过银行和第三方销售渠道进行销售时，销售银行在渠道完成，基金公司只能获得客户姓名、联系方式、产品购买量等简单数据，客户风险评估、资产构成等关键数据都掌握在银行手中。如今通过与互联网公司合作，基金公司能够直接面对客户，获取用户的关键数据，并通过数据分析客户的需求，开发相应的理财产品。

3. 资源配置效率的提升

互联网技术的进步，尤其是互联网社交网络、搜索引擎、大数据技术出现以后，市场信息不对称程度减弱。个人和企业的日常经济行为能够被充分记录、查找和分析，金融机构也可以借此构建风险定价模型，大大降低互联网通过技术进步提升了金融行业的配置效率，如表 13-3 所示。信息处理成本和交易成本。

表 13-3　互联网通过技术进步提升金融行业的配置效率

	传统金融	互联网金融
信息处理	困难、成本很高	容易、成本低
风险评估	信息不对称	数据丰富、完整、信息对称
资金供求	通过银行和券商中介实现期限与数量的匹配	完全可以自己解决
支付	通过银行支付	支付系统和个体移动支付的统一

（续）

	传统金融	互联网金融
供求方	间接交易	直接交易
产品设计	需要设计复杂的产品对冲风险	简单化（风险对冲需求减少）
交易成本	极高	金融市场运行互联化，交易成本较低

随着资源配置效率的提升，金融机构作为中介的职能将逐步弱化。在供需信息充分透明、交易成本极低的市场中，资金供求双方可以进行面对面交易。双方或多方交易可同时进行，通过拍卖等方式进行定价。供需双方都有透明、公开的机会，市场的公平性和有效性较传统金融行业大幅提高，接近完全竞争的理想状态。因此，金融中介的职能将会被削弱。

13.1.3　互联网金融的发展历程

1. 互联网金融发展的第一阶段（20 世纪 90 年代中期～ 2000 年）

自 20 世纪 90 年代互联网技术在美国诞生以来，以互联网为核心基础的信息技术已完全改变了人类社会。但是多数人并不清楚什么是互联网精神，只认为互联网是一个工具。互联网精神的本质是开放、平等、分享、协作，究其实质，其实是"普世精神"，也可以叫"普惠精神"。普惠金融源于英文" inclusive financial system"，联合国于 2005 年宣传小额信贷年时初次使用，后来被联合国和世界银行大力推行。具有"惠普精神"的"普惠金融"是一种金融理念，一种能有效、全方位地为社会所有阶层和群体提供服务的金融体系。

其实，互联网金融早在 1995 年就开始以润物细无声的方式进入了中国广大金融客户的生活，如招商银行的网上银行、易保在线的网络投保等。社会一直争论的话题是金融的互联网化或是互联网的金融化孰对孰错。顾名思义，金融的互联网化是指通过互联网来完成金融业务，而互联网的金融化是指互联网企业为平台的商户提供更多的增值服务（如投融资服务）。但从本质意义上来说，两者都不是互联网金融的实质。事实上，无论是金融的互联网化或互联网的金融化，都是这个时代的进步。互联网金融模式（金融的互联网化或互联网的金融化）有多种形态，总结起来主要有如下几种。

（1）自营商城模式。自营商城模式是金融的互联网化，各大银行都不遗余力地拓展电子银行业务，即是自营商城模式的代表。在自营商城模式中，有两个具有代表性的机构，其一是平安集团的陆金所，其二是阿里小贷，即阿里金融。

（2）第三方金融产品销售渠道模式。第三方金融产品销售渠道模式是指第三方平台在互联网上建造的金融产品超市或理财产品超市的网络平台。用户可以在网络上进行比价选择，这类模式以余额宝、数米基金网、好买基金网为代表。

（3）电商供应链金融模式。电商供应链金融模式属于互联网的金融化。这种模式以敦煌网与建设银行及金银岛与中国银行的合作为代表。在这种模式下，电商企业为银行提供便捷的信息流监管方案，电商平台在其间提供第三方担保。金融机构通过处理电商企业提供的数据，批量化进行客户分析、评估与放贷等业务。这类供应链金融平台模式的优势在于电商积累了大量客户数据，有利于成为金融机构进行大数据分析的基础。

2. 互联网金融发展的第二阶段（2001 ～ 2009 年）

20 世纪初，互联网金融发展百花齐放，有了更多的表现形式，在时间和空间上都有所突破。在第二阶段，提供互联网金融服务的公司主要分为以下几类。

（1）金融技术类公司。此类公司主要提供基于互联网的金融技术服务，又可分为第三方支付公司和软件开发技术公司。其中，第三方支付公司通过技术手段接入各大银行的支付端口，并为用户提供"综合＋个性"的结算服务。目前已有250多家第三方支付公司，该行业门槛不高。由于支付业务较为基础，第三方支付公司后续商业模式的定位将决定此类公司的机会与风险。另外，软件开发技术公司是指为互联网金融提供网站开发与软件开发的软件公司。目前出现了一类专门为P2P公司提供软件开发服务的第三方软件公司。

（2）电子商务类公司。电子商务公司提供基于互联网的金融电子商务服务，属于宽泛的互联网金融，按服务模式不同可以分为以下几类（任何PC互联网平台都将向移动互联网方向发展，因此这里不对移动互联网单独进行分类）：金融的互联网化模式或互联网的金融化模式；第三方的金融产品销售渠道模式；综合型的互联网金融公司；P2P模式的贷款平台；众筹模式。

（3）管理工具类公司。管理工具类公司为用户提供便利与个性的管理工具，如理财工具或信用卡管理工具。该类公司的业务体现了自动管理、自动匹配、自动投资等功能。这类公司不属于真正意义上的互联网金融，但它会大大推动互联网金融的发展。

（4）互联网货币。迄今为止，被承认的互联网货币不多，并且各国政府和监管部门对互联网货币的态度不一。互联网货币不太可能替代传统货币，只是形式上表现为法定货币的电子化，即"去现金化"。

从发展状况来看，直接融资模式下的P2P与众筹模式将会取代传统的金融互联网化模式，并将升级为互联网金融的高级阶段。

3. 互联网金融发展的第三阶段（2009～2019年）及未来发展

自2009年众筹融资平台Kickstarter成立以来的十年间，阿里巴巴、腾讯、百度、京东等互联网公司都在普惠金融领域蓄势发力，余额宝、微信支付、百度钱包、京东白条等一系列产品服务悉数上线，在运作流程上化繁为简，借助平台数据和低成本优势迅速渗入长尾客户市场。苹果、三星、华为、小米等技术类公司也纷纷成立了自己的金融事业部，其规划布局之中或有进军普惠金融的意向与打算。如今，银行这一传统金融机构也着手成立了普惠金融部门，关注消费金融领域，重视为小微企业和弱势群体提供服务，这使普惠金融迎来了广泛响应、快速发展的好时期。

根据波士顿咨询公司2013年的全球消费者信心调查，中国有31%的消费者选择将其收入的20%以上用于储蓄，而其他国家如此选择的消费者比例平均为10%。另外，由于抵押物和信用记录的缺乏，互联网金融浪潮前的融资难现象不容乐观。中国十几亿人口中，仅有约3亿人曾尝试并成功获得了贷款，互联网金融的发展空间仍非常大。

随着各大互联网公司和金融机构对互联网金融的持续投入，互联网金融的未来将是真正的以直接融资为主、以间接融资为辅的模式，这是互联网金融发展的高级阶段。从数量上来看，即直接融资将占社会融资的90%以上，而目前中国这一比例仅为20%，发展空间巨大。未来互联网金融会使社会财富的塔基更加坚实，真正实现"普惠金融"。

13.1.4　互联网金融的业态分析

在宏观层面，互联网金融从服务类型上可分为三种模式：传统金融服务的互联网延伸模式、金融的互联网服务模式和互联网的金融服务模式。传统金融服务的互联网延伸模式实质上就是传统金融信息化将传统的金融柜台服务扩展到线上来，扩大了银行的服务范围，如网上银行、电子银行、手机银行等。金融的互联网服务模式，就是我们日常讲的狭义的互联网金融，本质还是互联网服务，主要业态形式包括第三方支付、P2P 借贷、众筹模式。互联网的金融服务模式，本质是金融服务，主要业态是大数据金融，通常以一个平台为基础，发展互联网融资、互联网基金、互联网保险等。从当前市场表现来看，发展较为成熟的互联网金融业态有以下几种。

1. 网络银行

网络银行，又称网上银行或在线银行，是指以信息技术和互联网技术为依托，通过互联网平台向用户开展和提供开户、销户、查询、对账、行内转账、跨行转账、信贷、网上证券、投资理财等各种金融服务的新型银行机构与服务形式，是为用户提供全方位、全天候、便捷、实时的快捷金融服务系统。

在美国，1995 年 10 月，SFNB 通过网络正式营业，在之后的几个月里，浏览人数达到了上千万，震撼了金融界。以此为基础，越来越多的银行开始在网络上开设自己的银行，之后蔓延到了全世界，成了我们熟知的网络银行。SFNB 于 1996 年年初在网上提供银行金融服务，用户在开出支付账单和支票时可以通过电子方式，并且还能上网对汇率升值情况进行了解，该银行提供的服务是联机的。之后该银行顺利地兼并了 First Fidelity 和 Newark 银行，成为美国第六大银行。然而，SFNB 在经历了初期的快速发展之后，逐渐陷入经营困境，由于电子商务低谷的到来，1998 年，SFNB 产生了巨额亏损，无力支撑，最后被加拿大皇家银行收购。此后，美国的商业银行体系又回到了传统大银行割据的局面。

在中国，1996 年，招商银行在国内率先推出了网上银行"一网通"，并在 1997 年开通了交易型网银。中国银行、建设银行、工行之后也先后开通了网络银行业务。到目前为止，个人网银、企业网银和手机银行在电子银行领域的整体渗透率已超过 70%。目前，腾讯公司等已获得首批民营银行试点资格。

2. 第三方支付

第三方支付是指具有一定实力和信誉的非银行机构通过与其所在国家或国外银行签约，借助计算机通信和信息安全技术提供交易的支持平台，是一种在银行与用户之间建立连接的电子支付模式。由于第三方支付公司完成了与各家银行的直连，跨行支付能力远超银行，因此发展迅猛，很多中小型商户甚至大型商户都撤销了与银行的合作改为与第三方支付公司对接。同时，第三方支付公司利用自身优势，继续推出快捷支付等支付手段，势必会建立虚拟银行账户和银行账户之间的绑定关系，使银行退居到客户看不到的后台。

第三方支付最早起源于美国的独立销售组织制度（independent sales organization，ISO）。1996 年，全球第一家第三方支付公司在美国诞生。美国作为全球金融的领跑者，在第三方支付行业的发展非常超前，比较具有代表性的是在线支付服务商 PayPal、谷歌的电子钱包与苹果的移动支付 Apple Pay。

中国虽然在第三方支付行业起步晚，但发展迅速，甚至在世界处于领先地位。1999 年成立的北京首信和上海环迅是中国最早的第三方支付企业。2004 年 12 月，阿里巴巴基于淘宝购物平台推出支付宝，截至 2018 年第一季度，支付宝用户数量达 8.7 亿，是全球最大的第三方支付平台。2013～2018 年，中国第三方支付综合支付交易规模由 17.75 万亿元增长至

193.12 万亿元，其中移动支付独占鳌头，占支付市场的份额近 80%。2016 年，中国移动支付市场的规模达到 9 万亿美元，美国的移动支付市场规模仅为 1 120 亿美元。按此计算，中国移动支付市场规模几乎是美国的 90 倍。

中国第三方支付的运营模式主要分为两大类。一类是独立的第三方支付模式，无担保功能，只为用户提供支付解决方案，以易宝支付、快钱、拉卡拉、汇付天下等为代表。另一类是依托自有电商网站提供担保功能的第三方支付模式，以支付宝、财付通为代表。互联网第三方支付与货币基金的结合，诞生了中国版的 PayPal，在中国国内利率环境和信贷机制下，其规模增速已远远超过美国的 PayPal，改变了第三方支付行业的版图。

第三方平台结算支付模式是当前国内拥有最多服务商数量的支付模式。在传统支付模式下，中央银行为商业银行提供的是呈星状的中央对手清算模式，为商户提供的是金字塔形的清算模式，由于它们不能在中央银行开设账户，因此商户与商业银行之间是呈网状的清算模式。买卖双方通过各自开户的商业银行，在人民银行的大小额支付系统进行支付清算。

与传统支付模式相比，第三方支付模式是指第三方支付系统在商户与商业银行之间搭建了一个平台，前端以商户界面直接面对网上客户，后端则连接各家商业银行。通过向上多点连接商业银行系统，向下单点连接商户的方式，满足了电子商务带来的小额、高频支付清算需求。第三方简化了商户的在线收付款方式，并且第三方支付平台可以同时为其他商户服务，容易形成规模效应，从而降低单笔业务支付清算的成本。

除此之外，第三方支付还顺应了中国贸易主体的结构性变化，满足了电子商务贸易发展的需求，成为推动跨境贸易便利化的一股不可忽视的力量。它通过一站式平台服务，帮助众多企业和个人简化烦琐的结汇流程与合规风险，从而提供了便利的跨境支付服务。

3. P2P 网络借贷

P2P 借贷是个人对个人的直接贷款模式。P2P 借贷的本质是债权市场，借贷平台对资金需求者的经济情况、经营管理水平、发展前景等进行考察，通过网络纽带及贷款的方式，为需要资金并且有理财愿望的投资者与资金需求者牵线搭桥。它的核心是，P2P 借贷利用互联网技术，使彼此之间的信息不对称的人联系起来，尽量减少信息不对称。

美国 P2P 借贷平台典型的例子是 Lending Club（LC）。该平台成立于 2006 年，LC 借贷平台只收取相应的中介费，不提供任何担保，主要依靠借款人的信用融资，筹款大部分用于支付信用卡。到 2013 年，该平台的贷款规模已经达到 20 亿美元，平均违约率为 4%。

从 2007 年开始，P2P 网贷进入中国，最初一直不为大众所知，一直到 2013 年互联网金融概念爆发，P2P 网贷才开始全面进入大众视野。2013 年以前，P2P 网贷平台数量不足 200 家，成交金额约 200 亿元，网贷投资人规模约 5 万人。2013 年以后，P2P 网贷以平均每天成立一家平台的速度增长，在经过 CCTV 等权威媒体播报后投资人数量呈爆炸式增长。

4. 网络众筹

众筹，也可称为大众筹资，是指在互联网上利用团购或预购的方式，募集项目资金的模式。利用互联网传播途径，小企业或个人可通过众筹的方式对公众展示创意，争取大家的支持，获得资金援助。众筹清除了传统投资者和机构融资面临的许多障碍，使得任何有想法、有创意的人都能够向完全不认识的陌生人筹集资金。

在美国，众筹业务的一个典型例子是 Kickstarter。该平台成立于 2009 年，主要致力于支持和鼓励创新，为公众的小额融资项目募集资金。2012 年，美国通过了 JOBS 法案，该法案允许小企业通过众筹融资的形式获得股权资本，使众筹融资得到了一定的发展，并成为目前美国金融市场上一种重要的融资手段。

2011 年 5 月，我国第一家众筹平台点名时间成立。国内股权众筹的典型代表天使汇成立于 2011 年 11 月，针对中小企业通过合投方式进行天使轮和 A 轮投资，2013 年率先提出"快速团购优质创业公司股权"的概念并推出"快速合投"，每个项目 30 天的融资周期，天使投资人将以类似"团购"的形式进行投资。截至 2013 年 10 月底，天使汇平台上共完成 70 个项目 2.5 亿元的融资，成功的案例有滴滴打车、萌宠 360 和 LavaRadio 等。然而，这种在国外颇受欢迎的融资方式在国内发展缓慢，观望者较多，参与者寥寥无几。一方面，与美国相比，众筹融资模式在国内还处于较少人知道的阶段，接受度不高；另一方面，在我国，这种融资模式遭遇的监管阻力更大，很可能被看作非法集资，风险较大。因此，为规避风险，众筹项目一般不涉及现金或股权回报，主要涉及科技、艺术领域。

□ 案例 13-2

PayPal 是如何垮掉的

2008 年金融危机时，促使美国货币市场基金快速成长的两大基石——现金级别流动性和保本纷纷垮掉。2008 ～ 2009 年金融危机期间，以往被认为安全的资产陷入困境，大量货币市场基金破天荒第一次不再保本了。这让投资者产生了极大的恐慌，蜂拥赎回。

中美两国在金融体制、互联网技术上有诸多差别，但互联网本身是无国界的，金融的本质与服务人的金融需求也是一致的。他山之石，可以攻玉，笔者通过分析和介绍美国互联网金融的几种具体形式，期望为中国互联网金融的未来发展带来一些启示。

PayPal 在 1999 年创立了第一只货币市场基金（money market fund，MMF），2007 年规模达到了 10 亿美元。不仅仅是 PayPal，美国市场上 MMF 蓬勃发展，到 2008 年规模达到了 3.75 万亿美元。但在 2008 金融危机时，促使 MMF 快速成长的两大基石——现金级别流动性和保本纷纷垮掉了。

由于 MMF 为了给客户提供比市场无风险基准利率更高的回报，不可避免地投资于短期政府债券、企业短期商业票据等高质量短期资产。在 2008 ～ 2009 年金融危机期间，以往被认为安全的资产陷入困境，大量 MMF 破天荒第一次跌破面值（break the buck），不再保本了。

投资者习惯假定 MMF 是保本的，哪怕有一点损失都会产生极大的恐慌。在当时金融危机的环境下，只有手里持有现金才是王道（only cash is the king）。而大量投资者的蜂拥赎回让另一块基石——流动性垮掉了。

最后美国财政部和美联储不得不联手为其中一小部分 MMF 提供暂时担保，保住 72 个 MMF 的命运。但当时 MMF 市场已经被毁得差不多了。后来再加上美联储为了刺激经济，把短期利率压至接近 0%，PayPal 和其他在金融风暴后幸存的 MMF 都大幅度亏本，先后无奈地退出了这个市场。

国内 MMF 的发展也可谓如火如荼，7% 甚至 10% 的 MMF 铺天盖地而来。但是投资者应该保持清醒的头脑，谨记最重要的一条金科玉律：任何高回报都伴随着高风险。由于新事物尚未受到严格的监管，从业者为了抢夺 MMF 这个大蛋糕，用了各种办法来"创造"较高的回报率：协议存款、用回购方式加大杠杆、买卖时间差、收益和成本的不同计价方法，甚至自己倒贴钱等，这些都是以投资者承担较大的隐形风险为代价的。

但是国内 MMF 有一个得天独厚的优势，那就是国内利率水平整体偏高，一年上海银行间同业拆放利率（SHIBOR）可以达 5%，这为消费者摆脱低存款利率创造了良好的条件。虽然短期内看不到市场下跌的趋势，但是利率本身上下波动也是一种风险。

美国的经历对国内 MMF 从业者的启示在于：注意防范市场和信用风险，加大教育大众产品风险，彻底公开操作方式，同时注意监管的变化。

资料来源：http://finance.sina.com.cn/zl/bank/20140106/104717855044.shtml。

13.2　互联网金融的优势和劣势

13.2.1　互联网金融市场概况

互联网金融是互联网与金融相结合的新兴领域。随着互联网开放、平等、协作、分享的精神向传统金融业态渗透，将对人类原有的金融模式产生根本影响。互联网技术是数据产生、数据挖掘、数据安全和搜索引擎技术，是互联网金融的有力支撑。社交网络、电子商务、第三方支付、搜索引擎等形成了庞大的数据量。云计算和行为分析理论使大数据挖掘成为可能。数据安全技术使隐私保护和交易支付顺利进行。搜索引擎使个体更加容易获取信息。这些技术的发展极大地降低了金融交易的成本和风险，扩大了金融服务的边界。其中技术实现所需的数据，几乎成了互联网金融的代名词。

互联网金融与传统金融的区别不仅在于金融业务所采用的媒介不同，更重要的是在于金融参与者深谙互联网开放、平等、协作、分享的精髓，借助互联网、移动互联网等工具，传统金融业务具备透明度更强、参与度更高、协作性更好、中间成本更低、操作更便捷等一系列特征。也就是说，互联网金融是一种努力尝试摆脱金融中介的行为。

13.2.2　互联网金融的优势

1. 促使金融机构与互联网企业相互融合

互联网金融由不同的要素主体组成，既包括银行、保险公司、证券公司等金融机构，又包括由第三方支付平台、电子商务企业、搜索引擎企业等组成的互联网企业。互联网企业和金融机构的各要素主体之间呈现相互竞争、彼此融合、共同发展的趋势。

金融机构和互联网企业相互融合、共同发展。一方面，在现行体制下，所有机构的资金划拨和结算核算最终都需要借助银行平台完成。互联网企业从事金融业务，仍然需要传统金融机构的配合。另一方面，金融机构和互联网企业各具优势，通过共设子公司等形式，共享牌照、研究、平台、技术和数据积累方面的优势。

2. 模式多样化

从组成要素分析，互联网金融系统既包括金融机构的互联网化，也包括互联网企业涉足金融领域，可以称之为金融互联网子系统和互联网企业金融子系统。根据不同的结构和功能，互联网金融形成了各具特色的业务模式。

金融互联网子系统是互联网金融的基础子系统，具有实力雄厚、基础设施完善、风险控制机制健全等优势。互联网企业金融子系统是互联网金融系统中最活跃的子系统，具有支付便捷、资金配置效率高、交易成本低等优势，已经形成了多个业态模式。

3. 创新性突出

互联网金融的开放性，表现为不断与外界的环境进行信息、技术、能量交换。互联网金融是大数据、云计算、搜索引擎等技术进步的背景下金融体系不断创新、不断突破的过程，是金融创新性活动。

4. 普惠金融的优势

互联网金融通过互联网、移动互联网、大数据等技术，降低了交易成本和信息不对称程度，让原本享受传统金融体系服务的潜在客户有机会和渠道获取金融服务，提高了金融的普惠程度。

在互联网金融模式下，客户能够突破时间和地域的限制，在网上寻找需要的金融资源，金融服务更直接，客户基础更广泛。此外，互联网金融的客户以小微企业为主，覆盖了部分传统金融业的金融服务盲区，有利于提升资源配置效率，促进实体经济发展。

5. 其他优势

（1）交易成本低。在互联网金融模式下，资金供求双方可以通过网络平台自行完成信息甄别、匹配、定价和交易。一方面，金融机构可以降低开设营业网点的资金投入和运营成本；另一方面，消费者可以在开放、透明的平台上快速找到适合自己的金融产品，削弱了信息不对称程度，因此，金融交易双方的交易成本都能够降低。

（2）交易效率高。互联网金融业务主要由计算机处理，操作流程完全标准化，客户不需要排队等候，业务处理速度更快，用户体验更好。例如阿里小贷可依托电商积累的信用数据库，经过数据挖掘和分析，引入独特的风险分析和资信调查模型。贷款商户从申请贷款到贷款发放只需要几秒钟，日均可以完成贷款 1 万笔，实现了真正的"信贷工厂"。

（3）边际成本降低。互联网金融通过技术手段来降低边际服务成本。互联网金融一般借助网络让用户以自主的方式完成开户、贷款申请等金融操作，每增加一笔业务的成本较低。

（4）金融数据资产化。金融业务可依靠互联网大数据的优势得到极大程度的发展，大数据也使得金融数据的价值极大彰显。金融数据在互联网金融模式下被资产化。

13.2.3　互联网金融的劣势

1. 管理能力较弱

互联网金融各业态还没有接入人民银行征信系统，也不存在信用信息共享机制，不具备类似银行的风控、合规和清收机制。因此，互联网金融企业管理能力难以保障，容易发生各类风险问题。目前已有众贷网、网赢天下等 P2P 网贷平台宣布破产或停止服务。

2. 风险控制难度大

互联网金融企业的风险控制主要表现在控制法律安全风险、信用风险、网络安全风险、系统性风险和人为风险。

（1）法律安全风险。我国《银行法》《证券法》《保险法》都是基于传统金融制定的，不能完全满足互联网金融业务的监管要求，如《巴塞尔协议Ⅲ》关于商业银行资本充足率、杠杆率等的规定以及其他相关监管规则对互联网金融业的适用性较弱。此外，由于互联网金融涉及互联网技术、信息科技、金融管理等诸多领域，互联网金融的立法难度将远远超过传统的金融立法，立法过程将更加复杂，如实名制和客户隐私保护问题的冲突，可能就是一个两难问题。

（2）信用风险。我国信用体系尚不完善，互联网金融的相关法律还有待配套，互联网金融违约成本低，易诱发恶意骗贷、卷款跑路等问题。尤其是由于 P2P 网贷平台准入门槛低和缺乏监管，成为不法分子从事非法集资和诈骗等犯罪活动的温床。

（3）网络安全风险。我国互联网安全问题突出，网络金融犯罪问题不容忽视。一旦遭遇黑客攻击，互联网金融的正常运作会受到严重影响，危及消费者的资金安全和个人信息安全。

（4）系统性风险。互联网金融业务中单个主体的风险更易被分散，但大数据时代的系统性风险威胁较大，牵一发而动全身。

（5）人为风险。部分互联网金融企业有庞大的线下团队，而人力密集型企业存在大量的人员操作道德风险。目前互联网金融行业同业攒单，甚至一些中介帮助客户造假，或联合公司内部员工帮助客户造假等情况层出不穷。

互联网金融行业是一个年轻的行业，其中很多年轻企业处于快速扩张期，人员数量迅速增加，如果此时企业相应的管理和配套机制没有跟上，就容易出现人员操作道德风险。

综上所述，互联网金融基于互联网精神独有的特点，不仅为其带来了运作和营销优势，也存在不可避免的劣势。互联网金融的发展要"扬长避短"，利用信息技术和风控手段突显优势、强化管理、控制风险，达到真正"普惠"的目的。

□ 案例 13-3

e 租宝骗局

先来看两个数字：500 亿元、90 万人。前者是 e 租宝非法吸收的资金额，后者是遍布全国 31 个省、自治区、直辖市（除港澳台地区）受害投资人的数量。

e 租宝是"钰诚系"下属的金易融（北京）网络科技有限公司运营的网络平台，2014 年 2 月，钰诚集团收购了这家公司，2014 年 7 月，改造后的平台以 e 租宝为名上线。集团顶端，是在境外注册的钰诚国际控股集团有限公司，旗下的运营中心和业务板块都围绕 e 租宝进行。在一年半的时间里，该公司利用广告炒作、广撒推销网等方式铺开业务，吸引了 90 多万实际投资人。

e 租宝的宣传口号之一，就是"1 元起投，随时赎回，高收益低风险"。许多投资人表示，他们就是听信了 e 租宝保本保息、灵活支取的承诺才上当受骗的。e 租宝共推出过 6 款产品，预期年化收益率为 9%～14.6%，远高于一般银行理财产品的收益率。e 租宝的推销人员在宣传时称，e 租宝产品保本保息，哪怕投资的公司失败了，钱还是照样有。用承诺回报引诱投资者，本身就是最高法关于非法集资犯罪的明确司法解释。而承诺保本保息，已经违反了银监会风险提示的理财产品销售要求。e 租宝对外宣称，其经营模式是由集团下属的融资租赁公司与项目公司签订协议，然后在 e 租宝平台上以债权转让的形式发标融资；融到资金后，项目公司向租赁公司支付租金，租赁公司则向投资人支付收益和本金。

"据我所知，e 租宝上 95% 的项目都是假的。"安徽钰诚融资租赁有限公司风险控制部总监雍磊称。丁宁（e 租宝实际控制人）指使专人，利用融资金额的 1.5%～2% 向企业购买信息，雍磊所在的部门就负责把这些企业信息填入准备好的合同里，制成虚假的项目在 e 租宝平台上线。为了增强投资人的投资信心，他们还采用了更改企业注册金等方式来包装项目。

2015 年年底，多地公安部门和金融监管部门发现 e 租宝经营存在异常，随即展开调查。2015 年 12 月 5 日，"钰诚系"可支配流动资金持续紧张，资金链随时面临断裂危险；同时，钰诚集团已开始转移资金、销毁证据，数名高管有潜逃迹象。为避免投资人蒙受更大的损失，2015 年 12 月 8 日，公安部指挥各地公安机关统一行动，对丁宁等"钰诚系"主要高管实施抓捕。

2016 年 1 月 14 日，e 租宝 21 名涉案人员被批捕。其中，e 租宝平台实际控制人、钰诚集团董事会执行局主席丁宁，涉嫌集资诈骗、非法吸收公众存款、非法持有枪支罪及其他犯罪。

资料来源：新浪新闻。

13.3　人工智能与互联网金融创新

互联网浪潮下越来越多的金融机构都在努力尝试借助人工智能这一高新技术手段，来助力传统金融行业进行服务创新，提高运营效率与用户体验。互联网金融科技的发展，不仅可以推动传统金融服务机构转型升级，还能够通过技术和产品迭代，推出与传统金融机构具有差异化的产品与服务，甚至为每一位客户提供真正定制化的服务。

人工智能这一技术能够助力金融行业进行数据分析和建模，从而提供商业决策分析报告和模型动态优化等技术支持。它的成功应用离不开另外两项技术：大数据与区块链。大数据是金融行为最核心的生产资料和价值来源，拥有大数据，人工智能才能基于此被成功应用。而区块链是为金融行为提供数据信息存储的安全载体，主要解决交易的信任和安全问题。

13.3.1　人工智能

人工智能，又称 AI，是一门综合了大数据、智能算法、机器学习以及各类生物感知的跨学科、跨领域技术，主要包含两个领域。一是科研领域的 AI，主要对神经元模拟等算法进行深度研究，借助相关的先进计算设备，对人脑的思维进行模拟，其战略意义与科研价值非常大，尽管在相当长的时间内其在商业领域难以普及。然而不可否认的是，研究先进的 AI 技术，无论对科技行业的发展，还是推动各领域、各行业的前进都具有深远的意义。二是商业领域的 AI，这才是我们真正需要的东西，也是未来决定电子银行发展方向的科技之一。在金融领域，人工智能技术将极大地改善现有金融产品流程、用户端简化交互流程，减少重复提交，服务中台将会提升精准授信，提高金融分析及决策效率，能支持后台提前预知潜在风险、识别真实用户画像，使金融服务体现个性化和智能化应用，增强防欺诈和抗风险能力。

作为中国最早接触和参与人工智能研究与开发的工程师之一，李开复曾在多个场合大赞人工智能。他有个观点非常著名："人工智能最好的应用领域是互联网金融。"原因有三。第一，金融领域是唯一纯数据的领域，无论是钱还是交易，都是以数据的形式存在的。而数据正是人工智能最需要的养料，计算机就像一个黑盒子，人们将海量的数据放进去，它进行运算、分析、学习，得出人们所需的答案。第二，金融是一个相对独立的领域，它与其他领域不会混在一起。例如股票、银行、保险、账单等，都是狭窄且独立的领域。没有货物、没有生产、没有仓储、没有物流，都以纯数字形式存在。第三，也是很重要的一个要素，金融领域有着极其丰富的海量数据，这个数据量简直就是天文数字，任何一个行业都不能与之匹敌。数据越多，人工智能就越有发挥空间。

13.3.2 大数据金融

大数据是指由数量庞大、结构复杂、类型众多的信息记录构成的数据集合，在一定时间内无法通过常规计算工具对其进行内容获取、分类整理及运算处理。金融行业源于其业务属性及成本、收益核算，本质上最依赖数据归集和处理能力，属于数据价值变现能力最强的行业。在持续的数据累积和迭代中，数据的种类、数量、纬度及运算处理时效都在不停地升级优化，已进化成了多纬度、多层次、多体系的大数据生态架构。如果要挖掘庞大数据背后的商业价值和个人有效信息，只能通过大数据建模和智能分析进行价值变现。

从简单的数据统计分析到人工建模，以及最终通过大量终端用户数据进行差异化的用户画像识别，纬度丰富的数据模型助力金融机构夯实大数据信息基础，同时也推动了个人征信、循环授信、风险识别等金融服务核心竞争力的增强。金融业务的核心是风险管理，风险防范能力的前提是基于大数据分析和挖掘，精准高效地识别个体或企业的信用等级、综合评分，及精算定价。不管是传统商业银行、保险公司、投融资机构，还是各类新型金融服务机构（如消费金融贷、银行信用卡中心），都需要这样快速、精准的信用等级和精算定价模型进行风险识别或成本核算，这也是大数据价值变现的方式之一。

大数据金融是指集合海量非结构化数据，通过对数据进行实时分析，可以为互联网金融机构提供客户的全方位信息，通过分析和挖掘客户的交易与消费信息掌握客户的消费习惯，并准确预测客户行为，使金融机构和金融服务平台在营销及风控方面有的放矢。基于大数据的金融服务平台主要指拥有海量数据的电子商务企业开展的金融服务。大数据的关键是从大量数据中快速获取有用信息的能力，或者从大数据资产中快速变现的能力。大数据的信息处理往往以云计算为基础。

大数据在美国金融中最直接的应用就是所谓的信用评估体系。美国的信用体系在评估时包括债务历史、债务、信用历史以及其他的相关因素。这些因素全部加起来形成了美国现有的评分体系。

目前，我国的大数据服务平台的运营模式可以分为以阿里小额信贷为代表的平台信用模式、以苏宁金融为代表的供应链金融模式和以商起网发起成立的众起财富为代表的平台信用＋供应链金融综合模式。

13.3.3 区块链和产业链金融

所谓区块链，简单来说是一种链式数据结构，是按照时间顺序将数据以块的形式打包相连构成，以密码学方式保证不可篡改和不可伪造的去中心化的分布式账本。区块链的特性是无管理员、去中心化，各节点都拥有完整的分布式数据库，所有参与者可以共建维护一个账本，这种分布式共享账本特性可以保证不同主体数据的隔离和不可篡改，也便于参与者随时追踪和查询，节省审核的时间和成本。

通过应用区块链技术，金融行业将简化目前各项业务流程、增强数据及信息存储的安全性、降低信息技术和运营成本。作为一种数据分布式存储的共享数据库，区块链常常被人们称为加密的公共账簿。区块链技术的去中心化及数据安全性、产品流程高度透明且运营成本较低等优势，将加快推进其在金融领域的业务场景应用。

产业链金融模式就是金融机构以产业链的核心企业为依托，针对产业链的各个环节，设计个性化、标准化的金融服务产品，为产业链上的所有企业提供综合解决方案的一种服务模式。

随着银行监管的进一步加强，产业链金融难以通过银行渠道获得更大的发展。最典型的就是房地产及房地产工程配套产业，出于政策原因，银行资金很难直接进入房地产领域。于是利用多余闲散资金的互联网模式应运而生。产业链金融的最佳模式，是通过互联网金融平台灵活地募集民间资本，不可能通过银行等渠道大力发展，银行渠道耗时过长、手续烦琐，不能满足生产生活的及时性需要。我们认为互联网金融的产业链模式，充分体现了灵活、变通、创新的金融业本质，而非传统的僵化体制。

□ 案例 13-4

蚂蚁金服：金融公司还是科技公司？

2017 年 7 月 22～23 日，在中国科学技术协会、中国科学院的指导下，由中国人工智能学会、阿里巴巴集团 & 蚂蚁金服主办，CSDN、中国科学院自动化研究所承办的 2017 中国人工智能大会（CCAI 2017）在杭州国际会议中心圆满结束。在本次大会上，蚂蚁金服副总裁兼首席数据科学家漆远博士从风控系统、智能助理、定损宝等产品案例出发，全面介绍了蚂蚁金服产品背后的人工智能技术。

值得一提的是，在大会之前，蚂蚁金服将其深度学习图像算法研究最新成果开放给了保险行业开放车险定损产品——定损宝。而这只是蚂蚁金服用技术服务金融行业的冰山一角，从支付、智能风控、信贷决策、理财、保险定价、信用到智能客服，蚂蚁金服正在用人工智能来影响和助力金融行业。

在此之前，阿里巴巴旗下的蚂蚁金服便将人工智能融入到了金融服务当中。蚂蚁金服创建了一个特殊的算法科学家团队，专门从事机器学习与深度算法等人工智能领域的前沿研究，并在蚂蚁金服的相关金融业务场景下进行了一系列的产品创新和应用，包括网商银行、场景保险、芝麻信用、智能投顾、精准营销等多个领域。根据蚂蚁金服公布的数据，网商银行在花呗与微贷业务上使用机器学习技术，已将虚假交易率降低了近 10 倍；为支付宝实名认证系统开发的基于深度学习的 OCR 系统，使证件校核时间从 1 天缩小至 1 秒，同时提升了 30% 的通过率。以智能客服小蜜为例，2015 年 "双 11" 期间，蚂蚁金服采用的大数据智能机器人承担并完成了 95% 的在线客户服务。用户登录支付宝客户端，进入 "我的客服" 界面之后，智能客服便开始工作，它会将用户潜在的疑问点选项自动列举出来。其中大多数为用户咨询频率高、常见的基本问题，同时也会基于用户的行为、时长以及选取的服务类型等内容进行个性化咨询点的选取。在咨询反馈中，这些问题通过持续迭代的深度学习和语义分析等方式自动给出应答。问题识别模型的点击准确率逐渐提升，在快捷支付、转账、花呗等金融服务业务上，智能机器人应答的准确率从 67% 提升至 80% 以上。

人工智能的介入，使金融服务效率得到了很大的提高，这些原先需要工作人员做的工作，现在在蚂蚁金服基本上都变成机器人在做了，它能够 24 小时随时随地为客户提供优质、快捷的服务。那些金融企业要面对面与客户沟通的场景现在在手机上悄悄地就完成了，干着金融的活，做的却是大数据、云计算、机器学习的事。因此，蚂蚁金服是一家金融公司，更是一家人工智能公司！

资料来源：搜狐新闻。

13.3.4　互联网金融营销

1. 互联网金融营销的概念

互联网时代，网络营销是金融组织营销系统的一个重要组成部分。根据市场营销、网络营销、金融营销、电子商务的相关定义，互联网金融营销是指通过非直接物理接触的电子方式，通过营造网上经营环境创造并交换客户所需要的金融产品，构建、维护以及发展各个方面的关系并获取利益的一种营销管理过程。

从概念逻辑上看，互联网金融营销的含义包括传统金融产品与服务的网络营销及互联网金融产品与服务的市场营销两个层面的内容。

2. 营销理念的转变

互联网金融营销作为互联网金融整体系统的子系统，是在一定的金融区域范围内代表金融机构通过网络与广大社会客户直接沟通的桥梁，其组织体系创新的完善要求互联网金融组织在现有的组织框架中进行重新定位，协调处理好与其他机构的分工合作关系。

（1）全面认识营销。在金融组织的营销活动中，有人把营销看作推销互联网金融产品，有人把金融营销片面地理解为做网络广告，也有人把网络营销看作仅仅是营销部门的工作，没有全面认识营销。营销是一项系统性工程，推销和广告只是营销的一部分，互联网金融的平等、共享性质将整个营销过程融为一体，需对其有全面认识。

（2）确定战略目标。互联网金融营销应从长远角度把握对市场的分析、定位与控制，在改善服务态度、优化服务质量、提高服务水平等方面有针对性、主动性和创造性地进行规划。

（3）树立科学的人才观。互联网金融管理者要摒弃过去重业务、轻素质和重使用、轻培养的陈旧观念，树立科学的人才观，大力培养集金融业务知识、网络信息技术、市场营销技能、网络工具运用技能等多种知识技能于一身的互联网金融营销复合型人才。加大对网络信息收集、处理、分析人才和网络系统的设计、开发、维护人才的营销培训，促进员工从传统的操作型向营销管理型转化。培养一支既懂网络原理和网络程序设计，又懂金融管理，还能熟练运用各种网络工具开展市场营销，具备引导客户、培育客户和留住客户工作能力的人才队伍，使金融机构永远保持发展的活力。

（4）以客户为中心。树立以客户为中心的营销理念。无论是金融机构还是第三方中介，都要以客户为中心、以市场为导向，加强市场拓展，挖掘客户需求，重视对消费者权益的保护。互联网金融组织可以通过建立透明的信息披露制度，推进互联网争端解决机制建设，建立消费者权益保护机制以及制定责任追究的管理办法等措施，保护消费者的网络权利。要建立客户信息数据库，有计划、分步骤地主动进行业务营销，设计特色产品，推进金融产品和服务的创新，以不同的金融产品满足不同层次的消费需求。

在互联网金融时代，客户接触各类型金融服务机构的机会增多，互联网金融机构之间竞争激烈。在"普惠金融"和"碎片金融"年代，用户黏性，即用户忠诚度的重要性不言而喻。金融机构要想赢得市场，必须做好营销，营销的关键在于抓住用户的黏性，让客户接受产品和服务，这就需要根据客户的个性化需求制定差异性的产品和服务，并配备相应的营销方式。

（5）创建网上金融服务品牌。互联网金融营销既可以采取统一品牌策略，网上品牌与传统业务品牌一致，也可以采取不同品牌策略，创建一个全新的品牌。互联网金融品牌建设要不遗余力地塑造和提升各自的核心品牌，注重品牌发展的科学规划，大力推进品牌家族化建设，还要重视以品牌为中心的整合营销传播运作。

13.3.5 金融服务营销工具的升级

随着互联网技术的发展和互联网客户群体人数的增加，网络营销工具，如搜索引擎、电子邮件、微博、微信等在互联网金融市场的应用都比较广泛。随着互联网金融的发展，金融服务营销工具也要顺应时代潮流，不断更新和完善。

1. 网站开发

在同质化竞争日趋严重的金融市场上，网站成为金融企业提高客户忠诚度和满意度的有力武器，是互联网与金融服务的完美结合。相比传统的经营网点，网站不但是网上金融的应用渠道，更是企业重要的营销平台。网站作为有效的品牌传播窗口，在金融组织推广自身业务与金融产品的过程中起着重要作用。好的品牌塑造效果与宣传力度将有助于提高产品的附加值与亲和力，能激发更多潜在客户的消费和投资欲望。

2. 网络广告

金融组织在网络广告投放方面非常慷慨，网络广告的形式包括展示类广告、搜索排名广告、电子邮件广告、视频广告和文字链接广告等，这表明国内金融业的传播已经从传统媒介（如平面、广播、电视等领域）转移到了互联网。

3. 微博、微信营销

自微博、微信兴起之后，金融组织纷纷在各门户网站开通自己的官方微博和微信公众号，各种网络流行语信手拈来。微博、微信等平台已成为新的营销方式。在各金融组织的官方微博和微信公众号上，产品营销、活动介绍、财经信息、理财常识等应有尽有。

4. 交互式营销

为了以客户乐于接受的方式推广传统的金融业务，各金融机构需不断推陈出新，充分利用互联网资源，与更多的企业跨行业协作，试图开创一种全新的网络合作营销模式。互联网金融机构通过交互式营销，与客户达到互利共赢。各金融机构可以通过举办各种类型的活动，线上与线下相结合，对活动和产品进行宣传推广，同时让客户在体验中接受产品和服务，增强客户忠诚度。

13.3.6 营销手段的革新

1. 整合网络营销方式

金融企业应该充分利用各种网络营销方式积极寻找客户群，主动开展产品推介和促销活动。

（1）注重综合各营销方式。金融企业应综合运用各种网络营销方法，比如广告宣传可以选择电子邮件、门户广告、博客软文、网络视频等，最大化自己的品牌影响力，新产品信息发布可以选择在线黄页、分类广告、论坛、博客网站、供求信息平台、行业网站平台等。

（2）整合传统营销方式和网络营销方式，发挥各自的优势，弥补不足。传统渠道和网络渠道的结合，可以通过演示光盘、FAQ、在线问答、热线电话等方式。这些方式交叉使用效果会更好，比如在在线问答的页面上标示热线电话或网上预约。

2. 结合营销手段开发新产品

在网络经济条件下，随着客户对新技术接受程度的逐渐提高，他们对金融产品和服务的个性化需求与期望也越来越高，为了满足客户的需求，扩大市场份额，增强竞争实力，互联网金融营销在营销手段上必须重视新产品开发。

（1）产品的组合开发。各金融机构需大力发展中间业务、个人业务等新领域，使之成为企业新的利润增长点。只有产品和服务丰富多样才能配合相应的营销手段达到吸引客户的目的。

（2）互联网相关技术的应用。比如在信贷业务领域，银行或其他金融机构利用互联网搜索引擎软件，为客户提供适合其个人需求的消费信贷、房屋抵押信贷、信用卡信贷、汽车消费信贷服务，为客户提供更大的便利性。

关注互联网技术的发展，通过应用成熟的技术增强互联网金融服务的标准化工作，通过新技术进入新市场、新渠道，如开发支持手机终端的缴纳电话、水、电、气、有线费用以及网上购物、活期转定期、购买基金和银行等金融机构投资产品、跨账户汇款等新产品。

（3）业务的全能化。将银行、保险与证券等各类金融业务融为一体，以网络为媒介呈现在客户面前，满足客户从信用卡、外汇、汽车和房屋贷款到保险、债券，甚至纳税等各种金融需求，方便客户。

（4）提供个性化金融服务。不断满足不同客户主体的需要，加深互联网金融服务的根植性。通过对客户账户信息的管理和分析，为所有客户提供理财定制产品，从而使客户获得难忘的体验。此外，还可以向客户提供金融信息定制服务，如利率、汇率、股票指数等金融市场信息服务；经济、金融新闻等公共信息服务；银行等金融机构的产品信息服务。

13.3.7 互联网金融创新

毋庸置疑，互联网金融为金融服务营销带来了巨大的变革和创新，互联网思维已经渗入金融领域。互联网金融创新的本质是思维创新，但这绝不仅仅局限于将线下业务如数照搬或者整合以后迁至网络。金融创新的设计者和营销者应该有这样的思路，站在消费者的角度，从头开始设想这样的问题：第一，消费者需要什么样的金融服务；第二，消费者是否愿意按照之前传统金融的形式来购买金融服务。这也是乔布斯的思维，他并不是在当时的手机上添加或者整合一些功能，而是从消费者的角度，重新思考人们对于手机究竟需要什么，这样才使创新后的苹果手机成为智能手机的代表。

以银行为例，研究银行有什么以及消费者需要什么？
- 价值储存——安全存钱的地方；
- 资金转移——安全转移资金的能力；
- 获得信用——提供贷款的能力。

传统银行确实有这样的能力，然后根据这些能力配置了强大的商业布局和各种采信需要的庞大而烦琐的系统，以及复杂的金融产品。

然而，我们还需要思考这样的问题：作为消费者，我们其实并没有义务按照银行的思维去完成一个几十页文件的阅读和签名以及各种繁复的程序。在人工智能和大数据网络提供优质的技术支持的场景下，消费者完全可以不到银行就满足其金融需要。这就是蚂蚁金服、微信支付、产业链金融的设计思维。

对于金融而言，技术扮演的早已不是推动者而是改变者和革新者。

除了现在已经拥有的方式，未来，有无数种可能。

作为金融服务营销的学习者和研究者，我们需要跟进这样的技术变革，需要用更加敏锐的眼光、站在大局思考的角度来看待问题。

□ 案例 13-5
支付宝

浙江支付宝网络科技有限公司正式成立于 2004 年 12 月，而实际上支付宝业务在 2003 年 10 月即已推出，旗下包括"支付宝"与"支付宝钱包"两个独立子品牌。支付宝主要提供网购担保、交易支付、银行转账、信用卡还款、手机与游戏充值、公共事业缴费等多个领域的支付服务，于 2013 年与天弘基金合作开通了余额宝理财功能。2011 年，支付宝获得了由中国人民银行颁发的国内第一张《支付业务许可证》。在进入移动支付领域后，支付宝的线下业务推广更为迅速。自 2013 年 11 月起，全国 29 家银泰百货以及美宜佳、红旗连锁、7-11 等多家连锁便利店企业陆续全面支持支付宝付款；2013 年 12 月，北京出租车公司开始接受通过支付宝付打车费。随后，万达影院、大悦城和王府井等的电影院、KTV 和餐饮企业等陆续接入支付宝。截至 2013 年年底，支付宝实名认证的用户数超过 3 亿，同年，支付宝单日交易笔数峰值达到 1.88 亿笔。其中，移动支付单日交易笔数峰值达到 4 518 万笔，移动支付单日交易额峰值达到 113 亿元人民币。2014 年第二季度，支付宝已成为全球最大的移动支付厂商。

本章小结

互联网金融以互联网精神为基础，融合互联网逻辑，核心是长尾、普惠和去中心化。互联网金融独有的特点给金融创新和营销带来了变革，顺应时代潮流的变革才能在充满竞争的互联网金融领域占领市场。

思考练习

结合互联网金融的特点，分析互联网金融的优势和劣势，并讨论如何将其运用到营销层面。

答案要点：联系本章节的相关知识点。

推荐阅读

1. 韩友诚. 互联网时代的银行转型 [M]. 北京：企业管理出版社，2017.
2. 谷来丰，等. 互联网金融 [M]. 上海交通大学出版社，2015.
3. 金. 银行 4.0：金融服务无所不在，就是不在银行网点 [M]. 施轶，张万伟，译. 广州：广东经济出版社，2018.
4. 谢平，邹传伟. 互联网金融模式研究 [J]. 金融研究，2012.

附　录
Appendix

综合案例

综合案例 1

如果你是客户，你认为专业的客户服务应包括哪些内容（即什么是专业的客户服务）？请列出你的看法。

综合案例 2

王先生投资了 100 万元于股票型基金，目前收益率为 –30%，近日，王先生将有另外一笔 100 万元定期存款到期。

在银行的营销服务过程中王先生可能提出以下反对意见。

1. 之前的投资都赔了，我想再等等吧，多观察一下再说。

2. 我在别家银行的投资绩效比这里的好得多。

3. 这笔定存到期，我有一些别的用途。

4. 我太太说，不要在投资了，还是去续存吧。

5. 我在别家银行的手续费用比你们银行便宜得多。

练习：讨论在此场景下，作为营销人员，如何在与王先生的沟通中取得他的信任，让他愉快地接受本金融企业的服务和产品。

综合案例 3

普惠金融是指立足机会平等要求和商业可持续原则，通过加大政策引导扶持、加强金融体系建设、健全金融基础设施，以可负担的成本为有金融服务需求的社会各阶层和群体提供适当的、有效的金融服务。

练习：请从环境的角度，思考当前普惠金融发展面临的机会和威胁。

综合案例 4

老王是一家国企的基层员工，工作以来一直兢兢业业，现在快到了退休的年龄，按照企业的规定，每个退休的工人在退休后都会根据自身的工作年龄获得一笔企业年金。为了帮助孩子结婚买房，老王决定在得到年金后拿出一部分做基金定投，另一部分进行储蓄。在听从了银行工作人员的建议后，老王选择了一款风险较低的基金进行投资。而老王的同事小张，刚刚进入企业，工作努力，正处于事业上升期，尽管收入不错，但是除去每个月的房租饮食以及娱乐之后，小张成了"月光族"。为了获得更高的收益，小张决定将自己仅存的 5 万元投入股市，以期高风险获得高回报。

练习： 根据消费者风险偏好以及家庭生命周期等理论，探讨不同的消费者特征对消费者金融决策的影响。

综合案例 5

银保监会发布的 23 号文将理财业务列为 2019 年银行机构"巩固治乱象成果　促进合规建设"工作要点之一，强调理财业务新产品发行和老产品整改问题，确保资管新规过渡期间的理财业务转型平稳推进。在资管新规的要求下，银行在售理财产品已出现明显变化，多家银行理财经理会优先推荐净值型理财产品，并多次提醒投资者"理财不保本"，需谨慎购买。专家表示，当前银行理财净值化理财转型逐步提速，目前新发行的净值型产品中预期收益型理财产品仍占主导地位，投资者对净值化的接受仍需要一段时间。

练习： 如果你是银行的理财经理，你会在日常工作中采用什么方式来应对该政策，并促进客户购买理财产品。

综合案例 6

现在，四大国有银行都在客户服务上投入巨大，其服务质量也得到了大幅度提高。但很多消费者对四大行的服务印象仍停留在过去，觉得服务不好，但比较方便、安全。

练习： 请从客户感知质量的角度思考出现这种情况的原因，并提出建议和改进方案。

综合案例 7

地点：某股份制商业银行。

人物：柜员小张，客户李阿姨。

对话：

李阿姨："这边这么多人排队，凭什么那个人一来就能办业务！"

柜员小张："阿姨，因为那边是 VIP 通道，有优先办理业务的权利。"

李阿姨："你们这么大一家银行，还歧视穷人吗？这是什么道理！这家银行太过分了，大家以后千万别到这家银行来办理业务！"

李阿姨大声吵嚷，她指责银行对客户区别待遇的言论已经使网点内其他办理业务的客户产生不满了。

练习：如果你是大堂经理，你会怎样处理这种情况？思考金融企业可以通过哪些方式与客户建立良好的关系。

综合案例 8

张先生打算去 A 银行办理个人业务。原本因为女儿回国而高兴万分的张先生，却在办理完个人业务后无比气恼。这是为什么呢？原来张先生在办理业务时排了很久的队，终于轮到张先生时，银行的营业人员却告知告诉他这里办不了，要到另外一个对公业务窗口办理，但另一个对公业务窗口没有人。张先生表示自己已经等了很久，而营业人员却不耐烦地告诉张先生："你急什么，你总不能不让营业人员吃午饭吧？"在随后办理业务的过程中，营业人员一边用手机和朋友聊天，一边为张先生设置网上银行。对此，张先生非常生气，并将这件事告诉了自己的亲友，表示以后再也不会使用该银行的任何服务。

练习：请联想生活中的实例思考当出现这种情况时，可能会对 A 银行造成什么负面影响，并说明金融企业应该如何处理类似的服务失败和冲突。

综合案例 9

山姆是美国洛杉矶市某科技公司的一名管理者，通过家人和朋友的推荐，他决定将自己的个人金融业务从 A 银行逐渐转移到 B 银行，因为 B 银行人性化的服务让山姆切实感觉到了"客户就是上帝"。在与 B 银行的营业人员交谈时，山姆了解到，客户至上是 B 银行企业文化的命脉，B 银行在全美有效地实施了"以客户为重点"的管理计划，了解客户的需求，改善银行服务，将客户至上作为超越制度的文化，深入全美的 B 银行机构和员工的意识之中。

练习：企业文化的成功塑造对金融企业（例如银行）会产生什么样的影响，金融企业可以通过哪些营销方式来塑造独特的企业文化？

综合案例 10

个性化银行就是"知我所需，想我所想"的银行：在最恰当的时机，用最便捷的渠道为每位客户提供个性化服务。个性化服务要求银行改变传统的和客户沟通的方式，利用数据和分析洞察全面改变和客户的互动——让每一次互动都建立在对客户需求的预测之上，与客户建立并加深长期可靠的信任关系。

举例来说，客户在国外无法用信用卡提取现金，原因是出国前没有事先开通海外提现功能。银行的正常流程是客户必须在国内设置好。传统的银行只会在客户致电客服时照本宣科，提醒客户下次留意。而个性化银行却会考虑客户的迫切需求，即时主动和客户联络，而不是等客户上门；银行得知客户人在国外，会破例帮助客户在线上进行设置，解决客户当下的燃眉之急。一天后，主动询问客户是否还有其他需求，并提醒客户使用本行信用卡在海外消费的多重优惠。一周后，当客户在国内用同张信用卡消费时，银行知道客户已回国，欢迎客户回国之余，顺便介绍有优惠的海外旅行保险。两个月后，当客户再次出国时，银行主动帮客户设置好海外提现功能，并以短信通知客户，顺便提醒客户两个月前购买的海外旅行保险的服务电话。

练习：思考现代银行应该通过哪些方式做好转变，才能加深与客户的沟通和互动，建设个性化银行？

综合案例 11

小王是某大学大四的学生，通过微信参加了由广发证券和广东省直团工委共同发起的公益助学活动——"奔跑吧，青春"。这项活动通过不同的演绎带动更多人的参与：①"酷跑加油站"微信小游戏——面向大学生群体和游戏人群，你奔跑，我捐赠，每奔跑 500 米，广发证券即为贫困学生捐赠 1 天住宿费；②"奔跑吧，青春"咕咚专题活动——面向更广泛的运动人群，通过咕咚 App 参加活动，每奔跑 5 公里，广发证券即为贫困学生捐赠 1 天的住宿费；③青春助力公益跑，在广州生物岛发起了一场青春助力公益跑的线下活动。参加完这项公益活动后，小王表示对于广发证券举办社会公益活动的行为表示认可，同时，小王认为这种乐于公益活动的公司具有更积极的形象。

练习：请以某一家金融企业为例，结合随互联网和信息技术的发展而诞生的一些新型营销方式，为金融企业策划一项活动，以进一步提升该企业的品牌形象。

综合案例 12

电子银行业务是银行业的一次革命（无纸化革命），是银行柜台业务的延伸和补充，是现代化科技业务发展的需要，是各商业银行必争的领域。

练习：随着现代科技日新月异，银行业如何快速、高效地推广电子银行业务，抢占市场份额？谈谈你的想法。

综合案例 13

人工智能在金融领域有巨大的应用空间，包括人脸识别、智能客服和预测分析等。除此之外，我们还能看到机器人实体，不过像电影当中的"炫酷"形象偏少，"卖萌"形象偏多。一种是巡检机器人，通过在机房、服务器等核心区域投放巡检机器人，可以及时发现并防范风险。另一种就是大家较为熟悉的投放在网点的机器人。网点的机器人可以欢迎客户并与客户进行互动，解答客户的问题并不断智能更新自己的知识库，减少大堂经理的压力，同时，这种机器人通过"卖萌"，还能够达到营销的效果，让客户产生新奇的感受。

练习：请思考，在金融领域最终人工智能能否真的替代人工服务？

推荐阅读

书名	作者	中文书号	定价
货币金融学（第2版）	蒋先玲（对外经济贸易大学）	978-7-111-57370-8	49.00
货币金融学习题集（第2版）	蒋先玲（对外经济贸易大学）	978-7-111-59443-7	39.00
货币银行学（第2版）	钱水土（浙江工商大学）	978-7-111-41391-2	39.00
投资学原理及应用（第3版）	贺显南（广东外语外贸大学）	978-7-111-56381-5	40.00
《投资学原理及应用》习题集	贺显南（广东外语外贸大学）	978-7-111-58874-0	30.00
证券投资学（第2版）	葛红玲（北京工商大学）	978-7-111-42938-8	39.00
证券投资学	朱晋（浙江工商大学）	978-7-111-51525-8	40.00
风险管理（第2版）	王周伟（上海师范大学）	978-7-111-55769-2	55.00
风险管理学习指导及习题解析	王周伟（上海师范大学）	978-7-111-55631-2	35.00
风险管理计算与分析：软件实现	王周伟（上海师范大学）	978-7-111-53280-4	39.00
金融风险管理	王勇（光大证券）	978-7-111-45078-8	59.00
衍生金融工具基础	任翠玉（东北财经大学）	978-7-111-60763-2	40.00
固定收益证券	李磊宁（中央财经大学）	978-7-111-45456-4	39.00
行为金融学（第2版）	饶育蕾（中南大学）	978-7-111-60851-6	49.00
中央银行的逻辑	汪洋（江西财经大学）	978-7-111-49870-4	45.00
商业银行管理	陈颖（中央财经大学）	即将出版	
投资银行学:理论与案例（第2版）	马晓军（南开大学）	978-7-111-47822-5	40.00
金融服务营销	周晓明（西南财经大学）	978-7-111-30999-4	30.00
投资类业务综合实验教程	甘海源等（广西财经大学）	978-7-111-49043-2	30.00
公司理财：Excel建模指南	张周(上海金融学院)	978-7-111-48648-0	35.00
保险理论与实务精讲精练	胡少勇（江西财经大学）	978-7-111-55309-0	39.00
外汇交易进阶	张慧毅（天津工业大学）	978-7-111-60156-2	45.00

推 荐 阅 读

	中文书名	原作者	中文书号	定价
1	货币金融学(美国商学院版，原书第5版)	弗雷德里克 S. 米什金 哥伦比亚大学	978-7-111-65608-1	119.00
2	货币金融学(英文版·美国商学院版，原书第5版)	弗雷德里克 S. 米什金 哥伦比亚大学	978-7-111-69244-7	119.00
3	《货币金融学》学习指导及习题集	弗雷德里克 S. 米什金 哥伦比亚大学	978-7-111-44311-7	45.00
4	投资学（原书第10版）	滋维·博迪 波士顿大学	978-7-111-56823-0	129.00
5	投资学（英文版·原书第10版）	滋维·博迪 波士顿大学	978-7-111-58160-4	149.00
6	投资学（原书第10版）习题集	滋维·博迪 波士顿大学	978-7-111-60620-8	69.00
7	投资学（原书第9版·精要版）	滋维·博迪 波士顿大学	978-7-111-48772-2	55.00
8	投资学（原书第9版·精要版·英文版）	滋维·博迪 波士顿大学	978-7-111-48760-9	75.00
9	公司金融(原书第12版·基础篇)	理查德 A. 布雷利 伦敦商学院	978-7-111-57059-2	79.00
10	公司金融(原书第12版·基础篇·英文版)	理查德 A. 布雷利 伦敦商学院	978-7-111-58124-6	79.00
11	公司金融(原书第12版·进阶篇)	理查德 A. 布雷利 伦敦商学院	978-7-111-57058-5	79.00
12	公司金融(原书第12版·进阶篇·英文版)	理查德 A. 布雷利 伦敦商学院	978-7-111-58053-9	79.00
13	《公司金融（原书第12版）》学习指导及习题解析	理查德 A. 布雷利 伦敦商学院	978-7-111-62558-2	79.00
14	国际金融（原书第5版）	迈克尔 H.莫菲特 雷鸟国际管理商学院	978-7-111-66424-6	89.00
15	国际金融（英文版·原书第5版）	迈克尔 H.莫菲特 雷鸟国际管理商学院	978-7-111-67041-4	89.00
16	期权、期货及其他衍生产品（原书第11版）	约翰·赫尔 多伦多大学	978-7-111-71644-0	199.00
17	期权、期货及其他衍生产品（英文版·原书第10版）	约翰·赫尔 多伦多大学	978-7-111-70875-9	169.00
18	金融市场与金融机构（原书第9版）	弗雷德里克 S. 米什金 哥伦比亚大学	978-7-111-66713-1	119.00